二審論壇

刑事二审程序深度研讨

XING SHI ER SHEN CHENG XU SHEN DU YAN TAO

北京市第一中级人民法院
北京市人民检察院第一分院 编

法律出版社
LAW PRESS · CHINA

前　言

刑事二审程序是刑事诉讼程序的重要组成部分，它不仅是被告人针对一审程序进行自我救济的法定方式，也是上级法院履行审级监督职能和检察机关行使法律监督职责的重要手段。因此，刑事二审程序对于维护刑事司法的公正性、权威性和保护被告人合法权益具有十分重要的意义。然而相对于一审程序而言，我国刑事诉讼法对二审程序的规定比较原则化，司法实践中还存在诸多需要深入研究解决的问题。

有鉴于此，继2008年召开"刑事二审程序：难题与应对"研讨会之后，2010年11月，北京市第一中级人民法院与北京市人民检察院第一分院以"刑事二审程序：深度展开"为题，联合中国刑事诉讼法学研究会共同召开学术研讨会，邀请来自最高人民法院、最高人民检察院、北京市各级法院、检察院和其他直辖市法院、检察院的相关实务工作者以及有关的知名专家、学者，就刑事二审司法实践中"上诉不加刑原则的贯彻落实"、"二审程序中的证据认定"、"二审抗诉标准"等热点难点问题进行了广泛而深入的研讨与交流，取得了良好成效。在此，我们将本次研讨会的部分研究文章集结成册，既是对相关研究成果的汇总记录，更是希望能够抛砖引玉，引起更多司法界同仁和理论研究工作者对刑事二审程序的关注，从而不断深入理论研究，并为刑事诉讼制度改革创新积极建言献策，贡献力量。

鉴于刑事二审程序问题本身的复杂性、研究者理论认知程度的不同和理解方式的差异，论文集中的某些观点难免有偏颇、疏漏之处，还望读者诸君不吝批评指正！借此机会，向积极参与和大力支持本次研讨会的中国刑事诉讼法学研究会表示衷心的感谢！

刑事二审论坛文集编辑委员会

2012年2月

目 录

专题一:刑事二审中的证据问题

专题二:刑事二审程序的司法标准

专题三:上诉不加刑原则的落实与完善

附录

【专题一:刑事二审中的证据问题】

刑事案件二审庭审质证程序的问题与完善

陈胜才* 潘基俊**

质证是指在审判过程中由审判人员主持诉讼各方对所举证据的真实性、合法性、关联性进行质询和答疑,确定该证据的证明能力和证明力的一种诉讼活动。它是庭审调查的重要环节,在庭审过程中,法庭调查包括了讯问被告人、调查核实其他证据材料,其中一个重要的部分即是举证质证。我国《刑事诉讼法》第47条规定,证人证言必须在法庭上经过公诉人、被害人和被告人、辩护人双方讯问、质证,听取各方证人的证言并经过查实后,才能作为定案的根据。最高人民法院《关于执行〈中华人民共和国刑事诉讼法〉若干问题的解释》(以下简称《〈刑诉法〉解释》)第58条规定,"证据必须经过当庭出示、辨认、质证等法庭调查程序查证属实,否则不能作为定案的根据。"说明法庭调查中质证的重要性,法庭调查效果的好坏将直接关系到诉讼各方诉讼目的能否实现,如举证质证不力,承担举证责任的一方将承担对该事实证明不利的推断后果。

一审程序和二审程序都存在法庭调查,质证是其中不可或缺的一个重要环节。二审是因为诉讼各方不服一审判决而引起的,诉讼各方的诉讼目的和一审相比有不同之处,因而此时的质证和一审相比,也应有所不同。要仔细研究二审质证程序的问题,首先必须对二审程序本身特殊的诉讼职能和诉讼结构进行分析。

一、二审程序的诉讼职能和诉讼结构特点

如对人民法院作出的一审判决不服,被告人可以在法定期限内提起上诉,检

* 重庆市人民检察院第一分院副检察长

** 重庆市人民检察院第一分院公诉二处书记员

察机关亦可以提起抗诉,这样都会引起二审程序的启动。一审审判的目的在于查清被告人罪与非罪、此罪与彼罪、罪轻与罪重的问题,进而对公诉机关的起诉书进行评价。二审法院适用的程序并不是完全意义上的一审普通程序,其中融入了二审案件审理的特点①。二审的目的是要以上诉或抗诉理由为重点,对案件进行全面审查,进而对一审判决或裁定的正确性进行评价,包括案件事实是否清楚、证据是否确实充分、适用法律是否正确、案件定性是否准确、量刑是否恰当等方面。和一审相比,其在诉讼职能上有以下几个特点:

1. 审判机关的目的在于对一审判决或裁定是否正确进行审理。一审法院是对公诉案件进行审理,对被告人的行为作出判决,实现其审判任务。但二审是要审理一审判决或裁定的正确性问题,对原审判作出维持、改判或者撤销原判并发回重审的裁判,以实现上级法院对下级法院的审判监督权。

2. 检察机关的目的在于监督法律的正确实施。二审检察员的诉讼地位目前还存在争议,其到底是承担一审公诉人的角色还是仅仅是个法律监督者的角色,学界观点不一。无论从检察员在二审中的诉讼地位与诉讼职能进行考察,还是从《刑诉法》及有关司法解释对二审出庭检察人员诉讼职能的有关定位来看,真正能够覆盖并统一、集中反映二审出庭检察人员诉讼职能的表述应当是:维护法律的正确实施,②这和一审公诉人的角色还是有区别的。

在诉讼结构上,主要体现在庭前审判机关和检察机关的关系不同:

1. 在一审开庭前,检察机关向法院移送的只有证据目录、证人名单、证据复印件及其照片。为避免审判机关对案件事实形成先入为主的印象,此时的案件材料还在检察机关,法院对案件没有进行实质审查。在法庭审理过程中,由控辩双方进行举证质证,对证明案件事实的证据一一列举,由法官居中裁断。

2. 在二审开庭前,检察机关应当先到法院阅卷,此时全部卷宗都在法院,法院此时的审查不再像一审一样仅仅是形式审查,而是实质的、全面的审查,法院可以在阅卷、讯问被告人,听取其他当事人、辩护人、诉讼代理人意见后决定是否开庭审理。我国《刑诉法》第184条、第185条、第187条对此也有明确的规定。由于不同的阶段职能的不同,二审庭审过程中的证明责任和举证质证方式也应该与一审有所差别,但我国《刑诉法》仅仅做了原则性的规定,相关司法解释的规定也不够全面和详细。实质上,对与二审庭审质证问题的思考离不开二审程

① 徐静村主编:《中国刑事诉讼法(第二修正案)学者拟制稿及立法理由》,法律出版社2005年版,第266页。

② 顾永忠:"二审出庭检察人员诉讼职能定位——维护法律的正确实施",载《检察日报》2008年4月28日第3版。

序自身所特有的诉讼职能和诉讼结构特点。

二、二审质证程序的突出问题

在当前司法实践中,在二审庭审过程中由谁举证,如何质证,具体做法不一。有学者曾经做过归纳,认为实践中的方式有两种,一种是“沿袭式”,另一种是“探索式”。[①]“沿袭式”即是沿袭一审庭审调查程序的质证方式,在法院阅卷之后,针对出庭检察员的检察意见,由检察机关依次举示证明原审案件事实的证据或者提交新的证据。“探索式”指的是,在开庭前,审判机关审查全部案件材料;在庭审中,先由审判人员对证据要点进行总结归纳,并指出争议点,再在其主持下,由检察员和辩护方对争议点进行说明质证。

这两种方式在实践中都存在问题:在“沿袭式”模式之中,二审检察员将同一审公诉人一样,承担主要的证明责任,势必承担起和公诉人同样的控诉职能,而忽视其法律监督者的地位。“探索式”模式在一定程度上能满足二审诉讼职能的要求,但是对于诉讼各方提交的新证据或者是审判人员调查取得的证据如何质证的问题,却缺少程序设计。

(一)缺乏对二审阶段出现的证据的质证程序

1. 诉讼参与方对一审已经认定的证据存在异议

因原判决认定事实不清或者证据不足,二审法院可以在查清事实后改判,也可以裁定撤销原判,发回原审人民法院重新审理。被告人提起上诉或检察院提起抗诉的理由有可能是对一审定案的某些证据有疑问,在二审庭审过程中,应当对该证据进行重新质证。但是我国《刑诉法》缺乏有关诉讼参与方对一审已经认定的证据存在异议的质证程序规定,司法解释对举证主体、质证方式和证明责任的设计都存在不足。

在以往二审程序庭审调查阶段,先由审判人员宣读一审判决书,再由审判人员讯问上诉人对一审认定的事实和证据是否有异议,并令其陈述上诉理由,询问原审被告人及检察人员对一审出示的物证、书证、证人证言有否异议。审判人员这种“囫囵吞枣”的问法忽略了单个证据的特殊性,也忽略了证据内容的差异性,不利于对该类证据的质证。即便是《〈刑事诉讼法〉解释》第255条第2项规定,“在二审法庭调查阶段,如果检察人员或者辩护人申请出示、宣读、播放第一审审理期间已经移交给人民法院的证据的,法庭应当指令值庭法警出示、播放有关证据;需要宣读的证据,由法警交由申请人宣读”,也存在不妥之处。

---

① 施亚军:“二审庭审质证方式的探讨”,载《检察理论研究》总第30期。

从该司法解释的条文来看，对于一审认定的证据，诉讼各方如果持有异议，在庭审过程中还是由申请人进行宣读，由申请人举示；主动的还是申请人一方，审判人员承担的只是被动地展示证据的作用，因为此时的证据材料在审判人员手中。如果对证据表示异议的是检察员一方，并由其申请举示、宣读，势必导致其承担的职能的混乱。就如上文所述，检察人员此时的职责应该是监督法律的正确实施，承担针对上诉理由和一审判决进行评判的法律监督职责，而不仅仅是控诉。举证、质证、证明责任应当是一个有机的统一体，举证是前提，质证是关键，证明责任是结果。按照“谁主张，谁举证”的证明责任规则，检察人员此时还要承担举证不力的责任，这与二审审判的职能和审判的目的都是相违背的。

在司法实践中，如果诉讼各方对一审判决已经认定的证据存在异议，法院习惯性地统一交给申请方举证，由被申请方质证。这样的做法与“沿袭式”无异，亦会发生以上问题。只有对二审职能的特征有清晰的认识之后，才能避免以上问题的发生，避免逻辑上的混乱。

2. 诉讼方在二审阶段提交的新证据

因发现新证据，足以证明一审判决认定事实不清、或者有误，可以作为二审改判、撤销原判或者发回重审的理由。

在二审期间，诉讼双方都可以提交新证据，证明自己的诉讼主张，以评判一审判决。二审的新证据包括一审判决后新发现的证据；原审被告人及其辩护人在一审期间申请审判机关调查取证未获准许，二审法院经审查认为应当准许并依当事人申请调取的证据。

对于二审阶段提交的新证据，法律并没有规定该如何举证、质证，以及证明责任该如何承担。这一类型的证据还需要完善相关法律来规制。

3. 合议庭人员休庭期间调查取得的证据

我国《刑诉法》第158条规定，法庭审理过程中，合议庭对证据有疑问的，可以宣布休庭，对证据进行调查核实，也就是说，二审合议庭亦有庭外调查核实权。在二审期间，合议庭可以对所有存在争议的原审定案证据进行调查核实，对于诉讼双方在二审期间提交的新证据，合议庭也可以进行庭外调查核实，调查核实的手段包括勘验、检查、扣押、鉴定和查询、冻结。

对二审合议庭休庭期间调查取得的证据，是否该在法庭举示，由谁举示，该怎么举证，法律都没有规定。在司法实践中，一种做法是由审判员强制性地将证据全部交由检察员出示；另一种做法是由审判员先将证据区分为控诉证据和辩护证据，然后将控诉证据交给检察员出示，将辩护证据交由律师或者原审被告人出示。这两种做法的一个共同的缺点就是忽视了二审检察员的出庭职责与身份，如检察员主张罪轻或者无罪，而将控诉证据全部交由检察员出示，就会陷入逻辑上的悖论,即举证人自己举证去推翻自己。让检察员出示并不是由其收集的证据,在质证时亦会显得准备不足,由其承担举证不能的证明责任,显然不合理;在未质证之前就由审判员将证据进行区分,这与"未经法庭质证不能作为定案依据"的原则相违背。更重要的是,这将会导致持有利于原审被告人主张的检察员陷入尴尬的境地。在原审被告人没有辩护人的前提下,辩护证据该由谁举示更是一个问题。

鉴于成文法上的空白和司法实践中的混乱,在制定法层面上完善相关规定,在实践中对合议庭人员休庭期间调查取得的证据进行有序的质证就显得尤为重要。

(二)没有建立符合二审特色的庭前证据交换程序

我国现行的刑事诉讼制度中是否存在证据交换程序,学者们的观点不一,代表性的观点是否定在职权主义诉讼模式中存在证据交换制度。① 我国现在是混合制诉讼模式,在原来职权主义的基础上增加了当事人主义的成分,我国《刑诉法》对于在一审程序中案件中证据信息的交换分不同的诉讼阶段作了不同的规定。在侦查阶段,受委托的律师有权向侦查机关了解犯罪嫌疑人涉嫌的罪名,在审查起诉阶段,受委托的律师有权查阅、摘抄和复制与案件有关的诉讼文书及案卷材料;在审判阶段,受委托的律师有权查阅、摘抄和复制与案件有关的所有材料。但是在二审开庭前,却只有检察机关和审判机关之间证据材料的移交、阅卷的规定,对于辩护人阅卷的时间、地点、范围等内容鲜有涉及,并没有规定相关的证据交换程序。以至于在庭审过程中,由于检察人员和辩护人之间缺乏证据信息的交流,以及检察人员对自身职能定位的误区,这就容易诱发"证据偷袭",使诉讼程序难以进行。我国由于没有二审的庭前证据交换程序,一些双方都无异议本可在庭前达成共识的证据在庭审中重复质证,而双方分歧大在质证时应予重点关注的证据在质证中却得不到足够的重视,使法官难以从充分的质证调查中获得足够多的信息,从而判断证据真伪及效力。

《〈刑事诉讼法〉解释》第 119 条第 4 项规定,"人民法院应当通知被告人、辩护人于开庭五日前提供出庭作证的身份、住址、通讯处明确的证人、鉴定人名单及不出庭作证的证人、鉴定人名单和拟当庭宣读、出示的证据复印件、照片。"二审程序对原审被告人及其律师提交的新证据没有特殊的规定,理应沿袭以上规定。虽然法律对在二审开庭前诉讼方提交证据的时间、证据类别有所规定,但却并未规定人民法院应当将该证据交由相关诉讼方查阅。在实践中,在检察机关

---

① 潘金贵:"刑事证据开示制度与诉讼模式",载徐静村主编:《刑事诉讼前沿研究》(第 1 卷),中国检察出版社 2003 年版,第 146 页。

借阅案卷材料后，辩护人往往是到检察机关查阅、复印案卷材料，但这又缺乏制定法上的依据。当案卷到法院后，律师如何阅卷，制定法上缺乏统一详细的规定，各地的做法也不尽相同，这对于维护法制的统一也不利。

（三）对证据合法性的质证与非法证据调查程序发生冲突

在质证阶段，诉讼双方针对的是证据的客观性、合法性、关联性问题进行质证，对证据合法性的质证往往是确定证据是否为非法证据的重要手段。为规范司法行为，杜绝刑讯逼供，五部门联合出台了《关于办理刑事诉讼案件排除非法证据若干问题的规定》（以下简称新《规定》），2010 年 7 月 1 日起施行的这一规定在法庭审理中特别设立了非法证据调查程序。

新《规定》第 5 条、第 12 条规定，被告人及其辩护人在开庭审理前或者庭审中，提出被告人审判前供述是非法取得的，法庭在公诉人宣读起诉书之后，应当先行当庭调查。法庭辩论结束前，被告人及其辩护人提出被告人审判前供述是非法取得的，法庭也应当进行调查。对于被告人及其辩护人提出的被告人审判前供述是非法取得的意见，第一审人民法院没有审查，并以被告人审判前供述作为定案根据的，第二审人民法院应当对被告人审判前供述取得的合法性进行审查。检察人员不提供证据加以证明，或者已提供的证据不够确实、充分的，被告人该供述不能作为定案的根据。

如果被告人、辩护人未在一审程序中提出非法证据的异议而在二审中提出的，由于一审未审查该证据的合法性，二审就应当审查；如果被告方在一审程序中提出异议而一审法院没有审查，那么二审法院就应该对此异议进行审查。在一审过程中，启动非法证据调查程序是在公诉人宣读起诉书之后，但是在二审程序中该怎样启动？在上诉人及其辩护人提出后，是审判人员可以随时启动，还是和普通程序中对证据合法性问题的质证程序一样？法律对此均未有明确规定。

三、完善二审质证程序的改革建议

（一）对二审新证据质证程序的设想

1. 诉讼参与方对一审议定的证据仍有异议

对于一审中已经移交给法院的证据，二审时检察机关或者当事人有异议的，应当由法院对该证据再次出示、宣读、播放，而不应由检察人员或者辩护人举示。

因上诉引起的二审，上诉人向上级法院提出的请求所指向的对象并不是检察机关，而是一审法院；因抗诉引起的二审，抗诉机关针对的并不是辩护人，而是不服一审判决，指向的对象也是一审法院。二审法院对上诉人的上诉或者是检察机关的抗诉负有直接审理的责任；二审审判人员，有责任当庭出示有异议的一审证据，并由诉讼双方说明意见、理由，合议庭对无异议的证据加以确认，对有异议的证据应重新调查。需注意的是,对一审中已经认定的证据不论上诉审还是抗诉审,宣读、出示的责任都应由审判人员承担。

由法官出示一审的证据并不违背审判中立原则,举示该证据的作用是确定二审法官的心证,是否认同一审判决。法官在出示证据之前是没有立场的,仅是承担了总结争议焦点、主持庭审的责任,对该证据的三性的判断仍然要依据诉讼双方的论述。在我国职权主义模式色彩较浓的庭审过程中,法官承当如上所述的举示证据的责任是理所应当的。

2. 二审提交的新证据

检察员在二审中提交的新证据既包括上诉人罪重的证据也包括罪轻的证据,旨在对一审判决进行肯定与否定,系评判性质。辩护人提交的证明上诉人无罪或者罪轻的新证据,其目的在于更好地维护当事人的合法权益。

虽然双方提交的新证据不再像一审一样那样针锋相对,有时可能是出于同一个目的却分别收集,站在不同的角度提出的诉讼主张。故笔者认为对这种类型的证据应当按照"谁主张,谁举证"的原则来进行举证质证,即"沿袭式"的模式。辩护人收集的新证据,则仍应该由辩护人在法庭上进行举示,并接受检察员的质证;检察员收集的证据,应当由检察员承担宣读出示的责任,并接受辩护人的质证。

3. 审判人员调查取得的证据

新《规定》第8条规定,法庭对于控辩双方提供的证据有疑问的,可以宣布休庭,对证据进行调查核实。必要时,可以通知检察人员、辩护人到场。合议庭在庭外调取的证据是否应该在法庭上质证,学者的观点不一。有人认为合议庭直接获取的证据在法庭上再出示听取各方的意见,难以避免法官受到质询的尴尬。因此,只要合议庭在庭外取证时通知控辩双方到场,就不需要法庭举证,而可以直接将其作为定案证据。[①] 也有学者认为,合议庭庭外调查的过程并非是庭审,而只是法官的自由心证形成的过程,取证的结果应当接受法庭的检验。[②] 即便是法官庭外调查核实证据时控辩双方到场,该证据也应该拿到法庭举示,因为这些证据还要原审被告人的意见来进行核实,否则就违背了辩论质证原则。

对于二审庭外调查取得的证据如何质证,学界有几种观点。一是在庭外由审判人员听取检察人员和辩护人的意见,如无异议则直接采用;二是根据不同的情况,分别由检察人员和辩护人出示、质证,采用"沿袭式"的方式;三是由审判

① 刘永昌、朱拥政:"刑事审判中法官调查核实证据的几个问题探讨",载《中国审判方式改革理论问题研究》,新华出版社1999年版。

② 龙宗智:《刑事庭审制度研究》,中国政法大学出版社2001年版,第393页。

人员在庭审中直接出示,并听取检察人员和辩护人的意见说明。笔者更赞同第三种方式,一是因为该证据是审判人员所取,由他宣读出示证据即可,检察人员和辩护人的不同意见可以作为审判人员是否采纳该证据的意见参考,审判人员也不宜在庭上和诉讼双方进行辩论;二是因为二审程序的诉讼职能和任务告诉我们,二审庭审方式并不像一审那样,有明显的控辩式特征,亦不负有一审控辩式的证据证明责任,为维护法律的正确实施,往往在二审程序中,检察员、审判人员都具有查明案件事实的职责;三是这样的质证模式符合“辩论质证”规则。我国《刑诉法》规定,未经法庭质证的证据不能作为定案依据。合议庭在庭外调查的证据,拿到法庭上听取诉讼双方的意见,诉讼双方意见表达的过程是一个质证的过程,“兼听则明”,法官只在该前提下才能对案件事实有更为清晰的把握,从而作出正确的判决。

(二)建立符合二审特色的庭前证据交换程序

鉴于庭前交换信息的重要性,笔者建议应当建立适合我国二审特色的证据交换程序。

二审法院在上诉人提出上诉之后,对案件证据进行的是全面的、实质的审查,而不像一审开庭前仅仅是形式审查。案件此时是在审判阶段,掌握主动地位的是法院,在庭前进行的证据交换应由二审法院主持,在二审法院进行。二审法院应当在开庭十日以前通知同级人民检察院查阅案卷,如上诉人委托了辩护人,此时亦应通知辩护人阅卷,阅卷的范围应该是与案件有关的所有材料。

在双方阅完卷并送还二审法院之后,二审法院应该询问检察员和辩护人,是否有新的证据提交。如有新证据举示,应当组织证据交换,使诉讼双方了解对方证据掌握状况,明确双方争议焦点,以便审判人员查明案件事实,对一审判决进行评判。

(三)以新《规定》为依据,确立非法证据调查程序

确立一个单独的非法证据调查程序,对于法庭集中精力审查证据的合法性问题具有十分重要的作用。

在二审上诉程序中,如果原审被告人及其辩护人提出了非法证据的异议,非法证据调查程序可以设置在上诉人陈述上诉理由之后;在二审抗诉程序中,非法证据调查程序可以设置在检察机关发表支持抗诉意见之后,这样的程序设计符合新《规定》对非法证据调查程序的设立意图。对该证据的调查应当仅仅针对证据的合法性问题,对证据的客观性、关联性问题,待举证时再进行质证。如原审被告人及其辩护人没有提出非法证据的异议,对证据的合法性问题应当和证据的客观性、关联性问题一起,待举证时再进行质证。非法证据调查程序和质证程序应当适度地区分。

非法证据调查程序的建构

张仲侠*

一、引言

肇始于19世纪末、确立于20世纪中期的非法证据排除制度,随着近年我国法治的不断发展,终在我国得以确立,实在是可庆可贺。但是仅此《关于办理刑事案件排除非法证据若干问题的规定》(以下简称《规定》)是否真正能够涵盖非法证据排除的全部旨趣,使这一舶来品在中国的法治土壤中生根发芽呢？笔者认为,诚如一些文章所指出的那样,《规定》本身在内容上存在“硬伤”,其中的一些问题需要在未来的运行中逐渐暴露,再经由实务界与学术界的共同努力加以解决。众所周知,“纸面上的法律”永远不如“行动中的法律”能够全面展现法律的先进与缺陷,所以《规定》面临的最大问题在于如何在实务中运行,但它在这一方面不尽如人意。

问题一:《规定》第5条:“被告人及其辩护人在开庭审理前或者庭审中,提出被告人审判前供述是非法取得的,法庭在公诉人宣读起诉书之后,应当先行当庭调查。法庭辩论结束前,被告人及其辩护人提出被告人审判前供述是非法取得的,法庭也应当进行调查。”这看似明白无误地指出“应当先行当庭调查”,但是却没有规定具体的程序规则:这一调查程序与审判程序为一体抑或为一独立程序？这一程序由合议庭全部成员参加抑或仅由法官参加,排除人民陪审员的参与？这些问题关系到认定非法证据的主体等程序问题,如果不加以解决,“认定非法证据”行为本身就可能产生程序上的瑕疵,导致审判失误。

问题二:在对非法证据的调查过程中,证据材料的证明力与证明标准应该如何评价？《规定》没有给出适当的解决办法。《规定》第7条:“公诉人应当向法

---

* 北京市房山区人民法院副院长

庭提供讯问笔录、原始的讯问过程录音录像或者其他证据，提请法庭通知讯问时其他在场人员或者其他证人出庭作证，仍不能排除刑讯逼供嫌疑的，提请法庭通知讯问人员出庭作证，对该供述取得的合法性予以证明。”此条划定了非法证据的证据材料种类，即书证、证言、视听资料，但对这三种证据材料的证明力却未作规定。我们可以试想：当证明同一问题时，如果书证、证言、视听资料所表现的情况截然相反，那么三者的证明力高低就是判断证据是否达到证明标准的尺度。此外，证明标准本身就存在模糊之处。《规定》中对证明标准的表述沿袭了我国诉讼法一直以来所采用的“经典”表述——“确实、充分”。这一虚无缥缈的说法使人们对于证明标准犹如“雾里看花”——看似就在眼前，转眼又模糊不见。在笔者看来，证明非法证据的证明标准必须要在“高度盖然性”与“排除合理怀疑”之间作出选择，但如何选择本身就是一个问题。

问题三：对于非法证据的种类以及何为“非法手段”规定得较为笼统，需要在司法实践中予以明确。首先，《规定》中所说的“非法证据”种类有限，仅限于当事人陈述、证人证言、物证、书证；其次，对于取得“非法证据”的手段规定得比较模糊，仅规定了“刑讯逼供等非法手段”、“暴力、威胁等非法手段”。

针对上述问题，笔者将未来司法实践中的非法证据调查的程序性及实体性规则总结如下：

(1)严格区分审判程序与非法证据认定程序。

(2)强化对证据材料证明力、证明标准的认定。

(3)正确解释《规定》的适用范围。

二、正论

鉴于上文的分析，笔者建议未来司法实践中的非法证据调查程序，应作如下设计：

1. 程序启动

在法庭调查过程中，一旦被告人或其他诉讼参与人提出证据是非法取得的意见，并提供相关线索或者证据。这时就应直接启动非法证据调查程序。要注意的是，程序的启动并不需要诉讼参与人拿出能够“证实”证据非法的证据材料。因为从逻辑上说，如果要求诉讼参与人提供的证据材料足以能够证明非法证据，调查所追求的事实已经得以确证，那么根本就不再需要另行调查。所以，启动非法证据调查程序所必需的要件仅仅为《规定》中所说的向人民法院提交的、有具体指向的“书面意见”、“笔录”。

此外，笔者认为将程序的启动置于法庭初步审查之前的说法不符合逻辑。如上所述，非法证据调查程序的启动本来就是法庭初步审查的结果，将原因置于结果之前显然是逻辑上的混乱。

2. 非法证据调查程序的决策者与决定机制

在美国,为避免非法律专业的陪审团成员接触到非法取得的证据而形成不恰当的事实判断,法官在事实审理之前会组织控辩双方对证据的合法性加以认定,确定哪些证据不能进入庭审,调查证据的合法性。可见,其非法证据调查程序是在法官的主持之下,法官是这一程序的决策者。反观德国,在对法官及陪审员作为法律审理者和事实审理者高度信任的司法理念影响下,德国法律并不禁止陪审员接触到那些违背证据取得禁止规定所获得的证据,所以德国法中的证据排除发生在案件的审理过程中。

我国的诉讼制度显然更接近德国的诉讼制度,那么是否意味着我们就要采取像德国一样的非法证据调查程序呢?调查程序是否应与审判程序相区分呢?

首先,非法证据调查事实上是另一种形式的证据交换制度。我国《刑事诉讼法》(以下简称《刑诉法》)及其相关司法解释有类似证据交换的规定:如《刑诉法》第96条第2款、第36条,《关于刑事诉讼法实施中若干问题的规定》第35条、第36条、第41条。证据交换的价值无须赘述,值得我们注意的是,我国法律中目前所规定的类似证据交换制度仅是让辩护人得以知晓检方所掌握的"证据材料"(此处刻意指明"证据材料"而不采用"证据"的说法,原因是证据材料需要经过合法性、关联性、真实性的考量才能最终成为证据),这些材料是否能够成为证据,进而在法庭上质证,双方并未达成共识。由于证据交换制度的缺失,才会出现在庭审中对证据合法性的质疑所启动的非法证据调查程序。所以在目前的法律框架下,无法真正实行证据交换制度,但是这并不意味着庭审中没有证据交换存在的余地。非法证据调查恰恰就是在证据交换制度缺失下的补救程序。司法实践中也是由审判人员主持控辩双方的证据交换。

我国的人民陪审制有别于英美法系,在不区分事实审与法律审的前提下,由法官与人民陪审员共同判定案件的事实与适用的法律。在这种"双负责"的模式下,陪审员必须接触包括非法证据在内的证据,并参与对证据合法性、真实性、关联性的判断。合议庭对于非法证据调查的合议规则不变,即少数服从多数,将少数的意见记载于合议笔录中。

其次,调查程序应属于审判中相对独立的一个程序。调查程序所接触的证据实际上是"关于证据的证据"。这一程序与被告人被指控的犯罪没有直接的关系,属于程序性的调查。非法证据调查程序应当不允许旁听,以防止非法证据被旁听人员得知,在不明真相的情况下(也不排除故意散布的情况)向外界透露,降低判决的公信力。应由合议庭主持非法证据调查,并确定证据合法性,然后将合法的证据当庭宣读、质证。

这一点在《规定》中也可以找到相应的内容，第10条："经法庭审查，具有下列情形之一的，被告人审判前供述可以当庭宣读、质证……"这里指出可以当庭宣读、质证的证据都应当是合法证据，其中隐含了两点意思：①确定证据合法性的调查程序应当与案件庭审程序分开；②鉴于当庭宣读、质证的听众就是旁听人员，所以该规定从侧面表示证据的合法性证明之前，不应让其接触一般公众。

3. 对《规则》的解释适用

在非法证据的种类与"非法手段"两方面的处理上要作出正确解释，否则可能导致对非法证据的认定偏颇。

一方面，《规定》的内容严格适用于非法言词证据、物证、书证。我国诉讼制度中规定了7种证据种类，由于《规定》明确涵盖的证据种类只有证人证言、当事人陈述、物证、书证等4种，对于其不包括的另3种证据，对其合法性的判断以及处置显然不能适用《规定》。在《规定》的适用范围上要严格解释，切不可扩大。对于其不涵盖的3种而言，合法性的判断及处置需要依照其他刑事诉讼法律来决定。

另一方面，对于《规定》中所说的"非法手段"应采取扩大解释的方法，以期保护公民的合法权利。美国法律中的证据排除规则实际上涵盖了：非法搜查、扣押、违法通讯监察、非法取得自白、强制自证己罪、违反正当法律程序及侵害辩护权等内容，体现了对于公民权利的全面保护。如果对于"非法手段"的认识仅限于"刑讯逼供等非法手段"、"暴力、威胁等非法手段"未免过于狭隘，对公民的保护有限。

4. 对证据证明力及证明标准的判断

学界通常认为：国家机关、社会团体依职权制作的公文书证的证明力一般大于其他书证；物证、档案、鉴定结论、勘验笔录或者经过公证、登记的文书，其证明力一般大于其他书证、视听资料和证人证言；原始证据的证明力一般大于传来证据；直接证据的证明力一般大于间接证据。《规定》为认定非法证据的证据材料种类进行了规定，即书证、证言、视听资料。当对一项证据进行合法性证明的时候，可能有控辩双方提供的数个关于此证据的证据，相比较而言，辩方的举证仅需要使法官产生合理怀疑即可，而检方需要使法官排除合理怀疑，所以通常检方提供证据的动力更大。能够证明侦查机关取证行为的证据当然有很多，而要求侦查机关提供证据来证明自身取证行为的非法性显然是缘木求鱼，不可得之。所以学界所认为的证明力大小判断在这里一般应当严格限制，切不可认为公安侦查机关所提供的证据的证明力天然地高于辩护人所提供的证据。正确的做法是全面考量控辩双方提供的证据的证明力。

关于证据合法性的证明标准，有学者提出标准不宜太高，提出应适用"优势

证据”标准来判断证据合法性,而不是“排除合理怀疑”标准,笔者不敢苟同,原因如下:

(1)证据合法性调查属于刑事证据证明的一部分,应当采取刑事证明标准。刑事诉讼法中明确要求“案件事实清楚,证据确实、充分,依据法律认定被告人有罪的,应当作出有罪判决”,与《规定》中所说的“确实、充分”用词相同,意味着采取相同的证明标准。

(2)如前文所述,尽管证据合法性调查程序相对独立于审判程序,但是毕竟其为刑事审判不可分割的一部分,故对其证明标准采取同一规定无可厚非。

(3)从诉讼效率来看,采取较高的证明标准必然导致诉讼效率降低,但是这并不能够成为降低证明标准的理由。公正与效率是法律的永恒主题,刑事审判无论对被告人或是被害人而言都将产生深远的影响,这种影响是民事诉讼所不可比拟的。在这种情况下,采取较高的证明标准,更能体现我国社会主义法治的实质追求,体现我国“以人为本”的法律理念,更好地保护人权,践行国际公约中的承诺。

(4)公诉方在证明证据的合法性时,其采取的方法和途径无外乎出具侦查机关及其人员的“情况说明”、出示讯问过程的录音录像、提请法庭通知参与讯问的侦查人员出庭作证、出具对犯罪嫌疑人、被告人的体检报告或伤情鉴定。囿于我国侦查程序的封闭性,上述证据多为侦查机关单方面的材料,其证明力十分有限;录音、录像虽然证明力较强,但实践中能够对全部讯问过程进行不间断、无遗漏录音、录像的几乎没有。在这种情况下,如果采用较低的证明标准,必将对公民权利产生严重威胁。从公平的角度而言,检方拥有国家公权力,其调查取证的能力远远高于辩方,对其提出较高的证明标准,并让其承担举证责任是恰当的。

三、结语

《关于办理刑事案件排除非法证据若干问题的规定》的颁布是我国刑事诉讼法的一件大事,更是刑事审判的一件大事,标志着我国刑事审判对公民权利的保护迈上了一个新台阶。本文在分析《规定》的基础上,结合目前刑事审判中所面临的问题,对《规定》中含混不清之处进行了较为清楚的解读,希望为《规定》在审判实践中的真正运行提供参考,其中不当之处在所难免。望诸位同仁不吝斧正。

刑事诉讼二审中非法证据认定与排除的实践思考

孙庆宏[*]　张乾雷[**]

一、问题的提出

最高人民法院、最高人民检察院、公安部、国家安全部和司法部联合制定了《关于办理刑事案件排除非法证据若干问题的规定》(以下简称《非法证据排除规定》),并于2010年7月1日开始实施。其中第12条规定,“对于被告人及其辩护人提出的被告人审判前供述是非法取得的意见,第一审人民法院没有审查,并以被告人审判前供述作为定案根据的,第二审人民法院应当对被告人审判前供述取得的合法性进行审查。检察人员不提供证据加以证明,或者已提供的证据不够确实、充分的,被告人该供述不能作为定案的根据。”从该条文的内容上可以看出,它没有具体规定二审法院如何审查被告人审判前供述取得的合法性,也没有规定检察机关通过何种程序提供证据来证明被告人审判前供述取得的合法性,这就给司法实践操作带来很大的困难。从该条规定来看,刑事诉讼二审中一旦被告人及其辩护人提出一审判决所采信的被告人审判前供述是非法取得的,法院都应当对被告人审判前供述取得的合法性进行审查,而且检察人员要承担“不能证明被告人审判前供述取得合法”的法律后果。根据我国现阶段的司法实践状况,该条规定必将对我国刑事诉讼二审审判产生影响:因需要审查被告人审判前供述是否合法,大量刑事诉讼二审案件会被人民检察院无序阅卷,被刑事诉讼二审法院轻易决定开庭审理。众所周知,随着经济社会发展,法院审判工作量是十分繁重的,特别是我国经济社会飞速发展,更难面对“诉讼爆

* 北京市第一中级人民法院刑一庭副庭长
** 北京市第一中级人民法院刑一庭副庭长

炸”的局面,[①]如果不对刑事诉讼二审中非法证据认定与排除的规则进行研究,就可能使这种制度被湮没。

同时,《非法证据排除规定》也没有规定,如果一审法院将非法证据排除的情况下,检察机关抗诉,二审法院开庭审查时应当把握什么标准来认定非法证据;此外,它也没有规定,检察机关抗诉理由不是因非法证据排除的抗诉或被告人上诉理由也不是因非法证据排除的上诉中,二审法院为了贯彻全面审理原则,应当以什么标准审查一审法院对非法证据的排除。要使非法证据排除规则在刑事诉讼二审中得以顺利的实施,笔者认为至少有以下几个问题需要解决:一审法院同级检察机关及其上级检察机关通过何种程序参加到二审对非法证据的合法性调查中;刑事诉讼二审开庭调查非法证据取得的合法性应当遵循什么程序;二审法院对非法证据认定排除应当把握的尺度和标准。结合我国现行法律规定,把以上问题梳理清楚,才能使非法证据排除规则在我司法实践的土壤中生根发芽。

《非法证据排除规定》中明确规定要排除的非法证据包括:采用刑讯逼供等非法手段取得的犯罪嫌疑人、被告人供述;[②]采用暴力、威胁等非法手段取得的证人证言、被害人陈述;[③]取得明显违反法律规定的物证、书证。[④] 本文为了论证的方便,主要以犯罪嫌疑人、被告人审判前供述取得的合法性审查认定为例,来说明刑事诉讼二审中非法证据认定排除的相关问题。

二、二审中非法证据认定与排除的诉讼程序

现阶段,检察机关在刑事诉讼二审中的作用主要体现在抗诉案件和二审开庭案件的审理中。地方各级人民检察院认为同级人民法院第一审判决、裁定认

---

① 2009 年,最高人民法院受理案件 13,318 件,审结 11,749 件,同比分别上升 26.2% 和 52.1%;地方各级人民法院受理案件 1137 万余件,审执结 1054 万余件,结案标的额 16,707 亿元,同比分别上升 6.3%、7.2% 和 16.4%。2010 年,最高人民法院受理案件 12,086 件,同比下降 6.99%,审结 10,626 件,审限内结案率为 98.31%;地方各级人民法院受理案件 11,700,263 件,同比上升 2.82%,审结、执结 10,999,420 件,审限内结案率为 98.51%,结案标的额 15,053.43 亿元。参见最高人民法院院长王胜俊于 2010 年 3 月 11 日向十一届全国人大三次会议作的最高人民法院工作报告与于 2011 年 3 月 14 日向十一届全国人大四次会议作的最高人民法院工作报告。

② 《非法证据排除规定》第 1 条规定,“采用刑讯逼供等非法手段取得的犯罪嫌疑人、被告人供述和采用暴力、威胁等非法手段取得的证人证言、被害人陈述,属于非法言词证据”。第 2 条规定,“经依法确认的非法言词证据,应当予以排除,不能作为定案的根据”。

③ 《非法证据排除规定》第 1 条、第 2 条。

④ 《非法证据排除规定》第 14 条规定,“物证、书证的取得明显违反法律规定,可能影响公正审判的,应当予以补正或者作出合理解释,否则,该物证、书证不能作为定案的根据。”

定事实或适用法律错误的,应当通过原审人民法院提出抗诉书,并且将抗诉书抄送上一级人民检察院。原审人民法院应当将抗诉书连同案卷、证据移送上一级人民法院,并且将抗诉书副本送交当事人。上级人民检察院如果认为抗诉不当,可以向同级人民法院撤回抗诉,并且通知下级人民检察院。上级人民检察院要是支持抗诉的,会在二审开庭时出具出庭意见书。对于被告人上诉的案件,二审法院经过阅卷,讯问被告人、听取其他当事人、辩护人、诉讼代理人的意见,对事实不清楚并作出开庭审理决定的,二审法院往往会先通知同级人民检察院相关部门阅卷,然后再择期开庭,同级检察院会派检察员出庭,出庭检察员也会出具出庭意见书。当然,在检察机关没有具体参与的刑事诉讼二审中,刑事诉讼二审法院通常在二审裁决作出后会及时将二审裁定送达同级检察机关及一审检察机关,检察机关作为法律监督机关,针对刑事诉讼二审案件中的错误也可以向人民法院发出检察建议、纠正意见等,实践中,根据具体的情况不同,发公函或者电话、传真、当面交谈等形式都可能存在,①但是这往往以事后监督的形式存在。

检察机关通过何种程序来提供证据证明被告人审判前供述取得的合法性?二审法院又如何审查被告人审判前供述取得的合法性?笔者认为应当参考检察机关当前参与刑事诉讼二审审理的程序,针对不同情况采取不同的处理方式。

第一,被告人以一审判决采信非法证据为由提起上诉。如果被告人上诉书中写明上诉理由是因一审判决采信非法证据的,收到上诉书的人民法院应当及时将上诉书副本送达同级人民检察院;如果被告人在上诉书中没有写明上诉理由是因一审判决采信了非法证据,而是在二审审理期间提出一审判决采信了非法证据的,其应当提交书面材料。被告人书写确有困难的,可以口头告诉。二审法院应当及时将被告人的书面意见或者告诉笔录复印件送达同级人民检察院,人民检察院在收到相关诉讼材料后应当及时转交给下级人民检察院。下级人民检察院在收到相关诉讼材料后,应当通过原审人民法院或者上级人民检察院向二审法院提交"检察意见书"、询问笔录、原始询问过程录音录像或者其他证据或者告知询问笔录、原始询问过程录音录像或者其他证据的存放地点。二审法院经过阅卷,讯问被告人,听取其他当事人、辩护人、诉讼代理人的意见,审查被告人提供涉嫌非法取证的人员、时间、地点、方式、内容等相关线索或者证据,审查询问笔录、原始询问过程录音录像或者其他证据后,认为一审法院没有对非法证据进行审查或认为一审法院对非法证据的认定与排除不符合法律规定的,二审法院应当按照《刑事诉讼法》第189条的规定,可以开庭审查、查清事实后改

① 甄贞、赵永红:"检察机关二审法律监督若干问题研究",载《法学家》2008年第5期。

判，也可以裁定撤销原判，发回原审人民法院重新审判；认为一审法院非法证据的认定与排除是适当的，应当裁定驳回上诉，维持原判。司法实践中，人民检察院在收到上诉人的上诉书后往往不向二审法院提交“检察意见书”，不对一审判决采信的证据是否确实充分、量刑是否适当等问题发表意见，其实这是人民检察院放弃追诉权或者法律监督职能的做法。①

第二，人民检察院以一审判决没有采信被告人审判前供述作为定案根据为理由抗诉的。针对这种情况，二审法院应当依法开庭调查被告人审判前供述取得是否合法。

第三，检察机关抗诉不是因非法证据排除的抗诉或被告人也不是因非法证据排除的上诉的，二审法院为了贯彻全面审理原则，需要审查一审法院对非法证据的认定与排除。二审法院经过阅卷，讯问被告人、听取其他当事人、辩护人、诉讼代理人的意见后，认为一审法院对非法证据的认定与排除不符合法律规定的，应当按照《刑事诉讼法》第189条的规定，可以在查清事实后改判，也可以裁定撤销原判，发回原审人民法院重新审判；认为一审法院非法证据的认定与排除是适当的，应当裁定驳回上诉，维持原判。

三、二审开庭调查证据取得的合法性时应当遵循的程序

《刑事诉讼法》第195条规定，“第二审人民法院审判上诉或者抗诉案件的程序，除本章已有规定的以外，参照第一审程序的规定进行”。最高人民法院、最高人民检察院、公安部、国家安全部、司法部、全国人大常委会法制工作委员会《关于刑事诉讼法实施中若干问题》第45条、最高人民法院《关于执行〈中华人民共和国刑事诉讼法〉若干问题的解释》第255条、《人民检察院刑事诉讼规则》第366条均规定，二审开庭审理的公诉案件，在二审中出庭的检察人员和辩护人需要出示、宣读、播放一审中已移交人民法院的证据的，出庭的检察人员和辩护人可以申请法庭出示、宣读、播放。法庭调查阶段，如果检察人员或者辩护人申请出示、宣读、播放第一审审理期间已经移交给人民法院的证据的，法庭应当指令值庭法警出示、播放有关证据；需要宣读的证据，由法警交由申请人宣读。这些规定解决了一审中已移交人民法院的证据在刑事诉讼二审中出示、宣读、播放的问题，但是对于在刑事诉讼二审中控辩双方及法院补充调查的新证据、一审中移交人民法院的卷宗中一些没有在一审被质证的证据，如果二审法院认为这些证据非常重要，需要质证，又如何进行质证呢？我国《刑事诉讼法》对二审开庭

① 叶红、姜振丰：“谈检察机关在刑事二审程序中的证明责任”，载《人民检察》2004年第3期。

审理如何进行，规定还是比较模糊的，各法院做法也不完全一样，理论界对于刑事诉讼二审的开庭审理程序争议也比较大。

实践中，根据1996年我国所修改①的《刑事诉讼法》第150条，检察院在提起公诉时，只需移送指控犯罪事实的证据目录、证人名单和主要证据复印件，在开庭后才把整个案卷材料一并移送法院。开庭审理中，出庭检察员往往只在一审开庭时出示、宣读、播放他们认为主要的证据，总会有一些侦查案卷中的证据没有被质证。但是这些没有被质证的证据有时对案件事实的认定起着重要作用，有时还存在一些与主要证据相矛盾的证据、一些对被告人有利的证据。如果这些证据在一审中没有被发觉，二审法院怎么处理?

以上这些问题也是刑事诉讼二审开庭调查证据取得的合法性必须面对的。二审法院应当从公正和效率的角度出发，根据案件的具体情况进行分别处理。

第一，在二审开庭审理中，需要质证的是一审中移交人民法院的证据。这可以细分为三种情况②：已经被一审判决采信的证据、已经质证但未被一审判决采信的证据、一审中没有质证但已经被侦查机关取得并入案卷的证据。针对这些证据，二审法院应当根据最高人民法院《关于执行〈中华人民共和国刑事诉讼法〉若干问题的解释》第255条的规定，在法庭调查阶段，如果检察人员或者辩护人申请出示、宣读、播放第一审审理期间已经移交给人民法院的证据的，法庭应当指令值庭法警出示、播放有关证据；需要宣读的证据，由法警交由申请人宣读。如果是二审法院认为需要上述证据质证的，也应当依法指令值庭法警出示、播放有关证据；需要宣读的，其可以直接宣读或由法警交出庭检察员宣读，然后由被告人及辩护人进行质证。

第二，在二审开庭审理中，需要质证的是检察机关或被告人及辩护人补充调取的新证据。针对这种证据，在法庭调查中，法庭应当要求提供证据的一方首先说明证据来源及要证明的问题并宣读证据，然后令被告人及辩护人进行质证。

第三，在二审开庭审理中，法庭庭外调查的新证据。针对这种证据，在法庭

---

① 1979年《刑事诉讼法》第108条规定，“人民法院对提起公诉的案件进行审查后，对于犯罪事实清楚、证据充分的，应当决定开庭审判；对于主要事实不清、证据不足的，可以退回人民检察院补充侦查；对于不需要判刑的，可以要求人民检察院撤回起诉”。1996年修改《刑事诉讼法》时，该条被修改为“人民法院对提起公诉的案件进行审查后，对于起诉书中有明确的指控犯罪事实并且附有证据目录、证人名单和主要证据复印件或者照片的，应当决定开庭审判”。该条的修改在司法实践中造成的困惑有二：第一，审判法官不仅要审查质证的证据，还要审查没有被质证但是在卷宗中的证据，虽然在判决书中没有将这些被质证的证据作为认定案件事实的依据，但这些证据总是潜移默化地影响着法官认定案件事实；第二，因为卷宗并没有在开庭前移送到人民法院，所以辩护律师在审判阶段往往不能通过正常阅卷手续在开庭前见到全部卷宗证据。

② 马凯：“刑事案件二审中举证问题研究”，载《人民检察》2007年第10期。

调查中,法庭应当指令值庭法警出示、播放;需要宣读的,法庭可以直接宣读或由法警交出庭检察员宣读,然后由被告人及辩护人进行质证。

四、二审中非法证据的认证与排除应当把握的标准

在我国,二审是对一审法院作出的判决或裁定所认定的事实是否清楚,证据是否确实、充分,适用法律是否正确,诉讼程序是否合法,进行全面审查。通过二审可以维护一审法院的正确裁判,纠正一审法院的错误裁判,进而监督和指导下级人民法院的审判工作。除了死刑案件之外,二审程序还是终审程序,二审中对刑事证据审查判断直接影响着终审裁判的准确与公正。二审法院应当从讲事实、讲证据、讲法律、讲责任的高度,确保办案质量,依法惩治犯罪、切实保障人权、维护司法公正,确保办理的每一起刑事案件都能经得起法律和历史的检验。二审中对非法证据的认证与排除应当注意以下几个方面。

第一,非法证据排除规则最重要的价值依然是保障被告人权利,这也是美国非法证据排除规则的精髓所在,我们不能只从形式上学习非法证据排除规则,更要吸取其精髓。二审法院在是否决定开庭调查、是否将案件发回重新审理、是否针对刑讯逼供等非法取证行为向相关单位发司法建议、是否将非法证据予以排除时都要考虑该行为是否保障了被告人权利。非法证据排除规则(the exclusionary rule)在英美法系证据规则中非常重要,它源自美国,其确立可以追溯到19世纪末20世纪初,距今约百年历史。美国确立非法证据排除规则主要的根据是美国宪法前十条修正案,即《权利法案》(Bill of Rights),这一规则的确立主要背景在于美国现代意义上警察队伍形成并参与到刑事司法的侦查工作中,警察的权利日益扩张。法院为了保护被告人的权利而逐渐确立的,美国人认为这是宪法赋予他们的权利。非法证据排除规则产生之初便争议不断,批评意见是"只因为警察的微小错误就让罪犯逍遥法外,剥夺了社会对违法者进行惩治的权利,它保护了那些已经被发现有犯罪证据的人。"但是美国人认为这是"将个人权利和自由看得很高的社会所必须付出的代价"。① 当前我国,利用刑讯逼供或者变相刑讯逼供等非法行为取证的现象还普遍存在,中央五部委出台《非法证据排除规定》具有十分明确的指向作用。所以,司法办案人员,特别是主宰刑事案件最终结果的二审法院更应当从保障被告人权利的角度出发,将《非法证据排除规定》落到实处。

第二,二审法院要区分两种意义上对非法证据的认定与排除。《非法证据排

① 杨宇冠:"非法证据排除规则及其在中国确立问题研究",载《比较法研究》2010年第3期。

除规定》规定了两种意义上的"排除",一种是不能作为批准逮捕、提起公诉的根据,[①]另一种是不能作为定案的根据。前一种非法证据的排除是真正意义的将非法证据排除,因为这种排除,认定案件事实的法官就不会接触到这些非法证据,也不会对法官产生实质上的影响;而后一种非法证据的排除不是真正意义上的非法证据排除,因为这种非法证据会被认定案件事实的法官所接触,虽然因为法律规定不会将这种非法证据作为认定案件事实的依据,但是这种证据往往会对法官产生实质上的影响。因此,法官在考虑非法证据排除时,要区分这两种情况,尽力使非法证据对自己认定案件事实的影响降到最低。

第三,非法证据的认定证明标准没有定罪的证明标准高,即非法证据的认定不需要达到"排除合理怀疑"的程度。在国外的证据理论中,证明标准是分层次的,通说认为民事诉讼的证明标准达到"优势证据"即可,刑事诉讼的证明标准要求较高,必须达到"排除合理怀疑的程度"。[②] 在美国,非法证据的指控及认定,只需达到"优势证据即可"。[③] 严格意义上来说我国并没有建立分层的证明标准体系,法律对证明标准的表述往往是"证据确实、充分",这一现象也已经引起理论界和实务界的深刻反思。借鉴国外经验,作为终审裁决的二审法院应当树立非法证据的认定证明标准并没有定罪的证明标准高的观念。

第四,从证明责任分配角度来看,检察机关要承担结果意义上的证明责任。虽然《非法证据排除规定》第 6 条[④]规定了被告人及其辩护人提供涉嫌非法取证的人员、时间、地点、方式、内容等相关线索或者证据的证明责任,但是《非法证据排除规定》第 11 条[⑤]规定了公诉机关检察机关如果不能提供证据加以证明,或者已提供的证据不够确实、充分,被告人审判前的供述依然要排除,这就要求检察机关承担结果意义上"承担不利后果"的证明责任。《非法证据排除规定》第

---

① 《非法证据排除规定》第 3 条规定,"人民检察院在审查批准逮捕、审查起诉中,对于非法言词证据应当依法予以排除,不能作为批准逮捕、提起公诉的根据"。

② 陈光中主编:《刑事诉讼法》,北京大学出版社、高等教育出版社 2002 年版,第 165 页;刘金友:《证据法学》,中国政法大学出版社 2001 年版,第 313 页;沙丽金主编:《法律英语》,中国民主法制出版社 2005 年版,第 124 页。根据美国的证据法理论,证明标准有七个层次:no significant proof, reasonable basis, probable cause, preponderance of evidence, prima facie case, proof beyond a reasonable doubt, absolute proofu of guilt。在刑事诉讼中不同阶段,证明标准也不同,裁判人员的内心确认程度也不同,办案人员所能采取的强制措施也不同。

③ 杨宇冠:"非法证据排除规则及其在中国确立问题研究",载《比较法研究》2010 年第 3 期。

④ 《非法证据排除规定》第 6 条规定,"被告人及其辩护人提出被告人审判前供述是非法取得的,法庭应当要求其提供涉嫌非法取证的人员、时间、地点、方式、内容等相关线索或者证据"。

⑤ 《非法证据排除规定》第 11 条规定,"对被告人审判前供述的合法性,公诉人不提供证据加以证明,或者已提供的证据不够确实、充分的,该供述不能作为定案的根据"。

12 条也同样规定了检察机关在二审中对于非法证据的认定与排除要承担结果意义上“承担不利后果”的证明责任。这些规定应该说还是比较符合当前我国国情。现阶段的被告人,特别是已经被羁押的被告人搜集证据能力几乎为零,辩护人搜集证据的能力也相当有限,要他们承担结果意义上的证明责任显然是不合适的。检察机关要承担结果意义上的证明责任,这要求公安司法机关办案人员在收集调取证据的时候需特别注意保全取证行为合法的证据。同时,二审法院还要充分发挥自由裁量权来分配举证责任,正如麦考米克教授所说,并不存在调整证明责任分配的关键原则,证明责任的分配取决于一个或多个因素的衡量。①

第五,在对非法证据进行认定与排除时,要树立排除证据所要保护的利益需大于不排除证据所造成的损失的观念。在美国也存在很多不能排除非法证据的情形。例如,反驳的例外,一些非法的证据不能直接作为认定被告人有罪的证据,但可以用来反驳被告人,证明其前后陈述的矛盾,降低其可被信任的程度②。当然涉及国家利益的证据更不会被排除。《非法证据排除规定》虽然没有这方面的具体规定,但是二审法院仍然要按照相关法理,充分发挥自由裁量权,注重对这方面问题的总结。

五、小结

在刑事诉讼二审中,法院对非法证据的审查应当结合我国现有法律规定,充分发挥自由裁量权,完善对非法证据审查的刑事诉讼程序。检察机关作为公诉机关和法律监督机关在二审中既负有继续指控被告人犯罪的职责,也有监督刑事诉讼二审合法有序进行的义务,要区分二审中提出对非法证据审查的不同情况,结合现行《刑事诉讼法》规定,设定检察机关参与二审的不同途径。同时也要完善二审庭审程序,使二审法庭审查非法证据更合法有序。二审法院作为终审法院对刑事案件的审判质量起着非常重要作用,在当前我国确立非法证据排除规则的初级阶段,二审法院在认定、排除非法证据的过程中应当站在更高角度,真正认识到非法证据排除的重要价值及存在问题,充分行使自由裁量权,促使非法证据排除规则在我国刑事司法实践中发挥应有作用。

---

① [美]麦考密克著:《麦考密克论证据》,汤维建等译,中国政法大学出版社 2003 年版,第 653 页。

② 百度词条“非法证据排除规则”,载 http://baike.baidu.com/view/478065.htm,访问时间:2010 年 10 月 6 日。

试论刑事二审程序中非法证据排除的证明责任

赵 康*

非法证据排除的证明责任是一个历久弥新的理论和实践问题。在过去的司法实践中,由于“我国刑事诉讼法中非法证据排除只限于言词证据,不包括实物证据;在言词证据的排除方面,仍欠缺具体可行的操作性规定”①;而在学界,对于非法证据的类型往往认定为“(1)以刑讯、威胁、欺骗等手段获取的犯罪嫌疑人或者被告人陈述、被害人供述、证人证言等言词证据;(2)以非法侵入公民住宅的方法,而进行的搜查、扣押行为所获取的实物证据;(3)未经合法授权而进行的监听、采样电讯等行为所获取的证据”。② 因此,对于非法证据的排除,实务界持相对保守的态度。2010 年 6 月,最高人民法院、最高人民检察院、公安部、国家安全部和司法部联合出台了《关于办理刑事案件排除非法证据若干问题的规定》(以下简称《规定》),使非法证据的范围、证明责任等问题在我国首次有了较为明确的规定,被誉为“我国健全证据规则方面的飞跃性进步”。③

非法证据的排除的终极使命在于维护程序正义,而刑事二审程序的价值在于“防错、纠错,实现司法救济”;④从实现公正的角度而言,二者具有一致性。笔者拟结合《规定》的相关制度设计,对于刑事二审程序中的非法证据排除的证明责任问题进行探讨,以期为二审司法实践提供参考;并且由此展开,对于未来可能进行的证明责任立法问题提出一己之见。

---

* 北京市海淀区人民检察院侦查监督一处干部

① 陈光中主编:《刑事诉讼法》(第 2 版),北京大学出版社、高等教育出版社 2005 年版,第 215 页。

② 汪建成:《理想与现实——刑事证据理论的新探索》,北京大学出版社 2006 年版,第 121 页。

③ 陈光中:“改革完善刑事证据制度的重大成就”,载《检察日报》2010 年 6 月 1 日。

④ 吴汝信:《出席二审法庭检察员的职能定位与相关问题探析》,载《人民检察》2007 年第 10 期。

一、讨论的起点:证明责任的内涵确定

就表述而言,在我国的证据理论研究和司法实务中,证明责任的具体内涵似乎存在较大分歧。特别是举证责任和证明责任是否具有同一性,更是争论不休。在理论界,有学者在借鉴了英美法系证明责任理论后指出:“根据证明责任的双层次理论,它可以分为举证责任(the burden of producing evidence)和说服责任(the burden of persuasion)。”①这种观点实际是将举证责任作为证明责任内涵的一部分,特指提出证据的责任。也有论者从语词使用习惯的角度认为:“人们讲的举证责任实际上就包括了证明责任的含义。尽管这两个概念的字面含义有所不同,但是人们在长期的语言习惯中已经把它们当做同义词来使用,现在没有强行改变的必要。”②这种观点无疑将举证责任和证明责任相等同。

事实上,证明责任和举证责任从目前的使用情况看,均应当是指“一方当事人为了避免败诉,通过自己的行为对有争议的事实加以证明的责任”。③ 之所以会出现两种概念表述方式,根据我国学者的考证,是对于同一德文词汇的不同翻译而已。④ 况且在实务部门,证明责任和举证责任往往替换使用。⑤ 因此,无论使用何种称谓,其核心都是强调证据的说服责任,以促使裁判者形成内心确信,最终得出有利于己方的法律结论。因此,即便使用举证责任的概念表述方式,也并非望文生义地认为其仅指提出证据的责任。当然,证明责任的概念似乎更为科学,也能避免理解上的歧义,本文采之。笔者认同的刑事诉讼中的证明责任,是指“控诉方在其承担的犯罪构成事实出现真伪不明时法院判决其败诉的负担”,⑥具体包含证据的提出责任和证据的说服责任。

二、现有非法证据排除证明责任分配的文本分析

对于刑事诉讼的证明责任分配,具体有两种情况:第一种是控诉方承担证明责任,即作为国家公诉机关的各级人民检察院,针对被追诉者被指控的犯罪事

---

① 陈瑞华:《问题与主义之间——刑事诉讼基本问题研究》,中国人民大学出版社 2003 年版,第 448 页。

② 何家弘、刘品新:《证据法学》(第 3 版),法律出版社 2008 年版,第 288 页。

③ 黄维智:《刑事证明责任研究——穿梭于实体与程序之间》,北京大学出版社 2007 年版,第 133 页。

④ 详细的论述,参见陈光中、陈学权:“中国语境下的刑事证明责任理论”,载《法制与社会发展》2010 年第 2 期。

⑤ 叶红、姜振丰:“谈检察机关在刑事二审程序中的证明责任”,载《人民检察》2004 年第 3 期。

⑥ 罗国良:“论非法证据排除规则中口供合法性的证明责任”,载《中国刑事法杂志》2006 年第 6 期。

实,提出相应的证据且予以说明,以说服审判机关对被追诉者作出有罪的裁判。这是无罪推定原则的必然要求;因此,应当是刑事诉讼中证明责任分配的一般情况。但有原则必有例外。从证明便宜的角度出发,对于部分特殊犯罪诸如非法持有型犯罪,证明责任中的证据提出责任由控诉方承担,而辩护方需要承担说服责任,其主要动因也是为了在"取证能力的层面寻求诉讼的平衡"。① 例如我国刑法中的巨额财产来源不明罪,"控方只要用证明证明被告人的财产或者支出超出合法收入、差额巨大,就完成了证明责任。然后,案件中主要的证明责任便由辩方承担。"②那么,非法证据排除的证明责任的分配应当适用一般的分配原理还是要体现特殊性? 笔者拟结合《规定》的具体制度设计予以说明。

(一)非法证据排除的证据提出责任分配

证据提出责任即狭义理解层面上的举证责任,实际就是指对于相关证据及其线索向法庭提出,以便通过此线索证明某一事实。这种层次的证明责任实际是开启了后续的说服责任,更多地体现为程序上的意义。据此,《规定》对于证据提出责任分配的基本原理在笔者看来体现为:如若排除的是对被告人有利的非法证据,其证据提出责任由辩护方承担;反之,则由控诉方承担。

《规定》第6条采用了这样的制度设计:"被告人及其辩护人提出被告人审判前供述是非法取得的,法庭应当要求其提供涉嫌非法取证的人员、时间、地点、方式、内容等相关线索或者证据"。这里的"要求提供相关线索",实际就是强调证据提出责任,即通过提供非法取证的人员、时间等线索,方便后续说服责任的开展,同时也方便法庭调查。值得注意的是,该规定从字面解释来看,似乎仅仅涉及了口供的非法证据排除,但由于第14条规定"物证、书证的取得明显违反法律规定,可能影响公正审判的,应当予以补正或者作出合理解释,否则,该物证、书证不能作为定案的根据。"因此,从对整个司法解释进行体系性解读的角度来看,对于非法的物证、书证等证据类型,也应当作为非法证据排除中的证据类型,也可以适用上述规则。当被告人及其辩护人提出某项物证、书证是非法取得时,也应当提供相应的线索信息。

当然,除了强调辩护方的证据提出责任外,第13条规定"庭审中,检察人员、被告人及其辩护人提出未到庭证人的书面证言、未到庭被害人的书面陈述是非法取得的,举证方应当对其取证的合法性予以证明"。该条实际强调了举证主体和证据说服主体的同一性。据此,如若某项证言的非法性在庭审中由控诉方提出,则应当由辩护方承担证据提出责任和说服责任。但事实上,由于被害人陈述

① 李红、崔永峰:"刑事诉讼中被告人证明责任问题研究",载《法律适用》2006年第3期。

② 何家弘、刘品新:《证据法学》(第3版),法律出版社2008年版,第296页。

往往由侦控机关取得,且控诉方和被害人在诉讼目标上具有一致性,控诉方不会对于己方提取的证人证言和被害人陈述提出合法性质疑,而可能质疑有利于被告人的证人证言;辩护方反之亦然。因此,证据提出责任的目的是实现有利于己方的诉讼结果。这不仅是为了某项待证事实的证明需要,其实也不失为一种庭审中的诉讼技巧。

(二)非法证据排除的证据说服责任分配

说服责任是证明责任的核心,其与诉讼结果休戚相关。正因如此,《规定》对于非法证据排除的说服责任进行了较为明确的规定,从而为证明责任的分配提供了制度支持。

综观《规定》全文,基于对"任何人无自证其罪"原则的贯彻,非法证据排除的说服责任主要由控诉方承担。从制度上主要体现在第11条"对被告人审判前供述的合法性,公诉人不提供证据加以证明,或者已提供的证据不够确实、充分的,该供述不能作为定案的根据"。对于这一条款,笔者认为可以从以下几个角度进行分析:第一,从字面理解来看,该条似乎仅仅指代的是非法的口供而非其他类型的证据,但结合《规定》体现的精神,应当可以在其他类型的证据排除中也参照此规定。第二,公诉方应当对于口供的合法性进行证实。侦查机关和公诉机关的诉讼目标均体现为对犯罪的有效打击;况且,在审查起诉阶段,公诉方完全可以通过阅卷和讯问犯罪嫌疑人等方法了解案情,对预审阶段获得的口供的合法性与否进行判断。在这种客观现实下,公诉方主动提出用于证实有罪的口供是非法证据,欠缺可行性。当然,对于口供的合法性应当如何证明,笔者拟在后文探讨。第三,从证明标准来看,需要达到确实、充分的程度,即最高的证明标准。

控诉方承担主要的证据说服责任是人权保障的必然要求,但值得注意的是,《规定》对于辩护方的说服责任也作出了例外规定。前述第13条强调了辩护方在主张有利于被害人的陈述、证言为非法言词证据的情况下,除了需要承担证据提出责任外,同时也要承担证据说服责任。这并非是对于辩护方的苛求。正如我国学者在介绍日本刑事诉讼制度时所指出的那样:"控辩双方对各自请求调查的证据是否具有证据能力均负有举证责任。"[①]根据笔者的理解,这里的举证责任就是指说服责任,而日本的这一制度设计同样适用于我国。当然,除提出"控诉方出示的物证、书证为非法"的主张之外,辩护方也应当在举证之余加以说明。

然而,对于说服责任的分配,应当强调控诉方承担主要责任。"司法实践中,

① 孙长永:《日本刑事诉讼法导论》,重庆大学出版社1993年版,第94页。

侦查机关的绝大多数取证活动犯罪嫌疑人都是不能参与的,辩护方缺少必要的对控方的取证行为进行监控的法律条件。相反,刑事侦查活动是由控方发动并展开的,控诉证据由控方负责收集;因此,法律规定由控方负责证明控诉证据的合法性是符合刑事程序的运作特点的。”①因此,对于非法证据排除的说服责任,应当坚持“当辩方提出证据为非法取得之主张、并提供了相应的证据线索,足以使裁判者认为有可能存在非法取证行为的可能时,控方即须提出事实予以反驳。对于反驳的事实,由控方举证加以证明。对于控方的反驳和举证,辩护方进一步加以反驳的,辩方须对自己提出的反驳的事实加以证明。依此类推”。②

三、二审实务中非法证据排除的证明内容

上文所涉及的非法证据排除的证明责任分配具有一般性的意义,对于各类诉讼程序均可适用。然而,二审程序在适用这些一般性原理之外,还有其特殊性。而这种特殊性更多体现在证明内容方面。现结合由抗诉引起的二审和因上诉引起的二审两种情形,对于非法证据排除的具体证明内容加以阐述。

(一)因抗诉引起的二审中非法证据排除的证明内容

根据我国刑事诉讼立法和实务,人民检察院可以针对一审裁判的证据问题提起抗诉,从而启动二审程序。实务中,检察机关提起抗诉,主要是认为一审裁判变更了起诉罪名,定性不准确;或者量刑畸轻,刑罚未能和犯罪行为社会危害性和行为人人身危险性相适应。因此,实务中的抗诉多是对被告人不利的。具体到证据领域,控诉方可能主张辩护方的证据非法、但在一审中未予排除;或者己方的证据合法,但在一审中错误地被当作非法证据予以排除。而辩护方则也有可能主张控诉方在二审中提出的证据非法,从而实现对现有裁判结论的维持,甚至得到对己方更为有利的裁判结论(尽管在实务中这种情形较为罕见)。③

对于上述的第一种情形,即从控诉方的角度来分析,如若控方主张辩护方的证据为非法证据且在一审中未能排除,控方应当承担证据提出责任和说服责任:首先,控方应当对于上述证据的非法性提出相应的线索,从而便于法庭调查;而

---

① 陈永生:“非法证据排除规则的举证责任”,载《现代法学》2001 年第 6 期。

② 陈光中、张小玲:“论非法证据排除规则在我国的适用”,载《政治与法律》2005 年第 1 期。

③ 值得注意的是,是否存在辩护方在一审中没有提及控诉方的证据为非法证据,但在抗诉引起的二审中就同一证据向法庭主张其为非法证据?笔者认为,对于这种情形难以从逻辑上加以排除,但在实务中十分少见。因为辩护方基于对己方有利的角度以及对于二审程序启动与否的不确知性,如若发现一审程序中控诉方的证据为非法证据,自然应当在庭审中及时提出主张以实现有效抗辩。而且从裁判者审理的心理角度来看,在一审中未提及证据问题,但在二审抗诉中主张非法证据排除,裁判者往往会感到反感,辩护方据此抗辩的目标一般将难以实现。因此,对于这种情况,本文不予讨论。

在说服责任阶段，应当重点就证据的内容真实性、来源合法性加以论述。考虑到当前侦控方取证能力远胜于辩护方，控诉方可以选取控辩双方均认可的证据或者法庭已经认定的法律事实作为参照系，从而证实辩方提供的证据内容虚假。同时，控诉方还可以主张辩护方的证据存在严重的程序瑕疵，从而丧失了证据能力，应当予以排除。

当然，对于在一审中被排除的证据，控诉方需要进行更为有效的说明，才能实现二审中审判机关对原有证据的重新采信，这里的关键就在于如何对于原有证据进行合法性说明。笔者认为，这种说服责任主要体现在证据形式要件和实体要件两个方面。

对于证据形式要件方面，一项证据之所以会因为其形式问题被一审审判机关否认其证据能力，必然是因为其形式上存在重大瑕疵。在我国对于非法证据排除的讨论中，有观点主张对于非法证据应当一概排除，而也有学者主张应当相对排除。① 但事实上，对于未严重威胁到被追诉者人身权益的非法证据，特别是仅仅存在形式瑕疵的证据，没有一概排除的必要。因此，笔者主张轻微的形式瑕疵证据，在有其他证据补正后，依然具备证据能力。“对于证据内容合法、具有客观性、相关性，但证据形式不合法，则可以采用补救措施使其表现形式合法化。”②基于这样的立场，笔者认为控诉方在这种情形下需要说明的是上述瑕疵虽然存在，但尚未达到影响其证据效力的程度，且根据新的证据，可对原有证据的效力加以补正，从而实现对待证事实的证明。《规定》第 7 条即是对此种情况的制度体现。该条第 3 款规定：“公诉人提交加盖公章的说明材料，未经有关讯问人员签名或者盖章的，不能作为证明取证合法性的证据。”这里的说明材料，可以是指二审中控诉方对原有证据形式瑕疵的说明。对于该款，反向解释后可以认为：上述说明材料如果具备讯问人员签名或签章等形式要件的，则可以作为证明取证合法性的依据，从而实现了对原有证据形式瑕疵的补正。但值得注意的是，原有证据因为有形式瑕疵需与后续的说明材料共同作为证据使用，原证据不可直接作为定案的依据。

然而，证据的形式问题往往可以通过后续的说明来补正，但由于证据具有时空性，特别是诸如口供这样的证据，虽然也能在一定程度上反映案件事实，但随着诉讼进程的推进，被追诉人所期望的诉讼结果也会发生变化，在此支配下的口供也会有所差别。因此，控诉方难以从内容上证实口供的真实性。那么，应当如何实现对口供的内容合法性证明？对此，我国学者颇有创建性地指出：“考虑到

---

① 徐汉明、王于红：“我国非法证据排除规则探析”，载《人民检察》2006 年第 18 期。

② 李学宽、汪海燕、张小玲：“论刑事诉讼中非法证据的效力”，载《政法论坛》2000 年第 1 期。

羁押性讯问的天然强制性和庭外讯问笔录的传闻性质,我们应当推定所有的被告人庭外供述笔录都不具有自愿性,也因此都不具有可采性;作为一种例外,检控方只有提出证据证明这种供述笔录的自愿性,并达到法定的最高标准,法庭才能判定其通过了可采性之检验,从而转化为能够为裁判者所接触的证据。”①由此,口供的合法性的证明,即转化为口供作出的自愿性证明。控诉方可以通过出示口供笔录的签名情况,在形式上证实口供作出的自愿性;同时可以考虑调取讯问时的录音录像,在必要的时候向法庭提出要求参加讯问的侦查人员出庭作证并且与辩护方当庭质证,从而说明上述口供是在被告人未遭受刑讯逼供和言词威逼的情形下作出的,应当被认可为合法证据而不是非法证据。这种对于口供自愿性的证明,一方面实现了对口供合法性证明的转化,确认了证明的方向;同时也促使“检控方始终处于一种压力之中:他不得不对侦查人员预审讯问程序的合法性保持必要的关注,并时刻做好回应辩护方质疑的准备。”②如此,在保证了公诉效果的同时,还促使了检察机关加强侦查监督的职责,从而也顺应了当前强化检察机关法律监督职能的政策需求。当然,在一般情况下,基于对诉讼效率的考量,公诉机关只需出具口供的笔录的签名情况,从其形式上实现对口供合法性的推定;而如果辩护方对其产生异议,则应当结合相应证据证实其口供资源性。

而对于物证和书证等其他证据的合法性,则应当根据证据的特性,证实其内容并无违反常理和法律规定之处,并且能够形成严密的证据链条,完整地证实案件事实。

(二)因上诉引起的二审的非法证据排除的证明内容

上诉与抗诉相对,是被告人、自诉人以及其法定代理人以期启动二审程序,以实现罪轻甚至无罪的诉讼活动。主张一审中控诉方主张的证据为非法证据,则是极好的上诉理由和抗辩事由。事实上,一审中审判机关可能确实存在应当审查但没有审查,从而错误采信非法证据的情形。对于这种情况,《规定》第12条指出:“对于被告人及其辩护人提出的被告人审判前供述是非法取得的意见,第一审人民法院没有审查,并以被告人审判前供述作为定案根据的,第二审人民法院应当对被告人审判前供述取得的合法性进行审查。检察人员不提供证据加以证明,或者已提供的证据不够确实、充分的,被告人该供述不能作为定案的根据。”该条实际赋予了辩护方对于口供合法性的异议提请权,但也同时强调了辩护方对于非法证据排除的证据提出责任。辩护方应当对该项证据的来源、内容等基本信息向法庭加以说明,重点说明合法性值得怀疑的原因。例如,控诉方主

① 陈瑞华:“刑事诉讼排除规则中适用的证明责任问题”,载《法学》2004年第5期。
② 陈瑞华:“刑事诉讼排除规则中适用的证明责任问题”,载《法学》2004年第5期。

张口供是侦查机关用刑讯逼供的手段获得,则需"被告人在法庭上出示了身体上的伤痕、血衣或者其他显示刑讯行为发生的证据,法庭即推定刑讯逼供行为的发生,而证明刑讯逼供行为没有发生的责任随即由检方承担。"①而控诉方在需要对上述问题予以回应,说明其合法性。如前文所述,此处的合法性说明也可以转化为口供作出的自愿性说明。而对于物证、书证的合法性证明,则应当在形式上主张其取得程序的完整性、内容的合法性和真实性,从而保证其证据能力。

值得注意的是,《规定》中除第 12 条外,并无其他条文是专门针对二审程序的。因此,前文所述的一般性规则依然适用于刑事二审程序,可以在二审实务中参照适用。

四、引申:非法证据排除证明责任问题的应然展望

毋庸置疑的是,《规定》的出台对我国证据立法而言具有里程碑意义。然而,实事求是地分析,该《规定》依然存在一些需要完善之处。具体而言,体现在以下几个方面:

(一)非法物证、书证等其他类型的非法证据排除规范有待增强可操作性

《规定》第 14 条明确规定:"物证、书证的取得明显违反法律规定,可能影响公正审判的,应当予以补正或者作出合理解释,否则,该物证、书证不能作为定案的根据。"这表明非法的物证和书证也是非法证据排除的应然类型。然而,综观整个证据规定,对于口供的非法证据排除问题相对完备,涉及条文较多,而对于非法物证和书证的排除则无法从文本中找到具有可操作性的制度规定。虽然"我国目前迫切需要解决的是预防和治理刑讯逼供,所以在我国,非法言词证据的排除应当成为重点。而我国由于历史原因,保护个人财产和隐私权的法律、法规还不完备,相应的关于非法搜查、扣押的法律、法规也不完备,因此对于非法实物证据的排除问题还不突出",②但非法的物证和书证同样是对程序正义的违背。《规定》对于口供的规定和对书证、物证的规定在规范的细致程度上差别较大,这在体系上便产生了些许不协调,甚至使第 14 条仅仅具有宣言的性质而在操作中可能被虚置。

当然,《规定》采取"重口供、轻书证物证"的模式,也和当前刑事诉讼理论研究中对于非法书证、物证的排除问题关注相对较少有关。在相关理论研究尚未达到一定深度的情况下,最高司法机关以及立法机关难以出台相应的制度规定,

① 陈瑞华:《问题与主义之间——刑事诉讼基本问题研究》,中国人民大学出版社 2003 年版,第 452 页。

② 杨宇冠:"非法证据排除规则及其在中国确立问题研究",载《比较法研究》2010 年第 3 期。

对非法书证、物证的问题加以规范。因此，对于这一问题，有待理论界和实务部门的深入研究。

但不容否认的是，《规定》对于非法口供的排除在制度设计上相对完备，这也实现了与之前司法解释中排除非法口供的制度衔接，体现了我国证据制度的渐进性完备过程。我国学者指出："用渐进的方式逐步确立排除规则，这对一个有兴趣探讨排除规则的潜能，而不仅是匆忙使用它的国家来说将是有很多益处的。它可以容许一个国家首先在某一法律领域运用排除规则，而不是在初期就在整个刑事司法领域展开运用。我国在确立排除规则时，首先应当将规则适用于已经有立法和司法经验的领域。"①笔者认为这一观点颇有见地，也符合我国的立法与司法现状。非法口供的排除也体现出了这一渐进的立法趋势。但渐进并非意味着停滞，相关有权机关仍然有义务推进其他类型非法证据排除的制度化，以尽快缩小非法证据排除上应然与实然的差距。

（二）证明的具体内容有待进一步明确化

从《规定》的表述特点来看，非法证据排除的证明责任分配这类原则性问题有了一定程度的阐述。但针对每一类非法证据的排除，在明确了证明责任的分配后，具体应当如何实现证明，《规定》并未进行规定，甚至未设定一般意义的指引性规范。虽然证据的裁量需要结合个案，难以规定普适性的规范，但提出一些一般性要求依然是必要的，特别是在指导具体办案的司法解释中，更有详细说明的必要性。《规定》往往泛泛地表述为"合法性证明"，但怎样才能称为合法性，并未有明文规定。对此，在之前的理论研究中，我国学者就提出了具有各自学术特性的标准；前文中将口供的合法性证明转化为口供的自愿性证明即是一例。但这是否能得到有权机关的认可而作为司法实务工作者可供参照的标准，则充满未知。因此，最高司法机关应当对此加紧研究，制定相应的司法解释，以期实现证明内容的明确化。

（三）刑事诉讼证明责任有待出台一般性规定

虽然《规定》体现的是非法证据排除的证明责任问题，但事实上，这并不能囊括刑事诉讼中的证明责任。从现行刑事诉讼立法和司法现状来看，我国尚无明确的制度规范刑事诉讼中一般性的证明责任。正因如此，才会导致学界对于证明责任理论的众说纷纭和实务界在司法实践中的适用困境。"由于没有统一的规定，各级法院各行其是。在由何方承担证明责任，承担到何种层次、何种程度上做法不一；法官对是否可以卸除证明责任的判断自由裁量权过大，有时甚至

① 岳礼玲："德、美证据排除规则的比较——我国确立刑事证据规则之经验借鉴"，载《政法论坛》2003年第3期。

是恣意滥用、有意偏袒。”[①]因此,一般性的证明责任规范就呼之欲出。况且,一般性的规范具有目前散见于各司法解释的规范所不能比拟的体系性意义。通过提纲挈领式的一般性证明责任分配和证明内容的制度设计,将能有效地搭建起我国的证据法体系,以便未来刑事诉讼法再修改时证据部分的立法完善。相对于立法程序而言,司法解释的出台在程序上较为简易。因此,最高司法机关可以考虑出台关于证明责任一般性规定的司法解释,以统一目前实务界对于证明责任问题的认识,也实现这一问题最终立法化的制度过渡。

“刑事证据法是程序正义和实现社会正义的基石。诉讼以证明为中心,裁判以证据为根据,证据制度改革是审判方式改革成功与否的关键性因素之一。”[②]随着我国法律职业共同体对于程序法的关注度日益提高,刑事证据的立法问题也逐步成为立法者和司法者研究的重点。《规定》的出台,对于我国的证据制度而言,无疑是一个崭新的起点。相信在程序正义的旗帜下,非法证据排除制度必将逐步完善,从而在最大程度上实现实体认定公平和程序适用正义的“双赢”。

① 闵春雷、刘铭:“刑事被告人证明责任进程分析”,载《当代法学》2005 年第 5 期。

② 房保国:“制度是如何形成的——对中国刑事证据立法的反思”,载《中外法学》2007 年第 2 期。

二审中对非法证据的认定与排除

王 奕* 范 琳**

一、立法缺憾导致的二审中非法证据认定与排除的障碍

尽管最高人民法院、最高人民检察院、公安部、国家安全部、司法部出台的《关于办理刑事案件排除非法证据若干问题的规定》(以下简称《规定》)已经对非法证据排除规则做了较大的补充,然而由于刑事证据本身的纷繁复杂性和严肃性,对非法证据排除的规范远没有做到细致完善。而这些基本规则的缺失,导致了二审中对非法证据的认定与排除极为困难。

首先,非法证据排除提出的时间不合理。《规定》第5条"被告人及其辩护人在开庭审理前或者庭审中,提出被告人审前供述是非法取得的,法庭在公诉人宣读起诉书之后,应当先行当庭调查。法庭辩论结束前,被告人及其辩护人提出被告人审判前供述是非法取得的,法庭也应当进行调查。"从该条看是将非法证据的提出时间放在审前、审中直至法庭辩论结束前,可以说对非法证据的提出规定了宽松的时间段。然而这样一来就产生了几个问题,在审前提出时,谁来审核?审中至法庭辩论结束前提出,产生的有限审限与无限非法证据提出的矛盾如何解决?这些问题的起因是非法证据提出的时间段过宽,同时又没有相应详细的操作规则导致的。因此,笔者对提出非法证据排除时间的合理性产生了质疑。

其次,立法中"非法证据"证明责任分担的合理性仍存争议,没有赋予被告人相应的保障权利。规定要求被告人及其辩护人提供涉嫌非法取证的人员、时间、地点、方式、内容等相关线索或者证据。但在实践中被告人往往因为举证难

* 北京市第一中级人民法院刑一庭代理审判员

** 北京市第一中级人民法院刑一庭书记员

度大而不了了之。被告人在举证非法证据的过程中既处于劣势地位又得不到司法机关的帮助,权利无法得到保障。因此在非法证据的发现和排除过程中,司法机关应给予被告人一定的帮助,更加合理地分担证明责任,从而防止因刑讯逼供造成冤假错案。

再次,部分证明标准仍不明确。规定要求被告人要提供相关线索或证据,但是对线索或证据的要求不明确,要达到何种标准才能启动对"非法证据"的审理。如果被告人只要提出就去审理,容易导致权利的滥用,这样法官必将陷入用有限的延期审查应对无限的非法证据提出的困境中。《规定》第12条"对于被告人及其辩护提出的被告人审判前供述是非法取得的意见……检查人员不提供证据加以证明,或者已提供的证据不够确实、充分的,被告人该供述不能作为定案根据。"这较为明确地规定了公诉机关的证明标准,即"证据确实充分"。但目前实践中的问题是"工作说明"成为化解"非法证据"问题的万金油。当被告人提出一些非法证据的线索或证据时,侦查机关只要出具一份没有非法取证的工作说明即可轻松过关,显然赋予"工作说明"极高的证明力。因此,为杜绝此类现象的发生,笔者认为对"工作说明"在非法证据中的适用,立法上应加以限制。

又次,"非法实物证据"的认定与排除仍缺乏可操作性。《规定》中只有第14条提及非法实物证据,"物证、书证的取得明显违反法律规定,可能影响审判的,应当予以补正和作出合理解释,否则该物证、书证不能作为定案的根据。"这一条可以说看似表明了立法者对非法物证的否定态度,实则对非法实物证据的排除而言仍是一纸空文。非法实物证据由谁提出,由谁举证,证明标准如何,法院如何裁量,谁来监督等问题都未涉及。而司法实践中存在大量的"非法实物证据",仅靠这一条进行排除实在是不太可能。而非法实物证据的排除不应当是侦查机关破案的阻碍,而应该是促进和完善新的侦查方式的动力。

最后,非法证据排除在二审中的救济程序不完善。法律只规定了非法证据的提出、审查,并没有规定如果当事人对法院的认定有异议时应如何处理。如果相关人员提出非法证据之后,一审法院审查后驳回,二审中又就此问题再次提出的,法院应如何处理?一审中没有提出,二审中才提出的,应当如何处理?一审中虽然提出但没有证据,二审中才提出证据的,法院又当如何处理?一个完整的证据规则应当包括权利的救济,否则无法彻底地执行,因此有必要对其作出相应的规定。

二、非法证据排除规则细化——证据审核的提出

(一)提出申请的时间

被告人或者辩护人对证据合法性审查的提出在什么时候为宜呢?美国的司

法实践中有两种方式:第一种方式也是传统的方式,在审判期间提出。当控诉方向法院提出证据时,被告方当时提出该证据为非法采集的证据,从而反对采纳该证据。这个规则叫做“同时反对规则”(contemporaneous objection rule)。第二种,审前提出排除方式(pretrial motion to suppress)。[①] 事前排除避免了在法庭上控诉方和被告方就警察行为是否违法问题进行争论,使审判不至于偏离有罪无罪这个主要问题,还可避免使陪审团因接触到不合法的证据而致使审判无效。更主要的是,它使控辩双方都能够在事前了解到哪些证据可以被采纳,哪些不能被采纳,从而使法庭审判活动更有效更经济。如果事前就批准了排除某些证据,控方就有可能放弃因有关证据被排除而不能成功地控诉,或者及时调整控诉策略,这样可以节约大量的司法资源,同时也节约了控方和被告方的资源。若被告方提出排除的动议没有被批准,则被告方可以考虑作有罪答辩,以换取较轻的处罚,或者及时调整辩护的策略。

我国有学者认为,申请进行证据合法性审查的时间应在证据开示后、庭审前提出审查为主,在庭审过程中为辅,上诉过程中提出作为补救的方式为宜。[②] 因为只有在证据开示后,被告人及其辩护人才知道公诉机关将要用于指控的证据范围,也才能确定其中是否有需要排斥使用的证据。之所以要求在一定期限内提出证据审查申请,主要是便于公诉机关进行答辩准备。

笔者赞同此观点。将审核证据合法性的提出时间放于主要证据开示后、庭审提出前能够避免审理期限的过度拖延,从而提高诉讼的效率,有效利用司法资源。关于证据开示的问题,我国之前一直没有相应的法律规定,这也导致了辩护律师无法在庭前了解证据,更无从谈起证据合法性的庭前审查的提出。然而2008年6月1日开始实施的《律师法》使此状况得到了极大改善,第34条“受委托的律师自案件审查起诉之日起,有权查阅、摘抄和复制与案件有关的诉讼文书及案卷材料。受委托的律师自案件被人民法院受理之日起,有权查阅、摘抄和复制与案件有关的所有材料。”这对律师在审查起诉阶段的阅卷权作了明确的规定,而在司法实践中,辩护律师一般都能在审查起诉阶段查阅到检察院的案卷。因此律师在审查起诉阶段的阅卷权为庭前提出证据合法性审查提供了必要条件,也扫清了辩护律师在了解证据方面的障碍,使审核证据合法性的提出时间处于主要证据开示后、庭审提出前成为可能。

(二)提出证据审核的形式

在庭审前提出证据合法性审查的申请应采取书面形式。内容应包括需要进

① 杨冠宇:《非法证据排除规则研究》,中国人民公安大学出版社2002年版,第107页。
② 张智辉主编:《刑事非法证据排除规则研究》,北京大学出版社2006年版,第180页。

行合法性审查的证据的名称、理由,同时应附有相应证据线索。至此,非法证据的排除规则启动。

(三)逾期不提出的法律后果

如果被告人及其辩护人未能在上述规定时间内,及时向法庭提出证据合法性审查的申请,原则上视为无非法证据或者视为被告人放弃申请权利,或者被告人同意使用证据目录所附证据。

三、二审非法证据排除规则的启动——对当事人权利的救济

在二审时,审核证据合法性的申请主要是作为权利的救济方式存在。目前《规定》对非法证据二审中的适用只提到了一种,即"第一审人民法院没有审查,并以被告人审判前供述作为定案根据的,第二审人民法院应当对被告人审判前供述取得的合法性进行审查。检察人员不提供证据加以证明,或者已提供的证据不够确实、充分的,被告人该供述不能作为定案的根据。"

尽管最高人民检察院在其司法解释中要求检察机关不得将非法取得的证据作为起诉的依据,但由于侦查机关和检察机关共同承担着追诉犯罪的任务,检察机关在排除这些非法证据方面,究竟有多大程度的动力,难免不令人心生疑问。因此,必须对检察机关的审核和证明行为设置相应程序予以监督。而从保障被告人合法权益的角度出发,也为保证法庭案件审理的准确性,应给予被告人及其辩护人补救的机会,赋予被告人及辩护律师合理且充分的救济权利。笔者认为,有必要在二审中有条件的启动非法证据的排除规则,弥补现行法律对当事人的救济方式单一,不能完全满足实践需求的缺憾。下面对二审中的非法证据排除规则程序启动分情况讨论。

第一,如果被告人及其辩护人未能在上述规定时间内,及时向检察机关申请的,不得在开庭后再另行提请。但对于一些被被告人及其辩护人自身不能控制的因素所导致的没有及时提出申请的情况,允许被告人在庭审时或上诉时提出证据合法性审查的申请。

第二,检察院审查并证明后,不论是否认定为非法证据,都应当将审查的记录和结果在起诉后随同案卷移交法院,由法院对其进行书面复审,对于有明显错误的,可以退回检察院补充侦查。被告人或者辩护律师不服的,可以向上级法院申请复议一次。上级法院书面审查后认为证明不充分的,可以要求检察机关补充侦查,补充后仍不能排除合理怀疑的,作出相应处理。

第三,第一审人民法院没有审查,并以该非法证据作为定案根据的,第二审人民法院应当对该证据取得的合法性进行审查。检察人员不提供证据加以证明,或者已提供的证据不能排除合理怀疑的,二审人民法院作出相应的处理。

第四，一审中提出申请，检察机关已经证明了证据的合法性，二审中被告人又提出了新证据足以推翻之前的结论的，法院应当分情况处理。属于当事人故意隐瞒证据，或者重大过失遗漏证据的，二审法院驳回申请。属于在一审庭审中或者一审结束后发现的新证据，没来得及提交的，二审法院应当准许。法院准许后，启动非法证据排除规则程序。

第五，由于客观或者其他可以谅解的原因，被告人或者辩护人在一审前没有提出非法证据的审核申请，二审中才提出的，法院裁量后可以准许。法院准许后，非法证据排除规则程序启动。

四、非法证据的证明与认定

（一）证明责任的分配

《规定》分别在第6条和第7条中规定了被告人或者辩护人提出线索或者证据，法庭审核后有疑问由公诉机关证明其合法性。可以说这是采取了举证责任倒置，该分配方式基本上是合理的，但是细节上有所偏差。如前面所论述的，笔者认为关于证据提出的审核应主要放在庭审前，所以对提出后的审核和举证应由检察机关负责。也就是说，在进入法庭审理之前，检察机关已经完成了对证据合法性的证明。证明是合法证据的，应及时告知被告人及其律师，并记录在案。当证明是非法的时，应区分情况：对于非法言词证据，启用非法证据排除规则，不得作为呈堂证供；对于非法实物证据，则客观记录，检察机关提出是否排除的建议，随同案卷提交给法官，由法官最后决定是否排除。在二审中启动了非法证据排除程序的，由检察机关负责证明证据的合法性。

（二）证明标准

第一，非法证据提出审核的标准：将《规定》的“提出线索或证据”改为“提供的线索或者证据较为明确，达到有可能发生即可”。考虑到犯罪嫌疑人及其辩护人的取证能力有限，而被羁押的犯罪嫌疑人的人身权利极易受到侵害，为便于保护其权利，故将非法证据的提出审核标准设置得较低。

第二，非法证据的认定标准：将现行的“证据确实、充分”标准改为“达到排除合理怀疑”标准。我国现行非法证据《规定》第12条要求检察人员提供证明审前供述合法的证据确实、充分。笔者认为这一要求过高，虽然由检察机关取证较之被告人辩护人取证会方便很多，但是现阶段我国的司法资源有限，技术装备较为落后，加之社会处于转型时期，利益冲突加剧，自20世纪80年代以来，刑事案件发案率就一直居高不下。在这种情况下，将证明证据合法性的责任全部交由检察机关，并为其规定了证据确实充分这一很高的证明标准，必将导致众多真实但却有瑕疵的证据将被放弃。这一方面造成该证据资源的浪费，另一方面为了获得案件的最终处理,将不得不进行重复或另行的调查取证,增大人力、物力、财力的投入,加剧司法资源的无谓消耗。因此,笔者建议将标准降低一个等级,达到排除合理怀疑即可,从而区分于案件有罪的证明标准,也与非法证据在案件中应体现的价值相当。

五、非法证据的排除

(一)非法证据排除的比较法研究

1. 美国的非法证据强制排除规则

在美国,非法取得的言词证据的排除主要是指将非法获得的被告人供述的排除,它以美国联邦宪法第五修正案"任何人在刑事案件中,都不得被迫成为不利于自己的证人"为依据。20 世纪初,只有被告人自愿作出的有罪供述才能够作为证据使用,而精神上的强迫、引诱或者身体上的暴力等手段取得的供述是不合法的,应当在审判时予以排除。在后来的发展中,被告人供述排除范围变成了"程序违法性",即只要证明警察在收集证据的时候有违反正当法律程序的行为,则无论供述是否是被告人自愿作出的,都可以排除,以保护公民权利规范侦查行为。之后联邦最高法院在判例中指出,被告人在羁押性讯问阶段享有宪法第六修正案规定的获得律师帮助的权利,侵犯该权利取得的供述也不能采纳。从非法言词证据派出范围的扩大和被告人权利的保护可以看出美国对程序的公正性的重视。对于非法取得的实物证据的排除,美国与其他大部分国家不同,排除是强制性的,不属于审判法官的自由裁量权。也就是说,一旦警方的行为被认定违反了"规则",那么作为违反行为的结果所获得的证据包括非直接的"毒树之果"就都不能在法庭上使用,至少不能在检察官的主诉中使用。这条规则自 1961 年以后适用于联邦和各州。

美国的非法证据排除规则执行得较为彻底,排除范围包括了非法实物证据和非法言词证据。在后来的司法实践中,随着再犯罪案件大幅增加,要求惩罚犯罪的司法价值日益上升,联邦最高法院又通过一系列判例规定了非法证据排除规则适用的几个例外,包括善意的例外,公共安全的例外,必然发现的例外等,[①]限制了排除规则的适用案件范围。而例外的不断增加,也表明美国的刑事诉讼正从追求彻底的程序正义转向追求程序正义与实体正义的平衡。

2. 英国非法证据裁量排除原则

英国在对待非法搜查、扣押取得的证据问题上,将是否排除证据的决定权交

① 刘晓丹主编:《美国证据规则》,中国检察出版社 2003 年版,第 159 页。

给主持审判的法官自由裁量。1984 年,英国以成文法的形式确认了法官在非法证据排除方面的自由裁量权。英国《1984 年警察与刑事证据法》第 78 条规定:"(a)在任何程序中,法庭可以拒绝将检察官据以作出指控的证据予以采纳,如果它在考虑到包括收集证据情况在内的所有情况以后,认为采纳这种证据会对程序公正性造成不利的影响,因此不应将它采纳为证据。(b)本条的规定不应有损于任何有关法庭排除证据的法律规则的适用。"第 82 条规定:"本法本部分的规定不应当有损于法院根据其意志排除证据(无论是以禁止提出问题的方式还是其他方式)的任何权力。"前述条文是英国非法证据排除规则的重要依据。根据第 78 条,不适当行为并不是排除的绝对条件。在英国,警察机关不遵守规则或违反规则不能导致证据的自动排除,而是由审判法官对是否排除进行自由裁量。

3. 可操作性较强的澳大利亚非法证据排除规则

在澳大利亚,非法证据排除是一种具有随意性的自由裁量的补救办法。《澳大利亚证据法》第 138 条详细规定了排除不当或非法获取证据之自由裁量权。第 138 条第 1 款规定:(a)不当行为或违反澳大利亚法律;或者(b)因不当行为或违反澳大利亚法律之结果,所获取的证据,法院不得采纳,除非采纳以上述方式获取的证据之利大于弊。第 3 款规定:在根据第 1 款所考虑的事项不受限制的情况下,法院还应当考虑如下因素:(a)该证据的证据价值;(b)在诉讼程序中该证据的重要性;(c)有关犯罪的性质、行为或防卫的原因和诉讼事项的性质;(d)取证不当或者违法的严重性;(e)取证不当或者违法是故意还是过失;(f)取证不当或者违法是否侵犯《公民权利和政治权利国际公约》所承认的基本人权;(g)对取证不当或者违法是否已经或者可能提出任何其他诉讼(不论是否在法院进行的诉讼);(h)如果不采取不当手段或者违反澳大利亚法律的方法获取该证据是否有困难。由此可见,澳大利亚通过细化法官的裁量标准和尺度,使非法证据裁量排除的可操作性较之英国大大增强。

综观上述采用裁量排除模式的国家的立法例和判例,我们可以发现,这种模式的特点是:法律不规定非法取得的证据一律排除;而是将是否予以排除交由法官决断。法官通过斟酌个案的公平正义作出裁定,法律仅就裁量的标准范围作出规定。

(二)我国二审中非法证据的排除

我国现有法律主要对非法言词证据作了强制性排除的规定。检察机关不能证明被告人审前供述为合法取得的,不能作为定案的根据。而实物证据像物证、书证在明显违反法律规定又无法作出合理解释时也强制排除。法官在这个过程中只需要对该证据是否为非法证据按标准进行认定,一旦确定即可排除。如此简单而粗暴地将非法证据全部强制排除,既不符合司法实践的实际情况和证据本身的复杂多样的客观规律,也会使法院陷于左右为难的困境。

首先,刑事侦查行为的特殊性要求对非法证据的排除不能一概而论。“审讯人员也应该了解法律所允许的审讯策略和技术,这些策略和技术建立在以下事实基础之上:绝大多数罪犯不情愿承认罪行,从而必须从心理角度促使他们认罪,并且不可避免地要通过使用包括哄骗因素在内的审讯方法来实现。这种方法被恰当地规定下来。”[①]这就造成了刑事审讯不可避免地带有欺骗的成分,而且威胁、引诱的审讯方法在我国刑事审讯中具有一定的容许度。这在最近出台的规定中有进一步的体现,即只规定了对刑诉逼供和采用暴力威胁手段取得的言词证据为非法言词证据,不再将引诱欺骗手段获得的言辞证据排除在外。

其次,证据的复杂性决定了对非法证据的排除不能一概而论。非法实物证据本身由于其客观性而具有较高的证明价值。毒树之果未必有毒,这在司法实践中已经被无数次证明。是否应该强制排除非法实物证据的关键在于我们所选择的保护价值到底是程序公正还是实体公正。在现阶段我国司法资源极为有限,技术手段比较落后,社会刑事犯罪率不断增长的情况下,维护社会的稳定和公民的基本人身权利要求司法机关对证明力较高的非法实物证据不能强制排除。

最后,一律强制排除非法证据将造成法院工作难以进行,使之左右为难。即一方面,法院因无法忽视公安机关、检察机关的耗费了大量的人力物力财力完成的工作,不能完全按照非法证据即排除;另一方面,如若完全采纳那些“疑似非法证据”,更多的佘祥林很可能将继续出现在监狱之中。最终,法院在重重误导和干扰的环境中,对非法证据排除规则的执行显得心有余而力不足,进行留有余地的判决。

综上,对于非法证据排除规则的确立,既要追求程序正义以期待对基本人权的保障,又要重视实体正义从而制止犯罪维护社会的稳定。这就需要强制排除与裁量排除的结合使用。对人身危害较大的靠刑讯逼供手段取得的非法言词证据,采用强制排除原则。而对于客观存在的非法实物证据而言,则交由法官自由裁量。法官在考虑是否排除非法实物证据时应当考虑以下因素:(1)该证据的证据价值;(2)违法取证行为对证据证明能力的损伤程度;(3)该犯罪的性质以及社会危害性与该非法取证的违法严重性之比较;(4)取证不当或者违法是故意还是过失;(5)取证不当或者违法是否侵犯《公民权利和政治权利国际公约》

---

① [美]弗雷德·英博:《审讯与供述》,何家弘等译,群众出版社1992年版,第275页。

所承认的基本人权;(6)如果不采取不当手段或者违反我国法律的方法获取该证据的困难程度。

六、防止刑讯逼供保障被告人权利的措施

由于我国刑事诉讼法本身的缺漏,非法证据排除规则的执行、彻底遏制刑讯逼供还有赖于诸多制度的建立和完善,而其中对被告人权利保障制度的建立更是当务之急。笔者建议建立以下制度,以辅助非法证据排除规则有效运行。

1. 体检制度,犯罪嫌疑人被逮捕后入看守所时,应进行体检,对身体状况记录在案,移送审查起诉时,进行体检复查,保存体检记录。

2. 中立第三方监督制度,在看守所安装监控录像设备,由中立机关组织负责录制和保存,防止公安机关内部操控。

3. 权利告知制度,侦查机关在每次讯问犯罪嫌疑人前,明确告知犯罪嫌疑人讯问人员姓名、讯问地点和时间。检察机关在审查起诉前,询问被告人有无被刑讯逼供,并形成笔录记录,被告人签名。

七、结语

总之,对非法证据的认定与排除对保护被告人人身权利,提高案件的审判质量,维护社会的稳定有着重大的意义。笔者对其规则的有限构建仅希望能引起广大学者的深入思考,继而为我国非法证据排除规则的完善起到促进作用。

论非法证据的认定与排除
——以刑事二审为视角

杜金星*

作为适格的证据,须同时具备真实性、关联性与合法性。非法证据是对证据合法性的违反。至于非法证据的含义,历来存在广义说与狭义说之争。持广义说的观点认为证据的合法性体现在四个方面:证据内容合法、证据表现形式合法、收集或提供证据的主体合法以及收集或提供证据的程序、方法、手段合法,一项证据只要不符合以上四个方面中的任意一点,便是非法证据;狭义说则主张非法证据仅限于收集或提供证据的程序、方法、手段不合法的证据。司法实践领域取狭义说,笔者亦赞同此观点。透视五部委联合颁布的《关于办理刑事案件排除非法证据若干问题的规定》,①非法证据应排除,不能作为定案的根据。奈何我国现行立法对刑事二审中非法证据认定与排除的规定甚为简陋,无疑在一定程度上给司法实践工作造成困惑。

一、非法证据认定与排除的法律依据

应该说,非法证据认定与排除最高层面的法律依据蕴涵在《宪法》中,即"国家尊重与保障人权"及"保护公民的人身自由、人格尊严和住宅不受侵犯"。由于刑事审判中一般不直接援引宪法条文作出判决,本文立足于在刑事法内部寻求非法证据认定与排除的法律依据。就整个法律体系而言,并未针对刑事二审非法证据的认定与排除作出专门规定,只能在《刑事诉讼法》及相关司法解释中寻求到只言片语。

---

* 北京市昌平区人民法院

① 指最高人民法院、最高人民检察院、公安部、国家安全部、司法部《关于办理刑事案件排除非法证据若干问题的规定》,即本文所称的非法证据排除规则。

1.《刑事诉讼法》第43条之解读

《刑事诉讼法》第43条:"审判人员、检察人员、侦查人员必须按照法定程序,收集能够证实犯罪嫌疑人、被告人有罪或无罪、犯罪轻重的各种证据。严禁刑讯逼供和以威胁、引诱、欺骗以及其他非法的方法收集证据……"此条规定从正面阐释不得以非法方法收集证据,在某种程度上起着宣誓性作用,为后续相关司法解释的出台提供原则性规定。最为重要的是,此条规定确定了狭义非法证据的概念,即《刑事诉讼法》上的非法证据仅限于以非法方法收集的证据。换言之,证据的取得程序、方法不合法。

笔者认为,《刑事诉讼法》第43条最大的弊端是其仅表明不得以非法的方法收集证据,但对于非法收集的证据应当如何处理,则保持中立态度,并没有明确言明应予以排除。这使此条文成为空中楼阁,仅具有观赏价值。立法上的缺陷,导致司法实践无法形成统一做法,这也是刑讯逼供等案件屡禁不止的缘由之一。

2.《〈刑事诉讼法〉解释》第61条之具体规定

《〈刑事诉讼法〉解释》,指最高人民法院于1998年9月2日颁布的《关于执行〈中华人民共和国刑事诉讼法〉若干问题的解释》,其第61条规定:"严禁以非法的方法收集证据。凡经查证确实属于采用刑讯逼供或者威胁、引诱、欺骗等非法的方法取得的证人证言、被害人陈述、被告人供述,不能作为定案的根据。"此条在《刑事诉讼法》的基础上对非法证据进行详细规定,指明非法证据不能作为定案的根据。但是,此条规定将不得成为定案根据的非法证据仅限于证人证言、被告人供述、被害人陈述这三种言词证据,而排除了鉴定结论,对非法取得的实物证据应当如何处理也未提及。

值得注意的是,刑诉法解释仅言明以非法方法取得的证据不得作为定案的根据,但是对非法证据认定与排除的主体、程序及举证责任的分配等具体操作规范并没有作进一步规定。

3.最新出台的非法证据排除规则

已有的法律及司法解释对非法证据的规定空乏,保障人权的呼声日益高涨,加之定罪量刑对刑事证据的愈发倚重,使非法证据受到前所未有的重视,非法证据排除规则在此种背景下应运而生。

《办理刑事案件排除非法证据若干问题的规定》自2010年7月1日施行,共计15个条文,既包括实体性规则,又包括程序性规则。非法证据排除规则采取这样一种模式,将证据分为言词证据与实物证据。证据规则并非对所有的言词证据或实物证据进行规定,其仅包括被告人供述、被害人陈述、证人证言、物证、书证这五类证据。此规则着重对非法言词证据进行阐述,至于物证、书证,仅在

第 14 条中进行说明。同时,该规则对于非法证据认定与排除的启动主体、程序启动时间、非法证据的审查及举证责任的分配、侦查人员出庭作证等一系列的问题均有所涉及。

应该说,《刑事诉讼法》与两部司法解释是一脉相承的,这三者共同构建起我国非法证据认定与排除规则,为我国刑事审判(包括刑事二审)提供法律依据。尤其是非法证据排除规则,其不仅表明我国证据法从证明性到可采性、诉讼法从依附于实体目标迈向"有限度的独立"的转向,还为非法证据的认定与排除提供实施性规则,这对刑事诉讼中被告人等权利的保障将产生深远影响。

二、刑事二审中非法言词证据的认定与排除

在我国,非法证据的审查主体是法院。非法证据排除规则第 12 条,是仅有的对刑事二审中非法证据认定与排除进行专门规定的一个司法解释条文。依照《办理刑事案件排除非法证据若干问题的规定》,非法言词证据应当绝对排除,非法证据的排除意见最迟应在一审法庭辩论结束前提出。由于一审法院未审理或其他原因,刑事二审对非法证据认定与排除的情形也时有发生。

1. 对第 12 条含义的初步理解

《办理刑事案件排除非法证据若干问题的规定》第 12 条:"对于被告人及其辩护人提出的被告人审判前供述是非法取得的意见,第一审人民法院没有审查,并以被告人审判前供述作为定案根据的,第二审人民法院应当对被告人审判前供述取得的合法性进行审查。检察人员不提供证据加以证明,或者已提供的证据不够确实、充分的,被告人该供述不能作为定案的根据。"此条文如何理解,关系重大,直接牵扯刑事二审中非法证据认定与排除的范围。

笔者认为,刑事二审中涉及的非法证据认定与排除主要来源于以下两个方面:一是被告人及其辩护人在一审中已提出,但一审法院没有审理;二是被告人及其辩护人在一审中未提出,一审法院没有审理,但被告人及其辩护人在二审中首次提出。按照第 12 条的含义,对于第一种情形,第二审法院应当受理,并对被告人审判前供述取得的合法性进行审查。检察方应承担举证责任,若检察人员不提供证据加以证明,或者提供的证据不够确实、充分的,被告人该供述不能作为定案的根据。显然,此第 12 条对于刑事二审中非法证据的认定与排除的具体操作规定较简略。笔者认为,在具体的司法实践中,二审法院可以参照非法证据排除规则第 3 条至第 11 条的程序性规定对非法证据予以认定或排除。

此外,在一审过程中提起非法证据的排除申请时,被告人及其辩护人没有向法庭提供涉嫌非法取证的人员、时间、地点、方式、内容等相关线索或证据,一审法院以此为由对于被告人审判前供述是非法取得的意见没有审查的,这种情况属于第12条所指的情形,应由第二审法院直接加以审查。

至于第二种情形即二审中首次申请是否应包括在第12条中,则存在争议,本文将在后面部分详细叙述。

2. 二审中首次申请排除被告人供述的应对之策

有观点认为原则上二审法院不应该受理首次提出的申请,但是可以有三个例外,第一是二审中首次发现的;第二是案情重大,像死刑案件;第三是被告人一审没有辩护人,客观上不理解或没法提出来的。有观点认为被告人、辩护人在一审法院中没有提出,一审法院也就没有审查,而被告人、辩护人在二审提出了,就应当审查;还有观点认为可将其作为一项辩护意见,由二审法院审查。

对于上述观点,笔者认为均有利弊。第一种观点,原则上二审法院不应该受理首次提出的申请,这样虽然可以防止某些被告人及其辩护人故意在一审程序时不提出非法证据的排除申请,并以此作为上诉理由达到拖延诉讼期限的目的,但却可能造成冤假错案或其他不利后果。而第二审法院若受理,则无异于增加第二审法院的负担,使本应是二审终结的案件事实却变成一审终结,从实质上扭曲诉讼程序。因此,笔者认为,二审法院在应对首次申请时,可以要求被告人及其辩护人、检察人员提供相关证据。在对这些证据依法进行审理的基础上,经合议庭合议,认为被告人审判前供述确实存在非法取得可能时,合议庭应依法作出裁定,撤销原判,发回第一审人民法院重新审判。若合议庭认为被告人审判前供述不为非法取得,则该案件直接经二审程序继续审理。当然,被告人一审没有辩护人,客观上不理解或没法提出来,是二审法院原则上不受理的例外情形。

值得一提的是,《刑事诉讼法》第186条规定,第二审人民法院应当就第一审判决认定的事实和适用法律进行全面审查,不受上诉或者抗诉范围的限制。由此,第二审法院在进行全面审查时若发生存在作为定案根据的证据存在非法取得情形时,应如何处理呢?笔者认为,此种情况显然不能被包含在非法证据排除规则第12条之中。此时,二审法院也应依法作出裁定,撤销原判,发回第一审人民法院重新审判或者在查清事实后直接改判。

3. 其他言词证据在刑事二审中的去向

笔者认为,非法证据排除规则的更深层次意义在于提供审查判断证据的一种思路、原则性指导。第12条仅针对被告人供述而言,对于非法证据排除规则中未涉及的鉴定结论、证人证言、被害人陈述等言词证据在刑事二审中的处理方法,可参照前文的论述部分。但是,应严格把握以下几个方面:第一,被排除的非法证据应产生于刑事诉讼证据的收集过程中;第二,"非法"应指证据的收集方法或取得程序存在不合法之处;第三,从《刑事诉讼法》第43条到非法证据排除规则,被排除的非法证据范围貌似有逐步缩小之趋势。① 笔者认为,其他场合关于非法证据的认定与排除,非法证据排除规则仍具有参考价值。因为依照《刑事诉讼法》第61条的规定,以引诱、欺骗等手段取得的证人证言、被害人陈述、被告人供述,也不得作为定案的根据,此点在刑事二审中应加以重视。

三、二审中非法实物证据的认定与排除及其他

与非法言词证据相比,非法证据排除规则对非法实物证据的态度宽容许多。依据非法证据排除规则,非法取得的物证、书证由法官自由裁量排除并可以采取措施进行补正救济。

1. 二审时非法取得物证与书证的处理

第14条规定,物证、书证的取得明显违反法律规定,可能影响公正审判的,应当予以补正或者作出合理解释,否则,该物证、书证不能作为定案的根据。由此观之,物证、书证的举证责任与补救义务等均由提供者承担。笔者认为,此条规定同样适用于二审程序。同时,应将物证、书证分为两类:第一,对于因重大违法行为,如采取严重侵犯公民的人身、通信、住宅等宪法性权利的方法所取得的物证、书证,应加以排除;第二,一般违法性行为即获取物证、书证的手段、方法仅违反证据法或诉讼法的细节性或技术性规定,则允许予以补正,如见证人未到场、物证欠缺法定形式。若二审法院在案件审理过程中,认为物证、书证的取得明显违反法律规定,应当要求物证、书证的提供者予以补正或者作出合理解释。否则,二审法院则应依法作出裁定,撤销原判,发回第一审人民法院重新审判或者在查清事实后直接予以改判。

笔者认为,物证、书证可以通过重新制作、征得当事人同意、重新调取原件等方式进行补正。至于勘验与检查笔录、视听资料等物证,若在取得程序或方法上存在不合法之处,则可比照物证、书证的相关规定进行处理。

2. 二审中非法证据认定与排除的具体操作

第二审人民法院对于上诉案件,可以开庭审理,也可以不开庭审理。非法证据的认定与排除通过怎样的方式与二审程序实现有效衔接,则是司法实践所面临的一大问题。

按照规则的设计,非法证据的认定与排除程序并非独立的程序,而只是庭审中相对独立的一个环节。通常情形下,若是开庭审理的刑事二审案件,对于非法言词证据的认定与排除,法庭在检察人员宣读起诉书之后,便应先行当庭调查是

① 《刑事诉讼法》第43条及其司法解释第61条均涉及以威胁、欺骗等方式取得的证据,而此点未被非法证据排除规则所包括。

否存在非法取证的情形，依法进行"程序启动—法庭初步审查—控方证明—双方质证—法庭处理"这五个步骤。至于非法实物证据，由于非法证据排除规则并未对其操作程序进行规定，笔者认为，非法实物证据的补正或排除最迟应在法庭辩论之前结束。对于具有争议的物证、书证等实物证据，法庭也应组织质证，尽可能听取双方的意见。若不是开庭审理的案件，则合议庭应在阅卷完毕后，立即进行相关的调查工作。在非法证据的认定中，法院应本着以法律为依据、以事实为准绳的原则，坚决执行区别对待的方针，即非法的言词证据绝对排除、非法的实物证据裁量排除。绝对排除是彻底的排除，一经排除不得再次采用，更无救济的可能。在裁量排除时，应对执法人员主观因素、所造成的客观损失等因素进行综合考虑。

退而言之，由于非法证据排除规则并未对刑事一审中非法证据排除后的救济途径进行规定，且非法证据的排除申请不能直接向二审法院提起，刑事二审中便可能遇到被告人及其辩护人或检察方会以证据认定存在错误等理由提起上诉或抗诉的情形。笔者认为，刑事二审法院在此情形下应受理上诉或抗诉，比照前文所述，依法作出相应裁判。

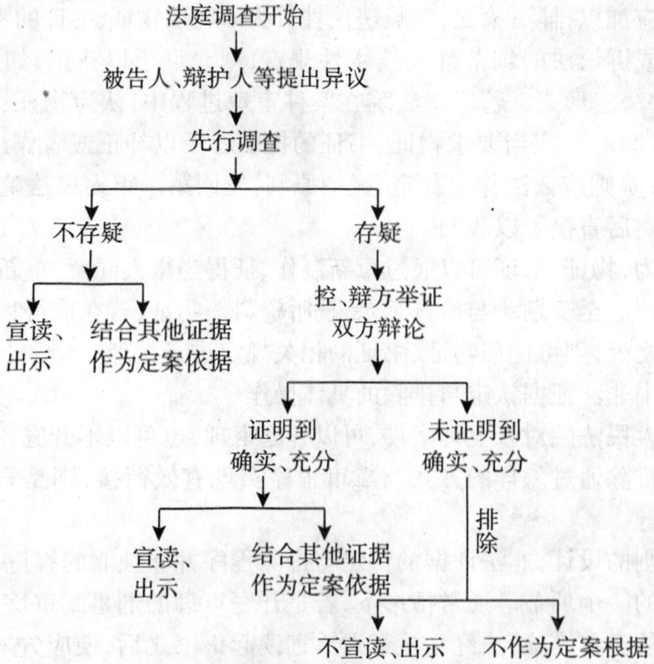

非法言词证据排除程序流程图

3. 非法证据之衍生证据

司法实践内容的丰富多样,是法律条文所远不能及的。法律滞后于现实,这是我国当前的现状。由于法制的不完善,立法者对于司法实践中的某些敏感话题始终避而不谈,这给司法者造成诸多困扰,更影响司法效果,衍生证据便属于此。我国立法及司法解释对一般刑事案件中如何应用衍生证据均未作规定,造成司法实践中做法不一,易造形成同一案件一审二审作出截然不同判决的局面。

"毒树之果"理论是衍生证据的典型代表。"'毒树之果'指以非法取得的证据为线索再次取得的证据,其中第一次以非法行为取得的证据是'毒树',以它为线索再次取得的证据是'果'。例如,对某人进行非法逮捕后得到其口供或以非法口供为线索取得的其他证据。"①由于毒树所产生的果实是合法的,且对刑事侦查极为有益,有学者主张不应将毒树之果作为非法证据排除,而有学者认为毒树有毒,毒树所产的果实也有毒,故而应将毒树之果作为非法证据排除。我国仅明文规定死刑案件不得将毒树之果作为定案的根据,对其他刑事案件中如何应用则只字未提。笔者认为,对于毒树之果,我们不应持全盘否定或全盘肯定的观点,而应采取原则上否定,但允许诸如"污染中断"、"逐渐减弱规则"、"独立来源"或"必然发现"等例外情形的存在。

① 杨宇冠:"证据、证据法、非法证据排除浅说——评《中国证据法草案建议稿及论证》",载《中国刑事法杂志》2004 年第 3 期。

论刑事诉讼二审中的新证据

张繁荣*

一、引言

在刑事诉讼中，二审程序又称上诉审程序，是第二审人民法院根据上诉人的上诉或者人民检察院的抗诉，就第一审人民法院尚未发生法律效力的判决或裁定认定的事实和适用的法律进行审理时所应遵循的步骤和方式、方法。[①] 二审人民法院通过对一审人民法院判决或裁定认定的事实、证据、适用法律及诉讼程序进行全面审查和审理，从而维持一审法院正确的裁判或是纠正一审法院的错误裁判，实现既准确地惩罚犯罪分子、保护被害人的合法权益，又能使无罪的人免受追诉困扰的目的。

在二审程序中，由于刑事诉讼双方提出新的证据而导致案件被发回重审或改判的情形并不少见，虽然这使案件的审理结果更加公正，但却增加了诉讼双方的负担，影响了司法效率。诉讼公正与诉讼效率都是刑事诉讼的价值目标，如何对二审中提出的新证据进行规范，实现公正与效率的平衡，这是我们必须思考的问题。由于有关“新证据”的讨论理论界主要集中在民事诉讼领域，对刑事诉讼领域的二审“新证据”的研究还较少，因此，本文主要就刑事诉讼中如何界定、审查、运用二审“新证据”进行了探讨。

二、现行立法对“新证据”规定的稀缺

我国《刑事诉讼法》及相关司法解释对二审程序中的“新证据”的规定非常少。我国《刑事诉讼法》的所有条文中，只有第204条涉及了“新证据”，但该条

* 北京市房山区人民检察院侦查监督处干部，诉讼法学硕士

① 宋英辉：《刑事诉讼法学》，中国人民大学出版社2007年版，第405页。

文规定的足以推翻原判决、裁定的“证据”是启动审判监督程序的法定事由之一,而在有关第二审程序的法律条文中,并没有出现“新证据”字眼。

最高人民法院《关于执行中华人民共和国刑事诉讼法若干问题的解释》(以下简称《解释》)第251条规定,对于上诉、抗诉案件,应当审查上诉、抗诉是否提出了新的事实和证据。《人民检察刑事诉讼规则》(以下简称《规则》)第397条规定,对于有确实、充分证据证明原裁判有错误的案件,人民检察院应当提出抗诉。《律师法》第130条规定,二审案件不开庭审理的,律师应当向法庭提交书面辩护意见,可以提出新的证据。由此可见,虽然我国《刑事诉讼法》没有明文规定二审程序中可以提出新证据,但是在司法实践中存在提出新证据的情形。为此,最高人民法院出台的《解释》等司法解释对在二审程序中提出新证据的做法作出了规定。但是,除了上述原则性的规定外,相关法律或司法解释却没有对何为“新证据”作出明确的界定。由于有关二审程序“新证据”的法律条文过少,使得司法实践中对“新证据”的审查与运用缺乏法律依据。

由于我国刑事诉讼一直奉行客观真实的证明标准,与之相对应,证据制度上也实行证据随时提出主义。基于此,我国《刑事诉讼法》没有明确规定二审中不可以提出新的证据,理论上也没有对旧、新证据的分类。虽然我国在2001年出台了最高人民法院《关于民事诉讼证据的若干规定》(以下简称《证据规定》),其中规定了举证时限制度,对民事诉讼中奉行已久的证据随时提出主义进行限制,并对“新证据”进行了具体限定。但是,刑事诉讼毕竟与民事诉讼不同,我们并不能完全照搬《民事诉讼法》中对“新证据”的规定,刑事诉讼中的证据采信应当比其他部门法更为谨慎,因为它可能剥夺他人的生命和自由。因此,对于刑事诉讼二审程序中的“新证据”的内涵更需要法律进行明确规定,只有这样才能既不因为宽泛的理解“新证据”而导致审判资源的浪费、审判效率的降低,也不会因为“新证据”过窄而造成诉讼公正的缺失。

我国相关司法解释虽然规定了诉讼双方可以在二审程序中提出新证据,但是《刑事诉讼法》及相关司法解释对“新证据”的内涵界定不清。司法人员在实践中对“新证据”进行审查时没有统一的标准可以遵循,这也就容易造成司法的不统一,增加当事人对判决的不公正感,引起更多无谓的诉讼,增加当事人的负担,造成司法资源的浪费。

三、对“新证据”的界定

证据是以法定的形式表现出来的能够对案件事实起到证明作用的一切事实,在刑事诉讼中,查明案件事实的过程实质上就是收集、审查、判断和认定证据的过程。由于我国的法律制度还不够完善、社会公众的法律意识不够强,案件当事人的诉讼能力不高,在面临国家机关的追诉时,许多案件的犯罪嫌疑人由于缺乏法律专业知识,无法提出准确有力的对自己有利的证据。同时,我国目前在刑事诉讼中实行指定律师代理的情形有限,而且仅限于在审判阶段,由于当事人的证据意识不够强,作为非法律专业人士,对某些证据的重要性认识也不够,造成证据取舍不当,从而承受对己不利的诉讼后果。即使在指定代理的情况下,由于辩护律师在审判阶段才介入诉讼,而真正利于收集证据的时间都是在审判前的侦查及审查起诉阶段,因此难免造成有些重要证据无法收集。

因此,在我国目前的司法状况下,对“新证据”的界定标准过严就会背离刑事诉讼制度对实体公正的追求,使享有合法权益的当事人的利益得不到应有的司法保护。①

民事诉讼《证据规定》中规定,二审新的证据包括:一审庭审结束后新发现的证据;当事人在一审举证期限届满前申请人民法院调查取证未获准许,二审法院经审查认为应当准许并依当事人申请调取的证据。笔者认为,可以借鉴民事诉讼相关理论将刑事诉讼二审中“新证据”界定为:一审庭审中没有出现过的证据,但因控辩双方故意不提供的证据除外。

首先,犯罪嫌疑人、被告人大多不是法律专业人士,证据意识不强。在面临侦查机关和公诉机关的侦查和追诉时,犯罪嫌疑人、被告人对自己行为触犯的罪名虽然能了解,但自己可以提出哪些证据予以对抗国家机关的追诉却不是非常明确,这也使有些重要证据被他们忽略,难以收集。辩护权作为犯罪嫌疑人、被告人享有的最基本的权利,已成为衡量世界各国法治文明进程的重要标志,我国《宪法》、《刑事诉讼法》虽然对犯罪嫌疑人、被告人享有辩护权作了规定,但法律规定和司法实践都与保护犯罪嫌疑人、被告人的权利要求存在较大差距,真正能够得到法律专业人士辩护帮助的犯罪嫌疑人、被告人并不多。同时,律师作为辩护人介入诉讼也是从检察机关审查起诉阶段开始,在侦查阶段律师虽然可以给犯罪嫌疑人提供法律帮助,但仅限于提供法律咨询、代为申诉、控告等权限,而没有调查取证权,身份也不是辩护人。在最容易、最需要收集证据的时间内,律师的权利受限,而犯罪嫌疑人、被告人的收集证据的能力不强。因此,在二审阶段,应当允许犯罪嫌疑人、被告人提出新证据,这也是维护犯罪嫌疑人、被告人正当权益的一种方式。

其次,刑事诉讼的目的在于惩罚犯罪与保障人权。一方面,国家通过进行刑事诉讼活动,在准确、及时地查明案件事实的基础上对行为构成犯罪的被告人正

① 李浩:“点评关于新证据若干问题的探析”,载《人民法院报》2003年6月17日。

确适用刑法,惩罚犯罪,从而实现国家刑罚权;另一方面,国家在进行刑事诉讼活动的过程中,要保障刑事诉讼参与人的合法权益不受侵犯,尤其是要保障与案件结果有直接利害关系的犯罪嫌疑人、被告人和被害人的诉讼权利的充分行使。考虑到犯罪嫌疑人、被告人法律专业知识的欠缺,允许其在二审程序中提出新证据。而出于一些不可控制的客观原因,如重要证人出国等,侦查机关在侦查阶段可能也会无法收集到某些证据,甚至到一审阶段检察机关也无法取得这些证据。如果这些证据直到一审庭审结束后才收集到,为了更好地证明犯罪嫌疑人、被告人犯罪的事实,维护被害人的利益,让犯罪嫌疑人真正为自己的犯罪行为付出代价,公诉机关在收集到新证据后,在二审中同样可以提出。只有这样,才能更好地打击犯罪行为,维护社会秩序。

最后,我国刑事诉讼虽然奉行客观真实的证明标准,贯彻实事求是、有错必纠的方针,当出现新的证据能够证明一审判决、裁定确有错误时,二审法院应当予以纠正。但是,如果完全不加以限制地允许二审中提出新的证据,或者说不管诉讼双方出于何种原因没有在一审中提交这些证据而都允许在二审程序中提出,那么无疑会增加控辩双方的负担,浪费诉讼资源,影响诉讼效率。因此,对于控辩双方在二审中提出的一审庭审中未曾出现的证据,法院不能毫无限制地加以采纳,而必须对这些新的证据进行审查界定,看其是否属于二审中的"新证据",并根据审查结果作出相应的处理。

四、对"新证据"的审查与运用

我国《刑事诉讼法》的相关司法解释虽然规定了在二审程序中可以提出新证据,但是却没有规定对提出的证据是否为"新证据"的审查标准和程序。笔者认为,在界定了"新证据"的涵义后,只有配合"新证据"的审查程序,才能使二审程序的案件审理更有针对性,提高审判效率。

由于刑事诉讼的进行最终会给犯罪嫌疑人、被告人的生命和自由造成影响,那么在设定二审中"新证据"的审查标准时应该更为谨慎,注意充分突出该项规定与实体公正价值目标之间的平衡。审查标准过于宽泛,使并非新的证据也获准在二审程序中提出,耗费司法资源,影响司法效率;审查标准过于严格,使本应属于新的证据却不能纳入二审审判程序中,则背离了刑事诉讼追求实体公正的目标,诉讼参与人的合法权益也就得不到应有的保护。

(一)形式审查

形式审查即从形式上对控辩双方提出的证据是否为"新证据"进行审查,而不是审查该证据是否会对一审判决、裁定结果带来影响。具体来说,可以从以下几个方面进行:首先,提出的证据必须是"新面孔",即一审程序中未出现过的证据,防止诉讼双方因对裁判不满而重复提出证据,影响诉讼效率。其次,当事人必须提交关于"新"证据的取得时间、地点、一审庭审中未举证的原因、存在的障碍的证明等材料;[①]初步审查诉讼双方在一审庭审时没有提交这些证据的原因,充分考量一审庭审时提交这些证据的障碍因素,包括当事人的主观态度、经济能力、文化程度以及其他一些非当事人能控制的因素等。如果是当事人自己故意不在一审庭审时提交这些证据,那么不应该采信该证据。最后,诉讼双方必须在合理的期限内提交"新证据"。如果二审进行开庭审理,则最迟应在二审庭审结束前提交;如果二审仅进行书面审查,则应在法院规定的合理期限内提交,保证二审的顺利进行。

(二)实质审查

实质审查即是对证据是否具有足以改变一审裁判的证据能力和证明力进行审查。确认证据能力是进行实质审查的一方面,如果提交的证据属于非法证据,不具有证明能力,那么也不能纳入二审中"新证据"的范围。审查二审中提交的证据的证明力是实质审查的另一方面,即着重审查该证据与案件事实是否具有关联性,是否足以影响到一审裁判的认定的案件事实和所适用的法律。审判人员对提交的证据进行实质审查时,应该根据证据的具体情况进行证据能力或证明力的审查,二者审查的顺序出于效率的考虑可以互换。同时,审判人员对于以上两方面的审查应当向诉讼双方说明理由,从而提高法院裁判的公信度。

(三)"新证据"运用后果

根据我国《刑事诉讼法》第187条的规定,对于人民检察院抗诉案件及上诉案件,二审法院应当开庭审理,但对于犯罪事实清楚的部分上诉案件可以不开庭审理。由此可见,二审程序中的审判方式分为开庭审理和不开庭审理(书面审理)两种。另外,根据《刑事诉讼法》第189条的规定,二审审理结果分为三种:原裁判认定的事实和适用的法律正确、量刑适当的,应当裁定驳回上诉或者抗诉,维持原判;原裁判认定事实没有错误、但适用法律有错,或者量刑不当的,应当改判;原裁判事实不清或者证据不足的,可以在查清事实后改判,也可以裁定撤销原判,发回重审。

对诉讼双方在二审中提交的证据,审判人员经过形式审查和实质审查后,认为其符合二审"新证据"的标准,那么审判人员在二审程序中就必须采取开庭审理的方式,而不能对案件进行不开庭审理。这样做既符合程序参与原则的要求,也符合程序公开原则的要求,在一定程度上也能增加控辩双方及社会公众对裁

① 姜龙、马忠瑜:"民事再审程序中'新证据'规定的不足与完善",载《山东审判》2006年第3期。

判结果公正性的认可度。

在确定了控辩双方二审程序中提交的证据属于“新证据”并决定采取开庭审理的方式后，审判人员经过审理，对案件的处理也有三种情形：如果认为该证据会影响到一审裁判中认定的事实，那么二审法院应当将案件发回重审，这样才能充分保障被告人的上诉权利和检察机关的抗诉权，这也符合我国对案件实行两审终审制原则。如果该证据仅仅对一审裁判适用的法律有影响，或者是仅仅对被告人的量刑有影响，那么二审法院可以综合本案所有证据（包括一审原有证据和二审中新证据）作出改判，这样也可以保证司法效率，不浪费司法资源。如果该证据虽然是“新证据”，但对一审裁判认定的事实和适用的法律以及被告人的量刑没有影响，那么法院应作出维持原判的裁定。

五、结语

从客观上看，证据是会随着时间的推移而不断被发现的，所以一味地要求诉讼双方在起诉或是一审庭审期间提交所有的证据材料也是不现实的。对于诉讼双方在一审庭审结束后才发现的证据或者是在一审期间无法收集到的证据，在程序设置上给予诉讼双方必要的事后救济也是应该的，毕竟刑事诉讼的后果是关系到被告人的生命或自由的，这也有利于实现程序正义与实体正义的价值平衡。

试论刑事二审中新证据的相关问题

柏　军* 　岳蓓玲**

一、问题的提出

证据乃认定犯罪事实、确定犯罪嫌疑人刑事责任的唯一依据，其意义不言自明。在刑事二审程序中，新证据之收集、举证和质证关系着案件真相的查明，程序正义的实现，以及上诉审的质量，值得研究。由于缺乏规制二审新证据的相关规定，当下的司法实践中法官对于有关新证据的程序性问题缺乏统一认识，在收集、举证、质证时面临许多困惑。在巨大的审判压力下，法官常常集新证据的发现、收集、举证、认定于一体，既违背现有的诉讼模式，又易造成司法效率的低下。本文拟从新证据的界定入手，探讨新证据的收集、举证、质证问题，以期解决实践中的相关问题。

二、新证据之界定

在刑事二审程序中，关于"新证据"的认定从未引起大家的注意，与之相对的是民事诉讼中如火如荼关于"新证据"的热议，以及零星的关于刑事再审程序中有关"新证据"的评断。尽管出现这种冷热不均的现象原因很多，但是这并不意味着在刑事二审程序中就不需要研究、界定新证据。由于民事诉讼着眼于民事主体的平等对抗，注重司法效率，与刑事诉讼以职权主义模式为基础、以公正为首要目标的价值追求大相径庭，所以民事诉讼中有关"新证据"的规定与防止诉讼突袭、保证诉讼效率有密切关系，其受到关注也是理所当然的。相反，在我国刑事诉讼中，既没有建立庭前证据开示制度，也重公正高于效率，冷落"新证

---

* 北京市第一中级人民法院刑一庭审判长

** 北京市第一中级人民法院刑一庭书记员

据”的研究也就不难理解了。但是,为了完善刑事二审程序,我们有必要对新证据进行界定,以便进一步讨论相关问题。

在现有的刑事二审程序中,法官对于新证据的认定具有随意性,并没有明确统一的标准。尽管刑事诉讼程序所追求的主要价值并非效率,无须如民事诉讼程序一般在新证据的认定上大做文章,但是明确新证据的内涵和外延是进一步研究新证据收集、质证等相关程序的基础。申言之,立足于刑事二审程序的功能和价值追求,我们可以不必将新证据限定得过于严格,而是服务于公正的目标,以求查清案件事实和正确确定刑事责任。因此,从形式上界定“新证据”的概念即可,即强调证据的崭新性。界定新证据的崭新性关涉两个方面:一是时间基准;二是主体基准。①

(一)新证据崭新性的时间基准

新证据崭新性的时间基准要研究的是何时产生或发现的证据具有崭新性。借鉴刑事再审理由中“新证据”的研究,各国对证据崭新性的判断多关注证据被“发现”的时点,而对证据“产生”或“存在”的时点则不甚关心。例如,日本判例认为,所谓新发现的证据是指证据的发现是新的,而不论其是在原判决宣判之前即已存在或是在宣判之后才新发生的,都应当包括在内。② 对于判决前已存在但宣判之后才新发现的证据,没有区分未发现的原因是否可归咎于公诉机关或者当事人的主观意志,一律界定为客观上在判决前未被发现即可。这是刑事诉讼程序和民事诉讼程序的不同造成的。另外,刑事再审程序尚需平衡生效裁判的正义性与安定性,而刑事二审程序是对尚未发生法律效力的裁判进行再审判,不涉及裁判的既判力,故前者对新证据的要求只会严于后者。因此,在刑事二审程序中,关于新证据崭新性的时间基准可以借鉴刑事再审理由中新证据的界定标准,即该证据是在二审程序中新发现的,包括之前已存在但未进行调查者和裁判确定后才成立的新证据。

(二)新证据崭新性的主体基准

新证据崭新性的主体基准指的是证据相对于哪一个主体而言是新的。由于我国法院遵循职权调查原则,对证据崭新性的判断自然应以原审法院是否知晓特定证据的存在为基准。如果原审法院知道该证据的存在,没有采信,那么该证据就不再是新的。其关键在于原审法院对于证据的“知晓”应达到什么程度,或

---

① 该基准的确定借鉴了刑事再审理由中“新证据”的研究,详见周长军、潘志瀛:“刑事再审理由中的‘新证据’之评断研究”,载何家弘主编:《证据法论坛》(第13卷),法律出版社2007年版,第71~82页。

② 刘绍猷:“刑事再审证据之特性”,载陈朴生主编:《刑事诉讼法论文选集》,五南图书出版股份有限公司1984年版,第353页。

作何种处理会使该证据丧失崭新性,以及被告人及其他诉讼参与人于原审法院判决前即知晓特定证据,但基于种种原因没有提出是否会导致证据崭新性丧失的问题。最高人民法院《关于执行〈中华人民共和国刑事诉讼法〉若干问题的解释》(以下简称《解释》)第58条规定:"证据必须经过当庭出示、辨认、质证等法庭调查程序查证属实,否则不能作为定案的根据"。因此,原审法院对证据的知晓程度应从刑事诉讼程序的要求中去理解,不能秘密化、主观化,应该达到对证据进行实质性审查的程度,即证据经过了当庭出示、辨认、质证等法庭调查程序。如果法院判决之时知晓但没有实质审查证据,与其不知的证据作相同的处理,未审查的原因则不影响该证据的崭新性,如此才能更好地保障被告人的辩护权利。这种界定也有审判实践相左证,如北京市第一中级人民法院审理的薛某某职务侵占案,原审海淀法院认定姜某某具有立功表现的证据未经质证,二审期间一中院将该证据作为新证据予以重新举证、质证,进而作为定案证据使用。另外,二审程序具有救济一审错误裁判的功能,从有利于事实真相的查明和保障被告人人权的角度出发,被告人以及其他诉讼参与人是否知晓特定证据不影响该证据的崭新性,即便被告人因懈怠或故意未将证据向原审法院提出亦不能否定该证据的崭新性。

综上所述,在刑事二审程序中,新发现的未经一审举证、质证的证据都可称为新证据,不论其在原审裁判前是否存在。申言之,一经确定为新证据,在二审程序中必须进行举证、质证,才能将此新证据作为定案证据使用,至于举证、质证的程序,详见后文。

三、新证据之收集

(一)新证据收集的现状及成因

在当下的刑事二审司法实践中,时常出现法院发现新的证据线索,自行收集,组织举证、质证的情况,比较常见的是发现被告人有自首、立功或者累犯情节,进而自行收集证据的情形。这无疑是法官为追求公正裁判所作的一种努力,其出发点是好的,有时也是无奈的。产生这种现象的原因主要有以下几方面:

1. 检察院之角色乃追诉机关,出于诉讼地位的考虑,倾向于提交证明被告人有罪、罪重的证据,对有利于被告人的证据多忽略不查、不举,影响对被告人的量刑。法院即使按照法律规定建议检察机关补充相关证据材料,但如果其不补充,法院也不能采取任何强制措施。

2. 现实环境下,律师取证能力有限且受到多方限制,常常遭遇公安机关、医院、银行等单位的闭门羹,无法充分发挥其辩护角色,为被告人调取无罪、罪轻的证据。另外,律师队伍良莠不齐,有些辩护律师责任心淡薄,仅提交一纸辩护词敷衍了事,不认真履行辩护职能,不愿费力费时为被告人调取新证据。

3. 在社会转型时期,各种深层次的社会矛盾和社会问题日渐显露,涉法涉诉信访问题大量增加,法官面临着空前的审判压力,必须尽最大努力查清案件事实,使作出的判决具有良好的法律效果和社会效果。加之控方提供证据的倾向性和辩方力量的不对等,使法官不得不亲力亲为调取新证据,以保证审判质量。这实是无奈之举。

4. 更深层次的原因在于,诸多因素纠缠在一起使法官的角色定位不甚明晰,无法绝对恪守中立角色。一方面,我国历来的诉讼传统都看重实质正义、客观真实。社会大众对法官的期待是如"青天大老爷"般明辨是非,要求判决合情合理,而不仅仅是针对诉讼两方的证据及证明责任作出法律上之决断。这使法官有外在压力和内在冲动主动寻求事实真相。另一方面,我国现有的诉讼模式介于当事人主义与职权主义之间,缺乏细致规定界分法官在各阶段的权限,使法官的角色也时常摇摆。另外,关于刑事证明责任的分配理论尚不统一,法律规定阙如,这也影响法官根据现有证据断案。因此,这几方面因素都使得难以对法官中立审判的角色进行界定,新证据收集的现状正是这种困惑的反映。

(二)现状评价及建议

1. 现状评价

法官主动收集新证据属于其庭外调查权的一部分,在对此进行评价之前,有必要梳理现有规定。现行《刑事诉讼法》第158条规定:"法庭在审理过程中,合议庭对证据有疑问的,可以宣布休庭,对证据进行调查核实"。该规定明确了法官进行庭外调查的条件和目的。首先,庭外调查是在合议庭对证据有疑问时进行的,而不是合议庭认为案件的证据不充分或者发现新的事实时采取。① 对于"对证据有疑问的"如何理解,全国人大常委会法制工作委员会刑法室编著的《中华人民共和国刑事诉讼法释义》的解释是:"'合议庭对证据有疑问的',主要是指合议庭在法庭审理过程中,认为公诉人、辩护人提出的主要证据是清楚、充分的,但某个证据或者证据的某一方面存在不足或者相互矛盾,如对同一法律事实,公诉人、辩护人各有不同的物证、书证、证人证言或者鉴定结论等证据。""在这种情况下,不排除疑问,就会影响定罪或者判刑,但是,控、辩双方各执一词,法庭无法及时判定真伪,很有必要先宣布休庭,对证据进行调查核实。"②这虽不是

① 1979年《刑事诉讼法》规定,在法庭审判过程中,遇有合议庭认为案件证据不充分或者发现新的事实等情形而影响审判进行时,可以延期审理并自行调查。现行刑事诉讼法已删去该规定。

② 全国人大常委会法制工作委员会刑法室编:《中华人民共和国刑事诉讼法释义》,法律出版社1996年版,第183页。

立法解释,但也颇能说明立法原意。其次,庭外调查是为了调查、核实证据,服务于法院的审判职能,而非弥补公诉机关举证不力,扭曲为控诉职能的手段。因此,根据现有规定,法官虽有调查、核实证据的庭外调查权,但绝不意味着法官可以无条件地主动收集新证据。

法官依职权主动收集新证据,调查主动性越强越易形成法官向一方当事人倾斜,无法保持一种超然和无偏袒的态度和地位,导致法官为查明实体真实而违反程序公正所要求的司法的被动性和中立性。现代程序论基本原则之一就是审判的中立性,法官主动调取新证据无疑有违此原则。另外,这显然也不符合我国刑事诉讼的改革方向,即加强控辩双方的对抗,淡化职权主义色彩。而且,从效率的角度而言,这也会加大法官的工作量,使其偏离审判中心,不利于提高审判效率。从比较法的角度看,英美法系国家采取当事人主义的诉讼模式,法官居于消极裁判者的地位,听取控辩双方的意见,不具有司法调查权。大陆法系国家立足于职权主义诉讼模式,法官享有庭外调查权,但是对庭外调查活动的实施都设置了严格的程序限制。首先,它们的庭外调查活动一般均采用开庭集中审理的方式,控辩双方直接在场,并可以对证人、鉴定人进行询问和质证;其次,对法官在庭外调查中制作的书面笔录,诉讼各方均有权阅览,并在庭审中就此证据进行辩论;最后,进行庭外调查的目的不是收集对被告人不利的新证据,而是为了保全或审核证据,确保法庭审判活动的正常进行。① 由此可以看出,这些限制措施都是为了保证法官的中立性,限制其庭外调查权。反观我国法官主动收集新证据的情况,缺少必要的规制,值得反思。一方面,这确实有损法官中立的角色,不利于程序公正。但是如某些学者所主张的,彻底取消法官包括调取新证据在内的庭外调查权,显得太过激进。这脱离了司法实践的现状,没有考虑控辩双方力量不对等的现实,反而会使被告人一方在诉讼中处于更不利的位置。另一方面,不可否认法官调取新证据可以平衡控辩双方的力量,这在当今中国的司法实践中具有积极意义。但是如对于法官收集新证据的行为不加约束,势必影响刑事诉讼价值的实现。因此,借鉴大陆法系国家的做法,限制法官收集新证据的条件、程序等方面,才是符合我国国情的明智之举。

2. 完善建议

首先,限制法官收集新证据的条件。《解释》第 55 条规定:"人民法院对公诉案件依法调查、核实证据时,发现对认定案件事实有重要作用的新的证据材料,应当告知检察人员和辩护人。必要时,也可以直接提取,复制后移送检察人

① 杨明:"人民法院刑事庭外调查权重构",载《辽宁大学学报》(哲学社会科学版)2003 年第 1 期。

员和辩护人”。由此可以看出,原则上法官不能直接收集新证据,应由检察人员和辩护人自行收集,这符合我国控辩式的诉讼模式。[①] 但遗憾的是,该条规定的“必要时,也可以直接提取”没有详细规定何为“必要时”,致使法官自行调取新证据的例外变成了常例,偏离了法官以审判为中心的居中地位。所以,考虑到辩护方获取证据的能力有限,应修改此解释,进一步规定只有在以下情形时,法官才可主动收集新证据:一是辩护方知道某证据线索,但无法取得,向法院提出申请调取;二是证据有可能灭失或以后难以取得的,辩护方提出申请调取。如果是检方证据不充分时,法官应遵循疑罪从无的原则,根据已有证据定罪判刑,及时宣判被告人无罪,即检方无权申请法院收集新证据。

其次,规范法官收集新证据的程序。《解释》第 54 条规定:“人民法院依法向有关单位和个人收集、调取、调查、核实证据,认为必要时,可以通知检察人员、辩护人到场。”该条将检察人员、辩护人到场程序规定为特殊情形,不符合法官中立的原则和我国控辩式的诉讼模式。建议《刑事诉讼法》应明确检察人员、辩护人不到场是法官收集新证据的例外情形,一般情况下,法官应通知检察人员、辩护人到场,因为法官收集证据不是履行举证责任进行侦查,不应该秘密化。在控辩双方在场的情况下,他们可以从各自的角度提出建议,帮助法官更准确地收集证据,避免法官先入为主,在更大程度上保证客观、公正。至于控辩双方是否到场,可以自行决定,一方或双方不到场,不影响证据的收集。

最后,明确法官收集新证据的手段。现行《刑事诉讼法》第 158 条规定:“人民法院调查核实证据,可以进行勘验、检查、扣押、鉴定和查询、冻结”。有学者据此认为,法官只能采取这六种取证方法,不应适用询问等方式。[②] 另也有学者认为除这六种手段之外,法官还可以讯问、询问相关人员。[③] 我们认为,无论是从立法原意还是从司法实践出发,都无法得出仅限于六种取证方法的论断,但是有必要进一步明确法官采取各种取证手段应遵循的程序,避免程序不当影响实质公正,造成证据不合法或者侵害他人权利的问题。

四、新证据之举证、质证

对于法官收集的新证据,学者们普遍认为必须经过开庭举证、质证,才能作

---

① 新刑事诉讼法颁布后,我国的诉讼模式在职权主义的基础上吸收了当事人主义的合理因素,加强了庭审中控辩双方的对抗性,我国刑事诉讼法学者称我国混合主义的诉讼模式为控辩式。

② 限定论参见付长文、邓虹:“谈法官‘庭外调查权’”,载《法学》1998 年第 3 期。陈光中主编:《刑事诉讼实施问题研究》,中国法制出版社 2000 年版,第 226 ~ 227 页。此外陈卫东主编:《刑事诉讼法实施问题调研报告》,中国方正出版社 2001 年版,第 170 页也论述到两种不同观点之争。

③ 孙云康:“法官庭外取证限制论质疑——法意及实证视角的探究”,载《政法论丛》2002 年第 4 期。

为定案的证据使用,这也符合《解释》第58条和《最高人民检察院刑事诉讼规则》第346条的规定。至于由谁举证、质证的程序则存在多种意见。现有法律和司法解释对二审新证据的举证、质证也没有明确的规定,实践中做法不一,主要存在以下两种做法:一是法官直接出示新证据,由控辩双方发表质证意见;二是法官根据证据的作用(控诉证据或者辩护证据)分别交由控辩双方举证,对方发表质证意见。第一种做法由法院依职权主动出示,意味着法官在控辩双方之外作为第三方提出了自己的独立主张,控辩双方一旦有不同意见,随后的质证、辩论过程就成为控辩双方针对法官的行为,法官变成了争议的参与者而不只是裁判者。[①] 这与法官居中裁判的角色相去甚远,不具有合理性,应改变这种做法。有学者提出第二种做法也有不当的地方,如果法官根据证据的证明作用,由证据对其有利的一方出示证据,让对方质证、反驳,则会让人感觉法官明显站在一方的立场上,支持其提出有利于己的主张来对抗对方。[②] 这种考虑有其合理之处,但联系前文讨论的新证据收集情况,有必要重新认识这种做法。按前述思路,法官自行收集新证据的行为限定于依辩方申请调取的情形,那么将经申请收集到的证据交由辩方出示,就并非是法官偏向辩方,而是理所当然的。如此一来,既保证了法官的中立性,又平衡了控辩双方的举证能力,并使证据得到充分的质证,在追求实质正义时不致损害程序公平。

五、结语

立足我国的诉讼传统和审判实践,限制法官收集新证据的行为,是合法合理的。实现理论意义上的法官完全中立裁判规则实非一朝一夕,这必将是一个漫长的制度和观念的磨合过程,同时也需要各种相关制度保障辩方的取证能力足以对抗控方,这样才能在实质正义与程序公平之间找到平衡点,不致偏废其一。

---

① 刘大元:“刑事审判中法官庭外调查的现状与反思”,载《江淮论坛》2009年第2期。

② 孙云康:“法官庭外取证限制论质疑——法意及实证视角的探究”,载《政法论丛》2002年第4期。

刑事二审“新证据”问题研究

张燕龙*

刑事二审包括检察机关的抗诉审和被告人提起的上诉审。由于我国二审采取的是全面审查的方式,从根本上说,刑事二审与一审一样,都是为了查明犯罪事实、准确适用法律,因此在庭审方式及证据的审查上基本相同。在这种模式下,相较于对一审证据的复核,二审中对新证据的收集、采信等就具有更为重要的诉讼意义,然而这一部分却恰恰缺少立法规制和理论研究。本文从司法实务出发,但不拘泥于纯粹的经验做法,对刑事二审中的“新证据”作出解析,最大限度地兼顾公正和效率,为今后完善我国刑事诉讼证据法律规范尽自己的努力。

一、“新证据”的法律规定

(一)刑事法律规定

刑事一审新证据的相关规定见于我国《刑事诉讼法》第二章第一审程序部分,这也是唯一的法律(立法法规定意义上的)层面对新证据的明确规定,第159条规定:“法庭审理过程中,当事人和辩护人、诉讼代理人有权申请通知新的证人到庭,调取新的物证,申请重新鉴定或者勘验。”仅从文本来看,本条只适用于一审,同时仅针对特定诉讼主体、特定证据种类,但后来的相关规定对本条作了适当的扩张解释,使新证据的适用超出了该条法律规定,这些内容将在后文进行详细的论述。

刑事二审新证据的相关规定散见于各种规范性法律文件之中,主要有:2001年《最高人民检察院关于刑事抗诉工作的若干意见》“……人民检察院应当提出抗诉和支持抗诉:(1)……有新的证据证明刑事裁判或裁定认定事实确有错误。……宣告被告人无罪的案件,人民检察院如果发现新的证据材料证

* 北京市第一中级人民法院刑二庭

明被告人有罪,应当重新起诉,不能提出抗诉。"1998 年最高人民法院《关于执行〈中华人民共和国刑事诉讼法〉若干问题的解释》(以下简称《解释》)第251 条规定:"对于上诉、抗诉案件应当审查下列主要内容:……(四)上诉、抗诉是否提出了新的事实和证据"。2006 年最高人民法院、最高人民检察院《关于死刑第二审案件开庭审理程序若干问题的规定(试行)》第 5 条规定"第二审人民法院开庭审理死刑上诉、抗诉案件,重点审查下列内容:(一)上诉、抗诉的理由及是否提出了新的事实和证据……"第 14 条"……(二)法庭调查的重点是,对原审判决提出异议的事实、证据以及提交的新的证据……"2001 年最高人民检察院公诉厅《刑事抗诉案件出庭规则(试行)》对于抗诉案件的新证据质证做出了规定,第 13 条"对检查人员收集的新证据……提请法庭质证"。第 14 条"二审期间审判人员通过调查核实取得的新证据,应当由审判人员在法庭上出示,检察人员应当进行质证。"第 16 条"……对证据有疑问或者需要补充新的证据……可以向审判长提出休庭或者延期审理的建议。"

刑事再审中新证据的规定主要在申诉理由部分,《刑事诉讼法》第 204 条规定"申诉符合下列情形之一的,人民法院应当重新审判:(一)有新的证据证明原判决、裁定认定事实确有错误的……"1998 年最高人民检察院《人民检察院复查刑事申诉案件规定》第 24 条"……(二)申诉人提出的新的事实、证据已经调查清楚……"2002 年最高人民法院《关于规范人民法院再审立案的若干意见(试行)》第 5 条"……(三)以有新的证据证明原裁判认定的事实确有错误为由申请再审或者申诉的……"再审新证据的规定对于我们从体系解释的角度来认定二审新证据具有一定的参考价值。

(二)相关部门法对"新证据"的规定

应该说,我国真正法律意义上的"新证据"的规则来自民事诉讼法律的规定,2002 年最高人民法院《关于民事诉讼证据若干问题的规定》(以下简称《民诉证据规定》)对"新证据"作了较为详细的规定。该法第 41 条规定:"新的证据是指以下情形:……(二)二审程序中的新的证据包括一审庭审结束后新发现的证据,当事人在一审举证期限届满前申请人民法院调查取证未获准许,二审法院经审查认为应当准许并依法当事人申请调取的证据。"而且第 42 条、第 44 条第 2 款还规定了新的证据提出的时间限制,"在二审程序中提供新的证据应当在二审开庭前或者开庭审理时提出,不需要开庭审理的应当在人民法院指定的期限内提出"。2002 年同时出台了《最高人民法院关于行政诉讼证据若干问题的规定》(以下简称《行诉证据规定》),第 50 条规定了二审中的新证据:"在第二审程序中,对当事人依法提供的新的证据,法庭应当进行质证。"第 52 条对新的证据做出了具体的解释:"本规定中的新证据是指以下证据……"

二、对“新证据”法律规定的理论解析

(一)“新证据”规定的法理基础

诉讼法上“新证据”理论的出现与发展是与举证时限制度和证据失权制度密不可分的,而且是在实质正义与程序正义、公平与效率的博弈中不断成熟的。简单来说,举证时限制度就是在特定的诉讼程序阶段中,负有举证责任的当事人在特定期间内逾期举证的,就要承担不利后果的证据规则,其核心就是证据失权制度。[①] 从发展历程来看,大致有三个阶段,分别形成了三种证据理论:第一种是法定顺序主义,源于教规诉讼程序,实行严格的书面审理模式,这种理论规定当事人必须严格按照事先规定的程序,在相应的举证期限内举证,否则就要承担不利的举证责任。在这种模式中,虽然可以使诉讼程序处于稳定状态,但也使新的证据失去了存在空间,不利于实体公正的实现。第二种是随后出现的随时提出主义理论,在这种模式下当事人可以随时举证,不必受诉讼程序的束缚,多见于大陆法系尤其是职能主义审判模式较为流行的国家,这种模式有利于保障公民的实体权利。但是这种模式的弊端也显而易见,近代以来诉讼的大爆炸和司法资源的有限性使这种模式面临极大的冲击。同时,允许当事人随时提出证据也导致了举证权利的滥用,这反而违背了诉讼公平原则。第三种是最后才出现的证据适时提出主义,这种模式介于上述法定顺序主义和随时提出主义之间,既能克服法定顺序主义僵化的诉讼规定可能带来的对实质正义的损害,又能减轻随时提出主义给社会带来的司法资源浪费以及可能给法院造成的积案压力,因此是现代各国较为认同的一种证据理论模式。[②]

从文章第一部分所列的我国刑事诉讼法律规定,主要是第159条,以及相配套的刑诉法解释、各种工作意见来看,我国刑事诉讼采用的是随时提出主义,区别于民事诉讼和行政诉讼的适时提出主义。这种模式从理念上来说,追求的是客观真实和有错必纠,重视对实体真实的绝对目的,往往以牺牲程序正义和诉讼效率价值为代价,突出反映了长久以来存在于我国的“重实体、轻程序”的司法理念。[③] 这种观念指导下的刑事诉讼法必然压缩举证时限制度和证据失权制度的发展空间,对于新证据的提出必然设置较少的限制,以最大限度达到实体上的正义。如何评价这一理念是一个较为复杂的问题,因为毕竟《刑事诉讼法》与其

---

① 李国光主编:《最高人民法院〈关于民事诉讼证据的若干规定〉的理解与适用》,中国法制出版社2002年版,第271页。

② 赵丽丽:“论民事再审程序中新证据的界定”,载《法制与社会》2010年2月版。

③ 毕玉谦:《民事证据原理与实务研究》,人民法院出版社2003年版,第354页。

他两大诉讼法相比，对实体正义的要求是不一样的，同时还存在着很多可以概括为"中国特色"的问题。但不可否认这就是我国《刑事诉讼法》"新证据"规则背后的司法理念，在论及"新证据"相关问题的时候，都不能脱离这样一个理论基础。

（二）二审"新证据"的认定标准

一般来说，二审中提交的证据要构成"新证据"，必须要符合一定的标准，然而"新证据"的标准在我国的《刑事诉讼法》中没有明确规定，这就需要我们参照其他部门法，同时结合刑事诉讼的理论和实务，作出一个适当的学理解释。"新证据"的认定标准主要集中在以下三个争论点上：

1. 是否需要"时间要件"

从《民诉证据规定》第41条、《行诉证据规定》第50条可以看出，我国民事诉讼和行政诉讼都明确规定了"新证据"的时间要件，要构成二审中的新证据必须首先要满足法律上对于时间的规定，体现了较为严格的证据失权制度。然而在我国刑事诉讼中，没有明文规定二审新证据的时间要件，这就需要我们从学理上进行论证。从时间上来看，依照一、二审证据的形成标准，可以区分出新证据存在的可能时间（见表一）：

表一

划分标准①	形成时间	发现时间	提出时间	是否能成为二审新证据
一审宣判前	原存在证据	原发现证据	原提交证据	如果一审没有采用，依旧可以成为新证据
	原存在证据	原发现证据	未提交证据	可以
	原存在证据	未发现证据	未提交证据	可以
一审宣判后 二审宣判前	新形成证据	新发现证据	新提交证据	可以
	新形成证据	新发现证据	未提交证据	不可以
	新形成证据	未发现证据	未提交证据	不可以
二审宣判后	新形成证据	不论形成时间	不论提交时间	不可以

① 需要说明的是划分标准里所谓的"二审庭审前"和"二审庭审后"是一个字面准确但实践中并不准确的概念。从法律规定的字面意思来理解，二审开庭审理是原则，但是在实践中恰恰相反，二审开庭是个别现象。以二审开庭前后来划分新证据的时间段并不准确，二审中实际上应该是以提讯为中心的法院规定的提交新证据时间来划分。而且，民事证据的提交一般以庭审为分界点，法庭一般会在庭审前规定补正期限，其庭审活动不会被随意打断，但是刑事审判中控辩双方都可以在庭审中提交新的证据，因此一般以是否宣判作为时间点。

民事诉讼对二审证据作出了明确的规定，根据《民诉证据规则》的规定，从时间要件来看，民事诉讼中的“新证据”：其一存在于一审结束后二审庭审前提交的证据；其二则存在于一审举证期限届满前，当事人申请法院调取但一审不认可，二审认可的证据；还有一种可以视为新证据的特殊情况，这里暂且不表。同时，从证据规则来分析，这里的时间应当以向法庭提交时为准，而且包括了“存在意义上的新证据”和“发现意义上的新证据”。①

我国刑事诉讼采取的是证据随时提出主义。结合法律的规定，刑事二审“新证据”首先指一审结束以后、二审审判结束前向法庭所提交的证据。这里还要明确的一个问题就是，刑事诉讼中的“新证据”所应有的“崭新性”是相对于法庭而言的。也就是说，凡是之前没有向法庭提交的证据，都可以被当作新的证据向法庭提交，无论其是新形成的还是新发现的。这就推导出二审新证据的第二部分，即二审中的新的证据。其次也指在一审中就已经存在或者被发现，但是没有在一审中出示的证据。《人民检察院刑事诉讼规则》规定，检察院可以在提交的证据目录之外向法院提交证据，这也从一个侧面印证了这一时间段上新证据存在的可能。最后，二审宣判后无论是新形成的、新发现的还是新提交的证据都属于再审层面的“新证据”，与二审“新证据”无关。总之，从整体来看，我国刑事诉讼对于二审“新证据”的时间要求是相当宽松的，基本可以忽略。

2. 是否需要“原因要件”

所谓构成“新证据”所需要的“原因要件”，简单来说就是指举证方提出“新证据”的事由不可归责于自身的故意或者重大过失，否则举证方所举证据不能构成“新证据”呈交法庭。原因要件的规定主要是为了防止证据突袭和对另一方诉讼主体的不公平，我国《民事诉讼法》虽然没有明确规定构成“新证据”需要“原因要件”，但是采用系统解释的方法，从《民诉证据规则》中容易推导出提出“新证据”的事由必须是基于“不可归责于当事人的事由”，否则，该证据便失去崭新性从而不能被认定为新的证据。② 刑事二审“新证据”的构成是否需要有“原因要件”，两大法系国家给出了不同的答案：大陆法系国家，尤其是以德国为代表的职权主义色彩较重的国家一般不要求原因要件；而英美法系国家以及日本等，则要求“新证据”的构成需要不可归责于当事人的事由，否则举证方就要

---

① 理论上对新证据素有“存在意义上的新证据”和“发现上的新证据”之分，前者显然比后者范围更窄，很多证据可能在一审庭审前就已经存在，但是在一审庭审后才被发现，当然这可能就又要涉及原因的考察，就属于另外一个话题了。黄士元：“刑事再审事由中的‘新证据’、‘证据虚假’和‘证据不足’”，载《证据科学》2008 年第 6 期。

② 宋工、郭小峰：“论存疑不起诉案件爱你的再行起诉——以‘发现新的证据’为视角”，载《昆明理工大学学报·社科(法学)版》2008 年第 11 期。

承担证据失权的不利后果。从我国现有的法律规定和实务操作来看,我国刑事诉讼中的二审"新证据",甚至可以说所有刑事诉讼阶段的"新证据"的构成,都是不需要原因要件的。无论是控诉方检察院出于何种原因,是故意或者过失不提供"新证据",还是被告方犯罪嫌疑人或者其辩护人出于何种理由,只要是向法庭提交了"新证据",法庭就有义务审查,至于原因则在所不问。之所以会出现这种做法,一方面与我国长期以来追求的绝对的实质正义、在刑事诉讼中要查明真相的诉讼理念有关,另一方面也是我国"职权主义"审判模式的必然体现。

3. 是否需要"种类要件"

《刑事诉讼法》第159条明确规定:"法庭审理过程中,当事人和辩护人、诉讼代理人有权申请通知新的证人到庭,调取新的物证,申请重新鉴定或者勘验。"严格从文本的意思来解释,从证据种类来看,本条规定的"新证据"仅限于证人证言、物证、鉴定结论、勘验笔录这几种,并没有涵盖《刑事诉讼法》所规定的七种证据类型。"新证据"是否应当有证据种类的限制是一个有争议的问题,有些学者认为,"构成新证据的种类应当有所限制,书证、物证可以被认定为新证据,但证人证言、鉴定结论、勘验笔录等一般不得认定为新证据。"[①]从解释学的原理来说,刑事诉讼的目的是查明犯罪事实,打击犯罪、保护人民,因此从目的解释的角度来看,刑事诉讼中新的证据应当不限于第159条规定的种类,而应当是涵盖了第42条所规定的所有类型,因为"证明案件真实情况的一切事实,都是证据"。而"新证据"对于查明案件事实往往起到举足轻重的作用,因此只要是能证明案件事实的"新证据",都应当视为第159条所规定的"新证据"。要注意的是,在二审中,新的证人所做出的证言无疑可以构成"新证据",但是在一审中已经作证的证人在二审中作出的不同于一审的证言,以及二审中重新作出的鉴定结论是否应该被当作"新证据",需要进一步的研究。笔者比较倾向于不构成"新证据"。[②]

(三)二审"新证据"的种类

根据我国刑事诉讼相关法律的规定,结合上述"新证据"的认定标准,刑事诉讼二审中"新证据"至少应该包括以下几种:

1. 一审审判前就已经存在或者被发现,但公诉方或者被告方基于任何理由

---

① 卢正敏:"民事诉讼再审新证据之定位与运用",载《厦门大学学报》(哲学社会科学版)2009年第3期。

② 原因主要是证人证言、鉴定结论具有不稳定性,主观性较强,对其真实性的认定存在很多困难。不断允许这类证据成为新的证据,可能带来无尽的诉讼资源浪费及对法院审判公信力的破坏。李浩:"事实认定再审事由的比较与分析",载《江海学刊》2007年第6期。

并没有向一审法庭提出,二审时提出的证据。

2. 一审中已经存在或被发现的证据,一审法庭并没有认定,二审法庭在审理过程中从关联性的角度认为可以作为证据使用的。

3. 一审当事人请求法院调取的证据,一审法院不予采纳,二审法院经审查认为应当准许当事人申请调取的证据。

4. 一审庭审结束后,二审审理中生成或者被发现的证据。从主体角度来看,包括法院为查明事实依职权自己调取的证据,检察院重新收集的证据和被告方自己收集的证据。

三、"新证据"的采信及制度完善

证据的可采性(admissibility),又称证据的容许性或许容性、证据资格、证据能力。在布莱克法律词典中,"'可采证据'是指提交法庭的证据具有法庭或者法官极有可能接受它,也就是允许其在法庭上提出的品质。"从狭义的角度简单来说,证据的可采信即非因无关联性和实质性而排除证据的情况。① 也有学者将其称为证据的"采用标准",与之相对应的即证据的"采信标准",指"对在法庭上出示的证据经过公诉人和被告方的辩论质证,法官根据相关证据规则,对证据予以确认其效力的标准。"②可以看出,证据的可采性与"采信"是两个相互区别又互相联系的概念,前者更多的是指证据的资格而后者则是对证据的进一步评断,实际上这种划分是学界为了更好地研究证据规则所作出的一种学理划分,在实务操作中并没有这么泾渭分明的区别,法官从证据的"三性"角度审查和认定证据,并没有严格区别"采用"和"采信"。本文论述基于实务操作的考虑也没有对二者作出明确的划分,下面就从主体的角度对证据的"采信"予以分别论述,并就不足之处提出合理的完善建议。

(一)对检察院提出"新证据"的采信

检察院提出的"新证据"从时间上看大致上有两大类:一是在一审中就已经形成,检察院基于自己的考虑,并没有向法院提交的证据;二是在一审结束后才形成或者被发现,检察院重新搜集的证据。对于第一类证据,1999 年最高人民检察院出台的《人民检察院刑事诉讼规则》第 342 条规定,"公诉人可以根据庭审情况和需要,出示、宣读开庭送交人民法院的证据目录以外的证据。"从本条规定来看,一审中检察院可以向法院移交开庭前并未向法院移送的证据。那么,同理,在二审中,检察院也可以向法院移交在一审中已经形成但并没有向原审法院

① 黄东熊:《刑事诉讼法论》,三民书局 1987 年版,第 383 页。

② 林科:"试论刑事证据的采信标准",载《当代经理人》2006 年第 2 期。

提交的证据,这类证据应当被认定为检察机关在二审中提交的“新证据”。第二类证据主要出现在以下三种情形中:其一,发现案件证据不足,足以影响到被告人定罪的;其二,发现案件有遗漏或错误,需要及时收集、调取新的证据,进一步查明案件真相的;其三,辩护人、当事人以及诉讼代理人申请补充新的证据,可能影响公诉人指控成立的。①

如果这类“新证据”是在法庭庭审中提出的,法院无疑应当作出延期审理的决定,重新组织质证,并且由检察人员承担宣读、出示的责任。从刑事诉讼追求实质公正的角度来讲,允许检察院随时提交“新证据”有利于查明事实真相,并无不当之处,但是“新证据”的随时提出打乱了法庭正常的诉讼程序,也有可能造成被告方程序上的不公平对待,理应对其进行一定的限制。《人民检察院刑事诉讼规则》第 349 条第 2 款规定,公诉人在法庭审理过程中建议延期审理的次数不得超过两次。那么从这条来推断,至少在庭审过程中,检察院提出“新证据”不能超过两次,但是在庭审之前,似乎又是无限制的。因此笔者建议最高人民法院和最高人民检察院出台关于审前准备程序的司法意见,完善审前准备配套制度,对“新证据”的提出规定一定的期限,设计证据的交换制度,以保证在审前能够充分展示“新证据”,确保庭审程序的效率。

(二)对辩护方提出“新证据”的采信

二审辩护方出示的“新证据”主要包括以下三个方面:一是一审公诉人事先掌握且在当庭予以出示的证据,但辩护人出示的新证据内容与公诉人所出示的证据有所变化;二是二审时辩护人搜集的公诉人并不掌握的证据;三是公诉人已知晓但被忽略,辩护人认为有利用价值从而向法院提交的证据。② 这些在二审期间辩护人向法庭提供的“新证据”,应当由辩护人在法庭上宣读出示,接受质证。对于辩护人向法庭提交的时间和原因,《刑事诉讼法》几乎没有任何限制,基本上是随时随地,这也体现了刑事诉讼确保实质正义的目的。需要注意的是,为了保证被告人能够确实享受到提出“新证据”的权利,就要规范法官的释明义务,要明确法官在诉讼阶段中要履行对“新证据”的释明义务,提示当事人收集新的证据,最大限度地查明事实真相。③ 至于释明权的忽略是否会造成程序上的缺陷,法官是否应当承担责任,则是需要进一步研究的问题。当然,为了保证

---

① 赵维民:“公诉人在庭审中也应有权申请补充新的证据”,载《检察实践》2003 年第 3 期。

② 任俊胜、廖毅:“辩护人当庭提供新证据之对策”,载《检察实务》2000 年第 4 期。

③ 释明权本为法院的一种诉讼指挥权,后来随着举证时限制度的发展,释明权在一定意义上逐渐演变成法院的一种义务,在民事诉讼中,如果法官没有履行释明义务,可能导致对证据失权的否定。参见张卫平著:《诉讼构架与程式——民事诉讼的法理分析》,清华大学出版社 2000 年版,第 148 页。

诉讼地位的平等，辩护人在发现“新证据”但是无法取得的情况下，可以申请法院依职权调取，这点将在后文有详细的论述。

（三）对法院依职权自己收集的“新证据”的采信

首先，可以肯定的是，我国法官在很多时候都是“全能法官”，绝不仅仅是对被告方和公诉方提交的证据进行审核的消极角色，为了查明案件事实真相，法官要行使职权自己收集证据，二审的审判人员必要时应当依法行使庭外调查权，自行调查核实证据。[①] 这种理念也得到了法律的支持，《解释》第55条规定“人民法院对公诉案件依法调查、核实证据时，发现对认定案件事实有重要作用的新的证据材料，应当告知检察人员和辩护人。必要时，也可以直接提取，复制后移送检察人员和辩护人。”

其次，依照诉讼法的原理，任何证据只有经过质证才能作为定案的依据，法院自行调查的证据当然也不能例外。根据《人民检察院刑事诉讼规则》第346条的规定：“人民检察院根据律师收集、调取的证据或者合议庭休庭后自行调查取得的证据，必须经过庭审辨认、质证才能决定是否作为判决的依据。未经庭审辨认、质证直接采纳为判决依据的，人民检察院应当提出纠正意见；做出判决的，应当依法提出抗诉。”从本条可以看出，检察院对于法院自行收集的证据的质证问题是有明确的规定的。从诉讼公平的角度来看，二审中法院自行收集的“新证据”，应当由法院自己宣读、出示，由控辩双方对证据发表意见，最后再由合议庭评判采纳。法院自行调取的证据与控辩双方提交的证据具有同等的地位，也要在证据链体系中互相比对、排除，最后才能采信。

最后值得一提的是，法院自行调取“新证据”毕竟有违审判中立的司法原则，容易造成控辩双方举证地位的不平衡，也不符合刑事诉讼改革的方向，但是鉴于我国刑事诉讼的现状又不得不赋予法院这项权力，因此在现阶段，可行的方法是在现有法律的基础上对该项条款作出合目的的解释，使法院能够在有限的框架内最大限度行使好这项权力。如何解释法律规定的法院调取证据的“必要时”就成为一个较为关键的问题。笔者认为，结合检察机关的调查取证权处于较

---

① 这种权力很多时候其实是对现实的一种妥协。试举一例：笔者曾参加一个由法院牵头组织检察院和学者参加的研讨会，会上提出证据审核问题，检察院经常有针对性地向法院仅出示被告人有罪或者罪重的证据，而忽略被告人罪轻的证据。针对这一问题，学者想当然地提出，检察院当然应当提供有罪和罪轻的证据，他们毕竟是公诉方，然后由辩护人提供无罪或者罪轻的证据，这样法官居中裁判就可以了。这种观点从学理上看没有任何问题，是一种两造平衡的理想诉讼构架，但有法官提出，我们的司法资源是极其有限的，且不说辩护律师的素质问题，很多被告人根本就没有辩护人，何来两造，又如何平衡？而且我国的检察机关还是法律监督机关，在这种情形下，检察院就不再仅仅是一方当事人的角色，而法官也不仅仅是一个居中裁判者。

高地位的现实，这里的“必要时”应当限定为辩护人无法调取而申请调取证据时的情形。因为现实中基本不存在检察院不能调取而向法院申请调取证据的情形，同时如果二审法院自行发现有可能加重上诉人（或者原审被告人）刑罚的“新证据”，也不应该直接确认该证据，而应该发回一审法院重新审理或者启动审判监督程序。

四、结语

相较于其他部门法尤其是《民事诉讼法》，《刑事诉讼法》中关于“新证据”的规定是落后的，这固然与刑事诉讼的独特性相关，但主要还是由我国刑事诉讼中追求绝对的实质正义，长久忽略程序和效率所造成的。我国刑事诉讼中“新证据”出示的理论基础是随时提出主义，因此对于一般构成“新证据”所要求的三个要件，即时间要件、原因要件和种类要件基本上都没有限制。在具体的司法实践中，对检察院、辩护人分别提交的“新证据”以及法院依职权调取的“新证据”要根据其特质分别进行审查和质证，这样才能保证“新证据”能在追求实质正义和程序正义相平衡的目标中发挥应有的作用。

【专题二:刑事二审程序的司法标准】

检察机关二审法律监督若干问题研究

甄 贞* 赵永红**

一、问题的提出

2007 年以前,我国刑事第二审的审理方式主要表现为书面审查、庭外调查和开庭审理的三级结构。近年来,死刑第二审案件在全国范围内全面实行开庭审理,改变了以往存在于死刑二审审理方式中的这种三级结构。这表明,在死刑案件的二审程序中,法院应当一律开庭审理,才能作出裁判。这顺应了在我国逐步实现对包括死刑案件在内的全部二审案件进行开庭审理的一种发展趋势。在这种现实的挑战和发展趋势的推动下,检察机关在包括死刑案件在内的刑事二审案件诉讼程序中的职责和功能亟须明确和界定。

实践中,对检察机关在刑事二审程序中承担的职能、具体职责事项以及履行职能的途径和方式等问题存在观念上的模糊认识和实际操作上的无所适从状态。例如,有的将检察机关二审职能完全归同于其一审职能,有的则直接定位于公诉职能,还有的将其归结为审判监督职能。客观而言,这些观点从不同侧面或不同角度反映了检察机关在刑事二审程序中所承担的职能,均有一定的合理性。但从检察机关二审职能的宪法定位和基本特性而言,这些观点显然不能涵盖检察机关二审职能的基本属性。结合检察机关作为国家专门法律监督机关的宪法定位,我们应当从法律监督的高度来归纳和概括检察机关的职能。在对检察机关履行的法定职能是专门性法律监督职能的认识基础上,我们认为,检察机关在刑事第二审中的职能应当界定为二审法律监督职能。对此,本文对这一职能的界定根据、具体内容以及实现方式和相关实务问题进行简要探讨。

* 法学博士,北京市人民检察院副检察长,中国人民大学博士生导师
** 法学博士,北京市人民检察院第一分院教育训练处副处长、检察员

二、检察机关二审法律监督职能定位

根据《刑事诉讼规则》第362条规定，检察机关在刑事第二审中的职能具体表现为：应当客观全面地审查原审案卷材料，不受上诉或者抗诉范围的限制，重点审查原审判决认定案件事实、适用法律是否正确，证据是否确实、充分，量刑是否适当，审判活动是否合法，抗诉理由或上诉理由是否正确、充分。同时监督、检查第一审检察院公诉工作的质量，指导第一审检察院正确完成刑事指控任务。

根据《刑事诉讼规则》第360条的规定，在出席第二审法庭时，检察机关的工作形式和方式具体表现为：(1)认为原审判决或者裁定确有错误的，依法提出纠正意见；(2)认为原审判决或者裁定没有错误的，依法提出维持原判建议；(3)对第二审审判活动进行监督，对法庭审理案件有无违反法律规定的诉讼程序的情况记明笔录并依法处理；(4)进行其他维护诉讼参与人的合法权利、维护公平正义的诉讼活动。

据此，对检察机关在刑事第二审中的监督职能，应当界定为“第一审公诉职能和诉讼监督职能的继续和延伸，但重在全方位的诉讼监督”。对这一界定简要分析如下：

一方面，检察机关在刑事第二审中的监督职能表现为第一审公诉职能的继续和延伸。这是检察机关在刑事第二审中的重要监督职能。无论是因被告人上诉引起的第二审程序还是因原审检察机关抗诉引起的第二审程序，检察机关的这一职能均有充分体现。由于第二审程序的启动，一审裁判不仅不发生法律效力，还成为第二审的主要审查内容。对一审裁判完全采纳一审公诉意见且认定事实、适用法律正确及审判程序合法的，检察机关在第二审中将继续履行与一审公诉相同的指控犯罪的公诉职能，维护一审正确裁判，争取二审裁判对一审裁判的认可和支持；对一审裁判未完全采纳一审公诉意见且一审公诉意见正确的，检察机关在第二审中应当对一审公诉意见进行全面、深入地再次阐述和论证，继续履行一审公诉机关未能完成的公诉职能，争取二审裁判的认可和支持；对一审裁判未完全采纳一审公诉意见且一审公诉意见确有错误的，检察机关在第二审中应当继续履行支持一审公诉指控犯罪的正确部分的公诉职能，同时通过支持和维护一审裁判的意见形式对一审公诉指控犯罪的错误部分进行纠正。

另一方面，检察机关在刑事第二审中的监督职能表现为全方位的诉讼监督职能。这是检察机关在刑事第二审中的基本监督职能。这一职能除表现为第一审诉讼监督职能的继续和延伸外，主要表现为对一审审判活动及其裁判、二审审判活动及其裁判、侦查活动、一审公诉活动等方面的全方位监督。这是由第二审公诉“重在诉讼监督，同时继续指控犯罪”的任务决定的，也是第二审公诉区别于第一审公诉"重在指控和证实犯罪，同时进行诉讼监督"的重要表现。

三、检察机关二审法律监督应遵循的基本原则

检察机关进行二审监督时应遵循的基本原则与刑事第二审程序的任务和审理方式直接相关。由于我国实行二审终审制，第二次审判程序是对第一次审判程序的全面审查、核实和判断，这要求检察机关应当立足刑事二审程序法定任务，遵守刑事二审程序的法定诉讼原则。同时，刑事第二审的审理方式直接决定了检察机关参与第二审程序的形式。因此，对检察机关直接参与刑事二审程序始终的案件，检察机关履行监督职能时应当遵循刑事二审程序的特殊原则。基于此分析，检察机关进行二审监督时应当遵循的基本原则主要有两项：

1. 全面审查原则。在坚持对一审裁判认定的事实、证据和适用法律情况进行全面审查的同时，要注意"六个结合"：坚持全面审查与重点审查相结合；对控诉、辩护理由（包括抗诉、上诉理由）的审查与对第一审裁判的审查相结合；对案件客观真实的探求与对原审裁判的审查相结合；对认定事实的审查与对适用法律的审查相结合；对原审认定的事实的审查与对新发现的事实的审查相结合；对案件实体的审查与对诉讼程序的审查相结合。例如，一审公诉机关对被告人张某起诉了五起抢劫事实，但一审法院仅认定并判决了其中的三起，被告人张某也只对这三起抢劫事实提出了上诉，张某在上诉状中交代杨某系其同案犯。对此，在第二审程序中，检察人员应当重点审查一审法院判决认定的三起抢劫事实，同时还要对一审公诉机关起诉而一审法院未予认定的另两起抢劫事实进行审查，对张某交代杨某系其同案犯的新事实进行审查，以全面分析和判断一审判决在认定事实和适用法律方面正确与否。

2. 上诉不加刑原则。贯彻上诉不加刑原则，关键在于保障被告人的上诉权。要切实把全面维护包括被告人在内的当事人的合法权益和强化法律监督、维护公平正义的职责有机统一起来。例如，李某因涉嫌抢劫罪被提起公诉，一审法院审理后认为李某入户抢劫并致人死亡，情节特别严重，但考虑李某未年满 18 周岁，遂判处其无期徒刑。李某以量刑过重为由提出上诉。在第二审程序中，检察人员通过认真审查卷宗材料和调查核实，发现李某作案时已经年满 18 周岁，一审法院判决所依据的李某身份证明存在伪造现象。对此，根据上诉不加刑原则，检察人员应当建议二审法院遵循上诉不加刑原则，维持原判。待第二审程序终结后，可依照刑事诉讼法规定的审判监督程序提出抗诉。

四、检察机关二审法律监督形式和内容

检察机关在二审刑事诉讼中的监督活动主要通过向审判机关、侦查机关发

出检察建议、纠正意见等方式来完成。在实践中,可以根据具体情况选择适用院、处公函形式或者电话、传真、当面交谈等形式。检察机关的二审监督职能在内容上主要表现为:

(一)对一审审判活动及其裁判进行法律监督

检察机关要对第一审法院审理案件的诉讼程序进行合法性审查,要对一审判决认定的全部案件事实、证据和适用法律等实体性问题进行真实性、逻辑性、合法性等审查,并在此基础上提出审查意见,对一审审判活动及其审判结果进行评价,指出其中存在的错误或违法行为,肯定其中合法和正确的行为。

1. 对一审判决中附带民事判决部分错误提出检察建议。例如,在史某故意伤害一案一审刑事附带民事判决中,附带民事部分的判决存在证据不足、超出附带民事诉讼原告人诉讼请求进行判决、在判决前剥夺附带民事诉讼被告人就该超出部分进行了解、辩论和质证的权利等问题。检察机关向二审法院就史某故意伤害(致死)案中附带民事判决错误问题发出《关于对史某案附带民事部分进行诉讼监督的检察建议》。该建议直接导致二审法院对一审刑事附带民事判决书未予全部维持,只是下达了维持刑事部分判决的二审"刑事裁定"。

2. 对一审判决遗漏赃证物处理事项发表改判意见。例如,在于某走私普通货物案中,一审判决未对本案赃物(折合人民币883,000元)进行追缴,检察机关发表二审改判意见后,二审法院对一审判决进行改判,对本案赃物作出收缴判决并上交国库处理。

3. 对一审判决遗漏原审被告人犯罪事实、对关键证据未予采纳、将不公开审理的案件表述为"公开开庭审理本案"等问题进行监督。例如,在朱某、高某、郑某抢劫、盗窃、窝藏、销售赃物案中,一审判决遗漏原审被告人郑某参与朱某、高某共同抢劫犯罪的事实,在认定犯罪事实时未采纳上诉人朱某、高某和原审被告人郑某的有罪供述的问题并将因涉及个人隐私而属于不公开审理的本案表述为"公开开庭审理本案"。对此,检察机关出庭发表纠正意见,得到二审法院认可。

4. 对一审判决关于案件性质定位矛盾的问题进行监督。在陆某等人贷款诈骗一案中,原审法院民庭、刑庭先后对同一项事实分别作出民事生效判决及刑事一审判决。对此,在二审检察机关的监督下,法院启动审判监督程序对民事生效判决进行再审后裁定撤销该判决,进而排除了影响本案二审刑事诉讼正常进行的障碍。

5. 对一审判决认定证据错误进而导致量刑错误的问题进行监督。在佟某等人故意伤害一案中,一审判决认定佟某系致被害人死亡的直接行为人,系本案的主犯,并判处其死刑。经审查,二审检察机关认为没有证据证明佟某是致被害人死亡的直接行为人,且其在本案中的作用与同案人韩某等人相比较要小得多,然而一审判决却对上诉人韩某等人分别判处无期徒刑。在检察机关的监督下,二审法院对佟某改判为无期徒刑。

6. 对一审法院运用证据错误进行法律监督。在刘某、方某绑架白某(未成年人)一案中,被害人白某的父母作为白某的法定代理人和独立的附带民事诉讼原告人出席法庭。一审法院认为白某的父母系案件证人,故在判决中将其列为白某的法定代理人、附带民事诉讼原告人、证人。根据《刑事诉讼法》相关规定,证人只能是与案件处理没有利害关系的第三人,并且证人不能旁听案件审理过程。本案中,白某的父母是案件当事人,与案件处理结果有着直接的利害关系,并且其以附带民事诉讼原告人身份参加了本案全部开庭审判活动,因此,不应当再担任本案证人。因此,二审检察机关在出席二审法庭时就该证据运用错误问题当庭发表纠正意见。

7. 支持一审公诉机关对一审判决适用法律错误进而导致量刑不当提出的抗诉。在徐某非法买卖枪支案中,一审公诉机关认为一审判决未对涉案子弹作出正确认定,进而适用法律错误并导致量刑不当,遂提出抗诉。二审检察机关审查并调取权威机关的鉴定结论后,认为该抗诉有充分的事实根据和法律依据,故决定派员出席二审法庭支持抗诉。

8. 对一审判决文书错误提出纠正意见。在一起外国人诈骗案中,一审判决存在三处将被害人姓名与证人姓名混用的错误提出口头纠正意见。经检察机关监督,一审法院立即派人对该判决书进行了更换。

(二)对二审审判活动及其裁判进行法律监督

出席二审法庭的检察人员要监督二审审判活动严格依照《刑事诉讼法》规定进行,对违反《刑事诉讼法》的行为要及时提出纠正意见,对二审裁判要及时进行合法性审查,并决定是否按照审判监督程序提出抗诉。对二审裁判确有错误并决定启动审判监督程序的,应当及时准备相关的书面材料并指定专人向上级检察院汇报,争取获得上级检察院支持。近年全国发现的多起死刑错案问题,充分说明了检察机关对二审审判活动及其裁判进行监督的重要性和迫切性。

(三)对侦查活动进行法律监督

侦查活动的合法与否是排除非法证据的前提。因此,二审检察机关要通过提讯被告人、审查侦查卷宗等活动对侦查阶段的侦查行为进行法律监督,对其中违反《刑事诉讼法》的行为提出纠正意见,同时可以在二审期间补强证据、排除非法证据,以维护司法裁判权威性,维护原审被告人、上诉人的合法权益。实践中,检察机关对侦查活动进行法律监督的内容和形式主要有:

1. 对违法取保候审行为发出纠正违法意见。如在陈某故意伤害案中,陈某蓄意报复并持刀猛刺被害人后潜逃,被抓获归案后,侦查机关在陈某既未交纳保证金又未提出保证人、出具保证书的情况下，对其采取取保候审，导致陈某在取保候审期间内又实施故意伤害犯罪并致人死亡。对此，检察机关应当对侦查机关发出"纠正违法通知书"，要求其立即改正错误。

2. 对以工作说明代替鉴定结论的行为进行监督。如在马某故意杀人案中，侦查机关对现场提取的重要物证未出具正式的鉴定结论，而是出具了不能作为证据使用的工作说明，导致案件事实没有相关证据予以证明。为此，检察机关应当对侦查技术鉴定人员对待工作的这种严重不负责任的态度和行为发出检察建议，督促其提高工作责任心和证据意识。

3. 对违法侦查取证行为进行纠正。如在赵某窝藏一案中，侦查机关仅收集了证明赵某有罪的证据，对于有可能证实赵某无罪或罪轻的证据则没有调取，导致司法机关在证据收集不全面的情况下不能客观公平地对赵某的窝藏行为进行正确评价。对此，检察机关应当向侦查机关发出纠正违法通知书，同时向二审法院发表改判意见。

4. 对侦查机关抓获犯罪嫌疑人时擅自处理其随身携带现金的行为提出纠正意见。如在梁某故意杀人案中，侦查员擅自处理涉案现金且对该情况不随案移送审查，对此，检察机关调查后发现该款已经用于上诉人梁某在看守所的个人生活消费。经口头监督，侦查人员表示以后将慎重处理类似问题。

（四）对漏罪漏犯进行追诉监督

在二审程序中，有些被告人慑于法律的威严，向检察人员交代了尚未被司法机关掌握的遗漏罪行或者遗漏犯罪嫌疑人。有些情况下，检察人员通过对全案卷宗材料进行认真审查和比对，也能发现一审公诉或一审判决中遗漏被告人罪行或者遗漏犯罪嫌疑人的情形。对此，二审检察人员应当对发现的漏罪漏犯线索进行认真审查和核实，并根据情况依法处理。例如，在赵某等八人绑架、敲诈勒索案中，一审判决认定的本案证人郝某也参与了绑架犯罪，却未被列为被告人追究刑事责任。经向郝某所在地的检察机关发函，郝某最终被追诉到案并被判处刑罚。

（五）对一审公诉进行合法性监督

虽然二审公诉是对一审公诉的继续和延伸，但这并不排除二审检察机关对一审检察机关公诉活动的合法性审查和监督。因为只有全面审查并纠正一审公诉中存在的错误或遗漏，才能有效地继续和延伸一审公诉职能。例如，一审检察机关以个人犯罪对被告人高某提出公诉，但一审法院以单位犯罪对被告人高某判处刑罚。二审检察机关经审查得知，一审判决认定事实和适用法律正确，一审检察机关以个人犯罪提起公诉系适用法律不当。故此，检察人员在二审中不能继续一审公诉的错误，而应当依法维护一审法院的正确判决。

五、检察机关二审法律监督中的三个具体问题

(一)检察人员在刑事第二审中的法律地位

实践中,对检察人员在第二审程序中的法律地位存在不同认识,集中表现为要求将检察人员在第一审程序和第二审程序中的法律地位加以区别,如在称谓上将出席第一审法庭的检察人员称作“公诉人”,对出席第二审法庭的检察人员则称为“检察员”。对此,我们应当根据检察机关的宪法定位,坚持检察机关在第二审程序中仍然是国家专门法律监督机关,其具体身份表现为国家公诉人和诉讼监督主体的认识。

根据《刑事诉讼法》规定,检察机关派员出席法庭的缘由有两种:一是检察机关对一审裁判提起了抗诉;二是被告人对一审裁判提起上诉、二审法院决定开庭审理并通知检察机关派员出席法庭。下面结合这两种不同情形对检察人员在二审法庭上的法律地位问题进行简要分析。

对检察机关对一审裁判提起抗诉的情形,《刑事诉讼法》明确规定,第二审法院应当开庭审理,并于开庭 10 日以前通知人民检察院阅卷,人民检察院应当派员出庭。应当说明的是,检察机关对一审裁判提起的抗诉,既包括对被告人不利的抗诉,又包括对被告人有利的抗诉。在对被告人不利的抗诉案件中,出席二审法庭的检察人员必然要在法庭上再一次公开揭露被告人的犯罪行为,指明其犯罪行为所造成的社会危害,引证其触犯的刑律,论证其应负的刑事责任。在进行这些活动的同时,检察人员还要针对一审活动中存在的问题提出纠正意见,并监督二审活动是否合法。显然,检察人员的这些诉讼活动完全是一审支持公诉的继续,其法律地位为国家公诉人和法定诉讼监督主体。在为被告人利益的抗诉案件中,检察人员参加二审活动的任务是为了支持正确控诉,指出一审裁判与正确控诉不相吻合的地方,要求二审法院依法准确惩罚犯罪,同时对二审活动进行合法性监督。因此,此时检察人员在法律地位上依然是国家公诉人和法定诉讼监督主体。

在检察人员因被告人对一审裁判提出上诉而接到二审法院出庭通知的情形下,检察人员的直接任务是协助二审法庭查明案件事实真相,其法律职责是依法履行与一审活动中的检察人员所承担的职责相一致的支持公诉职能。在出庭过程中,检察人员要监督二审审判活动是否合法。实践中,有人认为检察人员在被告人上诉情况下出庭属于走形式,只是为了维持二审程序中完整的诉讼结构的需要的观点是值得商榷的。因为,被告人上诉且二审法院决定对案件开庭审理而通知检察机关派员出庭的情况表明,二审法院在审阅一审卷宗材料的基础上认为案件事实需要进一步澄清和查实,检察机关作为追究犯罪的公诉任务承担

者有必要在二审程序中继续举证、质证,以排除二审法院对案件事实的疑惑,促使其作出正确的二审裁判。故此,检察机关在二审程序中派员出庭正是为了在二审法庭上继续支持一审中提出的公诉主张,完成其尚未履行完毕的公诉职能。因此,把检察人员出庭看成是单纯地为维持二审诉讼结构所需的观点,实质上是本末倒置、片面地从形式分析实质内容的表现,是建立在把第二审程序与第一审程序割裂开来、否定检察机关在二审中的公诉职能的基础上得出的结论。

(二)检察机关在刑事第二审中的办案期限

根据1998年最高人民法院《关于执行〈中华人民共和国刑事诉讼法〉若干问题的解释》第267条的规定,人民法院对依法开庭审理的第二审公诉案件,自开庭10日以前向检察机关发出阅卷通知的第2日起,检察机关查阅案卷超过7日后的期限,不计入第二审审理期限。2000年最高人民法院《若干规定》第9条更是明确规定:刑事案件二审期间,检察院查阅案卷超过7日后的时间,不计入人民法院对案件的审理期限。据此,最高人民法院通过发布司法解释,一方面将检察机关查阅一审案卷的时间限定为7日,另一方面将检察机关查阅一审案卷超过7日后的时间从第二审审理期限中扣除。显然,最高人民法院的这一司法解释无疑是从维护法院办案时间的角度出发对刑事诉讼法关于第二审案件审理期限的规定的突破。它直接导致检察机关在二审办案期限上缺乏法律依据。

从客观上讲,由于检察机关相对独立的级别设置,对一审检察机关办理的案件,二审检察机关是不可能完全知晓的,因而如同一审检察机关办理案件时需要法定的审查起诉期限一样,二审检察机关在办理二审案件时同样需要审查上诉或抗诉的期限。没有审查上诉或抗诉的期限,二审检察机关在客观上难以全面掌握案情和难以充分行使二审检察职能。最高人民法院通过司法解释原则上给予检察机关7日阅卷时间,一方面与刑事诉讼法规定的至少10日直接相违背,另一方面也与检察工作的实际情况发生了冲突。例如,对某些疑难、重大、复杂的案件尤其是抗诉案件而言,仅给予检察机关7日的阅卷时间显然是不够的。因为,在这一期间内,检察机关要认真查阅全部卷宗材料,要按照1998年《人民检察院刑事诉讼规则》的相关规定对原审被告人进行提讯、复核主要证据等工作,并在此基础上形成对案件的书面审查意见即二审案件结案报告,制作讯问被告人、询问被害人、证人、鉴定人和出示、宣读、播放证据计划,拟写答辩提纲,形成二审出庭意见。同时,案件的具体承办人在办理案件时还要严格依照最高人民检察院关于刑事案件的办理流程的规定和本院制定的与此相关的制度管理性规定开展工作,如对案件进行逐级汇报,对抗诉案件向检察委员会作专门报告等。

因此,为切实维护诉讼参与人尤其是诉讼当事人合法权益,提高诉讼效率,维护司法公正,亟须对检察机关在二审中的办案期限作出了立法规定。当然,在相关立法规定未出台之前,检察机关应当充分发挥主观能动性,以实际行动将因立法和司法解释缺陷给诉讼参与人尤其是诉讼当事人造成的不必要损害减至最小程度。

(三)检察机关在刑事第二审中发现漏罪漏犯情形的处理

实践中常有在二审中发现遗漏犯罪事实的案件,或者有遗漏犯罪嫌疑人的案件。对此,由于《刑事诉讼法》对于这两种情形未明确规定处理方式,所以争议很大,做法也不一。将案件发回重审是目前二审法院最为典型的一种做法。但是,从法理上分析,这一做法是不合适的,理由是:

第一,检察机关在第二审中的职能主要是审查和监督第一审审判活动,因此在第一审审判活动完全合法有据的情况下,二审检察机关应当建议维持原判。这也是符合《刑事诉讼法》第 189 条第 1 项规定的做法。

第二,在一审判决认定事实、适用法律和审判程序合法有据的情况下,二审检察机关发现案件出现漏罪漏犯的情形,不能成为认为一审判决认定事实不清、证据不足的法定理由,因此不能适用《刑事诉讼法》第 189 条第 3 项规定,不能建议将案件发回重审。

第三,如果因在二审期间发现漏罪漏犯情形而将原本合法的一审判决发回重审,将直接违反"不诉不审"、"诉审分离"等基本诉讼原则。因为原一审公诉机关对该漏罪漏犯未曾提出公诉,而一审法院却因案件发回重审而要对该漏罪漏犯进行审判。这显然是一种无诉而判的违法做法。

第四,如果因在二审期间发现漏罪漏犯情形而将案件发回重审,还会导致刑事案件失去正常的侦查程序和起诉程序,并且直接侵犯被告人的法定诉讼权利。按照刑事诉讼程序,对任何一项涉嫌犯罪的事实或犯罪嫌疑人,不仅需要进行合法有效的侦查和起诉,同时还要在侦查和起诉过程中给予犯罪嫌疑人请求律师帮助、辩护等法定诉讼权利。这对在二审期间发现的漏罪漏犯情形也不例外。

第五,如果因在二审期间发现漏罪漏犯情形而将原本合法的一审判决发回重审,还会导致一审法院因难以在法定审限内查明案件事实而无法作出判决。

鉴于上述原因,实践中,对二审法院发回重审的案件,一审法院直接建议一审公诉机关将案件撤回并重新起诉。显然,这样做的结果是造成司法资源的巨大浪费。因此,在实践中,应当坚持在二审法庭上建议由原侦查机关对遗漏犯罪事实或其他遗漏同案犯作另案处理的做法。

刑事第二审抗诉标准问题研究

项　明*　周光权**　常国锋***

一、刑事第二审抗诉的理念问题

理念是行动的先导，要想准确把握刑事第二审抗诉的标准问题，必须厘清抗诉的理念问题。只有树立正确的抗诉理念，才能把握正确的原则和标准，才能采取恰当的工作措施，从而达到应有的办案效果。笔者认为，关于刑事第二审抗诉的理念的内涵应当包括以下几个方面的内容：一是关于刑事第二审抗诉的概念；二是关于刑事第二审抗诉的性质；三是刑事第二审抗诉工作的价值和应当遵循的原则。

（一）关于刑事第二审抗诉的概念问题

刑事第二审抗诉概念集中体现在《刑事诉讼法》第 181 条至第 185 条。第 181 条规定了检察机关的刑事第二审抗诉，"地方各级人民检察院认为本级人民法院第一审的判决、裁定确有错误的时候，应当向上一级人民法院提出抗诉"。

从以上法条的规定可以看出，刑事第二审抗诉的概念是指地方各级人民检察院认为本级人民法院第一审尚未发生法律效力的裁判确有错误时，在法定抗诉期限内要求上一级人民法院对案件进行重新审理的诉讼活动。

在西方国家，没有刑事第二审抗诉的概念，但检察官可以就法院的判决提出上诉，比如日本、法国、德国。在日本，检察官作为刑事诉讼的当事人，与被告人一样具有全面的上诉权。① 在法国，除终局裁判之外，对于法官的判决，控辩双方都享有平等的上诉权，都可以提出上诉。法国法律在设计检察院的"抗诉"与

---

* 北京市人民检察院第一分院检察长

** 清华大学法学院教授，博士生导师，全国人大法工委委员

*** 北京市人民检察院第一分院二审监督处副处长

① 松尾浩也著：《日本刑事诉讼法》（下卷），张凌译，中国人民大学出版社 2005 年版，第 199 页。

被告人的“上诉”时,使用的是相同术语,似乎也是有意强调上诉权的平等。[①] 而在英美法系国家,上诉程序主要为实现被告人的权利救济而设。检察官一般没有抗诉权。在美国允许检察官在不违反一事不再理的情况下享有一定的上诉权。只有个别几个州授权检察官可以对一切刑事判决提出上诉。[②] 由此可见,不管是大陆法系还是英美法系中的检察官的上诉权,其与被告人的上诉权都基本相当,而与我国刑事法规定的抗诉权不同。

(二)关于检察机关刑事第二审抗诉权的性质问题

对这个问题,无论是学界还是司法实务界的认识都不统一。主要观点有三种:第一种观点认为检察机关的诉权不具有法律监督性质,刑事第二审抗诉权是公诉权的延伸,同样不具有法律监督性质;第二种观点认为刑事第二审抗诉权是一种法律监督权,不具有公诉权性质[③];第三种观点认为刑事第二审抗诉权兼有公诉权和法律监督权的特征,是二者的有机统一体。

笔者同意第三种观点。正确认识刑事第二审抗诉权的性质,必须厘清检察权、法律监督权、公诉权和刑事第二审抗诉权几者之间的关系。[④] 首先,检察权的性质就是法律监督权,这是由人民检察院是我国的法律监督机关这一宪法定位所决定的,关于这一点目前在各界基本没什么争议。其次,职务犯罪侦查权、逮捕权、公诉权等是检察权的具体运行方式,都是法律监督权的具体表现。根据《人民检察院组织法》第5条规定,检察权又具体表现为五种形式。刑事第二审抗诉权虽然未在该条直接规定,但其作为检察权的一种具体表现形式应当不存在分歧。由此可以推出,刑事第二审抗诉权本质上也是宪法规定的法律监督权的一种形式。因此刑事第二审抗诉权与公诉权之本质上都是法律监督权,那种认为公诉权是纯粹的诉权而不具有法律监督性质的观点和刑事第二审抗诉作为公诉权的延伸同样不具有法律监督属性的观点显然是错误的。最后,刑事第二审抗诉权和公诉权在权能的内容上具有或重合或交叉的关系,不是简单等同或者分立的关系。公诉权具有行使诉权和对诉讼活动进行监督的内容。刑事第二审抗诉活动作为公诉活动的延续,表现形式上是公诉权的延伸。在某些特定案件的抗诉中,抗诉主张认为一审裁判错误,继续主张公诉意见,此时抗诉与公诉内容一致,此时抗诉更多体现的是诉权。但其诉讼监督的本质属性依然存在,只

---

① 贝尔纳·布洛克著:《法国刑事诉讼法》,罗结珍译,中国政法大学出版社2009年版,译者“导言”第X页。

② 程味秋:《外国刑事诉讼制度》,中国政法大学出版社1994年版,第34~35页。

③ 彭海清:“刑事二审程序完善探析”,载《邯郸师专学报》2001年第3期。

④ 史卫忠:“论刑事抗诉权与检察权、审判权的关系”,载《中国刑事法杂志》1999年第5期。

不过是以坚持诉讼主张这种方式具体体现出来，隐含其中。而在有些案件中，抗诉主张与公诉主张不一致，或者超出公诉主张的范围，如对于程序违法问题的抗诉，此时抗诉更多地表现为是一种狭义的诉讼监督的形式。抗诉的内容和公诉的内容表现形式上是不一致的。

综上，笔者认为，检察权的法律监督性质决定了刑事第二审抗诉权的本质属性是法律监督权，与公诉权属性一致。在具体权能内容上，公诉权可能更多地体现为一种诉权；而刑事第二审抗诉权在延伸诉权的同时，可能更多地集中体现为一种诉讼监督权。

（三）刑事第二审抗诉的价值和原则

1. 刑事第二审抗诉的价值

刑事第二审抗诉是人民检察院依法履行诉讼监督职责、维护司法公正的一项重要手段。其价值在于：检察机关通过抗诉引起二审程序，通过二审法院的重新审理和对一审审理程序违法情况的监督，纠正一审错误的裁判、维护一审正确裁判，实现对被害人权利的救济，从而促进法院审判工作统一、严肃，达到检察机关与法院一起共同维护司法公正的目的。具体来说，刑事第二审抗诉的价值体现为实体价值和程序价值两个方面。其实体价值包括：(1)纠正错误的裁判；(2)追求法律的正义。其程序价值包括：(1)刑事第二审抗诉权以其设置本身体现对于审判权的制衡；(2)刑事第二审抗诉体现了两级检法上下位阶关系，以此体现其监督价值；(3)刑事第二审抗诉程序的发动，满足了国家对于法律统一正确实施的目的追求。①

对于刑事第二审抗诉的价值定位是否准确，直接影响到检察机关如何开展抗诉工作的指导思想是否正确。比如有的地方检察机关抗诉以抗准、抗赢作为抗诉工作的目标，将检察机关置于与审判机关对立一方，以是否改判论输赢，忽视了抗诉工作终极目标与审判机关是一致的，因而抗诉工作走向极端，抗诉工作不能收到应有的效果。而有的地方在抗诉工作中，注意把握好强化审判监督和加强与法院配合制约关系的平衡，通过检察长列席审委会、检法会商、类案研讨制度等平台，畅通与法院的沟通渠道，消除分歧，统一认识。正确的抗诉观念，使抗诉工作科学开展，保证了审判监督工作的实际效果。同时，也获得了法院的认同，并在工作上给予充分配合和支持。

2. 刑事第二审抗诉工作的原则

刑事第二审抗诉工作的原则是指刑事第二审抗诉工作中应当遵循的带有普

① 放海军：《完善我国刑事抗诉制度的思考》，苏州大学 2006 年法律硕士论文。

适意义的规律和指导思想。检察机关抗诉工作的原则应当反映刑事抗诉工作的性质、特点和规律,蕴涵现代科学、民主的诉讼观念,符合我国刑事诉讼制度发展的趋势,并对刑事抗诉实践具有普遍的指导意义。① 近年来,随着社会的发展,人权观念的日益深入人心,社会主义法治理念在司法机关不断推进,构建和谐社会和推进三项重点工作的政策要求日益提高。相应地,司法人员对于检察机关抗诉工作的认识也在不断深入,抗诉工作思路和政策也在不断调整,抗诉工作应把握的原则也相应发生了一些变化。从最高人民检察院方面看,对于抗诉工作的基本原则在最高人民检察院公诉厅2001年下发的《关于刑事抗诉工作的若干意见》中表述为四条,即"1. 坚持依法履行审判监督职能与诉讼经济相结合;2. 贯彻国家的刑事政策;3. 坚持法律效果与社会效果的统一;4. 贯彻慎重、准确、及时的方针"。在2005年下发的《关于进一步加强刑事抗诉工作强化审判监督的若干意见》中又提出如下原则,即"1. 树立诉讼监督观念;2. 树立依法独立行使抗诉权的观念;3. 树立质量与数量并重的观念;4. 树立实体与程序并重的观念;5. 树立促进社会和谐稳定的观念"。在之后的内部工作文件中对抗诉工作方针修订为"依法、坚决、准确、有效"。

最高人民检察院的上述规定,对刑事抗诉工作原则和观念有所明确,但随着近几年社会主义法治理念的推进,化解社会矛盾、构建和谐社会的要求对刑事抗诉工作原则应当有所影响,需要对其内容加以丰富。笔者认为,在新形势下,刑事第二审抗诉工作的基本原则应当体现以下基本精神:社会主义法治理念;刑罚的价值取向;法律的精神本意;结果的公正;司法的统一、严肃性;程序的正当性;职务行为的正当性;诉讼经济原则;国家的刑事政策。据此,笔者认为,刑事第二审抗诉工作应当体现以下原则:第一,维护法律的统一、正确实施原则;第二,坚持程序正义原则;第三,维护司法权威原则;第四,尊重当事人合法权益原则;第五,保证审判人员依法履职原则;第六,贯彻国家刑事政策原则。

二、刑事第二审抗诉的标准

刑事第二审抗诉的标准,又称刑事第二审抗诉条件、抗诉理由。② 关于刑事第二审抗诉的标准问题,刑诉法只规定了"确有错误"一个条件,该规定过于笼统,难以操作。最高人民检察院《人民检察院刑事诉讼规则》第397条规定了对判决裁定应当提出抗诉的六种情形:(1)认定事实不清,证据不足的;(2)有确实的证据证明有罪而判无罪,或者无罪判有罪的;(3)重罪轻判,轻罪重判,适用刑

---

① 彭东:"论刑事抗诉工作的基本原则",载《中国刑事法杂志》2001年第3期。

② 兰耀军、孙孝福:"刑事抗诉理由探微",载《学术论坛》2004年第6期。

罚明显不当的;(4)认定罪名不正确,一罪判数罪,影响量刑或者造成严重的社会影响的;(5)免除刑事处罚或者适用缓刑错误的;(6)人民法院在审判过程中有严重违反法律规定的诉讼程序的。此外,最高检察院还通过《关于刑事抗诉工作的若干意见》。以内部文件形式对上述条件加以细化,并明确了不宜抗诉的情况。

解读上述法律关于抗诉标准的规定,可以看出上述标准是根据案件的不同类型或者判决错误出现的不同原因而设置的,分类标准并不统一,理解起来较为困难,实践操作起来也有一定难度。笔者将上述标准加以整合,认为上述规定主要体现了三个标准:标准一,一审裁判确有错误,如何理解判决确有错误,最高检的标准中列举了认定事实、采信证据和适用法律、违反法定程序和贪贿、渎职行为导致错误四类。标准二,上述错误导致判决定性、量刑明显不当或者影响到公正裁判。最高人民检察院抗诉标准中所有条件均是复合型的,如认定事实错误,导致定性或者量刑明显不当的,程序违法影响公正判决。标准三,有抗诉必要。错误存在但可以通过非抗诉的其他方式解决,比如检察建议、纠正违法,主要出于诉讼经济原则和维护裁判稳定性角度考虑。如一份判决对公诉机关指控的抢劫罪予以认定,量刑亦采纳量刑建议,但在引用法条时在除《刑法》第263条外还引用了第269条。实际上本案应属直接抢劫,并非转化型抢劫,公诉指控适用法律正确,而判决引用法律错误。就这一问题的处理不宜采用抗诉方式,其理由就是判决本案认定事实、定罪、量刑均无错误,仅仅引用法律条款存在问题,没有抗诉的必要性,可采用向法院发检察建议的方式。

关于刑事第二审抗诉标准问题,需要澄清一个问题,即一审检察机关的提出抗诉标准(以下简称提抗标准)与上一级检察机关的支持抗诉标准(以下简称支抗标准)以及二审法院改判标准(以下简称改判标准)之间的关系。笔者认为,从理论上讲,上述三个标准应当是同一的。但是由于主体不同、视角不同,在具体把握上述标准时应体现出一定的弹性,提抗标准、支抗标准、改判标准应当是把握尺度越来越严格的趋势,只有这样,才符合诉讼规律。

下面,笔者结合司法实务中常见的几种情况,对如何贯彻上述抗诉标准加以阐述:

1. 认定事实错误的抗诉标准问题

实务中,认定事实错误,一般就是有无犯罪事实、犯罪主体、犯罪事实认定错误、错误增减事实等。对于判决认定无犯罪事实判处无罪以及减掉重大事实的,由于公诉指控的事实与判决认定的事实相差过于悬殊,如检察机关认为公诉并无错误,而法院判决依据的理由不充分时,则应当提出抗诉。对于判决增加认定犯罪事实的情况,应当具体分析。一般来说,增加认定事实是指判决认定了公诉未指控的犯罪事实,包括公诉未列举的犯罪事实和虽列举但未认定为犯罪的事实。对于同一事实拆分不应认定为增加事实,对于财产犯罪中纯因数额计算方法不同导致的数额增加也不应认为是增加了犯罪事实。对于同一事实比公诉多认定了罪名也不宜认为是增加认定了事实。增加认定犯罪事实由于违反了不诉不理的基本诉讼原则,剥夺了被告人的辩护权利,因此属于较为严重的错误,检察机关对于判决的这种错误,应当提出抗诉。

2. 证据采信错误的抗诉标准问题

证据采信错误,司法实务中常见于言词证据多变导致证据发生变化产生的证据不足的案件中。检法对于证据是否存疑,是否能够排除合理怀疑存在分歧,从而产生争议。对于这类案件如何把握抗诉标准,如何认定判决证据采信确有错误难度很大,即便提出抗诉后二审法院改判也很困难,因而对于证据存疑案件抗诉是抗诉的难点之一。笔者认为,判断判决采信证据错误,应当从以下几个方面考量:一是首先能够确认公诉的事实清楚,证据确实充分,这是能够提起抗诉的基础条件;比如强奸案件、行受贿案件,证据情况经常是供证一对一。而当一方否认有犯罪行为时,往往难以找到其他有力证据佐证犯罪。这种情况下提起公诉的证据比较薄弱,如一审判决无罪,则很难抗诉。二是考察判决是否不当处置非法证据,影响到定罪量刑的结论;如将合法证据或者经补正后的瑕疵证据仍认定为非法证据而加以排除,或者错误采用了非法证据,影响定罪量刑的准确性。三是考察判决在运用证据采信规则上是否有明显的错误,比对如间接证据足以形成闭合排他的证据锁链,仍坚持认为无直接证据证实犯罪的,应当提出抗诉。四是考察判决是否采信了不具有证据效力的证据用以否定公诉证据,如能切实证明判决采信的证据不具有客观性、关联性、合法性导致得出错误结论时,应当提出抗诉。如虽然证据形式不合法、证据来源不明、证据内容被查明不真实等情况判决仍然予以采信的;比如一份判决采信了一份多人的联名信,据此认定被告人为未成年人,但该材料从来源看系由被告人家属调取,从形式上不符合证人证言的要求,经核实内容大部分不真实。这种情况应当予以抗诉。五是考察判决在判断合理怀疑时是否有切实依据,对于无根据提出其他可能性或者放大证据矛盾,得出具有合理怀疑的案件,应当提出抗诉。六是考察判决是否混淆了定罪证据与量刑证据,如以量刑证据存在问题为由对事实不予定罪,则应当提出抗诉。

3. 定性错误的抗诉标准问题

定性错误,一般包括有罪判无罪或者无罪判有罪、此罪彼罪、一罪数罪认定错误等。对于定性错误抗诉标准的把握,应当从两个方面考察。

其一,是否存在罪名认定错误。对此可从以下几个方面入手:第一是对影响犯罪构成要件的事实和证据的判断是否准确，有无混淆或者错误认定犯罪构成要件的事实、证据情况，包括主体的认定、主观故意的认定、客观行为的认定以及侵害客体的认定。对由于证据采信不当定性、不当的抗诉标准参见前述。对共同犯罪的数名被告人定罪不同，如雇主和雇员共同实施复制淫秽物品牟利的行为，而分别认定为复制淫秽物品牟利罪和传播淫秽物品罪，其中必然有一个罪名是错误的，应当考虑抗诉。第二是对于存在竞合关系的罪名判断是否违反了择一重罪原则或者刑法的相关规定。常见如被告人使用敲诈勒索行为中使用了暴力手段迫使被害人交出财物，被告人的行为同时触犯了敲诈勒索罪和抢劫罪，此时应当择一重罪；类似的还有寻衅滋事、聚众斗殴与故意伤害定罪的选择。第三是对于一罪与数罪的认定是否违反了法律规定。是否存在对于牵连、竞合、转化等情况，法律明确规定了应当认定为一罪处罚而判处数罪的，或者法律规定应认定为数罪而判处一罪的情况。如盗窃信用卡并使用的，法律规定以盗窃罪处罚；挪用公款用于其他犯罪的，应当数罪并罚等。第四是对于选择性罪名的处理方式是否正确。刑法规定的选择性罪名，是一罪而非数罪，不能实行数罪并罚，也不能根据数罪的处理原则认为具有牵连或者竞合关系对于罪名进行取舍。在假币、发票、毒品这几类犯罪中，选择性罪名较为集中。如《刑法》第 347 条走私、贩卖、运输、制造毒品罪，当犯罪分子实施了其中四种行为中的一种或多种行为，就可以拆分或者整体使用。

其二，是否由于定性错误对量刑产生影响。第一，所争议的此罪彼罪法定量刑幅度是否一致，如果相差较大则可考虑认为定性错误影响了正确量刑。如受贿与非国家工作人员受贿、抢劫罪与敲诈勒索罪等法定量刑幅度存有较大差距。第二，是否对法定量刑情节的认定产生影响，如对于认定情节严重或者情节特别严重方面产生不同的结果。第三，看量刑结果是否罪刑相当。定性错误情况尽管符合上面两种情形，但根据犯罪的具体情节，所实际判处的刑罚与指控罪名预期的量刑结果并无差异，可认为定性并未导致刑罚不当，可不予抗诉。

其三，定性错误虽未影响量刑，但对法律的统一正确实施产生不良影响的，可予以抗诉。如同种情况或者共同犯罪的同案犯定罪不同，即所谓“同案不同判”情况，关乎司法的统一和法律的正确理解和实施，可予以抗诉。

其四，定性错误是否导致严重不良的社会影响。虽然定性错误未造成实质的处理结果的不公正问题，但造成了不良的社会效果，不能为社会公众所接受，超出人民群众对于法律的预期，侵害了公众的法感情，导致人民群众对于司法公信力产生质疑等情况，即可提出抗诉予以纠正。

在定性错误各种情形中，轻罪重判情况尤其应当引起注意。公诉指控较轻罪名而判决判处较重罪名，这种情况有违反诉审同一的原则即不诉而审之嫌，同时也在一定程度上剥夺了被告人的辩护权,因此检察机关在决定是否抗诉时应当予以全面考虑。

4.量刑错误的抗诉标准问题

量刑错误,在司法实践中体现为一审判决量刑畸轻、畸重,量刑偏轻、偏重,缓刑适用错误和免予刑事处罚适用错误等几种情况。

量刑畸轻、畸重没有规范的定义,畸轻、畸重的字面含义与偏轻、偏重并无差别。但司法实务中赋予其特别的含义,畸轻、畸重一般理解为刑种适用错误或者在同一刑种中低于或超出法定幅度量刑,而偏轻、偏重则理解为在同一量刑幅度内量刑偏差。量刑畸重情况一般体现为在法定量刑幅度以上加重处罚,实践中较为罕见。量刑畸轻情况常见的有:第一,降低刑种处罚,如在刑法无规定或者无法定减轻情节情况下,对应当判处死刑的判处无期徒刑或者有期徒刑,对应当判处徒刑的判处拘役或者管制,对应当判处主刑的独立适用附加刑等;第二,在无法定减轻处罚情节的情况下,在同一刑种中的法定量刑幅度以下量刑;第三,虽具有法定减轻处罚情节,但跨越两个以上量刑幅度减轻量刑。对于第一种和第二种情形,应当提出抗诉并无争议。而第三种情形,是否量刑畸轻实践中存有争议,一种理解是一个减轻处罚情节只能在法定量刑幅度下一档的幅度内量刑,不能跨档减轻;另一种理解为减轻处罚无下限,可跨档甚至减至免予刑事处罚。笔者倾向同意第一种意见,全国人大公布的《刑法修正案八》(草案)也对第一种观点予以肯定。①

量刑偏轻、偏重因其系在法定量刑幅度内量刑并且关乎法官量刑的自由裁量权,因此其抗诉标准较难把握。笔者认为,判断量刑偏轻、偏重应当遵循刑法的罪刑相适应原则和《刑法》第61条“对于犯罪分子决定刑罚的时候,应当根据犯罪的事实、犯罪的性质、情节和对于社会的危害程度,依照本法的相关规定判处”的规定,具体案件具体分析。笔者认为,犯罪的事实和犯罪的性质决定对犯罪分子量刑的基准点,而量刑情节则是在此基准点上下进行调整的依据,调整的结果应当做到罪刑相适应。在决定是否抗诉时,首先应当考查量刑基准点确定是否准确,之后再考查量刑情节的运用是否合法适当,最后综合判断量刑结果是否与其犯罪行为做到罪刑相当。对于量刑基准点的确定原则和方法,可参照《最高人民法院量刑规范意见》。在考查量刑情节运用是否合法、恰当时,以量刑偏轻的抗诉为例,笔者认为应当从以下方面判断:第一,是否存在没有法定或者酌情从轻的情节,而予以从轻处罚情况。第二,虽具有法定或者酌情从轻处罚情

① 《刑法修正案八》(草案)第5条:“犯罪分子具有本法规定的减轻处罚情节的,应当在法定刑以下判处刑罚;本法规定有数个量刑幅度的,应当在法定刑量刑幅度的下一个量刑幅度内判处刑罚。”

节,但遗漏认定依法从重处罚的情节,导致量刑不当的。第三,在从轻和从重情节并存情况下,从轻、从重情节平衡不适当。一般认为法定量刑情节的权重高于酌情量刑情节,如存在过分强调酌情从轻情节并在量刑时予以体现,而忽视法定从重情节并在量刑时未予合理体现,则可以提出抗诉。在此,应当注意对未成年人量刑偏轻的案件,决定抗诉时应当谨慎。第四,在仅具有酌情从轻情节情况下,是否存在放大酌情情节的影响,导致从轻幅度过大。在具有以上情况或者之一时,根据其犯罪具体情况和危害后果,如检察机关能够合理得出罪刑不相适应结论时即可提出抗诉。

针对缓刑的抗诉较难,这既有立法原因,也有司法原因。立法方面,刑法关于缓刑的刑法规定过于主观,可操作性不强。如缓刑适用的法定条件中除3年以下有期徒刑、管制、拘役为刚性条件外,犯罪情节的判断主观色彩浓厚,悔罪表现主观且易变,而适用缓刑不致危害社会则无判断标准。司法实务方面,被一审宣告缓刑的被告人由羁押到释放,重新回归家庭和社会,其生活和工作步入正常状态,所侵害的社会关系表面上也已平复,因此二审法院难以下决心收监执行刑罚,担心再次改变被告人这种平稳状态引发新的问题。针对缓刑适用错误的抗诉应当从以下方面把握:其一,量刑是否偏轻。很多案件法定量刑幅度在3年至10年,法院判决在大幅度从轻至3年有期徒刑,在此基础上再适用缓刑。如确属量刑偏轻则不满足缓刑适用的3年以下有期徒刑的条件,应予抗诉。其二,是否符合适用缓刑不致再危害社会的条件。对社会危害性的判断有如下几个基准:第一,被告人是否真正认罪悔罪。是否认罪是判断表明被告人认罪伏法、真心悔改、人身危险性消除的重要依据之一。真心认罪悔罪不仅表现在口头向司法机关表示认罪,还应表现在如实供述全部犯罪事实,不得故意有所隐瞒重要事实和情节;不仅向司法机关认罪,还应向被害人表达悔改和歉意,并且积极履行赔偿义务,弥补被害人的经济损失。对于仅口头认罪的,不供述具体犯罪事实,或者隐瞒重要事实与情节或者其他犯罪事实的,有赔偿能力拒绝赔偿或者对赔偿附加不合理的条件的,以及对被害人或者证人有威胁、恐吓等行为的,不应认定被告人有好的认罪悔罪表现。第二,从犯罪情节本身看是否反映其具有较大的人身危险性。犯罪性质严重,比如严重危害社会稳定,影响人民群众安全感的两抢一盗,杀人、强奸、拐卖妇女、儿童等犯罪,不宜适用缓刑。而犯罪人主观恶性大,犯罪手段凶残等可认为犯罪人具有较大的人身危险性。如连续犯罪,侵害多人,多次实施犯罪以及使用枪支、管制刀具作为犯罪工具,使用残忍手段。第三,从被告人的既往表现判断是否具有再犯可能性。累犯不适用缓刑已为刑法明确规定,被告人具有非累犯前科和劣迹前科是否适用缓刑可从以下方面分析:一是前科的性质,是否故意违法犯罪,与此次犯罪性质是否相同或者相近。如前科为寻衅滋事,此次又犯寻衅滋事罪;前科为盗窃,此次犯盗窃罪或者更重的抢夺、抢劫犯罪的则不宜适用缓刑。二是前科的数量,有多次违法犯罪前科,则可认定其再犯危险性大。三是前科与此次犯罪间隔时间长短。间隔时间长说明其再犯可能性小,而间隔时间越短说明其再犯可能性大。第四,对于因故意犯罪被判处刑罚缓刑,在缓刑考验期内又犯故意犯罪的,不应再适用缓刑。

对于免予刑事处分的抗诉标准,应当把握是否符合免刑的法定条件。免刑的适用条件是犯罪情节轻微不需要判处刑罚。根据相关司法解释精神以及实务中把握的标准,一般认为应当具有以下几个条件:一是所犯罪名可能被判处3年以下有期徒刑、拘役;二是具有好的悔罪表现;三是具有法定的从轻、减轻或者免除处罚情节。如防卫过当、避险过当、犯罪预备、未遂、中止,共同犯罪中的从犯、胁从犯,犯罪后具有自首或者立功表现。同时具备上述三个条件,可以免予刑事处分。对于有重大立功表现的不要求同时具备一、二的条件,可以免予刑罚。对于未成年人和又聋又哑的人或者盲人符合以上条件的,应当免予处罚。实务中,对于免刑的抗诉应当考查是否符合以上几个条件。如对于刑法规定应当判处10年或7年以上有期徒刑的无重大立功表现的和应当判处3年以上有期徒刑无法定减轻情节的,如仅以情节轻微或者具有酌情从轻处罚情节而判处免予刑事处分的,应当予以抗诉。

5. 法定量刑情节认定错误的抗诉标准问题

在法定量刑情节的争议中,主、从犯,犯罪预备、未遂、中止,自首、立功等法定量刑情节的认定既可能属于事实认定的争议问题,也可能是法律认识的争议问题。对于事实和证据问题引起争议的抗诉标准参见本文在前部分。在此只讨论事实既定前提下的法律认识问题。这一类问题的抗诉标准应当满足法定情节认定错误并导致量刑错误条件。如仅存在法定情节认定错误而量刑结果无明显不当的,一般不通过抗诉方式解决。下面对实务中常见法定量刑情节的争议和错误进行分析。

第一,关于共同犯罪中主、从犯的认定争议,多为将主犯错误认定为从犯处理。如将起组织、策划作用以未实施具体犯罪行为为由认定为从犯;将唯一的实行正犯以被指使、听命于他人为由认定为从犯;将虽未全程参与但实施了对犯罪性质确定、犯罪走向和危害后果发生起关键作用行为的人以起辅助作用为由认定为从犯。在从犯认定上,实行正犯中作用较轻的人是否可认定从犯,实务中存有争议,如认定为从犯且量刑结果与作用相当的其他被告人量刑差异较大,则可考虑抗诉。

第二,犯罪形态认定的争议。以既遂未遂为例,近年实务中争议较多的有以下情况:一是盗窃、抢劫等犯罪行为实施完毕后被当场抓获的情形,法院以未最终实现对财物的占有为由认定为未遂。二是对警察圈套的理解问题。设置警察圈套诱捕犯罪人,犯罪行为能否实行、能否完成均在警方控制之中,即便财物或者赃物得手,实务中也多认定为是未遂。但对于犯罪已经处于实行阶段由于及时报案,警察前往交易现场蹲守或者在犯罪现场及时抓获的情况,不能认定存在警察圈套,一概认定为犯罪未遂,而应考查财物或者赃物是否得手;如已得手,应认定为犯罪既遂。

第三,自首认定的争议问题。实务中常见争议包括:一是主动投案还是被动到案的判断,如电话传唤到案应否认定为主动投案,如在伤害案件中伤情鉴定作出之前,不能确定嫌疑人是否构成犯罪,往往不采取强制措施。在确定嫌疑人涉嫌犯罪后,办案人员电话通知其到办案单位接受处理并将其控制。但如果电话通知内容与案件无关或者系诱捕方法时,则不宜认定系主动投案。又如犯罪后报案,但报警内容并非反映自己的涉嫌犯罪的事实的。再如犯罪后在现场等候,既不报警也无逃跑意向,群众报警后将其在现场查获的。对于这几种情形,应当从是否有主动接受司法机关处理的意思和行为的方面进行判断,笔者认为上述几种情况均不属于主动投案。如认定为自首并大幅度从轻或者减轻处罚,则应当予以抗诉。二是取保候审的嫌疑人脱保后又主动到案的能否认定为主动投案。这种情况不应认定为自动投案,其理由有三:第一,不符合投案的时间条件,即既非犯罪尚未被发觉也不符合未接受讯问的情况。第二,行为不具有主动性。随传随到是被取保候审人的法定义务,其归案是在违反法定义务后又履行义务,不具有主动性。第三,不符合节约司法资源的立法本意。

需要指出,随着量刑改革的推进,庭审中将对量刑问题设置专门程序,控辩双方对于量刑情节的对抗会使量刑问题更加公开、透明,相应的有关量刑争议的抗诉会逐步减少。

6. 违反法定程序的抗诉问题

违反法定程序的抗诉标准可分成两类,一类是程序违法一经出现即应当抗诉。比如违反回避规定、审判组织不合法、未经评议直接宣判,以及不符合简易程序适用条件而以简易程序审理。第二类是存在程序违法问题并影响到裁判的公正性的,应当予以抗诉,而如果并未影响裁判的公正则可不以抗诉方式解决。常见有证据未经庭审质证问题,剥夺或者限制了当事人的诉讼权利问题等。

7. 关于被害人申请抗诉案件的标准问题

主要是如何正确看待被害人的诉讼权利的问题。刑事第二审抗诉既是权力监督的一种模式,也是被害人权利救济的一种途径。[①] 这几年,被害人申请抗诉的案件较多,甚至缠诉或者态度激烈。对于这种情况,首先,我们要尊重被害人的权利,一是实体权利,通过我们检察机关的工作确保案件审理的准确,实现实体公正;二是保障被害人的诉讼程序权利,确保其充分行使,不被限制或者剥夺。其次,在被害人申请抗诉案件中,检察机关应当做好以下工作:调查了解被害人的权利是否被侵害,侵害程度;被害人申请抗诉申请动机,申请的理由,比如是针对案件实体处理问题还是赔偿问题,还是公诉事实以外的问题。了解了这些,才能对被害人申请抗诉的主张是否合理作出恰当的评价。最后,把握抗诉与息诉工作的结合。符合抗诉条件的,要坚决抗诉,同时也要尊重被害人的意见,主动征求其意见。对于不符合抗诉条件,要先息诉,做好释法说理工作,申请无理的要能顶住压力;对于虽然不符合抗诉条件但被害人态度坚决而且其申请理由确有道理的,要从维护其诉讼权利,可适当降低抗诉标准,提起抗诉。

三、刑事第二审抗诉的限制

尽管《刑事诉讼法》规定对于法院判决确有错误的,检察机关均可提出抗诉,但是,由于刑事诉讼整体架构以及一些基本原则的规定,刑事第二审抗诉应当设置一些限制,并非针对所有错误判决均可提出抗诉,也并非对所有判决的错误都可以用抗诉方式加以解决。

笔者认为,对于抗诉的限制来源于以下几个方面:一是抗诉主张作为诉权延伸的,应当遵循不诉不理原则。因此对于公诉未主张,即便判决有所遗漏,也不宜以抗诉方式提出。二是诉讼经济原则。对于判决确有错误,但是错误程度较低,与之相比,抗诉成本更高,则不宜通过抗诉来解决。所谓抗诉的必要性问题,正是基于纠错的必要性和诉讼成本二者衡量所提出的抗诉应当遵循的原则。三是尊重法院的自由裁量权原则。法院自由裁量权体现在对于证据采信的自由裁量,对于事实判断的自由裁量,对于量刑法律适用的自由裁量。应当赋予法院一个自由裁量的合理空间,对于法院合理行使自由裁量权不应过多限制和干涉。因此对于法院在自由裁量幅度上的裁判,虽然认定可能失当,但尚在可接受的合理范围内的,不宜以抗诉方式来提出。四是抗诉方式本身的局限性。检察机关的刑事第二审抗诉权表现为一种二审程序的提起权,并不必然导致审判的最终结果,审判的最终决定权仍在法院。因此有些案件确有问题,但是通过抗诉来解决反而效果不好。比如类案问题处理、法律理解的不统一问题,通过诉讼程序之

---

① 兰耀军、孙孝福:"刑事抗诉理由探微",载《学术论坛》2004年第6期。

外的工作反而更能从根本上得以解决。

四、结语

刑事抗诉问题研究是一个浩大的系统工程。从抗诉范围上包括二审抗诉和审判监督程序抗诉;从抗诉主体问题上又涉及一审检察机关、上级检察机关和被害人及其法定代理人;从抗诉标准上包括检察机关的提抗标准、支抗标准和审判机关的标准;从涉及领域上又跨越刑诉法和刑法两个部门;从研究角度上包括理论研究和实务研究两大领域。因此,需要研究的问题非常庞杂,要把抗诉问题研究全面、充分,单纯依靠一个学者或者一个司法官员,甚至一个部门、一个机构,都是不可能完成的任务。笔者深知这一点,因此截取了刑事第二审抗诉,并且主要从检察机关视角、从实务出发研究这一问题。理解和认识必然有所局限,错误和漏洞在所难免,但希望本文能给理论界和实务界的同仁的研究工作能有些许帮助。

从目的、对象到方式的选择

——关于刑事二审审理方式的思考

蒋文烈* 蒋 林**

一、问题的提出

关于刑事二审案件的审理方式问题,有学者根据司法实践的实际情况归纳为书面审、直接审、庭外调查讯问三种形式。① 根据法律的规定,第二审不仅可以采取直接审理的方式,而且在一定条件下也可以采取书面审和庭外调查讯问的方式。至于方式的选择,应结合第二审任务和我国的一些现实中的问题及其发展趋势研究,才能把问题的讨论引向深入。② 虽然这些观点形成于二十年前,期间又经历《刑事诉讼法》的新立法,但关于二审程序,新《刑事诉讼法》并没有大的修改,实践中刑事二审案件的审理模式也无重大变革,这些观点依然有重要的现实意义。晚近一些论者的著述中,几无例外地主张直接审理的方式,即二审开庭审理。③ 既然二审开庭审理几乎是刑事二审案件审理方式的共识,为何司法实践中开庭审的比例一直很低,而采取庭外调查讯问方式审理的刑事二审案件占总量的大部分。④ 对于这个疑问,笔者从法律的规定到现实的需求以及实然状态对应然状态的满足程度,从法律条文的应有之义到法律实际遵行的实际

---

* 重庆市第一中级人民法院巡视员

** 重庆市第一中级人民法院刑一庭副庭长

① 樊崇义主编:《刑事诉讼法研究综述与评价》,中国政法大学出版社 1991 年版,第 483 页。

② 樊崇义主编:《刑事诉讼法研究综述与评价》,中国政法大学出版社 1991 年版,第 489 页。

③ 李学宽:"刑事二审审理方式存在的问题与对策",载《中国法学》1999 年第 1 期;陈永生:"刑事二审审理方式之改革",载《政治与法律》2004 年第 1 期;孟崭:"刑事二审应该开庭",载《人民法院报》2004 年 11 月 4 日。

④ 笔者供职所在地上级将二审开庭率达到 30% 作为目标要求,可见现实中二审开庭审之比例。

情况,从公正的需求到效率的需求以及现实对公正与效率的侧重选择等方面进行了思考,认为《刑事诉讼法》第187条"第二审人民法院对上诉案件,应当组成合议庭,开庭审理。合议庭经过阅卷,讯问被告人、听取其他当事人、辩护人、诉讼代理人的意见,对事实清楚的,可以不开庭审理"的规定是合理的。这种以开庭审理为原则,以庭外调查讯问方式审理为例外的规定,既指明了刑事二审审理方式发展的方向,又顾及我国现实授权受案法院根据案件的不同情况对审理方式进行选择,兼顾公正与效率。只是,其中不开庭审理的适用条件"事实清楚"显得含糊。什么是事实清楚,清楚到什么程度,什么是清楚的判断标准,以谁的判断为标准,这些都是值得思考的问题。

所以,二审审判方式的选择并不是扯起公正的大纛简单地选择开庭审理方式那么简单,而是要在探求刑事二审的目的和任务,如何实现这个目的和任务,现实有哪些条件对实现这个目的和任务有利和有限制,法律规定的不确定需要如何通过丰富的实践予以明确等问题的基础上,审慎思考才能得出结论。

关于这一问题的思考,是在现行法的框架下进行的。因为"法律不是嘲笑的对象,而是法学研究的对象","既然信仰法律,就不要随意批评法律,不要随意主张修改法律,而是应当对法律进行合理的解释,将'不理想'的法律条文解释为'理想'的法律规定"。[①] 尤其是笔者所属的职业群体更应该如此。基于此,笔者将以对现行法的诠释为基础,探索其汉语语意范围内的合理意蕴,以此寻求二审审理的合理方式。

这种合理方式必须是"以法律为逻辑起点演绎而成的知识体系,它包含法律,并不限于法律"。[②] 因此,这种方式可以是不违背现行法规则前提下满足现实需求的可操作的方式,可以顾及现实状态,或者说实证地分析一些法律规定中模糊的问题以期使其清晰。当然,对于法条的理解也不会尽与人同,但至少,这样的理解也是一家之言,在汉语语义以及法律逻辑上是符合规范的。

二、刑事诉讼的目的

按照马克思主义的观点,人的目的具有能动性,这种能动性不仅使自然物发生形式变化,同时还在自然物中实现自己的目的。[③] "目的是主体关于自己行为的趋向目标或者对象的一种预见性的观念。人具有目的,这正是人与动物的根

---

① 张明楷:《刑法格言的展开》,法律出版社1999年版,第3页。

② 陈兴良:《教义刑法学》,中国人民大学出版社2010年版,第9页。

③ 《马克思恩格斯全集》(第23卷),第202页,转引自陈兴良:《刑法哲学》,中国政法大学出版社1997年版,第260页。

本区别之所在。”[①]如何正确定位刑事诉讼的目的,对于实现这种目的的手段选择具有决定性的意义。

“所谓刑事诉讼的目的,就是以观念形式表达的国家进行刑事诉讼所要期望达到的目标”,[②]这一目标是惩罚犯罪还是保护人民抑或二者并重,学界观点纷呈。有认为应当采取立足中国国情,认清犯罪猖獗的现实,加大打击力度,维护社会安全稳定的“罚罪中心论”。也有认为应当遵循国际标准,加强人权保障,追求司法公正的“人权核心论”。[③] 当然还有惩罚犯罪与保障人权并重论,认为刑事诉讼的目的是实现国家刑罚权与保障人权的统一。[④] 在笔者看来,惩罚犯罪也好,保障人权也罢,都必须解决好一个核心问题,如何看待有罪不罚和无罪判罚的问题。

刑法规定的犯罪中,即便如危害国家安全犯罪这类以国家政权为侵害对象的犯罪也可以演绎到对个人权益的侵害上来。可以说犯罪侵犯人权,因此有罪不罚与无罪判罚都是侵犯人权的判断是可以成立的。越是严格的诉讼程序,无罪判罚的可能性越小,相应地有罪不罚的可能性越大;反之,对于惩罚犯罪越是有力的程序设计则必然导致无罪判罚的可能性增大;如折中,虽可兼顾二者但同时可能两者皆失。由此,不管是罚罪中心论还是人权核心论抑或并重论,在诉讼程序设计时必然顾此失彼,不能实现其目的。进而的结论只能认为,这是对于刑事诉讼目的的认识有失偏颇所致。

按照“以法律为逻辑起点演绎”的要求,有必要审视现行法的规定。

笔者认为,现行《刑事诉讼法》第 1 条开宗明义,“为了保证刑法的正确实施”才是刑事诉讼的目的,“惩罚犯罪,保护人民,保障国家安全和社会公共安全,维护社会主义社会秩序”就是刑法的正确实施具体判断标准。因此,所谓的惩罚犯罪,保护人民不是刑事诉讼法的目的,而应当是刑法的目的,前述罚罪中心论还是人权核心论抑或并重论的争论应当是刑法目的的争论而非刑事诉讼法的。这也可以从刑法条文中找到佐证。现行《刑法》第 1 条确认的立法目的是“为了惩罚犯罪,保护人民,”第 2 条确认刑法的任务“是用刑罚同一切犯罪行为作斗争,以保卫国家安全,保卫人民民主专政的政权和社会主义制度,保护国有财产和劳动群众集体所有的财产,保护公民私人所有的财产,保护公民的人身权利、民主权利和其他权利,维护社会秩序、经济秩序,保障社会主义建设事业的顺

---

① 陈兴良:《刑法哲学》,中国政法大学出版社 1997 年版,第 260 页。

② 宋英辉:《刑事诉讼目的论》,中国人民公安大学出版社 1995 年版,第 13 页。

③ 原立荣:“刑事诉讼目的之辩”,载《山东大学学报》(哲学社会科学版)2008 年第 3 期。

④ 陈光中、宋英辉:“我国刑事诉讼目的与审判结构之探讨”,载《政法论坛》1994 年第 1 期。

利进行。"这与"惩罚犯罪,保护人民,保障国家安全和社会公共安全,维护社会主义社会秩序"岂不契合。所以,刑事诉讼的目的就是"保证刑法的正确实施",至于其中各种诉讼权利的规定、运作程序的设计、各种司法手段①的限制都是为实现这一目的所采取的手段而已。

刑事二审程序的设计也是这一目的的一种手段,其运行也应当服从于"保证刑法的正确实施"的目的。

三、刑事二审审理的对象

在刑事一审程序中,法庭审理的对象可以界定为指控是否成立,这可以从《刑事诉讼法》第 155 条到第 162 条的规定中找到证明。尤其是第 162 条"根据已经查明的事实、证据和有关的法律规定",分别作出有罪、无罪或者"证据不足,不能认定被告人有罪的,应当作出证据不足、指控的犯罪不能成立的无罪判决"的规定,更是清晰地阐释了一审程序审理的对象。

但二审程序明显不同于一审程序。一审程序是基于指控而发起,所审理的是指控是否成立,二审程序是基于认为一审裁判确有错误的抗诉或者不服一审裁判的上诉而发起,这是否意味着二审审理的对象就是一审裁判是否适当。这在《刑事诉讼法》第 189 条的规定中似乎能够找到佐证。该条规定,二审审判结果有三:一是"原判决认定事实和适用法律正确、量刑适当的,应当裁定驳回上诉或者抗诉,维持原判";二是"原判决认定事实没有错误,但适用法律有错误,或者量刑不当的,应当改判";三是"原判决事实不清楚或者证据不足的,可以在查清事实后改判;也可以裁定撤销原判,发回原审人民法院重新审判"。三种情形的规定都是针对原判决认定事实、适用法律、量刑的不同情况所作出的规定,从语言逻辑上讲,审理对象当是原审裁判是否适当。同时,《刑事诉讼法》第 191 条还规定发现第一审人民法院的审理违反法律规定的诉讼程序的,应当发回重审,这也是原审裁判是否适当的一个重要因素。

如此,按照诉讼的一般规则,既然审判的对象是原审裁判,那么,与审判对象紧密关联的人就有权就原审裁判是否适当发表意见,这其中当然包括了抗诉机关和上诉人。同时,面临自己裁判被改变或撤销风险的一审法院也应当有权发

① 一般所谓的司法,在实质意义上是指与立法及行政相对而言,由于确定适用法规事项的是否合法或以此调整权利义务关系具体解决争讼的国家作用。在形式意义上指作为司法机关的法院的权力事项,包括刑事、民事和行政的审判。(参见[日]我妻荣编:《新法学辞典》,董璠舆译,中国政法大学出版社 1991 年版,第 429 页。)也有观点认为我国法院的审判、检察机关的检察、公安机关的刑事侦查以及律师、公证、劳动改造属于司法行政部门管理的事务均属司法范畴。(参见鲁明健主编:《中国司法制度教程》,中国政法大学出版社 1996 年版,第 36 页。)

表自己裁判适当的理由。由此就引出了上级法院审下级法院的荒谬结论。显然,前述的推论中存在某种悖论或者忽略了某一重要因素。

检讨前述推论过程,程序启动的事由显然被忽略了。一审程序由指控发起,所审理的是指控是否成立,二审程序由抗诉或者上诉而发起,所以审理的是抗诉和上诉是否成立,这才是二审程序的审理对象。也就是说,二审从本质上讲是对控辩双方对于未被法庭采纳的观点的进一步申辩进行审理的活动,已经被采纳或者放弃的控辩观点不在二审审理范围之内。

这一观点与《刑事诉讼法》第186条规定的全面审查原则虽意蕴不同,但并不冲突。首先,审查和审理是两个不同的概念,这在《刑事诉讼法》条文中有明显区别。前者侧重于职责,如审查起诉,后者则单指法院审判活动中的"审";其次,法条要求"进行全面审查,不受上诉或者抗诉范围的限制"是顾及当前我国社会现实的一种救济手段。不可否认,在现阶段,刑事被告人的文化素质普遍偏低,律师辩护比例又不高,部分刑事被告人在刑事诉讼过程中不知道如何正确地行使自己的权利以避免不利的后果,因此,有必要动用公权力对其救济;最后,这也是针对当下刑事法官队伍的整体状况和审判任务繁重的现实所设计的一个自我纠错机制。

综上,刑事二审程序审理的对象是抗诉和上诉是否成立,同时,二审法院负有全案审查的义务。

四、刑事二审审理方式及其选择

关于刑事二审的审理方式,《刑事诉讼法》第187条"第二审人民法院对上诉案件,应当组成合议庭,开庭审理。合议庭经过阅卷,讯问被告人、听取其他当事人、辩护人、诉讼代理人的意见,对事实清楚的,可以不开庭审理"的规定表明,法律允许开庭审理和庭外调查讯问审理两种方式。学者解读为"二审的审理方式以开庭审理为主,以调查询问(讯问)为补充",并且评价为"是极其合理的。这在理论界和司法实务界中已达成共识。"①在该条规定中,事实清楚成为审理方式选择的唯一依据,而让学者们诟病的就是事实清楚的标准问题。

什么是事实清楚,有人提出,"根据最高人民法院的司法解释,事实清楚应具体为两点:一是一审、二审合议庭对案件事实的认识一致;二是认定事实的证据充分。"②但是,也有人提出质疑,认为仅以法官的认识为标准而不考虑辩护律师

① 甄贞主编:《刑事诉讼法学研究综述》,法律出版社2002年版,第512页。

② 甄贞主编:《刑事诉讼法学研究综述》,法律出版社2002年版,第512页。

的辩护意见，[1]显然与诉讼民主化、科学化和公正化的国际潮流不符。应积极消除这种认识上的错误，注重证据充分这一标准。[2]

然而，这依然有进一步思考的必要。正如前文提到"什么是事实清楚，清楚到什么程度，什么是清楚的判断标准，以谁的判断为标准"一样，关于证据充分也应当追问这样几个问题。限于篇幅，笔者将结合关于目的和对象的探讨提出观点。

事实清楚也好，证据充分也罢，都应当是在审理终结以后的一个结论，而在审理过程中得出这样的结论显然是违背诉讼规律的。因此，条文中的"事实清楚"绝对不是结论意义的，而应当理解为上诉人及其辩护人、诉讼代理人对一审认定事实无异议。由此，带来一个问题，在"事实清楚"所规定的"合议庭经过阅卷，讯问被告人、听取其他当事人、辩护人、诉讼代理人的意见"对"事实清楚"认定意义何在？笔者认为，一是为与全面审查相契合；二是给予上诉人详细阐述上诉理由，弥补上诉状不足的机会；三是允许辩护人、诉讼代理人发表与上诉人不同的对于案件事实的意见。只有在履行全面审查职责，听取上诉人及其辩护人、诉讼代理人对一审认定事实的意见且无异议后，才符合事实清楚地不开庭审理的条件。

上诉人及其辩护人、诉讼代理人对一审认定事实无异议，其含义本应当是认为一审认定事实全部正确，包括定罪事实、量刑事实和其他有关联的诸如身份情况的事实等。但在实证意义上，上诉人及其辩护人、诉讼代理人对一审认定事实提出的部分异议是不会产生法律效果的，如身份情况的事实中学历、职业、住址的错误的，又如伤人的刀是单刃还是双刃的，再如声称有立功一审未查实二审也未查实的等，对这些不会产生法律效果的事实异议如果开庭审理显然浪费司法成本，违背效率原则。这就要求对上诉人及其辩护人、诉讼代理人对一审认定事实提出的异议进行甄别，凡可能影响案件法律适用的事实异议均应进行开庭审理。这既是刑事诉讼"保证刑法的正确实施"的目的在二审程序中的体现，也是二审审理对象的要求。

因此，考虑到现实需求和诉讼效率，从实现刑事诉讼的目的出发，根据审理的对象不同分别采取不同的审理方式是当前合理的选择。即单纯的法律适用问题和非主要事实异议可以采取调查询问（讯问）方式不开庭审理，对以影响案件的刑法适用的事实为上诉、辩护或代理的理由依据的，则开庭审理。

---

① 原文如此。笔者理解，这其中应当包含抗诉机关、上诉人或甚至于被害人对于认定事实的不同意见。

② 甄贞主编：《刑事诉讼法学研究综述》，法律出版社 2002 年版，第 512～513 页。

刑事抗诉未改判案件实证研究

周晓燕*

对检察机关积极抗诉而终未获法院改判的刑事案件进行原因分析和对策研究，是我们深入了解检察权与审判权在运行过程中发生冲突的根源和本质的重要途径，是探寻抗诉工作规律、不断加强和完善检察机关法律监督职能的必要方法，也是维护司法公正、满足人民群众对公权力合法合理行使的期待和渴望的必然回应。为确保此项研究尽可能客观、全面，我们对近三年来某直辖市分院办结的17件支持抗诉而法院未予改判的案件进行了逐案调查。通过整理和归纳检、法对同一案件存在不同认识和判断的具体表现形式，分析分歧背后的主、客观原因，力图提出进一步改进刑事抗诉工作的思路和建议。

一、刑事抗诉未改判案件的基本情况和特点

调查范围之内的刑事抗诉未改判案件呈现出如下特点：

1.量刑问题在所有抗诉未改判案件中均有涉及，且抗轻案件明显多于抗重案件。在所调查的17件支持抗诉而法院未予改判的刑事案件中，有13件属于对法院的无罪判决或者量刑结果偏轻提出抗诉，其中抗诉无罪判决的有2件，直接以“量刑偏轻”为由提出抗诉的有3件，认为认定犯罪事实有误或者定性错误导致量刑畸轻的有3件，认为对自首、立功、犯罪未遂等量刑情节认定错误导致量刑明显不当的有4件，主张对被告人适用缓刑错误的有1件。另外4件分别属于对因认定事实或适用法律不当导致量刑过重而提出的抗诉。例如，邹某抢劫案，检察院在支持抗诉意见中主张被告人虽取得被害人的信用卡，但未实际使用、消费卡内钱款，一审判决适用数额巨大的量刑标准不适当，故而原判量刑明显不当。

* 北京市人民检察院第一分院副检察长

2. 全部抗诉未改判案件均系围绕实体性判决结果展开，程序性抗诉极少且具有明显的次要和附属性质。调查结果显示，三年来的抗诉未改判案件指向的争议均为定罪量刑等实体性判决结果，检察机关抗诉意见主要是认为法院对事实、证据认定错误导致有罪判无罪、罪名不当或者量刑畸轻、畸重，针对法院审判活动违反诉讼程序提出抗诉的极少。仅有的一例涉及程序性问题的抗诉案件中，被告人李某在一审庭审后向法院主动提交了悔过书，法院以李某具有一定悔罪表现和积极退赔情节为由，对其判处有期徒刑 3 年缓刑 3 年。检察机关提出抗诉，认为该悔过书未经法庭调查程序，未经举证、质证，法院直接将其作为适用缓刑判决依据的行为违反了法定诉讼程序，故原判适用缓刑错误。此案并不构成完全意义上的“程序性违法抗诉”，而是将程序错误与缓刑适用的刑罚结果紧密关联，典型地反映出程序性抗诉的次要与附属性质。实践中，检察机关出于必要性和诉讼经济的考虑，极少完全地基于单一的程序性违法情形提起抗诉，一般只有在法院的程序性违法活动已经影响到案件的实体处理时才提出抗诉，或是认为原判主要的错误系存在于事实认定、法律适用等实体方面，而把程序性违法问题附带性地一并提出。

3. 证据认识上的分歧始终是抗诉未改判案件的重要成因。在所调查的案件中，无论检、法是基于案件定性或者量刑产生争议，还是由于事实判断或者法律适用产生分歧，其中的核心和关键问题都是证据问题。有的案件争议是围绕证据对案件事实的认识和判断是否充分展开，此类案件共 7 件，占所调查案件的 41.2%；有的是围绕证据本身是否确实、能否成为案件定性和相关法律适用的依据而展开，此类案件共 6 件，占所调查案件的 35.3%；还有的则直接表现为对证据资格和证明能力的争议，表现为对同一证据的不同主观认识和判断结果的分歧，尤其是在同一证据在不同诉讼阶段出现反复或变化时争议颇大，此类案件共 4 件，占所调查案件的 23.5%。由于证据问题而引发的争议则表现在案件事实判断、法律适用、定罪、量刑等各个方面，并且这些争议往往交织在一起。

二、刑事抗诉未改判案件的主要成因

“案件是否改判是衡量抗诉正确与否的重要标准，但不是唯一标准，对于人民法院没有改判的案件，要具体分析未改判的原因，结合抗诉理由是否充分、上级人民检察院是否支持等因素进行综合评价。”①调查发现，对于检察机关支抗而法院不予改判的案件，既不能一概认定检察机关抗诉不力，也不能片面认为法

① “依法抗诉　全面履行公诉职能”（本刊评论员），载《人民检察》2005 年第 24 期。

院固守错误裁判,必须认真分析和比较检法两家关于同一案件的不同观点和理由。唯有以此为据,才能保证检讨工作得失具有相对的客观性和科学性,才能真正减少此类案件的数量,提高抗诉工作质量。概括来看,在所调查的案件中,检察机关支持抗诉而法院不予改判的原因集中表现为以下四类分歧:

(一)关于证据采信和事实认定的分歧

在所调查的部分案件中,检察机关支持抗诉的主要理由是认为原审法院采信和认定证据不当或者事实认定有误,导致定罪错误、量刑不当甚至无罪判决等结果,但二审法院却未予采纳,仍然裁定维持原判。这类抗诉案件共5件,占未改判案件的29.4%,凸显了检法两家在案件事实、证据方面存在的认识分歧。

有的抗诉案件中,检法两家对证据本身的客观性和关联性不存异议,但在证据的运用和事实的判断上出现了严重分歧,例如何某受贿案。被告人何某在担任北京市燃气集团有限责任公司工程咨询分公司工程预算员期间,利用参与北京燃气集团有关工程的职务便利,于2005年年初、2007年8月先后收受了工程施工方的贿赂款。一审法院判决认定,何某身为国有公司中从事公务的人员,利用职务便利非法收受他人财物,为他人谋取利益,构成受贿罪。检察机关认为,法院判决认定何某为国家工作人员与证据相矛盾、与事实不符,导致定性错误,遂提出抗诉并得到上级检察机关支持。抗诉意见认为,何某所在公司2007年3月20日前系国有公司,何某作为工程预算员的工作不属于"履行组织、领导、监督、惯例等职责"的公务行为,不能以国家工作人员论;该公司在2007年3月20日变更为外商独资企业,何某属于外资企业中从事劳务的人员。二审法院审理后查明的事实、证据与一审完全相同,但二审法院认为何某所在公司系国有公司,变更为外商独资企业分支机构,只是形式变更,没有改变公司国有资产的性质;根据何某的岗位和工作职责以及其干部履历表等证明材料,认为何某具有监督、管理国有财产的职责,属于从事公务的人员,且干部履历表也表明其具有国家干部身份。故此,二审法院认定何某符合受贿罪的主体身份,裁定驳回抗诉,维持原判。此案表明,基于同样的事实和证据,检法两家对被告人是否是国家工作人员的关键问题得出了截然相反的结论。这说明,事实认定和评价作为心证内容,往往具有较强的主观色彩,检察院、法院基于认识角度和案情把握程度的不同,作出的判断和结论可能存在巨大的差异。

有的抗诉案件中,检法之间就现有证据是否已经确实、充分,达到足以定罪的程度而产生分歧,这种分歧直接导致罪与非罪之争,例如陈某挪用公款案。该案被告人陈某系中汽财务公司副总经理,主管资金调度工作,后同时担任中汽财务公司控股下的中汽三恒公司的董事。1997年12月,陈某从中汽三恒公司划走150万元用于购买住房,并自己入住。一审法院认为,根据现有证据,能够证明被告人陈某从中汽三恒公司账上划走150万元购房的事实存在,但因在案言词证据矛盾,其划走涉案款项的行为是经过领导同意还是擅自利用职务便利所为,无法查明,故以证据不足为由判决陈某无罪。检察机关抗诉认为,该案关键证人就案件主要事实所做的证言内容基本一致、相互印证,足以证明陈某未经领导同意,私自决定挪用公款用于个人购房的事实。原判仅因证言之间就部分事实证明内容不一致,就得出言词证据相互矛盾的结论,属于证据采信有误。二审法院审理后认为,围绕陈某动用公司款项购房究竟是擅自决定,还是征得公司领导的同意这一关键问题,本案证人的证言之间存在严重矛盾。检察机关仅凭涉案房屋由陈某个人居住和使用的事实,认定其行为属于挪用公款归个人使用,依据不足,证据未达到确实、充分的程度,因而维持一审的无罪判决。分析该案之所以出现分歧,原因在于检、法对证据和证明程度理解上的差异。该案证人温某、刘某是中汽财务公司、三恒公司的主要负责人,二人均称陈某挪用时未经其同意,但公司工作人员王某、路某、张某等人却从不同角度证明陈某划走150万元用于购房时,刘某和温某均知情。检察机关主张对于相互矛盾的证据,应运用证据法则进行甄别取舍,因王、路、张三人非事件当事人,证言仅是转述听刘某所说的内容,且缺乏其他证据的支持,刘某本人证言也与之矛盾,故此三人证言的可信度低,应予否认,据此可以排除言词证据间的矛盾。而法院则认为在案的证人证言、陈某关于购房经过领导同意的辩解理由等不能排除公司主要领导同意或默认此事的可能性。这两种认识证据和运用证据的不同思路,较为典型地反映出,在目前尚无统一的证据规则的情况下,检法两家基于价值目标、认识角度的不同,对同一案件内不同证据的采信,特别是在同一案件中既有有罪证据,又有无罪证据,或者对同一事实,既有原始证据,又有翻供、串供后的证据时,通常容易发生认识分歧。

(二)关于法律适用的分歧

在法律适用问题上引发争议的主要是自首、立功、犯罪未遂、犯罪数额等关系刑罚轻重的量刑情节。这类案件共有6件,占所调查案件的35.3%。

在检法关于法律适用的分歧中,以犯罪既遂、未遂的争议案例为最多,共4件,例如李某等4人盗窃案。被告人李某等4人于2008年3月某日夜间,在海淀区西三旗盗割地下电井内的备用电缆线。后公安人员接群众举报赶到现场,将正在实施盗窃行为的涉案被告人抓获,并同时起获被盗割的电缆线及作案工具。一审判决认定李某等人因未能将涉案赃物进行转移,完成实际占有,系犯罪未遂,所以均比照既遂犯减轻处罚。检察机关认为本案被告人盗割电缆线的犯罪形态应为既遂,法院错误理解和认定"犯罪未遂"导致量刑畸轻,据此提出抗诉。二审法院未采纳抗诉意见,维持原判。该案中,围绕被告人盗窃行为的既遂、未遂问题,检法两家对犯罪形态的判断存在认识分歧,法院认为应以赃物转移,被告人完成实际占有作为既遂标志,而检察机关认为,电信井系封闭空间,被告人进入其中并使用切割方法盗窃电缆线,对切割下来的电缆线已具有事实上的支配权,所有人也已经丧失对该部分电缆线的控制,故即可认定犯罪既遂。至于被告人是否对切割下来的电缆线进行处理,应当作为犯罪既遂后的转移行为来考虑。类似的案件还有颜某抢劫案。一审法院认为被告人颜某携带凶器抢夺公民财物,并实施暴力抗拒抓捕的行为构成抢劫罪。但其实施抢劫行为是被当场抓获,所抢夺财物被当场起获并发还,其并未实际劫取到财物,并且暴力抗拒抓捕的行为也未造成任何伤害后果,所以系犯罪未遂。检察机关则认为,被告人抢到被害人手提包后即迅速逃离,被害人本身已经丧失了对自己财物的控制能力,可以认定颜某已经从被害人处劫取并控制了财物,其跑出几十米后遇到路人阻拦时将赃物扔弃,属于既遂后对赃物的处分行为,因此被告人构成了抢劫犯罪既遂。对犯罪既遂、未遂的评价,在抗诉案件中法律适用争议较为常见,这一方面是由于犯罪未遂是法定量刑情节,"可以比照既遂犯从轻或减轻处罚",对刑罚的影响较大;另一方面,既遂、未遂犯罪形态的判断,在各项具体罪名上表现出不同的行为界点,实务和理论上观点不尽一致,因此于个案具体情形中认定犯罪行为既遂或是未遂,很大程度取决于办案人员对事实的主观判断和对法律的个人理解与运用。如盗窃罪通常以脱离控制、实际占有等作为判断盗窃行为既遂与否的标准,但如李某等人盗割电缆线一案,对切割下来的电缆线运离现场,属于犯罪过程中的实施行为,抑或是犯罪既遂后的转移行为,理论和实务中存在较大争议,并无定论。又如颜某抢劫案中,如何认定"实际劫取并控制财物",即时追回是否属于劫取已经得逞的既遂情形,这些结论的得出在很大程度上取决于办案机关及人员的认识因素。对于既遂、未遂法律评价的争议案件,出于见仁见智的原因,法院在二审裁定中一般不予改判。在检察机关对既遂、未遂情节提出抗诉的4件案件中,二审法院除对其中1件予以纠正,并且在纠正同时认为"鉴于原判所作刑罚符合罪刑相适应原则,且检察机关未对量刑部分提出抗诉意见,故维持原判的定罪量刑"之外,其余均未改变一审的认定。在不予改判的理由上多表述为"检察机关抗诉意见依据不足、理由不充分",未作更多的论证说理。

涉及自首、立功等量刑情节的抗诉案件基本情形也是如此,例如李某诈骗案。被告人李某编造谎言,虚构事实,先后骗取曹某人民币30,000元,后又伙同被告人刘某先后骗取曹某人民币10,000元,李某20,000元。被害人曹某等人报案后,李某向公安机关主动投案,并如实交代了其伙同刘某骗曹某等人钱款的事实。后被害人储某得知李某被羁押,意识到被骗,遂就李某诈骗其钱款12.8万元的事实向公安机关报案。侦查人员向李某核实此案,李某予以供认。另外,李某到案后,根据公安机关的安排,通过电话约同案犯刘某到确定地点,刘某依约到来后被他人扭送至公安机关。一审法院认定,被告人李某投案后,未如实供述犯罪事实,不以自首论,但其交代同种较轻犯罪事实且揭发同案犯的共同犯罪事实,酌予从轻处罚。检察机关抗诉认为,李某自动投案且如实交代全部犯罪事实,构成自首,原判仅认定为"主动交代同种较轻罪行"系适用法律不当;李某具有协助侦查机关抓获同案犯的立功情节,原判未予认定,系属适用法律错误。二审法院对立功情节的抗诉意见予以采纳,但坚持李某虽然自动投案,但归案后避重就轻,仅主动交代自己所犯的同种较轻的罪行,所以不属于"自动投案,如实交代自己的主要犯罪事实"的情形,不构成自首。检法两家在自首认定上的分歧由来已久。最高人民法院《关于处理自首和立功具体应用法律若干问题的解释》第1条中规定,"罪行尚未被司法机关发觉,仅因形迹可疑,被有关组织或者司法机关盘问、教育后,主动交代自己的罪行的……应当视为自动投案",但实践中对于这种"形迹可疑"型自首争议较大,对如何理解"形迹可疑"和"投案对象","形迹可疑"与"犯罪嫌疑"的界限认定等问题,检法看法不一,反映出司法人员因对法律的理解不同而对自首的判断和认定产生异议。上述案例中李某被人举报有犯罪嫌疑,其在自动投案后接受讯问时如实供认全部犯罪事实,是否应当认定为自首,检法观点截然对立。立功问题也同样是检法分歧的多发领域,这其中的根源仍然是对相关法律规定的理解存在分歧。上述李某诈骗案即为典型的一例。对犯罪分子协助司法机关抓捕同案犯是否属于立功,检法两家存在分歧,主要原因在于对"协助"理解不一。实践中,这些争议主要表现在三个方面:是否只有行为人亲自到现场直接参与抓捕其他嫌疑人(包括同案犯)的行为才属于立功?只提供抓捕嫌疑人的线索,而未直接参与抓捕行动,是否属于协助?如实供述同案犯的身份情况是提供犯罪线索还是属于坦白的范畴?不仅检法两个不同的司法机关会在这些问题上出现不同认识,就是同一法院的不同法官之间对此也会作出不同的判断,形成不同的判决。

(三)关于案件定性的分歧

调查显示,检察机关就案件定性问题提出专门抗诉的案件很少,通常是在案件定性问题已经实际影响到对被告人的量刑轻重时才决定抗诉。在所调查的抗诉未改判案件中,此类案件仅1例,即王某诈骗案。被告人王某利用骏网公司交易平台的技术漏洞,采用虚假交易的手段,在其账户内虚增利润76万元骏币(折合人民币76万元),后将该笔虚增资金转入张某的私人账户。张某在明知王某所持有的骏币并非合法取得的情况下,仍将76万元骏币全部用于购买游戏点卡,后将游戏点卡出售以兑换现金。王某从中获得人民币53万元,张某分得人民币23万元。一审法院判决认定,王某以诈骗罪惩处,但张某帮助王某用虚增的骏币购买商品并销账套现的行为,构成销售赃物罪,改变检察机关对其诈骗罪的指控。检察机关认为原判定性错误,导致量刑畸轻,提出抗诉。该案检法两机关在罪名认定上存在分歧意见,但检察机关提出抗诉的另一方面重要原因在于,定性差异导致对被告人的量刑畸轻,因为对诈骗罪共犯可能判处10年以上有期徒刑,而销售赃物罪则一般处以3年以下有期徒刑。

实践中,检察机关单纯因为定罪问题存在不同意见而提出抗诉的较为少见,而且通常也难以获得二审法院的认可和改判。因此,抗诉案件中的定性分歧往往是与刑罚结果密切关联的,上述案件即属于此种情况。该案的争议点主要在于:诈骗行为何时完成,张某受王某委托将虚增的骏币购买商品并兑现,是属于诈骗过程中的实施行为,还是属于诈骗完成后代为销赃的事后行为?这既涉及事实的认定,即对骏币的性质和使用、骏网公司和王某个人对76万元骏币的控制等事实的认识和评价,又涉及诈骗既遂、共同犯罪等法律判断与适用,直接关系对张某的量刑结果。在这些事实和法律认识上,检法两家的观点截然不同。检察机关认为张某帮助王某将骏币兑现时,诈骗犯罪并未实施完毕,仍处于未遂状态,因为虚增出的骏币只是虚拟财物,并不等同于现金等实物价值,骏币不具有赃物属性,故王某实际尚未占有财物。而张某在明知的情况下为获取利益,帮助王某将骏币兑现,使王某最终占有了数额巨大的财物,达到诈骗既遂,所以张某是诈骗行为的共犯。但是二审法院认为,王某将诈骗获取的虚增资金76万元以骏币形式存于其掌握的账户时,即已实际占有,骏网公司对该部分财产已失去了控制,诈骗犯罪已经既遂。张某与王某就使用虚假交易手段获取利润没有共谋,也没有参与虚假交易行为,其行为属于事后的帮助销赃行为,构成销售赃物罪。故裁定驳回抗诉,维持原判。此案还表明,检法关于案件定性的分歧,实质上还是源于对证据采信和事实认定以及法律适用存在不同认识。

(四)关于量刑的分歧

在此次调查的抗诉未改判的案件中,除前述因法律适用、案件定性等分歧引发量刑争议的案件外,有5件案件直接属于因法官基于对犯罪情节、被告人认罪态度等要素的认识自由行使裁量权,而导致检法对刑罚结果产生争议的情形,如陈某诈骗案。被告人陈某编造公安机关"打黑办"要抓捕贺某的消息,谎称能找人帮忙,骗取贺某15万元人民币,后被查获归案并退赔全部赃款。一审法院判决陈某犯诈骗罪,但鉴于其认罪态度较好、已全部退赔诈骗赃款,并能积极缴纳罚金,决定从轻处罚,判处有期徒刑3年缓刑3年。对此检察机关认为,法院仅根据酌定从轻情节,对被告人处以3年到10年量刑档的最低限3年有期徒刑,属于从轻幅度过宽,未考虑诈骗"数额巨大"且接近于"数额特别巨大",以及利用公安机关打黑除恶专项行动实施诈骗、社会影响恶劣等酌定从重情节,量刑明显不当,故提出抗诉。但是,二审法院只是笼统地重申原审法院已根据被告的诈骗手段、诈骗数额等犯罪事实,考虑被告人认罪态度好、积极退赔等情节而酌予从轻处罚,所处刑罚仍在法定量刑幅度内,故裁定驳回抗诉并维持原判。对于检察机关的抗诉理由,并未作直接正面的回应,只以量刑结果"合法、适当"的结论一笔带过。

该案是检法量刑分歧较具代表性的案例,集中体现了法院自由裁量权与检察院抗诉权之间的直接冲突,反映出检察机关行使抗诉权时遭遇的难以逾越的困境。究其原因,一方面是由于目前刑法规定的量刑幅度通常较大,条文中大量出现不确定用词,如"情节较轻"、"情节严重"、"情节特别严重"、"从轻处罚"等,容易造成检察院、法院理解不一。对于一些有着较大量刑幅度的犯罪,各个具体案件处刑的基准点在哪里?从重从轻如何体现?减轻处罚能减到何种程度?量刑畸轻畸重又如何判定?检察院、法院在认识上往往差异较大,检察机关支持抗诉的案件经常面临被驳回抗诉、维持原判的结果。另一方面,法官具有较大的自由裁量权,目前刑法具体条文的量刑幅度为其提供了较大空间,因此法官能够较多地依据个人意志和理解判处刑罚,"只要是在量刑幅度内判罚,怎么判都难以否定其合法性"①。对法院明显偏袒一方的判决,检察机关抗诉通常也因为缺乏充分的实体理由而难以成功。

表面上看,正是由于上述分歧的存在,造成了检察机关支持抗诉的案件得不到法院支持的结果。然而,细究这些分歧之所以存在的缘由,我们发现,在抗诉未改判案件的成因中,既有检察机关掌握和运用抗诉条件和抗诉政策的能力等主观原因,也有法律司法解释上的客观障碍,还有法院行使审判权过程中存在的缺陷等实际原因。主要表现在:

第一,法制方面的原因。《刑事诉讼法》关于抗诉条件的规定中,对"确有错误"的界定过于原则和笼统,对证据采信和事实认定中如何理解"事实清楚、证据确实充分"的证明标准问题没有作出具体规定。最高人民检察院、最高人民法院未就此联合作出任何形式的司法解释,最高人民检察院在《人民检察院刑事诉讼规则》、《关于刑事抗诉工作的若干意见》中也只是做了一些比较原则的界定,实践中不仅操作标准无法统一,而且往往也因为该规定系部门内部司法解释而难以获得法院认同和遵从。另外,刑法本身对不少罪名采用的是引用罪状和空白罪状形式,对"情节严重"、"数额巨大"等法定定罪量刑标准规定不明确,加上刑法分则条文规定的刑期幅度过宽、伸缩性大,刑种之间呈跳跃性,导致案件定

① 刘突飞、王宇飞、李佳:"论我国刑事二审抗诉制度的缺陷及立法建议",载《政治与法律》2009年第11期。

性尤其是量刑上极易产生差异,客观上容易导致检察机关抗诉自由裁量权与法院审判自由裁量权之间的矛盾。

第二,司法体制方面的原因。检察院、法院虽然同属国家司法机关,但是各司其职背后的权力属性和权力强度存在明显区别。这种区别表现在抗诉未改判案件中,就是当抗诉意见与审判结果发生严重对立时,抗诉权在审判权面前只能是有心无力。这是因为,抗诉权毕竟只是一种程序性司法请求权,不是实体处分权力,而审判权则对实体法律关系具有司法决定权,并且这种决定权还具有终局性的权威。对此检察机关的抗诉权虽然具有监督审判的特性,但这种监督权本身在制度设计上缺乏必要的监督手段来维护和保证,因此对审判活动中明显存在的瑕疵行为,抗诉权不仅不得轻易启动,而且还必须充分考虑到审判权自由行使时固有的弹性和张力。

第三,法院方面的原因。从司法权内部构造来看,抗诉权的设置与审级制度的设置是相依相存的,如果审级制度形同虚设,那么抗诉权就必然会无的放矢。毋庸回避的是,当前普遍存在于司法实践中的法院系统内部上下级案件请示报告制度,"实际上是以行政程序代替诉讼程序……其结果是把一审和二审合二为一,事实上取消了两审终审制……人民检察院的抗诉成为无效的行为……在这种情况下,对于检察机关来说,就很难发挥甚至不可能发挥审判监督的作用"①。检察机关抗诉的案件多属疑难复杂案件或争议较大的案件,这些案件在检察机关派员出庭支持抗诉之前,法院内部上下级之间往往已经就案件的处理结果进行了沟通,上级法院的"判前干预"行为已经完成,因此检察机关的抗诉活动面临的结果往往是"原则不改,可改可不改的不改"。

第四,检察院自身的原因。如前所述,在检察机关抗诉、法院重新审判的案件中,证据问题始终是诉、审共同关注的核心,证据的审查、判断和运用情况直接关系到抗诉与再次审判之间抗衡的结果。因此,对提出抗诉并支持抗诉的案件,检察机关更是要加强证据意识,要特别注重证据的补充和完善,注重证据的审查和运用。从部分抗诉案件来看,由于检察机关对证据的审查把关不严格,抗诉理由缺乏确实、充分的证据支持,从而影响法院改判。这主要表现在:没有对原审有缺陷的证据进行全面分析、合理排除和补充完善,对证据审查把关不严;在认定事实的证据存在矛盾的情况下,或因证据不够充分而使某些犯罪情节确实无法认定时,仍勉强抗诉,导致抗诉失败等。例如,张某挪用资金案,一审法院对被告人张某未签字审批的700余万元资金的挪用事实未予认定,检察机关提出抗

---

① 王桂五主编:《中华人民共和国检察制度研究》,中国检察出版社2008年版,第229~230页。

诉。但该案中,公司财务人员宋某的证言、被告人张某的供述、公司另一股东刘某的证言等关键证据相互之间存在矛盾,案内其他证据也不能证明张某是否在刘某不知情的情况下指使宋某挪用资金,因此在不能合理排除证据之间矛盾的情况下,法院就低认定,对支出凭单上无张某签字的款项挪用事实不予认定,并无不当。该案检察机关抗诉所持就高认定的意见,明显存在证据不足、证据矛盾的问题,并且未能补强相关证据,因此导致抗诉后二审维持原判。另外,检察机关自身对抗诉标准和抗诉政策的掌握和运用仍存在模糊不清的现象,尤其反映在量刑争议的案件中。这其中既有检察人员对法律、刑事政策认知不足的主观原因,同时也有刑法规定本身的不确定性、抗诉条件的原则性和检察系统内部抗诉标准的多元化理解等客观原因。如吕某等人抢劫案中,一审法院认定吕某、由某二人构成抢劫罪,且均系累犯,分别判处有期徒刑 5 年和 4 年。检察机关认为二被告人具有累犯的法定从重情节,并且系由盗窃罪转化,在公共场所持刀抗拒,故综合其犯罪情节和社会危害性,应在"三年以上十年以下"这一量刑档内从重处罚,原判量刑偏轻,建议改判。后二审法院驳回抗诉,维持原判。就此案而言,检察机关究竟应否提出抗诉,恐怕难有正确结论,实质原因就在于检法关于量刑"明显不当"、"畸轻畸重"、"偏轻偏重"等问题上的认识分歧。尽管最高人民检察院 2001 年《关于刑事抗诉工作的若干意见》规定"对于重罪轻判或者轻罪重判,量刑明显不当的,应提出抗诉",但是如何理解和判断"明显不当",实践中只能靠办案人员根据经验和常识进行判断。

三、提高刑事抗诉案件质量的对策

刑事抗诉作为公诉工作的重要组成部分,对于检察机关全面履行法律监督职责至关重要。抗诉未改判案件的存在固然有其客观必然性,但若不注重从提高抗诉案件质量上控制和减少其数量,势必会损害检察机关法律监督的宪法地位和权威,动摇公诉工作的公正性和公信力。因此,用理性的态度正视和评价抗诉未改判案件现象,必须结合现象背后的原因提出有针对性的思路和对策,减少检法不必要的矛盾和对抗,做到抗诉有理有力,同时也切实维护审判权的独立和权威,维护司法公正。

(1)更新抗诉案件质量评价标准,由以改判率为核心指标转向以支抗率为主、改判率为辅同时结合不支抗理由、量刑建议运用情况等因素综合考虑的多元评价标准。

刑事抗诉能发挥出法律监督的效能,一是靠它的强制性,二就是要靠它的正确性。前者属于法律规定的范畴,行为人遵从即可,而后者则需要经过行为人的主观认知活动。如何评价这种主观认知活动的成效,直接关系到对抗诉案件质量的衡量标准。检察机关对抗诉案件的考评要科学、客观,不能为片面追求改判率而把一些与法院存在争议的案件排除在抗诉程序之外。比如,对一些法律适用的争议问题,“以法院判断为标准,而不注重对法院认定的理由是否符合法律规定、是否符合立法目的进行分析论证”①,显然是背离检察权设置初衷的做法。检察机关作为法律监督机关,应该而且能够根据自身执法理念和价值对抗诉案件质量做出独立、客观的理解和判断。这是因为,一方面,检察权独立于审判权的权力属性决定了抗诉权的运行情况不能以法院的改判情况为根据;另一方面,检察一体化原则和刑事抗诉行使权限的划分情况,决定上级检察机关是否支持抗诉应当成为衡量抗诉案件质量的主要标准。同时,对抗诉理由的审查也十分重要,因为实践中上级检察机关不支抗的原因是多方面的,如法律规定不明确或者检法两家司法解释存在矛盾,抗诉效果无法实现,很多情况下不支抗并非源于抗诉理由错误。另外,鉴于抗诉案件基本上都涉及量刑问题,因此对检察机关是否积极行使量刑建议权以及这项权力的行使质量进行评价,也应当成为衡量抗诉案件质量的一项参考标准。这是因为,检察机关行使量刑建议权,不仅有助于减少由于刑法本身规定的相对不确定性和量刑幅度的宽泛性带来的消极作用,而且在一定程度上能够促使法院认真考虑检察机关的意见,抑制法官过度行使自由裁量权。

(2)寻找抗诉亮点,突出抗诉重点,不断拓宽刑事抗诉范围,提高抗诉案件质量。

这次调查发现,检察机关抗轻不抗重、抗实体不抗程序等观念依然存在。最高人民检察院《关于在检察工作中贯彻宽严相济刑事司法政策的若干意见》第10条规定:“在抗诉工作中……既要重视对有罪判无罪、量刑畸轻的案件及时提出抗诉,又要重视对无罪判有罪、量刑畸重的案件及时提出抗诉。”在反观抗诉后改判的案件时,我们发现,检察机关抗重的成功案件并不鲜见,并且这种案件的办理效果反响很好,极大地提升了检察机关的执法公信力。因此,对轻罪重判的抗诉,既是检察机关的客观公正义务和诉讼监督职能之所在,又是刑事抗诉的“增长点”。两相比较,我们认为,抗诉案件要提高质量,其中很重要的原因在于我们能否发现真正的“抗点”,既要敏于、善于发现抗诉案件中存在的实质性和关键性问题,又要明确抗诉时要着重突破的难点。这就要求在抗诉工作中,在继续加强对有罪判无罪、重罪轻判、轻罪重判等案件抗诉的同时,更加注重对最高人民检察院确定的“五种情形”案件的抗诉力度,克服“重打击、轻保护”的思想,

① 卢岩修:“刑事抗诉权实际运行与理性思考”,载《国家检察官学院学报》2008年第1期。

克服"重实体、轻程序"的观念，重视对因徇私枉法和违反诉讼程序造成错误裁判的案件的审查，加强对法院量刑畸重的抗诉，切实维护被告人的合法权益。

(3)进一步加大对抗诉案件的全面审查力度，更加重视证据的审查、判断和运用，加强对案件证据体系的说理和论证工作。

综观调查范围内的抗诉未改判案件后，不难看出，对案件证据的认识直接关系到案件的最终处理结果。因此，为充分展示抗诉理由，减少检法认识上的分歧，检察机关在抗诉时应当尽可能地加强对案件证据体系的论证和说理工作，强化案内证据对案件事实的证明作用。这就要求，在办理刑事抗诉案件时，要在全面审查一审证据材料、法律文书的基础上，严把案件事实关、证据关，重点审查支持抗诉主张的证据是否具有合法性、客观性和关联性，抗诉的每个环节是否有相应的证据予以证实，抗诉主张与抗诉证据之间、抗诉证据与抗诉证据之间是否存在矛盾，主张抗诉的证据能否形成完整链条。对发现的疑点，要深查细究，排除合理怀疑。对认定事实有争议的，要及时收集、补充证据，完善证据体系，增强抗诉主张的说服力。实践中，有的检察院提出抗诉的案件，抗诉理由虽然正确，但证据却相对单薄，有些证明力很强的证据，因为各种原因没有及时收集或调取，导致抗诉的理由缺乏确实、充分的证据支持。对于此类抗诉案件，上级检察机关不能简单地作出支持或者不支持抗诉的决定，而是要积极地进行证据补强，在法定时限内，补充、完善一审期间没有调取和收集的证据，提供给二审法庭，从而为支持抗诉的成功奠定坚实的基础。

(4)完善检察机关抗诉工作上下联动机制，积极探索和建立检法会商平台，减少认识分歧，同时拓宽抗诉案件外部监督渠道，确保抗诉案件质量。

在检察机关内部，对抗诉案件进行审查时，要坚持以程序保证质量的原则，严格执行"专人审查、检察官会议或者公诉部门会议讨论、检察委员会决定"制度，尽量规范和统一抗诉标准和抗诉条件，统一把握抗诉政策的理解和运用，同时避免因审查程序不严格而使存在的问题被遗漏的现象发生。同时，上下级检察机关之间应健全、规范抗诉请示汇报制度，上级检察院应加大对下级检察院抗诉工作的指导和扶持，积极引导下级检察院正确行使抗诉权，下级检察院要主动向上级院汇报，与上级院共同分析研究一审判决中的事实认定、证据采信、法律适用和审判程序是否合法等问题，达成共识，提高抗诉案件质量。

在检法之间，要针对抗诉工作实践中存在的各种形式的分歧这一关键环节，努力探索并建立检察院与法院之间的沟通协调工作平台和机制，并使之规范化、科学化，使双方能够形成"庭上就个案各司其职，庭外就司法标准和尺度共同研究"的良性互动关系，既确保"分工负责，互相制约"原则的落实，又使双方能够在"互相配合"中推动法律在实践中不断完善和进步。要进一步完善检察长列席法院审判委员会会议制度,争取把全部抗诉案件都纳入列席讨论范围,使检察机关能够就抗诉庭审中的案件事实、证据、定性等问题补充发表意见,进一步阐述抗诉理由,并根据审判委员会讨论情况对事实、证据和法律适用进行必要的分析和论证,为案件改判奠定基础。

为尽可能协调和化解法院审判权与检察机关抗诉权之间不必要的矛盾和对立,增强抗诉权的效能,遏制审判权运行过程中的过度扩张现象,还有必要积极探索和建立能够有效监督司法权运行成效的强力制约机制。实践中,可以进一步推广刑事抗诉案件向同级人大常委会备案的制度,对有重大影响或者检法分歧严重的抗诉案件,还可以邀请人大代表、政协委员、人民监督员等旁听抗诉庭审过程,增强案件处理的透明性,力争达到以公开促公正的效果。

关于完善刑事二审抗诉标准的思考

张际枫[*]　彭新林[**]

一、问题的提出

刑事抗诉是人民检察院认为人民法院的刑事判决或裁定确有错误,依照法定职权和法定程序,要求人民法院重新审理并改判的诉讼活动。刑事抗诉作为人民检察院履行审判监督职能的重要方式和途径,对于实现"强化法律监督,维护公平正义"的检察工作主题,落实"加大工作力度,提高执法水平和办案质量"的检察工作总体要求,保障法律的统一、正确实施,维护当事人的合法权益,以及促进刑事司法公正,都具有十分重要的作用。按照引起审判程序原因的不同,我国的刑事抗诉可分为按照上诉程序抗诉(刑事二审抗诉)和按照审判监督程序抗诉(刑事再审抗诉)两种。作为刑事抗诉制度的重要组成部分,刑事二审抗诉是指人民检察院认为本级第一审人民法院尚未发生法律效力的刑事判决或裁定确有错误时,依职权启动二审程序,请求上级法院重新审理的活动。《刑事诉讼法》第181条规定:"地方各级人民检察院认为本级第一审人民法院的判决、裁定确有错误时,应当向上级人民法院提出抗诉。"该条赋予检察机关对尚未生效的判决、裁定向上一级人民法院提出抗诉的权力,即二审程序抗诉权。《刑事诉讼法》第185条第2款规定:"上级人民检察院如果认为抗诉不当,可以向同级人民法院撤回抗诉,并且通知下级人民检察院。"该条将支持抗诉的权利赋予了上级人民检察院。此外,最高人民检察院颁布的《人民检察院刑事诉讼规则》、《关于刑事抗诉工作的若干意见》、《关于进一步加强刑事抗诉工作　强化审判监督的若干意见》等司法解释性文件,对《刑事诉讼法》中有关刑事二审抗诉的规定

* 北京市人民检察院第一分院研究室主任

** 北京市人民检察院第一分院研究室干部,中国政法大学博士后研究人员

也进行了一定的细化和具体化。上述关于刑事二审抗诉的有关法律法规,基本确立和架构了我国的刑事二审抗诉制度。

刑事二审抗诉问题是我国刑事司法实践中的一个重大理论和实践问题。由于受立法不完善、执法理念偏差、刑事抗诉运行机制不畅等诸多因素的影响和制约,当前我国司法实践中刑事审判监督尤其是刑事二审抗诉方面“抗的少、抗的难、抗不赢”的现象比较突出。检察机关刑事抗诉案件数量较少、上级检察机关撤抗率较高、抗诉案件法院改判率较低、抗诉工作法律效果和社会效果不佳,已经在一定程度上削弱了检察机关的法律监督职能,严重影响了刑事二审抗诉工作的科学发展。诚如有学者指出:“当前,由于对刑事抗诉理论研究的不足等种种原因,导致目前刑事抗诉制度存在诸多的问题和缺陷,表现为刑事抗诉标准的不明确、检察机关在二审抗诉法庭中的地位模糊、法院的内部请示制度及再审自行启动权架空了检察抗诉权等。这些问题的存在严重制约了抗诉制度功能的发挥。”①刑事抗诉工作在检察机关内部思想认识和实际做法上存在许多差异:一方面认为法院刑事判决存在问题,如重罪轻判、贪污受贿案件判缓刑多,而另一方面提出抗诉的案件不多,抗诉后改判的则更少;一方面认为抗诉工作很重要,而另一方面采取切实可行措施不多,甚至有些规定不利于抗诉工作的开展。②如据最高人民检察院1998~2007年的工作报告显示,这一期间全国提起公诉人数从1998年的584,763人猛增至2006年的1,029,052人,增幅近76%,而同期提起抗诉案件却从1998年的3791人减少至2006年的3161人,下降16.6%。③这种“徘徊走低”的状况,反映出当前检察机关刑事审判监督的处境比较尴尬。再如,以北京市检察机关近年来刑事二审抗诉的情况为例,在2003~2008年这5年间,全市检察机关共审查人民法院作出的刑事判决、裁定75,724件,对认定事实错误、量刑明显失当的案件,向人民法院提出二审程序抗诉244件,上级院支持抗诉155件,法院同期改判或发回重审的只有57件。④ 2009年1月至9月,全市检察机关共提出抗诉76件,其中二审抗诉72件,审判监督抗诉4件,上级院支持抗诉51件,撤回抗诉18件,法院判决维持原判16件,改判15件,发回重审9件。⑤ 2009年9月至2010年9月,北京市检察机关向法院提出二审程序

---

① 张惟雅:“检察机关刑事抗诉若干问题探析”,载《学理论》2010年第6期。

② 潘教平:“关于刑事抗诉工作的几点思考”,载《国家检察官学院学报》1996年第2期。

③ 转引自邓学平:“论公安刑事和解的检察监督机制”,载《中国刑事法杂志》2008年第12期。

④ 慕平:《北京市人民检察院关于开展诉讼监督工作情况的报告》(2008年9月24日),在北京市第十三届人民代表大会常务委员会第六次会议上。

⑤ 慕平:《北京市人民检察院贯彻落实人大常委会〈决议〉、加强诉讼监督工作情况的报告》(2009年9月23日),在北京市第十三届人民代表大会常务委员会第十三次会议上。

抗诉案件79件,抗诉率为4.5‰,上级院支持抗诉59件,法院同期改判或发回重审31件,法院对抗诉意见的采纳率为50%。① 由上可见,北京市检察机关近几年来,积极履行诉讼监督职能,加大了对刑事抗诉工作的力度,刑事审判监督工作取得了新进展,无论是刑事二审抗诉案件数量还是质量,均有了较大的提高。② 但与此同时也暴露出了一些带有普遍性的问题:当前司法实践中刑事抗诉案件数量较少、上级检察院撤抗率较高、法院改判率较低的整体状况并没有根本性的改观,刑事二审抗诉未能充分有效地实现制度的设置初衷,抗诉效果欠佳仍是不争的事实。

当前我国刑事二审抗诉工作中存在的普遍性问题已如前述。可以说,查找和破解制约我国检察机关刑事二审抗诉工作的瓶颈问题,既是检察改革的重要任务,也事关检察事业的长远发展。刑事二审抗诉工作之所以出现当前处境尴尬的困境,在我们看来,原因无疑是多方面的,既有立法不完善、抗诉运行机制不畅等客观原因,也有主观认识偏差、执法观念错位、实践操作违规等方面的主观因素。其中,刑事立法层面的影响和制约问题应当说是比较突出的。一言以蔽之,立法关于抗诉标准的规定不完善是制约当前我国刑事二审抗诉工作顺利开展的重要原因。正如有学者指出:"立法不完善是刑事抗诉难的根本原因。所谓的立法不完善包括了刑法规定本身的不确定性和抗诉条件立法的原则性。如果说实体法规定的过于宽泛导致的法官自由裁量权过大是我们无法操控的外部因素,那么刑诉法规定的抗诉条件过于原则化和检察系统内部设定的刑事抗诉标准不明确、抗诉理由单一,则是我们不得不面对的程序性限制。"③"导致目前的刑事抗诉制度及相关立法中不同程度的存在一些问题和缺陷,尤其是在刑事抗诉提起的标准、刑事抗诉的程序设计等方面,现有制度和立法的缺陷已经严重制约了刑事抗诉功能的发挥。"④众所周知,抗诉标准是人民检察院据以向人民法院提出抗诉、要求人民法院重新审理的根本依据,乃抗诉制度的核心和抗诉成败的关键。检察机关是否提起抗诉、提起抗诉的程序和范围,以及刑事抗诉案件的审查制度和工作制度等,均须依法进行,而不应随意抗诉、盲目抗诉而滥用抗诉权。而立法对刑事二审抗诉标准的规定是否科学,不仅会影响检察机关对刑事

① 慕平:《北京市人民检察院深化诉讼监督工作促进执法司法公正工作情况报告》(2010年9月15日),在北京市第十三届人民代表大会常务委员会第二十次会议上。

② 应当说,这与2008年9月北京市人民代表大会常务委员会通过的《关于加强人民检察院对诉讼活动的法律监督工作的决议》所发挥的积极作用有关。

③ 刘突飞、王宇飞、李佳:"论我国刑事二审抗诉制度的缺陷及立法建议",载《政治与法律》2009年第11期。

④ 张惟雅:"检察机关刑事抗诉若干问题探析",载《学理论》2010年第6期。

抗诉标准的准确把握,进而影响到抗诉案件的办案质量,也与检察机关能否有效行使刑事抗诉权和有力推动刑事二审抗诉工作的科学发展存在密切关联。合理界定刑事二审抗诉的标准和条件,既是检察机关依法正确行使刑事二审抗诉权的核心,也是刑事二审抗诉制度发挥其应有效果的关键。解决了刑事二审抗诉标准存在的问题,在一定程度上也就解决了制约我国刑事二审抗诉工作科学发展的瓶颈。因而立足于我国刑事二审抗诉工作的实际,认真分析我国现行刑事二审抗诉标准的缺陷和不足,提出解决刑事二审抗诉法律层面存在问题的对策,为司法机关准确把握刑事抗诉标准提供依据,对于推动我国刑事二审抗诉工作的科学发展,具有重要的理论和实践价值。

二、刑事二审抗诉标准的立法缺失和司法异化

(一)现行刑事二审抗诉标准的规范解读

刑事抗诉是一项突出体现检察机关法律监督职能的工作,检察机关以抗诉形式进行的审判监督,重点在于刑事抗诉的提起,而刑事抗诉的提起则来源于法律规定的抗诉标准和抗诉条件。关于刑事二审抗诉的标准,我国《刑事诉讼法》第181条作了概括性的表述,即"地方各级人民检察院,认为本级第一审人民法院的判决、裁定确有错误时,应当向上级人民法院提出抗诉。"也就是说,检察机关提起刑事二审抗诉的标准就是认为一审人民法院的"判决、裁定确有错误"。1997年《刑事诉讼法》修订后,最高人民检察院又颁布了《人民检察院刑事诉讼规则》,对刑事二审抗诉的标准和条件进行了必要的细化和具体化,以便在司法实务中更易操作。如《人民检察院刑事诉讼规则》第396条规定:"人民检察院依法对人民法院的判决、裁定是否正确实行监督,对人民法院确有错误的判决、裁定,应当依法提出抗诉。"该条对《刑事诉讼法》第181条规定的刑事二审抗诉的标准——"判决、裁定确有错误"进行了重申和强调。至于"判决、裁定确有错误"的标准是什么,《刑事诉讼法》没有进一步明确。有鉴于此,《人民检察院刑事诉讼规则》第397条又对刑事二审抗诉的理由进行了详细列举,即"人民检察院认为同级人民法院第一审判决、裁定有下列情形之一的,应当提出抗诉:(一)认定事实不清、证据不足的;(二)有确实、充分证据证明有罪而判无罪,或者无罪判有罪的;(三)重罪轻判,轻罪重判,适用刑罚明显不当的;(四)认定罪名不正确,一罪判数罪、数罪判一罪,影响量刑或者造成严重的社会影响的;(五)免除刑事处罚或者适用缓刑错误的;(六)人民法院在审理过程中严重违反法律规定的诉讼程序的。"上述规定为实践中检察机关办理刑事二审抗诉案件提供了直接依据。为进一步规范和加强刑事抗诉工作,提高办理刑事抗诉案件的质量和效率,强化检察机关的诉讼监督职能,最高人民检察院又先后出台了《关于刑事抗诉工

作的若干意见》、《关于进一步加强刑事抗诉工作　强化审判监督的若干意见》等规范性文件，对抗诉的原则、对象、标准、条件等诸多方面进行了相对具体、详细的规范，不仅细化了《刑事诉讼法》和《人民检察院刑事诉讼规则》的相关规定，将刑事二审抗诉标准具体化为"刑事判决或裁定认定事实、采信证据方面确有错误"、"刑事判决或裁定适用法律方面确有错误"以及"人民法院在审理过程中严重违反诉讼程序"的抗诉标准三类，而且从认定事实、适用法律及程序违法等方面还提出了不宜抗诉的几种情形。这些规定大大增强了检察机关办理刑事抗诉案件的可操作性，促进了刑事二审抗诉工作的制度化和规范化。

值得注意的是，根据《刑事诉讼法》、《人民检察院刑事诉讼规则》以及高检院有关抗诉意见的精神，对刑事二审抗诉标准和条件的把握应做到：一要严格把握"判决、裁定确有错误"是刑事二审抗诉的核心。一般意义上说，"判决、裁定确有错误"主要包括四个方面：定性错误、认定事实错误、采信证据错误和量刑畸轻畸重。二要紧紧围绕定罪和量刑两个核心要素判断提出抗诉的必要性和可行性。抗诉作为人民检察院行使刑事审判监督权的一种程序权利，其目的是保证刑法在具体案件上的正确适用，而刑法的基本问题就是定罪和量刑问题。易言之，不影响定罪或者量刑的一般程序瑕疵问题、个别事实认定问题、民事问题等，不应作为刑事二审抗诉的条件和理由，以保证刑事抗诉的针对性和实效性。三要正确理解"量刑畸轻畸重"的内涵。量刑畸轻畸重也就是量刑明显不当，并不必然一定要超越刑法典分则为个罪配置的法定刑幅度。从我国刑法典分则所规定个罪采用的法定刑模式来看，对绝大多数个罪配置的刑罚均是相对确定的法定刑（绝对确定的法定刑只涉及少数几种犯罪），而且有的个罪法定刑幅度伸缩性很大，甚至同一法定刑幅中规定了多个刑种或量刑档次。如果把法定刑幅内量刑的案件一概排除在抗诉的案件之外，势必会不适当地减少"抗源"，对于刑事抗诉工作的顺利开展并无益处。正如有学者指出："对量刑是否畸轻畸重的掌握，要根据被告人的犯罪事实、性质、情节和对社会的危害程度，看量刑是否做到罪刑基本适当，与同类案件的处刑是否做到基本平衡，判决若未能做到这两点，即使在法定刑幅量刑的，一般也应抗诉。"①还有学者建议："针对当前法院判决量刑上的畸轻畸重的现象，以司法解释的形式，界定畸轻畸重的提抗幅度，形成具有可操作性的统一标准，防止因立法和司法解释的不严密使违法变得'合情、合理、合法'"。② 我们认为，这一建议有一定的合理性，值得重视。

---

① 潘教平："关于刑事抗诉工作的几点思考"，载《国家检察官学院学报》1996 年第 2 期。

② 尹畅："刑事二审抗诉的难点与对策"，载《重庆工商大学学报》（西部论坛）2008 年第 5 期。

（二）现行刑事二审抗诉标准的立法缺失

我国《刑事诉讼法》及相关司法解释确立的刑事二审抗诉的标准和条件，对于指导检察机关做好刑事二审抗诉工作发挥了重要作用。但也毋庸置疑，刑事二审抗诉标准自确立至今，其立法缺失一直为学界所诟病，检察机关在办理刑事二审抗诉案件适用有关法律时也遇到了不少困惑。如有学者指出，由于司法解释的滞后，有些规定仍过于原则，实践中各地掌握度不统一，造成理解上的混乱，难以把握好刑事抗诉的标准。比如按照《刑事诉讼法》的规定，当人民检察院对人民法院确有错误的判决、裁定时，应当提起抗诉，但什么是“确有错误”，法律上没有明确的规定。[①] 最高检虽然规定了六种可以抗诉的情节，但是对大量存在的是否属量刑畸轻、适用缓刑不当的判决裁定，却没有一个具体的可操作的标准。这就导致实践中抗诉标准掌握不当，抗诉的盲目性、随意性较大，有时抗诉的效果也不好，抗诉的法律效果和社会效果难以显现。[②] 另有实务部门的同志也认为，《刑事诉讼法》关于抗诉条件的规定中，对“确有错误”的界定过于原则和笼统，对证据采信和事实认定中如何理解“事实清楚、证据确实充分”的证明标准问题没有作出具体规定。最高人民检察院、最高人民法院未就此联合作出任何形式的司法解释，最高人民检察院在《人民检察院刑事诉讼规则》、《关于刑事抗诉工作的若干意见》中也只是作了一些比较原则的界定，实践中不仅操作标准无法统一，而且往往也因为该规定系部门内部司法解释而难以获得法院认同和遵从。[③] 在调查中我们发现，抗诉案件大部分集中在法律规定不明确，检察院、法院认识不一致的案件中。我国刑法中许多罪名的量刑幅度很大，畸轻畸重的标准难以确定，检察院、法院在认识上往往差距较大，即使上、下级检察院之间也很难统一意见，导致基层检察院提请的抗诉难以得到上级检察院的支持，成为抗诉成功率不高的一个重要原因。[④] 应当说，上述论者对我国刑事二审抗诉标准立法缺失的分析基本上是到位的。在这里需要补充的是，除了立法关于刑事二审抗诉标准的规定过于原则和笼统、可操作性不强之外，我们认为，我国关于刑事二审抗诉标准的立法尚存在以下一些重要缺失，值得进一步修改完善。

其一，立法规定的刑事二审抗诉标准类型单一。具体来说，刑事立法只规定

---

① 孙琳：“二审抗诉存在的问题及其理性思考”，载《重庆工商大学学报》（西部论坛）2008 年第 1 期。

② 张玉军：“基层检察院刑事抗诉工作中存在的主要问题、原因及对策”，载《天津市政法管理干部学院学报》2009 年第 1 期。

③ 周晓燕：“刑事抗诉未改判案件实证研究”，载《国家检察官学院学报》2010 年第 3 期。

④ 郑晓英：“刑事抗诉的实践与制度完善探析——关于忻州市检察机关抗诉情况的调查与研究”，载《内蒙古电大学刊》2006 年第 2 期。

了刑事二审抗诉的实体标准,而对刑事二审抗诉程序标准和证明标准的规定则付诸阙如。刑事二审抗诉程序标准和证明标准的缺失,不仅会影响检察机关办理刑事二审抗诉案件的质量,难以实现"敢抗"和"抗准"的有机结合,而且也不利于刑事二审抗诉工作机制的完善,难以体现出检察机关依法履行法律监督职能的内在要求。

其二,未能区分刑事二审抗诉标准与刑事再审抗诉标准的界限。刑事二审抗诉与刑事再审抗诉虽然都是检察机关履行审判监督职能的重要体现,但是两种不同类型的抗诉仍存在很大区别,前者针对的对象是人民法院尚未生效的一审判决或者裁定,而后者针对的对象则是已经发生法律效力的判决或者裁定,涉及判决既判力、审判效率、司法权威等问题。审判监督程序除了具有救济权利的功能外,更主要的是确保司法公正,维护司法权威。过多的监督、不当的监督势必会影响生效裁判的稳定性,不利于审判效率的提高,而且也损害司法权威和法院的社会公信力。在一定程度上维护生效裁判的稳定性也是司法的严肃性所要求的。因而人民检察院按照审判监督程序提出抗诉的标准比按第二审程序提出抗诉的标准要更为严格,适当增大启动再审程序的难度也是必要的。

其三,有关司法解释对《刑事诉讼法》规定的二审抗诉标准之细化和具体化存在偏离立法本意的现象。如最高人民检察院《关于刑事抗诉工作的若干意见》把"刑事判决或裁定认定罪名不当,但量刑基本适当的"列举为不宜抗诉的情形,其合理性何在,就值得考量。因为刑事判决或者裁定认定罪名不当显然属于定性错误,如果定性错误,等于整个判决或裁定的基础就是错误的。定罪错误的情况完全符合《刑事诉讼法》第181条规定的"判决、裁定确有错误"的二审抗诉标准,检察机关理应提起刑事抗诉。明知定罪错误的情况下而不提出抗诉,似与《刑事诉讼法》有关规定的法律精神相违背。此外,上述最高人民检察院的《若干意见》还确立了"有争议不抗"的原则,主要体现为法律规定不明确不抗,事实有争议且证据没有十足把握不抗。在我们看来,案件在事实认定或证据采信方面存在争议是正常现象,如果以此为标准将某类案件列为不宜抗诉的情况,势必不利于刑事二审抗诉工作的开展。诚如有学者所言:"如果是由于法律规定不明确,那么坐等法律来明确是不明智的。而通过行使抗诉职责,一方面有利于在更高审级上进一步明确法律,另一方面也有利于对今后的立法起到指导作用。如果是由于事实不清、证据不足的,则更应该通过高一级的审理程序来明辨是非。因此,有争议不抗的原则应当取消。"①

---

① 刘突飞、王宇飞、李佳:"论我国刑事二审抗诉制度的缺陷及立法建议",载《政治与法律》2009年第11期。

现行刑事二审抗诉标准存在的上述诸多立法缺失，不仅易导致检法两家在定性错误、认定事实错误和量刑畸轻畸重等问题认识上存在分歧，造成法律适用上的偏差和理解上的混乱，进而给检察机关准确掌握刑事二审抗诉标准带来困惑。而且也会从实质上削弱刑事抗诉作为审判监督主要手段的职能作用，既不利于纠正法院的错误裁判，维护公平正义，也有损作为法律监督机关的检察机关的形象。因而对现行刑事二审抗诉标准进行立法完善，可以说是很有必要的。

（三）实践中刑事二审抗诉标准的司法异化

中国先哲孟子曾言："徒善不足以为政，徒法不足以自行"。这说明法律制定实施了，并不代表它就能自动发挥作用。"纸面上的法"要变成"行动中的法"，需依赖刑事司法的贯彻和落实。从立法层面看，虽然我国《刑事诉讼法》及相关司法解释基本确立了刑事二审抗诉的标准，但应然的抗诉标准其实然运行状态究竟怎样？司法实践中检察机关到底是如何把握该标准的呢？这是一个值得深入思考的问题。立足于司法实践的视角，我们发现，我国检察机关在办理刑事抗诉案件的过程中，对刑事二审抗诉标准的把握呈现出明显的司法异化现象。

其一，检察机关二审抗诉偏重于对犯罪的打击，较为忽视对权利的保障，使实践中对刑事二审抗诉标准的把握出现偏差。刑事抗诉本是法律赋予检察机关的一项重要的法律监督职能，检察机关提出抗诉的基本条件就是认为或者发现人民法院的判决、裁定确有错误。最高人民检察院《关于在检察工作中贯彻宽严相济刑事司法政策的若干意见》等司法解释也多次明确规定："既要重视对有罪判无罪、量刑畸轻的案件及时提出抗诉，又要重视对无罪判有罪、量刑畸重的案件及时提出抗诉。"而实践中的情况则是明显的"抗轻不抗重"，即检察机关对于指控犯罪的一面强调较多，而对诉讼监督和保障人权的一面则较为忽视。在很多检察人员的观念中，刑事二审抗诉通常被认为是审查起诉和提起公诉活动的延伸，追究被告人刑事责任往往被认为是公诉机关的首要任务。基于这一片面思想的指导，一些办案人员往往只关注起诉的被告人是否被法院判无罪，量刑是否畸轻，至于无罪被判有罪以及量刑畸重问题似乎不在二审抗诉考虑之列。如以浙江省宁波市人民检察院 2006～2008 年三年来办理的刑事二审抗诉案件为例，该市检察机关三年来共办理了 30 件刑事二审抗诉案件，抗量刑畸重的只有 2 件，其余的都是不利于被告人的抗诉。① 再如，广东省珠海市检察机关在 2003～2007 年这 5 年间共提起抗诉的案件有 30 件，却没有一起抗诉案件是对轻

---

① 张利兆、王焰明、张兆松："刑事抗诉权运行机制的现状及其完善——以宁波市检察机关 2006～2008 年刑事抗诉案件为视角"，载《法治研究》2009 年第 11 期。

罪重判的情况提起的抗诉。① 应当说,上述两市检察机关办理刑事二审抗诉案件的情况具有相当的代表性和典型性,大体反映了全国检察机关刑事二审抗诉中"抗轻不抗重"的司法异化现象。严格来说,如果抗诉不力,或者说如果认为或发现判决、裁定确有错误(包括无罪判有罪、量刑畸重)而没有提出抗诉,对检察机关来讲,就是没有很好地履行法律赋予的职责,就是严重失职。

其二,立法规定的抗诉标准是人民检察院认为"判决、裁定确有错误"就应当提出抗诉,而实践中检察机关在决定是否提出抗诉时则加上了"抗诉必要性"的考量在内。《刑事诉讼法》第 181 条规定:"地方各级人民检察院认为本级人民检察院一审判决、裁定确有错误,应当向上一级人民法院提出抗诉"。按照上述规定,"判决、裁定确有错误"系检察机关提出抗诉的唯一且必备的标准。对于一审尚未发生法律效力的判决、裁定,如果检察机关认为该判决、裁定确有错误(错误的裁判不论案件大小、影响程度),都应依法提起抗诉。因为"应当"带有不可协商、强制性的意涵。也就是说,在发生这种情况时,检察机关没有任何选择余地,必须无条件地向上级人民法院提出刑事抗诉。在此姑且不论现行法律的规定是否严重限制了检察机关提出抗诉与否的自由裁量权,反而,是否需要对所有认为确有错误的判决、裁定都提出刑事抗诉,却很有探讨的必要。虽然《刑事诉讼法》第 181 条只规定了"判决、裁定确有错误"就应当提出抗诉,而未将"抗诉的必要性"作为决定是否提出抗诉的重要考量因素。但长期的司法实践表明,刑事二审抗诉不能不考虑必要性。检察机关提出刑事抗诉,一般要做到事实清楚,证据确实、充分,判决、裁定确有错误,抗诉理由充分且有抗诉必要。正如有学者指出,从司法实践看,检察机关不可能对所有存在错误的判决、裁定都提出抗诉,否则不仅繁重的工作难以承受,也不会取得良好的社会效果。有的刑事判决、裁定尽管在认定事实、适用法律等方面确实存在这样或者那样的错误,但是这些错误的存在可能对案件的实质性结论并没有影响。在实体问题已经正确解决的情况下,如果不加选择地都提出抗诉,将会增加诉累,实际效果也不会好。检察机关完全可以根据具体情况斟酌是否提出抗诉。②

其三,刑事二审抗诉属于审判监督的范畴,其目的在于监督和纠正一审法院尚未生效的错误裁判、正确适用法律和维护法律的权威。然而,实践中检察机关在决定是否抗诉时却没有严格按照刑事抗诉的标准和条件进行判断,而过多地考虑法院改判的可能性。实际上,检察机关对于它认为"确有错误"的裁判提出抗诉,只是检察机关根据法律和案件事实所做的判定。检察机关与审判机关之

① 魏良荣:"刑事抗诉效果的实证分析",载《中国刑事法杂志》2009 年第 6 期。

② 郭宗才:"刑事二审抗诉中存在的若干问题研究",载《检察实践》2005 年第 5 期。

间就同一问题存在不同认识的现象不可能完全避免,由法院最终作出决断只是法律技术上的要求和法律制度上的安排,并不能说明法院的裁判就一定比检察机关的判断更正确、更高明。因此,评判抗诉权行使正确与否的标准,只能落脚于发动抗诉程序的动机和对案件事实、证据及法律适用的判断上面。要摆脱一味看重法院改判率高低的思想束缚,将是否以事实为根据,以法律为准绳,抗诉理由是否正确、上级检察院是否支持及法院是否改判作为衡量抗诉是否准确的标准,从单纯追求抗诉数量向追求抗准和抗赢兼顾方向转化。① 此外,影响抗诉案件改判率高低的因素主要有三:一是抗诉的理由是否充分。二是法院自我纠错的意愿,如果上级法院对下级法院采取以保护为主的态度,改判的可能性就会较小。三是法院判前案件请示比例,已请示过的案件改判的可能性极小。② 可见,检察机关在决定是否抗诉时如果偏离立法规定的刑事抗诉标准,而过多地顾及到法院改判的可能性,则不仅会影响刑事抗诉案件的质量,而且也不符合维护公平正义的社会主义法治理念的要求,更有悖于检察机关法律监督的性质和职能。

其四,面对当前刑事抗诉数量偏低的司法现状,一方面强调要加大刑事抗诉工作力度,保持一定的抗诉案件数量,凡是认为或发现符合二审抗诉标准(即判决、裁定确有错误)的案件,检察机关都要依法提出抗诉,坚决克服畏难情绪和其他不正确执法思想的影响以及外界因素的干扰。另一方面,又出台相关司法规范性文件对《刑事诉讼法》第181条规定的刑事二审抗诉标准进行严格限制解释,加高刑事抗诉条件的藩篱,这又在客观上极大地削弱了检察机关抗诉监督职能的行使,阻碍了审判监督的正常进行。诚如有学者所言:“由于刑事抗诉条件的强化,造成了检察机关提出抗诉效能的弱化,进而使审判机关处于强势,形成了刑事抗诉的结果‘以法院改判’为唯一衡量标准。检察院在此形势下为了维护自身提出抗诉的正确性,保住提出抗诉的‘面子’,在不能扭转法院强势的基础上,只能以束缚手脚的配合方式通过规定刑事抗诉的改判率、支持率来限制提出抗诉的数量,提高改判率,以保证所谓的‘抗诉质量’,形成了抗诉难的局面。”③

应当说,实践中之所以出现刑事二审抗诉标准的司法异化,一方面与对抗诉

① 陈晓东、杨细顺:“强化刑事抗诉工作刍议”,载《中国检察官》2007年第4期。

② 刘建柱、郑利辉:“刑事抗诉的实践与制度完善——关于对深圳市检察机关刑事抗诉情况的调查”,载《国家检察官学院学报》2002年第6期。

③ 江志华:“刑事抗诉难的原因及抗诉机制的构想”,载《辽宁公安司法管理干部学院学报》2008年第4期。

工作不重视、认识存在偏差、抗诉案件质量考评机制不合理、刑事抗诉运行机制存在缺陷等不无关系;另一方面也与刑事二审抗诉标准的立法缺失有着密切的关联。因而在采取有力措施纠正认识偏差、健全刑事二审抗诉有关体制机制的同时,也要着力完善刑事二审抗诉标准,努力改变刑事抗诉弱化无力的局面,实现抗诉案件数量和质量的同步提高,使审判监督取得更好的法律效果和社会效果,确保刑事二审抗诉工作健康协调发展。

三、完善刑事二审抗诉标准的构想

(一)完善刑事二审抗诉标准应坚持的原则

抗诉标准是刑事二审抗诉制度的核心和抗诉成败的关键,亦是刑事二审抗诉制度发挥其应有效果的关键所在。完善我国刑事二审抗诉标准的必要性前文已有述及,但究竟如何完善、从哪几方面着手、完善的重点是什么等,则应遵循一定的原则或方针。我们认为,完善我国刑事二审抗诉标准时应着重坚持以下几项原则。

一是坚持强化审判监督职能与追求诉讼效益相结合。刑事二审抗诉标准的完善,一方面要有利于人民检察院强化审判监督职能,发挥刑事二审抗诉作为纠正人民法院错误判决、裁定的重要手段,达到促进人民法院刑事审判活动程序合法、裁判公正的目的。另一方面在制度和程序的设计上要考虑诉讼效益的要求,不能将刑事二审抗诉标准设定过于宽松。正如有论者指出:“就现实而言,我国正面临犯罪数量不断上升的态势,而司法资源相对短缺的问题在短时间内很难得到根本解决,更需要通过合理配置司法资源,集中主要力量处理刑事大要案,来最大限度地改善犯罪控制的效果。在刑事诉讼的每一个环节都有必要贯彻诉讼经济的原则,刑事抗诉这个环节也不应成为例外。”①

二是符合刑事二审抗诉工作的规律和特点。刑事二审抗诉标准的完善,应注意体现刑事抗诉工作的规律和特点,赋予检察机关对刑事二审抗诉案件一定的自由裁量权。详言之,检察机关提起刑事抗诉应当同时具备以下两个要件:一是判决、裁定确有错误;二是确有抗诉的必要。我国《刑事诉讼法》第181条规定的刑事二审抗诉标准只涉及了第一个条件,而对第二个条件没有明确规定,显然是存在缺陷的。因而在完善刑事二审抗诉标准时,应当将“判决、裁定确有错误”和“确有抗诉必要”有机结合起来,从而设定科学而合理的刑事抗诉的具体标准。也只有这样,检察机关才能更好地从刑事政策层面体现刑事二审抗诉的

① 姜伟主编:《专项业务培训教程》,中国检察出版社2004年版,第317页。

策略性,从而实现抗诉法律效果与社会效果的统一。

三是区分刑事二审抗诉标准与刑事再审抗诉标准。刑事二审抗诉与刑事再审抗诉两者针对的对象以及体现的价值理念不同,因而应当区分刑事二审抗诉标准与刑事再审抗诉标准。关于区分的必要性,前文已述,这里不再赘述。总的原则是,人民检察院按照审判监督程序提出抗诉的案件,应当比照第二审程序抗诉案件的标准从严掌握。

四是坚持实体错误抗诉与程序错误抗诉并重。随着程序正义观念在刑事司法领域的进一步加强,实体和程序并重的理念在一定程度上得到了发展和体现,但在司法实践中,对于程序违法的宽容仍广泛存在。检察机关一般比较重视对实体的监督,忽视对程序的监督。当前办理的刑事二审抗诉案件,大部分都是针对实体存在错误提出的抗诉,而针对审判程序违法等提出抗诉的案件很少。"重实体,轻程序"的思想观念也在相当程度上反映在对刑事二审抗诉标准和条件进行具体化的规范上。有关司法解释在细化和具体化《刑事诉讼法》规定的刑事二审抗诉标准时,未能很好地贯彻实体错误抗诉与程序错误抗诉并重的理念。对此,有学者精辟地指出,在高检院有关抗诉工作的意见中,都不约而同地将程序违法但未达到影响公正判决的情形,排除在抗诉范围之外。而文件规定的"未达严重程度"、"不足以影响公正裁判",均没有具体可操作性的标准。这种对程序违法采取的宽容态度,令民众对审判的信任程度下降,也极大地削弱了诉讼监督职能的刚性。① 因而在完善刑事二审抗诉的标准特别是对其具体化时,应当注意增强刑事抗诉工作的全面性,促进实体公正与程序公正的有机统一,既要加强对违反实体法的抗诉监督,又要加强对违反程序法的抗诉监督。

五是便于司法实践操作,符合诉讼法理。对现行刑事二审抗诉标准进行完善,要达到使完善后的刑事二审抗诉标准相对明确和规范、具有科学性和可操作性以及检察机关能够充分把握该标准的目的。当然,完善刑事二审抗诉标准时,不能违背基本的诉讼法理,并应尽力克服表述的模糊性。

(二)完善刑事二审抗诉标准的具体构想

1. 调适有关刑事二审抗诉标准的规范体系

从现行有关刑事二审抗诉的法律规范来看,除了《刑事诉讼法》第 181 条概括性规定了刑事二审抗诉的标准之外,还有《人民检察院刑事诉讼规则》、《最高人民检察院关于刑事抗诉工作的若干意见》、《关于进一步加强刑事抗诉工作强化审判监督的若干意见》、《最高人民检察院关于进一步加强公诉工作　强化

① 刘突飞、王宇飞、李佳:"论我国刑事二审抗诉制度的缺陷及立法建议",载《政治与法律》2009 年第 11 期。

法律监督的意见》、《最高人民检察院关于在检察工作中贯彻宽严相济刑事司法政策的若干意见》、最高人民法院《关于执行〈中华人民共和国刑事诉讼法〉若干问题的解释》等司法解释性文件的相关规定也对刑事二审抗诉的标准和条件作了进一步的细化或阐释。这些规定对于司法实践中检察机关依法有效行使刑事抗诉权、准确把握刑事二审抗诉标准和条件以及提高刑事抗诉案件的办案质量，都发挥了重要作用。但也毋庸讳言，由于不同司法解释性文件的任务和侧重点、规范的工作以及解决的法律适用问题等都存在差异，所以在涉及对刑事二审抗诉的标准尤其是具体的抗诉理由进行细化和阐释时，难免尺度、口径和表述把握不一，有的条款甚至出现相互冲突、抵触。而且由于相关规范性文件繁杂、政出多门，有关刑事二审抗诉标准和条件的规范非常分散，无形中给检察机关办理刑事二审抗诉案件、准确把握刑事二审抗诉标准和正确适用法律带来了一定的困难。有鉴于此，我们建议，在完善我国刑事二审抗诉标准并对其进行具体化时，首先应对有关刑事二审抗诉标准和条件的相关法律规范进行调适和清理整合，统一有关刑事抗诉条件及程序的规定，避免不同的部门适用“不同的法”，废止或者删除不符合刑事二审抗诉工作规律和特点的规范，进一步细化模糊而不具有可操作性的规范，补充规定符合抗诉标准的其他具体情形，并应尽力避免相关规范间的相互冲突和抵触。

2. 确立“三位一体”刑事二审抗诉标准之尝试

当前，理论界以及实务部门谈及的刑事二审抗诉标准（即“判决、裁定确有错误”），准确地说，实际上只是刑事二审抗诉的实体标准。从宏观上看，随着我国依法治国方略的实施和检察改革的逐步深化，刑事二审抗诉工作面临着新的机遇和挑战。为适应新的形势与任务，进一步加大刑事抗诉工作力度，提高刑事抗诉案件质量，强化刑事审判监督职能作用，我们主张确立符合刑事二审抗诉工作规律和特点的“三位一体”刑事二审抗诉标准。所谓“三位一体”刑事二审抗诉标准，即刑事二审抗诉实体标准、程序标准和证明标准一体的刑诉二审抗诉标准体系。

（1）关于刑事二审抗诉实体标准。我们建议对《刑事诉讼法》第 181 条进行修改、补充。具体来说，宜将该条分设两款：

第一款：地方各级人民检察院，认为本级第一审人民法院的判决、裁定确有错误且有抗诉必要时，应当向上级人民法院提出抗诉。

第二款：人民检察院认为同级人民法院第一审判决、裁定有下列情形之一的，应当认为有抗诉必要，依法提出抗诉：

（一）认定定罪量刑事实不清的；

（二）据以定罪量刑的证据不确实、不充分或者证明案件事实的主要证据之

间存在矛盾的;

(三)有确实、充分证据证明有罪而判无罪,或者无罪判有罪的;

(四)因重要事实、法定情节认定错误而导致错误裁判,或者因判决、裁定认定犯罪性质错误可能对司法实践产生不良效应的;

(五)认定罪名不正确,此罪判彼罪、一罪判数罪、数罪判一罪的;

(六)重罪轻判,轻罪重判,致使量刑畸轻畸重,或者量刑虽然未致畸轻畸重,但社会影响恶劣的;

(七)免除刑事处罚或者适用缓刑错误的;

(八)人民法院在审理过程中严重违反法律规定的诉讼程序,或者审判人员在审理案件期间有贪污受贿、徇私舞弊等行为,影响公正裁判的。

(2)关于刑事二审抗诉程序标准。程序正义要求任何法律决定必须经过正当的程序,而这种程序的正当性体现为特定的主体根据法律规定和法律授权所作出的与程序有关的行为。程序正义的标准是解决程序正义的客观准则问题的,即达到什么样的标准才符合程序正义的内在要求。① 刑事抗诉是人民检察院认为人民法院的刑事判决或裁定确有错误,依照法定职权和法定程序,要求人民法院重新审理并改判的诉讼活动。人民检察院是否提起抗诉、在何种情形下提起抗诉、如何提起抗诉、提起抗诉的程序等,都应当依法进行,应当体现程序正义的要求。关于刑事二审抗诉的程序标准,实际上也就是检察机关提起刑事二审抗诉达到什么样的标准,才符合程序正义的内在要求。我们认为,刑事二审抗诉的程序标准至少应当包括以下数项内容:其一,上级人民检察院审查刑事抗诉案件要坚持全案审查的原则,全面审查案件的事实、证据、适用法律和审判程序。其二,办理刑事二审抗诉案件,应当讯问原审被告人,复核主要证据。其三,刑事二审抗诉案件必须经检察委员会讨论决定。其四,办理刑事抗诉案件要坚持非法证据排除规则,据以定案的证据必须形成完整锁链,排除合理怀疑。其五,要严格按照最高人民检察院下发的法律文书格式要求制作刑事抗诉法律文书。其六,人民法院审判委员会讨论刑事二审抗诉案件,同级人民检察院检察长应当列席。

(3)关于刑事二审抗诉证明标准。从《刑事诉讼法》第 129 条、第 137 条、第 141 条、第 162 条可知,我国刑事诉讼中的证明标准是"犯罪事实清楚,证据确实、充分",其含义有二:一是诉讼证明必须达到案件事实、情节清楚;二是证明案件事实情节的证据必须达到确实、充分的程度。就刑事二审抗诉案件而言,对抗

① 赵旭东:"程序正义概念与标准的再认识",载《法律科学》2003 年第 6 期。

诉主张的证明同样也要达到“证据确实、充分”的程度。如果刑事二审抗诉没有达到该证明标准，将很难保证错误刑事裁判得到及时纠正。对“证据确实、充分”的准确理解和把握，乃是刑事二审抗诉证明中的关键和核心。我们认为，对于刑事二审抗诉主张的证明，应当着重从以下方面判断是否达到了“确实、充分”的证明标准：

其一，支持抗诉主张的证据的客观性、合法性和关联性要得以保障。要确保抗诉主张的准确无误，首先，证明抗诉主张的证据必须是客观真实的。无论言词证据还是实物证据，都应该是实实在在的客观存在。其次，证明抗诉主张的证据在收集、采信上必须符合法定的程序和标准。对以刑讯逼供和威胁、引诱、欺骗以及其他非法方法收集的言词证据应一律排除；对以上述非法手段获取的物证、书证，如果明显违反法律规定，可能影响公正审判的，一般情况下也不应作为定案的根据。最后，支持抗诉主张的证据和待证事实之间应当存在客观内在联系性。支持抗诉主张的证据与待证事实之间是否存有内在关联，是刑事二审抗诉中证据资格和证据采信要把握的重要问题。证据只有与待证事实存有关联才有价值，与待证事实无关的证据，即便内容真实，也不能作为证据使用。

其二，证明抗诉主张的证据应当充足，证据之间要能相互印证、形成完整证据锁链。一方面，支持抗诉主张的证据必须有一定的数量，因为证据的数量是证据充分的前提和基础，孤证或者部分证据难以说明待证事实的准确性。另一方面，支持抗诉主张的证据之间、证据与事实之间、各事实要素之间能够相互印证、环环相扣，形成完整的证据锁链。易言之，直接证据之间、直接证据与间接证据之间、间接证据与间接证据之间、同一种类的证据之间、不同种类的证据之间均应当协调一致、相互印证。其实，证据组合形成完整的、逻辑严密的体系也是评价证据在数量上是否达到充分的重要标志。

其三，支持抗诉主张的证据体系所得出的结论必须是唯一的，排除了其他合理怀疑。刑事二审抗诉作为检察机关履行审判监督职能的重要体现，要使其抗诉主张具备事实认定、证据采信上的准确性，使法院接受其抗诉主张而纠正原错误裁判，就必须证明抗诉主张是现有全部证据（体系）推导出的唯一的排除其他合理怀疑的结论。这种事实认定和证据上的排他性要求既是“证据确实、充分”的证明标准之集中体现，也是检察机关履行刑事审判监督职能必须坚持的基本准则。这样才能使检察机关提起的抗诉具有坚实的证据基础，从而确保对错误刑事裁判进行法律监督的有效性。

试论我国刑事二审程序中的事实认定问题

侯晓焱*

我国的刑事二审程序作为上诉程序,是为当事人提供救济、纠正可能存在的错误以及对一审法院实现监督的重要途径。对事实争议问题进行审理是刑事二审程序的一项重要内容,正确认定案件事实是实现救济、纠正错误的基础。我国没有像许多法治发达国家那样实行三审终审,而是基于设定全面审查、开庭审理等原则能够为二审程序公正提供保障的前提下,采取了两审终审制。在这一背景下,正确认定事实对于我国二审程序具有突出意义。本文在介评事实认定的基本法理、二审程序事实审理的模式的基础上,分析我国二审事实认定的困境,探讨在我国语境下完善二审程序事实认定制度的合理可行路径。

一、事实认定的内涵

本文探讨的刑事二审程序中的事实认定,指对某一具体案件中是否存在犯罪事实的认定。定罪是国家刑罚权的实现途径,也是《刑法》与《刑事诉讼法》的连接点。《刑法》为某一具体行为是否构成犯罪提供了判断标准和框架,对犯罪的具体认定则需要司法人员根据《刑事诉讼法》规定的程序运用法律,将某一事实与法律条文进行比对,作出司法判断。

事实认定是适用法律、确定是否有罪的前提。由于时间的一维性,所谓的案件事实很难是理想层面的客观事实,通常只能是通过证据裁判重构出来的由证据支持的事实。但是,“证据作为案件发生之后遗留下来的一些蛛丝马迹,就像一个花瓶打碎后的有限的碎片,正如无法找到所有的碎片,从而重新拼起一个完整的花瓶一样,凭借这些事实的碎片重构的案件事实与客观事实之间或多或少

* 北京市人民检察院第一分院法律政策研究室副主任,北京师范大学刑事法律科学研究院2008级博士研究生

的差异总是不可避免"。[①] 所以,对案件事实可以作出客观事实与法律事实之分,客观事实是案件的原貌,法律事实是司法人员在法律程序中对客观事实的重构。就本质而言,法律事实可以说是客观事实的模拟。法律事实与证据如同神与形,事实随附于证据之上,又无法直接得出。司法人员在重构法律事实的过程中,需要依据一定的程序和规则,凭借专业素养、运用主观能动性对案件证据情况进行裁判,对案件事实进行回溯,最终才能得出较为接近客观事实的案件事实。

二、事实认定在刑事二审程序中的价值

从刑事程序的任务的角度看,事实认定具有重要地位。刑事程序的主要诉讼任务是解决被告人的刑事责任问题。原审法院通过第一审程序形成对案件事实的认识,在此基础上对被告人的犯罪与刑罚问题作出认定。在上诉或抗诉启动二审程序的情况下,原审法院的认定并未发生最终效力,被告人的刑事责任问题尚未解决,法院便需要在二审程序中继续以案件事实为审理对象,对被告人的刑事责任问题作出裁判,最终完成诉讼任务。

(一)域外上诉程序中的事实认定

对于比较研究的意义而言,"只有具备有关外国法律制度的知识,才能正确理解本国的法律"。[②] 从世界范围看,不少国家的上诉程序都承担有事实审查功能,并具体呈现出不同的模式。第一种是复审制,即第二审法院原则上依照第一审的审理方式对案件进行重新审理,无论事实或证据是否已经在第一审审理过,上诉审法院均有权对所有的事实和证据进行重新审理。在复审制下,上诉审法院的地位与功能异常强大,其不受原审法院证据调查范围及上诉范围的限制。[③] 德国的上诉审中,对简易案件实行复审制,对重罪案件则实行其他类型的审查方式。第二种是续审制,即上诉审法院原则上以第一审法院认定的事实与证据为准。我国台湾地区学者指出,"所谓续审,乃以第一审之审理结果为基础,或回溯至第一审辩论终结后判决前之状态,继续为审理之谓。"[④]在这种模式下,"原审已调查之证据,上诉审毋庸重新审查,原审之诉讼在上诉审仍有效力,一般认为符合司法经济原则,但违反直接审理原则。"[⑤]这两种二审审理方式都允许当事

---

① 汪建成:《理想与现实——刑事证据理论的新探索》,北京大学出版社 2006 年版,第 72 页。

② [德]K. 茨威格特、H. 克茨著:《比较法总论》,法律出版社 2003 年版,序言部分。

③ 刘磊:"刑事上诉审之构造",载《中国刑事法杂志》2007 年第 4 期。

④ 黄东熊:《刑事诉讼法》,台湾三民书局 1999 年版,第 644 页,转引自刘磊:"刑事上诉审之构造",载《中国刑事法杂志》2007 年第 4 期。

⑤ 王兆鹏:《当事人进行主义之刑事诉讼》,台湾元照出版有限公司 2002 年版,第 252 页。

人在上诉程序中提交新证据或申请调查新事实。第三种是事后审查审,不审查原判决的事实和证据,而是先审查上诉理由,再在上诉理由范围内审查原判决自身是否存在瑕疵,再视瑕疵情况而决定是否发回重审或改判。①

不同的上诉审模式下,二审程序在事实认定方式上的差别较大。这背后涉及历史、文化、传统的差异,也蕴涵着不同的价值理念。复审制对于真实发现及纠正原判实体错误意义重大,但是容易与诉讼经济原则存在冲突。续审制体现了对原审证据调查结果的尊重,是在认可一审事实调查基础上延续审理新事实或者新证据。事后审查审制重视维护"程序安定",但"有关事实问题如果严格贯彻事后审之立场,则无法符合具体之正义。即原判决之认定是否与实体之真实相符,如不许调查原审证据之外之新证据,则有逸脱实体真实之虞。"②

值得注意的是,上述上诉审模式蕴涵的价值理念并不能通过意愿而简单得以实现。例如,旨在追求发现真相的复审制,允许上诉法院对事实与证据的重新审理,这种重新审理只有通过合理的制度设计才有可能保障发现事实真相,才能实现复审制预设的纠正原判错误和发现事实真相的功能,而不会成为上诉程序颠倒事实的通途。为确保发现或接近客观真实,许多国家的上诉程序实行了有助于实现这一目标的制度。正如有学者研究所发现,"二审程序中,除美国采用书面审理与口头辩论(或听证)相结合的方式外,其他国家不存在书面审理方式,一般都采用开庭审理方式,即使二审程序属于终审程序也是如此"。③ 在将发现案件事实真相作为刑事诉讼主要目标的大陆法系的法国和德国,上诉审程序基本上被设计成第一审程序的"重来",采取了言词审理原则。在德国,审判长必须确定公诉人、被告人及其辩护人是否到庭,是否举出证据,已经传唤的证人和鉴定人是否到庭。④

(二)事实认定在刑事二审程序中的价值

学界一般认为,刑事二审程序的功能主要体现在被告人权利救济、上级法院实现对下级法院的监督、纠正原审法院裁判错误以及对当事人实现安抚等功能。"上诉除了作为当事人的一项程序性权利之外,它在实质意义上的作用一直被认为在于纠正初审判决可能存在的错误。"在刑事二审程序中,事实认定应该具有突出价值。⑤

---

① 刘磊:"刑事上诉审之构造",载《中国刑事法杂志》2007年第4期。

② [日]土本武司:《日本刑事诉讼法要义》,董藩舆、宋英辉译,台湾五南图书出版有限公司1997年版,第404页。

③ 顾永忠:《刑事上诉程序研究》,中国政法大学2003年博士论文。

④ 陈卫东、李奋飞:"刑事二审'发回重审'制度之重构",载《法学研究》2004年第1期。

⑤ 汪建成:《理想与现实——刑事证据理论的新探索》,北京大学出版社2006年版,第95页。

另外,对刑事二审程序认定事实的功能也存在争议。上诉法院的法官虽被认为在法律适用方面更有权威,但在判断证据和认定事实方面并无优势。首先,人类共同的认识能力使上下级法院的法官面对同样的证据时,其判断力并无差别;其次,随着时间的流逝,案件事实被证明的可能性越来越小;最后,初审程序在审理案件事实方面也是最全面彻底的审判程序。因此,有论者认为"初审法院相对于上诉法院而言更适合承担事实发现者的角色"。① 而且,对于事实的判断和认定有赖于司法官员的证据裁判和自由心证,证据规则有时候并不必然有助于对客观事实的发现。所以,难免会有论者质疑"上诉制度的这种纠错功能在自由心证这种事实判断活动中是否有效"。②

对此,值得注意的是,姑且不论上诉法院是否擅长事实认定,纠正错误不可否认的是上诉程序的重要功能。中国学者在分析比较了普通法和大陆法国家在初审与上诉的功能上的差异后得出结论:"大部分国家,无论是在普通法还是大陆法国家,总有几层上诉的阶梯。但一般来说,上诉(高级)法院有两种职能,一是纠正错误职能,二是指导与发展职能。第一种职能是为了确保规范被正确地执行,而第二种职能是关系到宏观层面上的决策问题。"③在上诉程序的纠正错误功能中,包含事实认定错误和法律适用错误,法律适用错误有的单纯由法律理解和运用错误而引起,有的则由之前的事实认定错误引起。所以,虽然有论者对上诉程序在认定事实方面的有效性提出质疑,但是事实认定在上诉程序中不容回避,上诉程序在认定事实方面的必要性和重要性不言而喻。我们需要解决的是如何合理设计制度以确保上诉程序尽可能发现真实、准确认定事实。

三、我国刑事二审程序事实认定的概况与问题

"实事求是,有错必纠"历来被司法实务界奉为圭臬,但近年来各界已经发现,就事实认定而言,尽管我国的刑事二审程序承载着发现真实的美好愿望和神圣使命,二审程序的现存立法和实践却存有诸多问题。

从立法规定看,事实认定问题易于进入刑事二审程序审理范围。根据我国刑事诉讼法,对于被告人的上诉和检察机关的抗诉没有特别明确具体的理由,第180条规定,被告人不服各级人民法院第一审的判决、裁定,有权向上一级人民

① 王超:"虚置的程序——对刑事二审功能的实践分析",载赵秉志主编:《刑事科学探索》(下卷),北京大学出版社2010年版,第1229页。

② 迈克尔·D.贝勒斯:《法律的原则——一个规范的分析》,张文显等译,中国大百科全书出版社1996年版,第79页。

③ 宋冰编:《程序、正义与现代化——外国法学家在华演讲录》,中国政法大学出版社1998年版,第158页。

法院上诉。第181条规定:地方各级人民检察院认为本级人民法院第一审的判决、裁定确有错误的时候,应当向上一级人民法院提出抗诉。从立法看,对被告人的上诉理由没有限制,法律表述是只要对一审判决裁定不服,都可以提起上诉;对抗诉的标准也规定得比较模糊,只要认为一审判决裁定确有错误的就应该提起抗诉。而且,我国二审程序处理事实争议的模式类似于前述的复审制,二审范围不受上诉理由限制,可以审理事实并实行全面审查。因为传统上认为,全面审查原则是《刑事诉讼法》"以事实为根据、以法律为准绳"的基本原则在二审程序中的贯彻与落实,有利于二审人民法院指导和监督下级人民法院的审判工作,增强下级人民法院审判人员的责任感,也体现了人民法院对人民、对法律极端负责的精神。[①] 由此,二审法院对原审所有的事实与证据以及二审中提出的新证据均可以进行审查,从应然角度看,事实认定可以成为二审程序的基本内容。

从实务情况看,在上诉和抗诉案件中涉及事实认定存在分歧的在实践中占较高比例。例如,北京某中级法院2002年12月21日至2007年9月20日办理的全部53件抗诉案件中,其中属于检法在事实认定方面存在分歧的占32%。[②] 再如,北京市某法院2004年至2007年发回改判的30件案件中,属于二审期间发现漏罪、漏犯以及事实不清的共计16件,占53%。这些涉及犯罪事实的二审案件中,有的是被告人的年龄没有查实,有的是被告人是否属于审判时怀孕的妇女这一事实不清,有的是被害人的死亡原因存在其他合理怀疑,有的是被告人犯罪涉及的数额不清。[③] 虽然不能说这些事例代表了全国的普遍情况,但在很大程度上表明,在我国查清案件事实是二审程序承担的一项重要任务,二审程序应该怎样解决事实审查认定问题值得重视和研究。

在启动二审程序的上诉或抗诉中,针对案件事实认定提出的始终占较大比例。而且,有的二审案件不服一审的量刑,也可能涉及与量刑有关的事实认定问题。为贯彻"以事实为依据、以法律为准绳",法律为刑事二审程序设计了"全面审查"和"事实复审"功能,充分体现了我国对二审程序发现事实的重视和期待。但是,实践中二审程序在事实认定方面存在几个突出问题:

第一,二审案件不开庭审理的比例高。前述的复审制、续审制、事后审查制等上诉审模式都涉及事实认定,域外法治发达国家的二审基本采取开庭审理,而

---

① 陈卫东、张弢:《刑事普通程序》,人民法院出版社1994年版,第557~566页。

② 应当认定为犯罪事实而没有认定的12件,约占全部抗诉案件的22.6%;对一些可能影响量刑的事实认定有误的5件,约占全部抗诉案件的9.4%。谭劲松:"审理刑事二审抗诉案件的问题与对策",载项明主编:《刑事二审程序难题与应对》,法律出版社2008年版,第261~262页。

③ 白云山:"关于刑事案件被改判发回情况的调研",载项明主编:《刑事二审程序难题与应对》,法律出版社2008年版,第249~250页。

我国的刑事二审程序主要为书面审,开庭审理的微乎其微。据有调查结果显示:二审法院开庭的案件较少的可以低于10%甚至5%,而较多的也仅仅达到20%。但各地中级人民法院以开庭方式审理的上诉案件一般不会超过全部上诉案件的3%。①《刑事诉讼法》第187条规定,第二审人民法院对上诉案件应该组成合议庭,开庭审理。合议庭经过阅卷,讯问被告人……对事实清楚的,可以不开庭审理。很多论者认为此法律条文要求,二审程序以开庭审理为原则,以不开庭审理为例外,只有在符合法定条件的特殊情况下才可以不开庭。但是,如果司法人员按照法条描述的步骤来工作,即"经过阅卷,讯问被告人、听取其他当事人、辩护人、诉讼代理人的意见",此时,司法人员已经开始了对案件的实质性审理,调查讯(询)问式成为二审审理案件的优先采用方式,司法人员很容易对案件形成见解,在此基础上,再判定事实是否清楚,是否需要开庭,可以推知的结果就是审判人员选择开庭的案件必然是少数,而实践中出现的审判人员在内心形成改判倾向时才决定开庭审理这一现象也就不足为奇了。在二审法院不开庭审理的情况下,会通过"调查讯(询)问式"程序裁判二审案件,即变相的书面审理。以死刑案件为例,指"第二审合议庭几乎完全以一审人民法院的审理卷宗为根据,不论被告人是否对证据、事实和适用法律问题持有异议,都不再传唤证人、鉴定人、被害人当庭作证,也不再对书证、物证、视听资料等进行当庭调查,甚至形式上的法庭审判也不再进行……不开庭审理死刑案件的情况下,往往是由承办人一人阅卷,故很难发现案件中的疑难问题。"②

而且,从实证研究角度看,上诉、抗诉案件中涉及理由为原判决事实不清楚或证据不足的案件占多大比例?这些案件被采用了什么样的审理方式?最终审理结果如何?法官如何理解"事实不清或证据不足"的内涵?从已有研究文献看,一方面,二审法院用不同方式处理事实不清的案件的具体比例情况尚不清楚;另一方面,审理方式比较混乱,"事实不清或证据不足"的涵义模糊,对一些事实不清的案件也采用不开庭审理的方式。具体表现在,在不开庭审理的情况下对一审判决的事实认定予以改变,2007年某中级法院这类情况占全部不开庭审理但改判案件的24%。③

第二,二审庭审程序被虚置。与二审程序对大量案件不开庭审理相呼应的

① 沈国庆:"当前审判机关审判职能存在的问题及其对策",载《知识经济》2007年第12期。

② 陈华杰:"论死刑案件的程序审查",载《审判研究》2005年第2辑,转引自陈瑞华:"侦查卷宗裁判主义——对中国刑事第二审程序的重新考察",载《政法论坛》2007年第5期。

③ 常国锋:"法院刑事二审未开庭改判案件引发问题思考",载项明主编:《刑事二审程序难题与应对》,法律出版社2008年版,第275页。

是,二审开庭审理程序也流于形式,令人遗憾。我国《刑事诉讼法》第184条、第185条以及最高人民法院《关于执行〈中华人民共和国刑事诉讼法〉若干问题的解释》第245条的规定要求一审法院在上诉、抗诉发生后将案件卷宗、证据、案件的审结报告和其他应当移送的材料都移送至上级人民法院。由此,二审法官通过审查上述卷宗材料,在开庭前很容易对案件的事实形成倾向性意见,在某种意义上成为对案件的调查讯(询)问式审理,之后的开庭方式的审理则成为对同一案件的第二次审理。第一次审理由于不是直接审理,审判人员对案件的掌握毕竟不那么全面、扎实、可靠,第二次审理又由于形成了先入为主的预断,走过场。① 而且,二审程序存在与一审相同的几乎不传唤证人、鉴定人的实务特点,其结果是虽然经历了两次审理,但对于事实复杂不清的案件未必能够发现真相,办案质量未必能够得到保障。我国刑事案件再审的大量启动和纠错的高数量在很大程度上印证了二审程序的审理质量。据有学者统计,从1990年到2003年间,刑事再审案件每年平均占刑事生效案件的4.55%,考虑到14年间平均不到14%的上诉率,4.55%的再审率恐怕不低。而且,这期间,刑事再审案件平均改判率高达25.61%,明显高于15.08%的刑事二审改判率。② 二审本应该发挥作为终审程序纠正错误、确保法的安定性等功能,但我国这种被虚置的二审程序在很大程度上浪费了司法资源,引发了后续的申诉和再审,动摇了司法的权威和公信力。

第三,大量案件发回重审,不利于发现真相。以北京市某中级人民法院2004~2007年办理的二审案件情况看,刑事案件被改判数与被发回数的比例为2.6:1(77:30),也就是说,被发回的占案件总数的29%。对于发回重审的,出于利害关系、先前判决带来的成见等因素,原审法院能够在多大程度上查清案件事实值得疑虑。在董某等人走私贩卖毒品案件中,原审法院办案过程中曾面临较大压力,对于高级法院发回重审的裁定在扣压半年多之后直至省高院干预才宣布,而该案最终被高院发回重审。那么,该院审法院在纠正原判错误方面面临的巨大困难可以想见,它能否做到有错必纠也令人质疑。③

第四,刑事诉讼证据规则的缺失,导致二审事实认定方面缺乏引导,也无法有效为初审裁判发挥指引作用。在刑事审判程序中,法庭认定事实应该经过法庭调查、法庭辩论等环节对有证据支持的事实予以认定。这种法律事实必须以

---

① 顾永忠:“刑事上诉程序研究”,中国政法大学2003年博士论文。

② 王超:“虚置的程序——对刑事二审功能的实践分析”,载赵秉志主编:《刑事科学探索》(下卷),北京大学出版社2010年版,第1228页。

③ 陈卫东、李奋飞:“刑事二审‘发回重审’制度之重构”,载《法学研究》2004年第1期。

客观事实为基础,经过严格的法定程序来确定。但是,长期以来,我国受专政司法理念和严厉打击犯罪的刑事政策的影响,科学严格的证据立法始终缺失,刑事司法实务对证据资格没有严格的限制,几乎所有证据都可以在司法中采用。通过这种证据采信程序认定的事实是令人忧虑的。近年来,出于对事实真相的追求,加之办案指标的压力等因素,刑讯逼供、违法取证现象在法律实务部门时有发生,杜培武、佘祥林以及更近的赵作海案等冤假错案的背后几乎都存在刑讯逼供和违法取证问题。这些教训表明,违法手段并没有为司法机关发现真相、认定事实发挥正向作用,司法实践亟须符合我国国情的证据规则来引导审理程序认定事实。

四、对二审程序事实认定问题的完善构想

上述二审程序在事实问题审理方式存在的问题,众多论者已进行了充分研究和论述,此处无须赘述,更需要思考的是如何完善我国刑事二审程序对事实认定的审理问题。二审程序对事实的审理模式的完善并不是一个孤立的问题,而是关系到一国所接纳与推行的刑事诉讼的价值与目的,关系到在该国法律体系中上诉程序的职能与定位,也关系到事实认定的审理方式与上诉程序的功能之间的协调,甚至关系到探讨刑事二审程序时是否应关注事实认定这一问题。但是,鉴于前述比较研究表明在上诉程序中继续查明案件事实并不是我国刑事诉讼程序的独有目标,实践中基于事实认定争议而进行的二审程序并不罕见,我国二审法院普遍采取书面的、单方面的审理方式却无助于查明案件事实,本文认为在当前条件下有必要从完善程序的角度对二审程序事实认定问题提出建议:

第一,二审程序在认定事实问题上必须强化开庭审理意识。

二审程序以开庭方式审理案件,听取证人、鉴定人的当庭陈述,听取控辩双方就案件证据问题所做的质证和辩论,无疑会大大提高二审法院发现和纠正一审裁判错误的能力,对于维护程序正义价值和实现实体公正目标都会具有明显的积极效果。前述比较研究也表明,两大法系主要国家的二审程序一般采取开庭审理方式,即使二审程序属于终审程序也是如此。我国刑事二审程序走向开庭并且是具有实质意义的开庭必须解决好几个先决问题:首先,立法规定过于模糊,且容易引导法庭作出以不开庭审理为优先考虑的选择;其次,“大量的案件和紧迫的审限压力让法官不得不主动选择对二审上诉案件进行书面审理”;[①]最后,一审卷宗的庭前移送以及书面化的开庭使得庭审过程流于形式,名存实亡。

① 江伟:“刑事二审上诉案件审理程序的困境与出路——对二审上诉案件开庭审理的反思”,载项明主编:《刑事二审程序难题与应对》,法律出版社2008年版,第196页。

所以,我国有必要在借鉴域外二审程序立法,立足本国国情,修补现行立法关于开庭审理的缺陷,严格明确二审开庭审理的具体情形。实践中,在这种背景下,即便二审案件全部开庭审理,很可能流于形式,其效果也未必能好于目前的书面审理。所以,可以立法上对刑事二审案件适当分流,对开庭审理案件作出具体严格的规定;修订庭前移送卷宗的案件审查方式。此外,对于仅对量刑提出异议、不涉及事实问题的上、抗诉案件,可以书面审理;要求当事人明确上、抗诉理由,对于基于事实不清、认定事实有误而上诉的,必须开庭审理。

第二,实施并不断完善证据规则。刑事审判程序中的案件法律是由证据支撑的法律事实。法律事实的重构建立在刑事程序及其价值对发现案件事实的制约之基础上。正如有论者所言,刑事程序就像河流的两岸,时时制约着流淌在其中的证据和事实。① 为此,许多国家制定了证据规则,以保证证据的可靠性,尽量减少认定事实错误,保障裁判者正确认定案件事实。长期以来,我国科学严格的证据立法缺失,几乎所有证据都可以在司法中采用。这种现状严重影响了审判程序对事实的准确认定。值得欣慰的是,2010 年 7 月 1 日起实施的《关于办理死刑案件审查判断证据若干问题的规定》和《关于办理刑事案件排除非法证据若干问题的规定》,对于排除非法证据做出带有里程碑意义的规定,有助于为司法实践树立方向,指引证据的判断和采信。以证人出庭为例,我国一审、二审程序中证人出庭率都相当低,目前,二审案件即便开庭审理也主要是通过一审程序使用的侦查卷宗认定事实。上下级法院的法官面对相同的侦查卷宗作为判断事实的证据,最终认定的结果差别能有多大?根据前述证据规定,如果人民检察院、被告人及其辩护人对证人证言有异议,该证人证言对定罪量刑有重大影响,各审理程序中的法院应当通知证人作证,经依法通知不出庭作证证人的书面证言经质证无法确认的,不能作为定案的根据。② 这类证据规则将有助于增强开庭审理的实质意义。

第三,对发回重审进行适当限制。发回重审是否必然有助于发现案件事实值得探讨。二审程序对于事实不清证据不足的案件可以发回重审。对于发回重审的案件,重新组成的合议庭由于要顾及本法院其他法官乃至当地有关机关的意见,在既缺乏独立司法的历史传统,又缺乏保障司法独立的制度基础的前提下,即使审判组织经过重新审理,得出的结论与原审判组织的结论不一致,也未必愿意或者敢于作出不同的判决。③ 因而,通过发回重审来纠正原审裁判中的

---

① 锁正杰:“刑事程序的法哲学要义”,中国政法大学 2000 年博士论文。

② 《关于办理死刑案件审查判断证据若干问题的规定》第 15 条。

③ 陈卫东、李奋飞:“刑事二审‘发回重审’制度之重构”,载《法学研究》2004 年第 1 期。

错误要面临更大的困难,难以实现第二审程序的纠错功能。而且,发回重审制度本身还与其他诸多刑事诉讼的原则相冲突,如对于事实不清、证据不足的案件不直接改判而是发回重审,有违背无罪推定原则之虞;发回重审后的上诉案件加重被告人处罚的又与上诉不加刑原则不协调。鉴于上述背景,有必要根据实证研究总结出不适宜发回重审认定事实的案件类型,对于在当地有重大影响的、广为媒体报道的、群众反响强烈的上诉、抗诉案件,可以考虑以上诉审法院审理查明事实为原则,以便有效回避原审法院面对的压力和负面影响,更好地接近客观事实。

量刑规范化改革视野中二审刑期改判

季凤建*

根据《刑事诉讼法》第 189 条的规定,刑事二审后的处理只有三种方式:维持原判、改判和发回重审。在所有改判的二审案件中,原判决认定事实正确且适用法律没有错误但量刑不当暨刑期改判,占了相当的比例。通过对过去三十年来二审情况统计的分析,可以得出二审案件数量呈上升、二审率呈下降、二审改判数量呈平稳、改判率呈下降趋势的结论,从中可以得出二审刑期改判数量、比率等方面的几个特点。但在量刑规范化改革视野下,二审刑期改判数量及刑期改判率将走向何方,尚不得而知。本文通过对一个模拟案例进行分析,并加以简要说明,以预测未来二审刑期改判的基本走向。

一、二审刑期改判

欲分析二审刑期改判的特点,必须首先对三十年来刑事二审案件数量及比率、各类判决数量及比率等情况进行回顾,并结合二审刑期改判数量、结果和理由比率等加以分析。

(一)刑事二审案件数量及二审率

1. 刑事二审案件数量。据统计,自 1980 年以来,全国法院审结的刑事二审案件数量总体上呈上升趋势(详情见附图一,第 147 页)。通过分析可以发现:(1)1980 年至 1997 年,全国法院刑事二审审结的案件数量除 1983 年和 1984 年两年因"严打"而大幅上升外,其他年份大都稳定保持在 5 万件左右,平均每年为 54,000 件;(2)1998 年至 2009 年,全国法院刑事二审审结的案件数量保持了急剧上升趋势,尤其是从 1998 年的七万件上升至 2001 年的近十万件,2009 年更

* 北京市延庆县人民法院刑庭书记员,刑法学博士

是超过了十万件,平均每年为91,000件。①

2.刑事二审率。据统计,自1980年以来,全国法院审结的二审案件与一审案件之比总体上呈现下降趋势(详情见附图二,第148页)。通过分析可以发现:(1)二审率历史最低点出现在1994年至1996年,这三年均在11%以下;(2)二审率历史最高点是在1980年;(3)1980年至1997年呈现下降趋势;(4)1998年至2009年总体上比较平稳,均保持在12%~16%之间,但呈小幅下降趋势。

(二)刑事二审各类判决数量及比率

1.刑事二审各类判决数量。与二审审结的案件数量类似,刑事二审案件各类判决也基本上保持了上升趋势(详情见附图三,第149页)。但总体上:(1)维持原判数量与审结的案件数量趋势的上升较为一致,而改判、发回重审及其他的数量保持得较为平稳;(2)维持原判案件年均数量,1980年至1997年为38,000件,1998年至2009年为66,000件,数量上悬殊较大;(3)年均改判数量,1980年至1997年为8800件,1998年至2009年为12,000件,相差不大;(4)发回重审数量,1980年至1997年为4100件,1998年至2009年为6500件,相差也不大;(5)其他,1980年至1997年为2700件,1998年至2009年为6500件,相差也不太大。

2.刑事二审各类判决比率。虽然在案件数量和判决数量上有一定的变化,但是在各类判决所占比例上,基本上保持了平稳态势(详情见附图四,第150页)。可以看出:(1)各类判决比例情况与案件数量、判决数量的变化基本上没有太大关系;(2)维持判决的比例长期保持在70%左右,年均维持原判比例1980年至1997年为71.1%,1998年至2009年为71.9%,几乎没有区别;(3)改判率呈下降趋势,1980年至1997年基本保持在15%以上,最高甚至超过21%,年均16.3%,而1998年至2009年基本上处于15%以下,最低甚至达到12%,年均为13.8%;(4)发回重审率常年保持在7%左右。

(三)二审改判结果及理由比率

1.二审改判结果比率。据统计,在所有改判案件中,加重被告人刑罚的比例约为5%,减轻被告人刑罚的比例约为68%,免罚、无罪及其他的比例约为27%。

2.二审改判理由比率。据统计,在所有改判案件中,适用法律有错误的比例为12%,量刑不当的比例为52%,事实不清楚或证据不足的比例约为9%,其他约为27%。

---

① 该种时期划分是以1996年《刑事诉讼法》、1997年《刑法》均生效适用的1998年为界:第一阶段1980年至1997年,适用1979年《刑法》和1980年《刑事诉讼法》;第二阶段1998年至2009年,适用1996年新《刑事诉讼法》和1997年新《刑法》。

(四)二审刑期改判的特点

通过以上对二审案件数据的回顾及分析,再结合其他数据,可以得出二审刑期改判的几个特点:

1. 在全部二审案件中,刑期改判的比例约为14%,占了相当的比例。计算公式为:(加重处罚比例5% +减轻处罚比例68%)×平均改判率19%。

2. 在刑期改判的所有被告人中,加重刑罚的比例(5%)明显低于减轻刑罚的比例(68%),后者是前者的近14倍。

3. 适用法律正确、事实清楚,但量刑不当占刑期改判原因比例一半(52%)以上。

4. 上诉二审减轻被告人刑罚比例高。由于上诉不加刑原则的限制,在所有刑期改判的二审案件中,上诉二审减轻被告人刑罚的比例达到了71%以上,而这占到了全部二审减轻被告人刑罚比例的99%左右。

5. 抗诉加重处罚比较偏高,减轻处罚比例偏低。在所有刑期改判的案件中,抗诉二审加重被告人刑罚的比例达到了65%以上,与此相反,抗诉二审减轻被告人刑罚的比例却只有约16%。

另外,既上诉又抗诉的比例太低,几乎不具有影响力。在全部二审案件中,既上诉又抗诉的比例特别低,连1%都不到,在整个统计分析中几乎不具有实质的影响力。

二、量刑规范化改革

量刑规范化改革已开始在全国进行试点,作为新中国刑事审判制度史上重大改革的步骤之一,它对刑事审判工作尤其是量刑的影响可谓是革命性的,因为它意味着以往由法官享有的在立法确定的、较为宽泛的幅度内量刑权力被严格限制,它也意味着全国的刑事审判量刑工作将适用统一的标准、步骤和程序,这为刑事二审在刑期改判上提供新的判断标准。量刑规范化改革的内容相当广泛,但与二审刑期改判的关系比较密切的主要有两点:一是检察机关决定是否抗诉有密切关系的量刑建议;二是一审、二审统一适用的量刑方法。

(一)检察机关的量刑建议

在量刑规范化改革中,检察机关主要参与方式就是量刑建议。根据2010年9月13日最高人民法院、最高人民检察院、公安部、国家安全部、司法部发布的《关于规范量刑程序若干问题的意见(试行)》第3条的规定,人民检察院的量刑建议一般应当具有一定的幅度,且一般应当载明人民检察院对被告人处以刑罚的种类、刑罚幅度、刑罚执行方式及理由和依据。一般而言,一审时检察机关的量刑建议主要是具体适用的刑罚幅度,而决定是否就量刑问题提起抗诉的主要因素是一审的量刑是否在量刑建议幅度范围内,即量刑是否畸轻畸重。

(二)人民法院的量刑方法

根据2010年9月13日最高人民法院发布的《人民法院量刑指导意见(试行)》(以下简称《量刑指导意见》)第2条第1款的规定,量刑的基本步骤是先根据法定刑幅度确定量刑起点,再根据犯罪事实确定基准刑,最后再根据量刑情节确定宣告刑。

由于量刑起点的最低点不能低于相应法定刑法定最低值,且《量刑指导意见》第4条对常见的15种犯罪关于量刑起点的幅度规定比较小,故在具体案件中量刑起点较为确定;而在具体案件中基本犯罪构成事实之外的犯罪数额、犯罪次数、犯罪后果等犯罪事实较为明确,故在量刑起点的基础上增加刑罚量而确定的基准刑也较为确定;而《量刑指导意见》第3条又对常见的14种量刑情节的调节幅度作了较为明确的规定,量刑情节对基准刑的调节结果也较为明确;再加上《量刑指导意见》第2条第3款第4项只对审判员或合议庭再调整幅度最高只规定10%,故实际上宣告刑的范围也较为确定。

三、量刑规范化改革视野中二审刑期改判:案例与分析

(一)模拟案例

王某因琐事殴打李某,造成李某重伤的后果(未致残),后王某自首。

公诉机关的量刑建议为:3年以上4年以下有期徒刑。理由是:《刑法》第234条第2款关于故意伤害罪(重伤)的刑期规定为3年以上10年以下有期徒刑,故最低刑为3年有期徒刑;虽然被告人自首情节,但只能从轻处罚,不能减轻处罚。

被告人及辩护人的量刑意见为3年以下有期徒刑或缓刑。理由是:虽然刑法第234条第2款关于故意伤害罪(重伤)的刑期规定为3年以上10年以下有期徒刑,但被害人未致残,且被告人具有自首情节,可减轻处罚。

(二)假设

假设一:超出公诉机关量刑建议的量刑结果引发抗诉。由于量刑建议对一审的量刑作了一定程度的限制,若一审的量刑在量刑建议范围之外,如本案最终确定的量刑结果为2年有期徒刑或5年有期徒刑,则公诉机关会因为量刑畸轻畸重而抗诉(详情见表一情形1、4)。作此假设的理由是:前文数据分析已经表明抗诉二审改判加重被告人刑罚比例较高,但减轻被告人刑罚也有一定比例。

假设二:高于被告人及辩护人量刑意见的量刑结果引发上诉。由于量刑意见反映了被告人对量刑的预期,超出这一预期,尤其是大大高于预期,如本案最

终确定的量刑结果为 4 年有期徒刑,则会引发被告人对量刑的上诉(详情见表一情形 1、2)。作此假设的理由是:前文数据分析已经表明上诉二审改判减轻被告人刑罚比例较高。

假设三:若量刑结果既在公诉机关量刑建议范围内,也符合被告人量刑意见,则被告人不上诉、公诉机关也不抗诉(详情见表一情形 3)。

表一

<table>
<tr><th colspan="2"></th><th>最高刑期</th><th>最低刑期</th><th>被告人</th><th>公诉机关</th></tr>
<tr><td colspan="2">立法</td><td>120 个月</td><td></td><td colspan="2" rowspan="4"></td></tr>
<tr><td colspan="2">公诉机关量刑建议</td><td>48 个月</td><td>36 个月</td></tr>
<tr><td colspan="2">被告人量刑意见</td><td>36 个月</td><td></td></tr>
<tr><td colspan="2">共同区间</td><td>36 个月</td><td>36 个月</td></tr>
<tr><td rowspan="4">假设一审量刑范围</td><td>情形 1</td><td>120 个月</td><td>48 个月</td><td>上诉</td><td>抗诉</td></tr>
<tr><td>情形 2</td><td>48 个月</td><td>36 个月</td><td>上诉</td><td>不抗诉</td></tr>
<tr><td>情形 3</td><td>36 个月</td><td>36 个月</td><td>不上诉</td><td>不抗诉</td></tr>
<tr><td>情形 4</td><td>36 个月</td><td></td><td>不上诉</td><td>抗诉</td></tr>
</table>

(三)量刑规范化视野下的一审量刑及特点

量刑规范化视野下,一审量刑的方法及具体步骤为:①

首先,根据《量刑指导意见》第 4 条第 2 款第 1 项之 2 的规定,确定量刑起点:最高为 4 年、最低为 3 年。

其次,根据《量刑指导意见》第 4 条第 2 款第 2 项的规定,确定基准刑:由于本案中无基本犯罪构成事实以外能增加刑罚量的其他犯罪事实,故基准刑最高亦为 4 年,最低为 3 年。

最后,根据《量刑指导意见》第 3 条第 4 款关于自首情节的规定确定可以减少基准刑 40% 以下,又根据第 2 条第 3 款规定确定宣告刑:(1)王某可能判处的最高刑为 4 年 ×(1 -0%)×(1 +10%)=4 年 5 个月(即自首情节不减少基准刑,且审判员或合议庭再调整 10%),由于在法定刑幅度内,可以直接作为宣告刑;(2)王某可能判处的最低刑为 3 年 ×(1 -40%)×(1 -10%)=1 年 7 个月(即自首情节减少基准刑的幅度为最大,且审判员或合议庭再调低 10%),由于自首是可以从轻或减轻处罚的情节,这一调节结果虽在法定刑(3 年有期徒刑)

① 为了更好的演示本问题,本部分内容的分析分别包含了最高值、最低值,而与审判实践中取确定值的做法有所不同。

以下,但可以作为宣告刑。

以上根据《量刑指导意见》进行本案量刑的过程表明:王某的量刑结果可以在1年7个月至4年5个月之间这一量刑幅度范围内,但不能低于或高于这一量刑幅度。

而如果再根据各个省确定的实施细则,这个范围可能还会有所变化,如根据《江苏省高级人民法院〈人民法院量刑指导意见(试行)〉实施细则》第2条、第3条第2款第10项、第4条第2款第2项的规定,[①]这个量刑幅度则变化为1年11个月至3年4个月。

可见,量刑规范化视野下的一审量刑具有以下特点:

第一,在事实清楚的情况下,一审法院若严格按照《量刑指导意见》的规定,可以计算出一个最高宣告刑,也可以计算出一个最低宣告刑,这是根据《量刑指导意见》对一审量刑的幅度限制。

第二,决定量刑幅度的变量共有四个,分别是:量刑起点、基准刑、量刑情节加重或减轻比例、审判员或合议庭的再调解幅度。各省的《实施细则》可能对这四个变量的范围作进一步的限制。

第三,与以往宽泛的立法量刑幅度比(本案为最高刑为10年有期徒刑,最低刑可减轻至管制),根据《量刑指导意见》计算的最高宣告刑与最低宣告刑之间的差距一般不太大,《量刑指导意见》对一审的量刑有相当程度的限制,如果结合各省的《实施细则》,限制将更加严格。

第四,一审的量刑有时很难找到根据《量刑指导意见》得出的量刑幅度、公诉机关的量刑建议、被告人的量刑意见三者最佳结合点(详情参见表二),从而避免上诉和抗诉。本案中有期徒刑3年有期徒刑则是唯一的结合点。

第五,由于量刑起点、基准刑、量刑情节加重或减轻比例、审判员或合议庭的再调解幅度不同,一审量刑及结果可以分为四种情形(以本案为例):情形1是4年以上4年5个月以下有期徒刑,比如4年2个月有期徒刑,被告人会上诉且公诉机关会抗诉;情形2是3年以上4年以下有期徒刑,比如为3年6个月有期徒刑,被告人上诉但公诉机关不抗诉;情形3是3年有期徒刑,被告人会不上诉且公诉机关不抗诉;情形4是3年有期徒刑以下,比如为2年,被告人不上诉但公诉机关抗诉。

---

① 量刑起点为3年有期徒刑,基准刑亦为3年有期徒刑。

表二

		最高刑期	最低刑期
立　法		120 个月	
公诉机关量刑建议		48 个月	36 个月
被告人量刑意见		36 个月	
量刑规范化	一审	53 个月	19 个月
	二审	53 个月	19 个月
	江苏省	40 个月	23 个月
共同区间		36 个月	36 个月

(四)量刑规范化视野下的二审刑期改判

第一,若未改变一审认定的事实,二审也需严格根据《量刑指导意见》的规定计算最高刑期和最低刑期则,由于过程与结果完全一致,二审也不能超出 1 年 7 个月至 4 年 5 个月的幅度量刑(详情参见表二),江苏省的二审也不能超出为 1 年 11 个月至 3 年 4 个月这一幅度量刑。

第二,二审导致这一量刑幅度变化的也与四个变量有关:量刑起点、基准刑、量刑情节加重或减轻比例、审判员或合议庭的再调解幅度,这一点与一审完全一致。

第三,由于一审、二审根据《量刑指导意见》量刑幅度完全相同,故二审也不能超出这一幅度对刑期进行改判,同时二审刑期改判幅度还将有进一步被限制(详情见表三),即最高刑期和最低刑期还将会根据不同的一审量刑结果不同而有所变化。

第四,对上诉二审案件,减轻被告人的刑罚不能低于《量刑指导意见》规定的最低刑期,但又不得高于一审确定的刑期,刑期改判的最大范围为 3 年以上 3 年 6 个月以下有期徒刑(详情参见表三情形 2)。

第五,对抗诉二审案件,加重被告人的刑罚不能高于《量刑指导意见》规定的最高刑期,但不得低于一审确定的刑期,即二审改判最大范围为 2 年以上 4 年以下有期徒刑(详情参见表三情形 4)。

第六,在一审刑期确定情况下,二审刑期改判无论是加重被告人的刑罚(表三情形 4),还是减轻被告人的刑罚(表三情形 2),其范围都将进一步被限制,即二审刑期改判的范围非常有限。

第七,虽然既上诉又抗诉的案件(表三情形 1)中二审刑期改判的量刑范围没有变化,但此类案件的比率如前文所述不到 1%。

综合以上分析情况，可以得出以下结论：在量刑规范化改革视野下，二审刑期改判受到了严格的限制。

表三

量刑规范化		一审量刑		二审理由	二审刑期改判	
最高刑期	最低刑期				最高刑期	最低刑期
53个月	48个月	情形1	50个月	上诉、抗诉	53个月	19个月
48个月	36个月	情形2	42个月	上诉	42个月	36个月
36个月	36个月	情形3	36个月	无二审		
36个月	19个月	情形4	24个月	抗诉	48个月	24个月

四、量刑规范化改革视野中二审刑期改判：预测

通过案例的引入，以及对量刑规范化改革中一审量刑、二审刑期改判情况的分析，我们可以从推测出量刑规范化情况下二审刑期改判的几点走向：

（一）上诉、抗诉率并不一定上升，二审案件的数量及比例将继续下降

与以往的量刑过程比，量刑规范化改革的一些具体步骤，使量刑更加趋向公开与公正：首先，独立量刑阶段的存在，使量刑情节的认定更加公开化；其次，对量刑起点、基准刑、量刑情节以及审判员或合议庭再调整这四个变量的量化规定，使一审量刑、二审刑期改判的范围得到了极大确定；最后，裁判文书的说理性的增强能够规范法官量刑裁量权的范围，对公诉机关及被告人更具有说服力。由此必然导致一审服判率高。虽然有上诉不加刑原则的保障，但上诉率并不一定会上升（表三情形1、2）；虽然抗诉加重被告人刑罚的比率高，但抗诉率也不会上升（表三情形1、4）。这必将进一步从总体上降低二审案件的数量，二审率随之必然降低。量刑规范化视野下，二审案件数量及比率均会呈现下降趋势。

（二）二审刑期改判数量大幅下降，但改判率不一定下降

量刑规范化视角下，二审刑期改判受到严格限制，再加上二审案件数量上的下降，二审刑期改判数量肯定呈下降趋势。在此种情况下，二审刑期改判率的走向就存在多种可能性：第一种有可能是因二审案件数量下降过于急剧而导致二审改判率升高，如改革前一审案件数量1000件、二审数量100件、二审刑期改判14件，改革后一审案件数量1100件、二审10件、二审刑期改判4件，从绝对数字上，二审数量、二审刑期改判数量都有大幅下降，但刑期改判比率却急剧上升（详情见表四情形1）；第二种可能因二审刑期改判数量急剧下降，而使改判率平稳下降，如改革前一审案件数量1000件、二审数量100件、二审刑期改判14件，改

革后一审案件数量1100件、二审数量10件、二审刑期改判1件,虽然二审案件数量下降较多,但由于二审刑期改判数量急剧下降,但二审刑期改判率平稳下降(详情见表四情形2);第三种可能性是二审数量、二审改判数量、二审刑期改判比例都呈现一边倒的下降趋势,如当前报道挺多的某些地区“零上诉、零抗诉、零改判”的现象(详情见表四情形3)。因此,可能需要再进行长期的观察,才能预测二审刑期改判率的趋势。

表四

		一审数量	二审数量	刑期改判数量	刑期改判率
改革前		1000	100	14	14%
改革后	情形1	1100	10	4	40%
	情形2	1100	10	1	10%
	情形3	1100	0	0	0

(三)刑期改判减轻刑罚的绝对数量可能下降,比例也会下降,上诉减轻刑罚比例将下降,抗诉加重刑罚比例将上升

量刑规范化视角下,以往加重被告人刑罚大大低于减轻被告人刑罚的比例可能会有所变化,原因在于:虽然有上诉不加刑原则的限制,但由于二审刑期改判受到了严格限制(表三情形2,改判的最高刑期为42个月,最低刑期为36个月,刑期改判的幅度最大仅仅是6个月),故二审改判中减轻被告人刑罚的比例可能会大幅下降;而由于抗诉的改判幅度较大(表三情形4,改判的最高刑期为48个月,改判的最低刑期为24个月,刑期改判的幅度最大为24个月),故公诉机关抗诉量刑畸轻而加重被告人刑罚的比例可能会有所上升。虽然加重刑罚的比例短期内很难超过减轻刑罚的比例,但两者之间的对比关系可能会发生变化。上诉二审减轻被告人刑罚的比例将下降,抗诉二审加重被告人刑罚的比例将上升。

(四)二审刑期改判在全部改判案件中的地位可能有所变化

由于刑期改判绝对数量的下降,二审因量刑不当的改判在全部改判案件中的比例可能有所下降,相应的适用法律错误、事实不清楚或证据不足的比例可能有所上升,以往量刑不当刑期改判占一半以上比率的现象可能会有所改观,即二审刑期改判在改判案件中的地位将降低。

五、结论

通过以上分析及预测,我们可以得出以下结论:

1. 量刑规范化改革视角下,决定二审刑期改判的变量有四个:量刑起点、基准刑、量刑情节加重或减轻比例、审判员或合议庭的再调解幅度。这与一审量刑是完全一致的,一审、二审量刑趋同。

2. 量刑规范化视角下,对四个变量的量化规定,使二审刑期改判受到严格的限制。各省对四个变量更加严格的量化规定,将大大限制二审刑期改判的范围。虽然笔者尚未能收集到各省的试点数据,但从多个地区"零上诉、零抗诉、零改判"新闻报道中所反映的情况看,可以得出量刑规范化可能导致二审刑期改判发生重大变化的结论。

3. 量刑规范化改革视角下,二审刑期改判受到的严格限制必然导致刑期改判率降低、减轻刑罚率降低,这实际上会在上诉不加刑原则外增加一个新的二审刑期改判原则:二审不能随意减轻刑罚。

附：

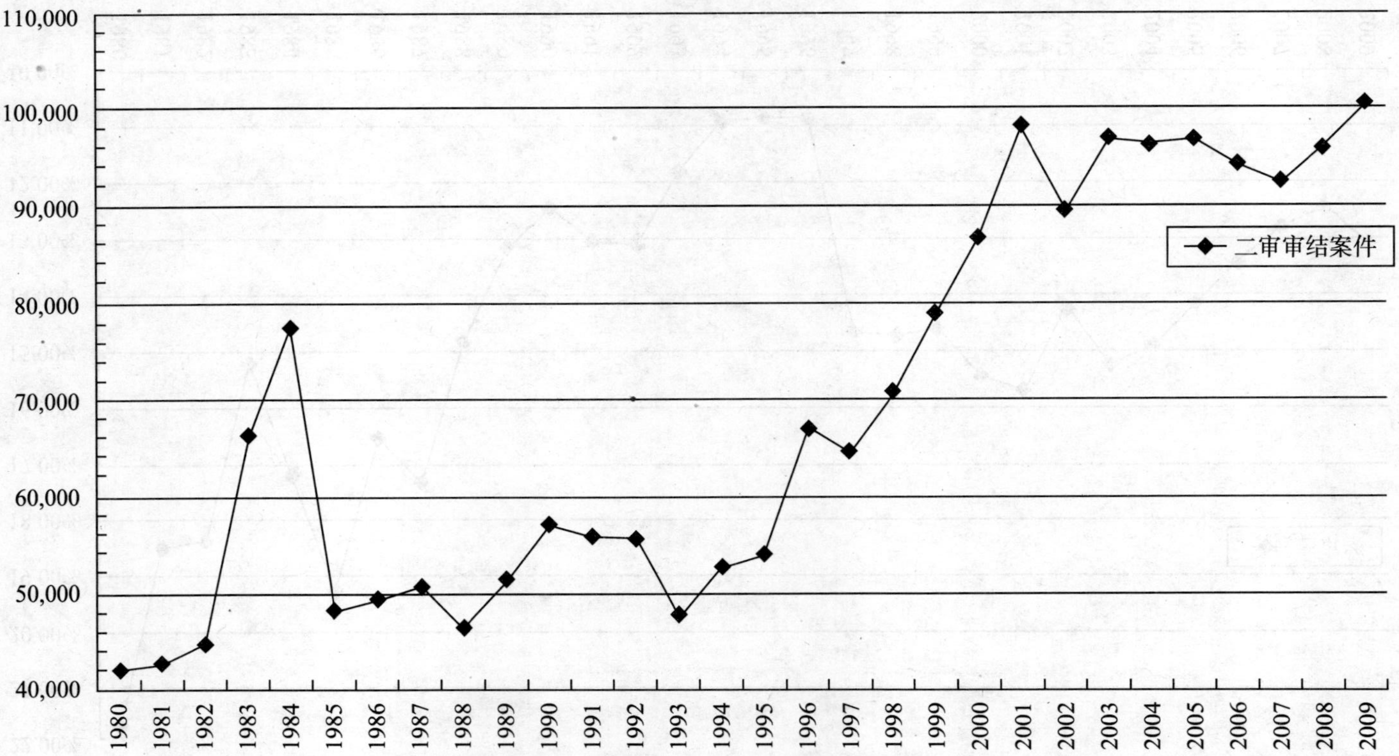

图一　全国法院审结二审案件数量(1980～2009年)

数据来源:《中国法律年鉴》、《最高人民法院公报》、《全国法院司法统计资料汇编(刑事部分):1949～1998年》(下同,不再说明)。

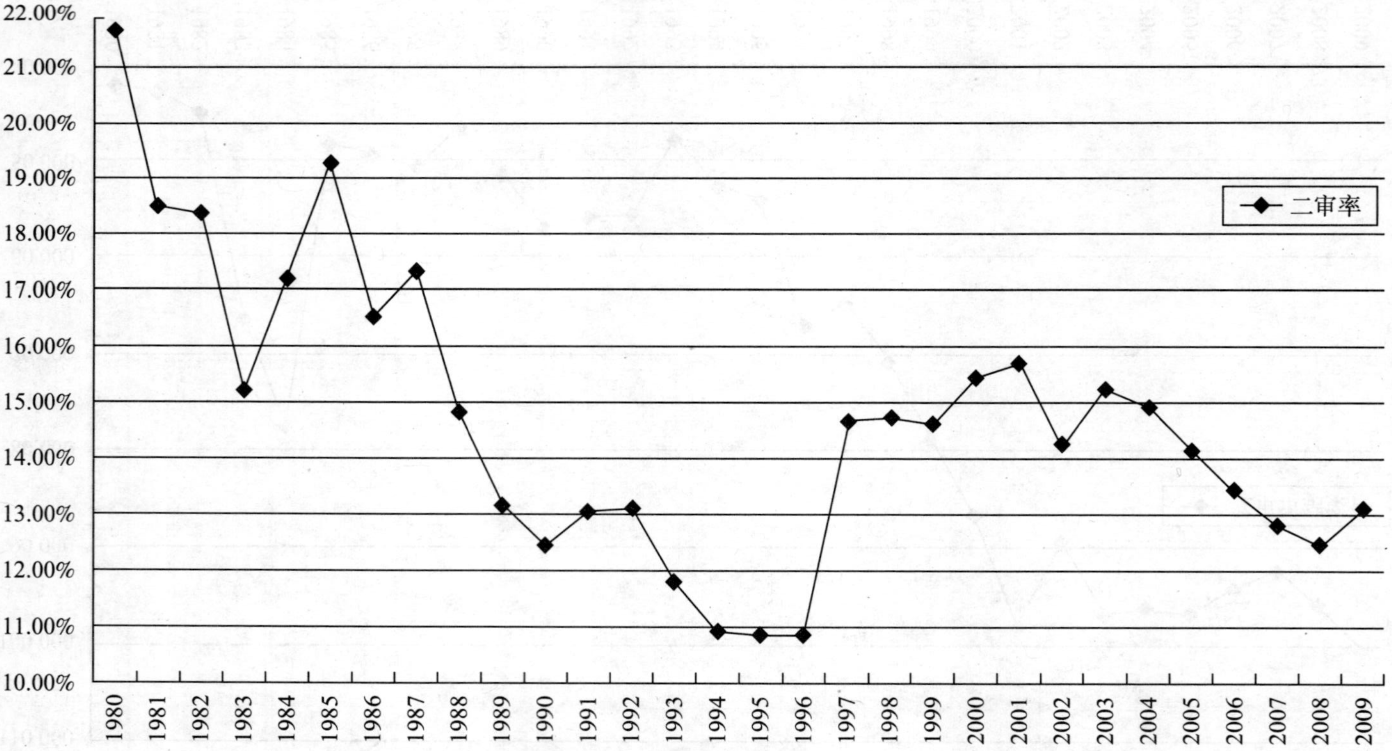

图二　全国法院二审率(1980～2009 年)

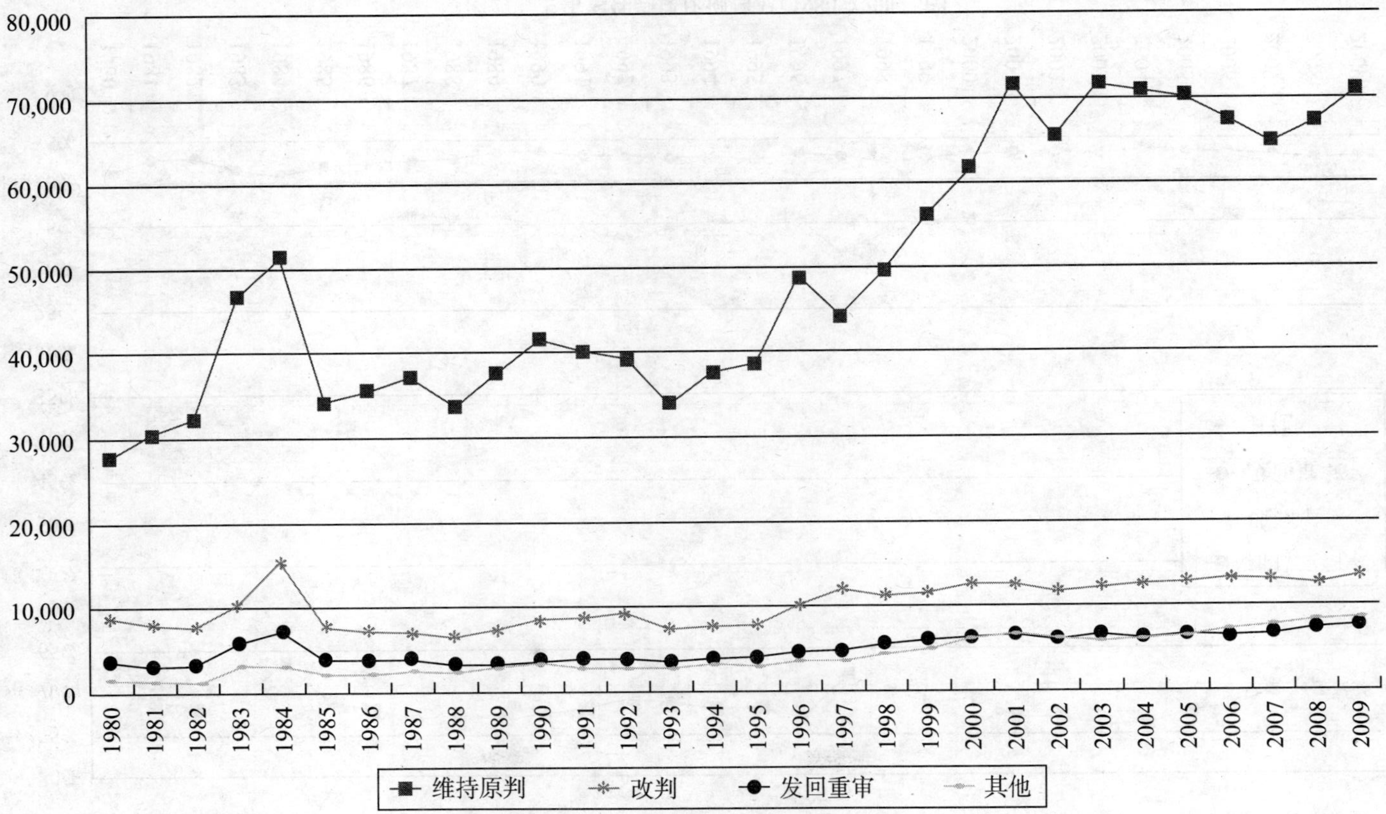

图三 全国法院二审案件判决情况(1980～2009年)

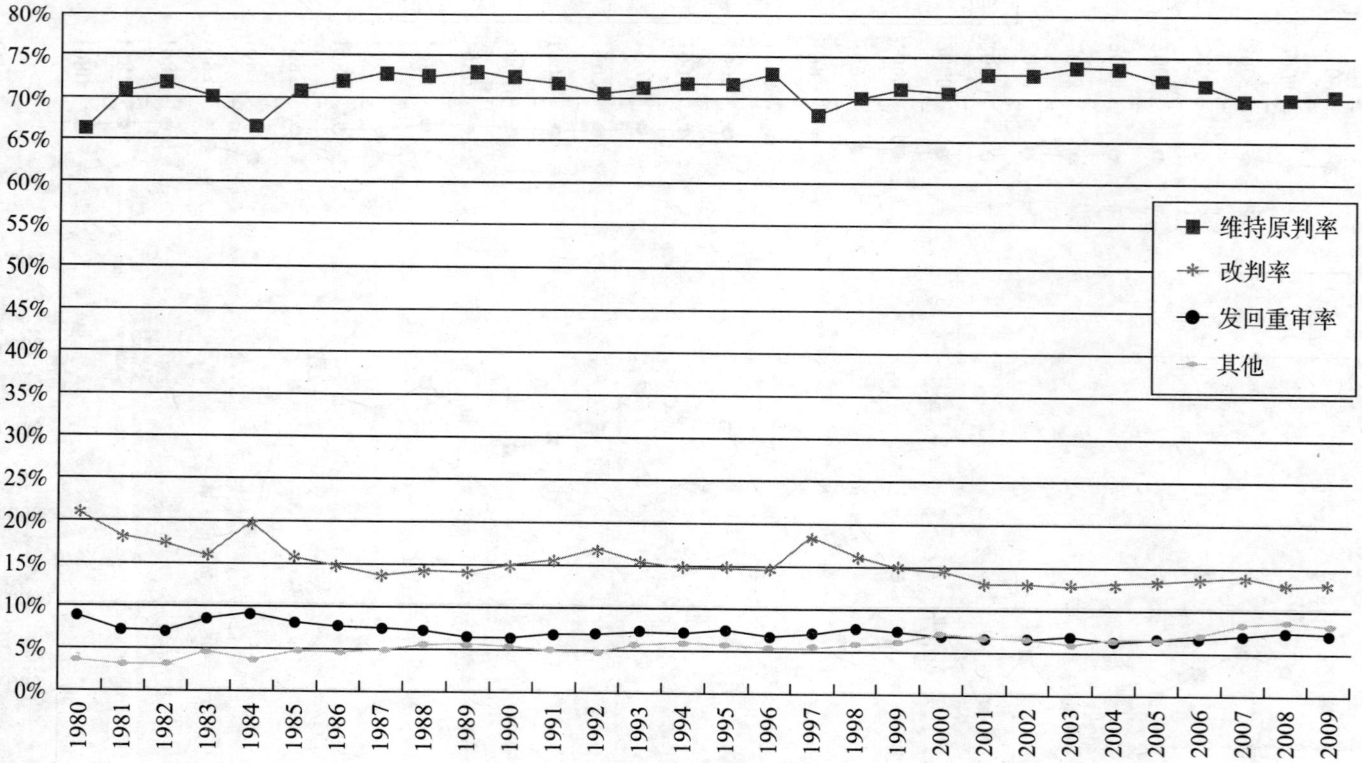

图四　二审案件判决比例情况(1980～2009 年)

我国刑事审级制度的功能考辨与变迁改良

林喜芬*

一、何以洗冤、如何救济:刑事审级制度的法治意义

迄今为止,人类仍然无法脱离"刑事司法"这种社会治理机制,更没能发展到可以完全避免错误的历史时代,甚至必要时,还不得不选择非常残酷的死刑装置。然而,依赖刑事制裁的法域,尤其是"依赖死刑的法域,不可避免地要滥杀无辜。因为要在任何时候,对任何事情都做到完美无缺是不可能的。"①这无疑正是我们对待司法错误的困境之所在——面对它、痛恨它,却又无法避免它,还不得不做出救济它的努力、行动与选择。

"辩冤白谤为第一天理",②但在"后"司法错误阶段,"如何纠错、如何洗冤也乃第一疑难"。真凶发现了,李秀武、石东玉、杨文礼、杜培武、覃俊虎、黄亚全、李久明等昔日的"罪犯"昭雪了;被害人复活了,佘祥林、滕兴善等曾经的"被告"洗冤了。这种真凶发现和死者复活的司法逻辑显然不是纠错和洗冤的最佳方式,甚至是最让人痛惜的方式,不仅其中一些冤狱受害者(如滕兴善)已永远无法复苏于错误运作的司法刀刃之下,而且某些冤案的雪洗还必须经过一些非常规的操作,得到一些神秘人的襄助才能得以实现。③

这不禁让我们质疑,难道错误的司法裁决发生之后就没有相应的纠错救济机制予以规制吗?答案显然是否定的。一方面,从诉讼法理的角度讲,错误判决的监督与纠正乃是刑事诉讼的重要价值目标之一。由于法院判决犹如司法层面

* 上海交通大学法学院讲师,法学博士

① 高一飞:"美国:126 名被错判的死刑犯",载 http://www.xslx.com/htm/mzfz/fzsz/2007-12-29-22383.htm,2010 年 8 月 7 日访问。

② 贺卫方:"辩冤白谤的机制",载《南方周末》2007 年 11 月 7 日。

③ 佚名:"神秘人暗中相助　河北聂树斌被冤杀案已申诉",载《南方周末》2007 年 11 月 1 日。

的"法",因此纠正司法误判具有维护法制尊严、保障当事人利益的意义。日本法学家松尾浩也曾指出,"在刑事程序的各个阶段,从基本问题到派生问题都进行许多裁判,如果在审判的内容或程序上存在违法或者不当时,必须对此加以纠正"。[①] 另一方面,从比较法的角度讲,针对刑事错误裁决,各国一般是依靠审级救济程序予以纠正的,同时以再审救济程序为辅助。[②] 在我国,也建立了以二审终审制为核心的刑事审级救济制度。它不仅延续了中国讲求实体真实主义的制度特色,同时还充分吸收、借鉴了现代西方刑事上诉审救济机制的制度经验。在死刑审判方面,还在二审终审制的基础上构建了死刑复核制度,即对死刑的二审裁判,必须报请最高人民法院或高级人民法院核准,才能生效。鉴于死刑复核程序是下级审判结束之后的必经程序环节,并具有一定的纠错功能,因此,虽然它具有很强的行政性特色,但仍然隶属于广义上的审级救济制度。另外,除了审级救济机制,裁判发生法律效力后,如果发现确有错误,还可通过再审程序加以纠正。

近年来,尽管上诉率的下降趋势表明我国一审裁判的质量在整体上趋于变好,上诉维持率的下降趋势表明我国上级法院的纠错救济在整体上趋于能动。但是,随着我国冤错案件的频繁发生,尤其是面对诸如真凶发现或死者复活之类的偶然性纠错,审级救济机制显现出一定的制度无奈和尴尬。作为非常救济程序的再审也承受着很大救济压力,甚至导致相当一部分关于司法错误的申诉救济潮涌向非常规性的司法外救济机制——信访。[③] 由此,一时间,通过审级救济机制之改革来实现其在司法纠错方面的功能成为众望所归。然而,笔者认为,在转型中国的语境下,虽然通过改良我国刑事审级制度能够更大限度地纠正司法冤案,但是,这将受到我国特有的制度环境和社会条件的限制,不仅如此,"纠错功能"也并非是现代刑事审级救济制度的全部内涵。为此,笔者将在本文中首先对近年来中国语境中关于刑事审级制度改革的学术话语进行一番梳理和分析,指出在西方中心主义思潮的渲染下,经由中国学术话语的"共谋",西方审级救

① [日]松尾浩也:《日本刑事诉讼法》(下),张凌译,中国人民大学出版社 2005 年版,第 282 页。

② 针对裁判的救济程序,一般包括普通救济程序和非常救济程序两种。所谓普通救济程序,又称为上诉审程序,是指下级审判决作出之后,受到不利审判的一方当事人,针对判决结果向上一层级审判机关提出不服,并要求变更或撤销原裁判的诉讼活动。参见陈瑞华:"对两审终审制的反思:从刑事诉讼角度的分析",载《法学》1999 年第 12 期。所谓非常救济程序是指,判决生效后,根据各种再审事由或者发现"审判违反法令",分别启动再审或者非常上告程序。非常救济中的"非常",就是要动摇已经发生法律效力的、已经"确定"的判决。参见[日]松尾浩也:《日本刑事诉讼法》(下),张凌译,中国人民大学出版社 2005 年版,第 282 页。虽然各国或各法域在制度设计上存在一定的差别,但各国或各法域基本上都遵循了这种普通救济与非常救济的两分法。

③ 参见陈柏峰:"缠讼、信访与新中国法律传统",载《中外法学》2004 年第 2 期。

济制度正以一种改革样本的方式侵袭中国并成为司法改革的主流呼声。然而，经由反思，现代西方主流的刑事审级制度不仅在设置机理上存在张扬其他法律价值以平衡真实发现价值的理念趋势，而且，还存在英美与欧陆在制度模型上的文化之别。再加上，本土制度环境与社会条件的固有限制，借鉴西方审级制度经验的改革取向也许符合我国审级制度的整体制度变迁路径，但未必能够最大限度地满足纠正司法错误[①]的现实需求。因此，在我国当前，传统信访机制的改造和配套机制的改良对于刑事司法错误的纠正与救济也非常关键。

二、刑事审级制度的纠错功能之预设：一个西方式神话

（一）从经验到话语：西方审级制度的中国"旅行"

在中国古代，针对如何纠错主要实行的是逐级转审制。如在清朝，"从州县至按察司而督抚，最后达于中央刑部，逐级向上呈报。每一级别并非'例行公事'，而是比照《大清律例》进行判拟"。[②] 这与现代西方两大法系盛行的审级救济制度存在本质性区别。所谓审级制度，"是指对一个刑事案件依法经过几级法院便应当终结，法院所做的裁判即发生法律效力"。[③] 根据现代审级制度的运行原理，普通救济程序以审级制度为终结；非常救济程序以审级制度为前提，即非常救济之启动必须在判决或裁定发生法律效力之后。而在我国古代，尽管一审作出了关于重大刑事案件的判决裁定，但该判决并无效力，还需要由上级法院来重新复查、处理，而且，上级之上还有上级。因此，这是一种行政科层式的复审程序，也就是说，这是一种建立在初审之上的重新审理程序。甚至有学者指出，这种制度设置的初衷并非在于纠错，而在于管理和监督下级官员。[④] 显然，这种缺少"终结"的逐级转审制是不符合现代社会产权明晰、权益确定之要求的。可以说，无论是新中国二审终审制的构建，还是审判监督程序的确立都是对审级制度理念的贯彻。

近年来，随着刑事司法改革的纵深发展，两审终审制的救济机制、死刑复核程序、再审程序开始受到学术界的质疑。[⑤] 应当承认，这些制度在建立之初和很长一段转型时期，是符合我国本土语境需求的，但在法治化与司法改革的浪潮中

---

① 主要是指错判无辜的事实错误，即刑事冤案。

② 林盛："晚清的'呼冤案'与逐级转审制"，载《浙江人大》2005 年第 7 期。

③ 左卫民、周长军：《刑事诉讼的理念》，法律出版社 1999 年版，第 157 页。

④ 苏力：《送法下乡：中国基层司法制度研究》，中国政法大学出版社 2000 年版。

⑤ 陈瑞华："对两审终审制的反思：从刑事诉讼角度的分析"，载《法学》1999 年第 12 期。陈永生："对我国死刑复核程序之检讨：以中国古代及国外的死刑救济制度为视角"，载《比较法研究》2004 年第 4 期。

也暴露出种种弊端,致使“公正与效率”两败俱伤。具体表现为:其一,两审终审制的流于形式;其二,死刑复核程序的名存实亡;其三,再审程序的功能扩张。① 尤其是面对多起刑事冤错案件,批评的话语更是愈演愈烈。② 为此,理论界纷纷从审级制度变革的角度来阐述和求索化解刑事司法错误的良药。当然,这也确实符合审级制度的基本原理,如我国台湾地区学者林钰雄所指出的,“审级制度之目的,在于求取审判结果之正确与适当。借由审级制度之运作,上级审得以撤销、纠正下级审法院违法或不当之审判,减少下级审法院擅断、误判的机会,并进而保障被告之诉讼权利”。③ 也由此,在理论研究领域,上诉审的层级设定与职能分工开始成为学术界讨论的焦点。一时间,设立三审终审制的改革建议成为主流见解。二审实行事实审,既审查事实又审查法律,三审只对法律适用问题进行审查,但二审与三审的审查范围都只限于当事人上诉不服的部分。该改革建议具体包括两种:整体的三审终审制和有限的三审终审制。前者主张将三审终审制统一适用于全部刑事案件;④后者主张对下列案件实行三审终审:危害国家安全的犯罪;可能判处 15 年以上有期徒刑、无期徒刑、死刑的案件;一审判无罪,二审判有罪的案件;二审中的重大程序性违法案件。除此之外的其他案件实行两审终审。⑤ 在改革实践领域,现行审级救济制度的松动主要发生在死刑审判领域。鉴于实践中死刑案件上诉救济的虚置化与死刑复核程序的形同虚设,近年来,最高人民法院针对死刑复核权的重新配置与死刑案件的审理方式作出了一系列改革。就复核权的归属问题,最高人民法院最早于 2005 年 3 月 10 日宣布将上收死刑复核权,并在一系列精心准备之后于 2006 年 10 月 31 日通过对《人民法院组织法》的第 13 条作出修改,收回了原来授予高级人民法院行使的对部分死刑案件的复核权。⑥ 在程序运作方面,自 2006 年 1 月 1 日起,最高人民法院即通知各高级人民法院对因案件重要事实和证据问题提出上诉的死刑二审案件,一律开庭审理;2006 年下半年开始对所有死刑二审案件实行开庭审理。

客观地分析,理论界与实务界基本上是各执一词,各取所需。理论界认为死

---

① 陈卫东、李训虎:“公正、效率与审级制度改革”,载《政法论坛》2003 年第 5 期。

② 很多学者均指责,冤错案发生的一个主要原因在于二审没能起到监督与纠错的职责,实践中二审经常性地启动发回重审程序,使得二审的纠错功能基本落空,也滋生了诉讼程序的倒转。陈卫东:“‘佘祥林案’的程序法分析”,载《中外法学》2005 年第 5 期。

③ 林钰雄:《刑事诉讼法》,中国人民大学出版社 2005 年版,第 216 页。

④ 陈瑞华:《刑事诉讼的前沿问题》,中国人民大学出版社 2000 年版,第 475 页。

⑤ 陈卫东、李训虎:“公正、效率与审级制度改革”,载《政法论坛》2003 年第 5 期。

⑥ 对此,支持的学者们认为,死刑复核权收归最高人民法院,是中国司法变迁的一个颇具象征意义的符号。收回死刑复核权以后,最高人民法院可以更严格地把好证据关、事实关、法律关。袁烽、高松:“专家称死刑复核权收归最高法院可避冤假错案”,载《新京报》2005 年 11 月 13 日。

刑复核权的上收是权利话语的重要成果,实务界则认为这是一种既能尽力避免错案或误判,也能兼顾当前司法语境的重要成果。但无论如何,三审终审制的构想与死刑复核程序的实质化无疑是借鉴西方审级制度经验的结果或直接受了后者的影响。这是西方制度“经验”经由中国理论“话语”而在中国司法改革领域的一次“旅行”。

(二)还原话语:关于西方审级制度经验的反思

面对西方制度经验的冲击,我们的理论话语似乎并不应该毫不反思地予以仿效,在转型语境中,更应当秉持一种审慎的立场,对他域资源应进行深入的解读。其实,作为一种西方话语,刑事审级制度在司法纠错方面是有其固有限度的,甚至它的构建与设置也并不完全是旨在保障被追诉人上诉救济权利之实现。

1. 刑事审级制度的功能考辨:纠错抑或救济

长期以来,我国程序理论界在论证审级制度的原理与改革取向的时候,“纠错”被给予非常重要的地位,认为审级制度能够起到纠正前审法院在发现事实与适用法律方面的错误,①如有学者指出,“既然一审的错误是不可避免的,那么,再设计一审之上的复审程序以逐渐缩小误判的可能性,是保证正确解决案件的良好选择”。② 甚至,将维护司法的正确性视为审级制度最为重要的功能,如学者苗生明等认为,“刑事第二审程序的任务,是通过审理上诉、抗诉案件,对第一审人民法院作出的刑事判决或裁定所认定的事实、适用法律以及诉讼程序是否正确、合法进行全面审查,依法维持正确的判决或者裁定,纠正错误的判决或裁定,促使犯罪的人认罪伏法,保障无罪的人不受刑事追究,使刑事案件得到正确处理,从而保证刑法和刑事诉讼法得到正确实行”。③

但在笔者看来,现代刑事审级制度尽管在纠正司法错误、监督司法行为方面起着较大的作用,但该功能只是审级制度构建原理中的一个方面,甚至是其他制度功能(如维系权力自身合法化)的副产品。或言之,现代刑事审级制度的功能在于法律意义上的救济,而非事实意义上的纠错,尽管法律意义上的救济在很大程度上是围绕事实意义上的纠错展开的。也因此,现代刑事审级制度的构建原理基本在于以下三个方面:一是在司法救济与职能分工之间寻求适度的平衡。二是在司法救济与科层管理之间寻求相对的平衡。三是在司法救济与合法性认同之间寻求合理的平衡。也就是说,现代刑事审级制度有其自身的建构原理与

① 一般而言,学术界主要包括以下两种论证策略:一是单纯强调审级制度的纠错功能。二是将纠错功能与司法统一等其他功能并列论证。前者较少,后者居多。

② 章武生:《民事简易程序研究》,中国人民大学出版社2002年版,第225页。

③ 苗生明、赵永红:“检察机关办理刑事二审出庭案件的实证考察”,载《人民检察》2007年第10期。

运作逻辑,将纠正司法错误的希望全部寄托在审级制度身上,既不现实也不合理。

第一,通过"司法纠错"实现职能分工。一方面,从审级构建的原理而言,司法纠错不是不受限制的,因为司法资源不是无限的。"审级救济是降低裁判错误率、保障司法给付品质的重要制度,但审级救济同时也代表整体司法资源的消耗,对个案当事人来说则是司法给付的拖延,因此如何使其纠正错误的功能发挥得越高,而程序成本越低,才是制度合理化的目标,而不是无限制上诉。"①而且,通过上诉救济被纠正的误判也并非全然都是实质意义上的冤案。如据英国学者迈克尔·劳顿统计,在1989~1999年间英格兰和威尔士地区一审刑事判决作出后,被刑事上诉法院撤销原定罪而发回重审的案件共有8470起,平均每年770起;而一旦加上被刑事上诉法院维持原定罪而改变原量刑的案件,那么刑事误判的数量就扩大为32,359起,平均每年达2942起。上诉的改判率达到一个相对比较高的比例。但尽管如此,事实意义上的无辜者仍然是少数。② 另一方面,在司法实践中,也并非设置的审级层次越多、救济次数越多,纠错的可能性就越大。这乃是人类认知规律与决策模式所决定的。人类所有的认知活动都是在有限理性的指引下进行的。上一级审判机关在案件信息的获取上不仅没有任何优势,相反,因为诉讼活动是一项回溯性的认知活动,案件信息的提供主体在感知、记忆、表达等方面均会因为时间的流逝而渐趋模糊,同样的,也可能因为诉讼场景的流变而发生错位和冲突。因此,增加一次审级救济并不意味着认知信息的增加和对案情甄别的深入,以及审理裁断准确度的提升。

实际上,在纠错的同时,上诉审的级别设置也旨在维系一种上诉审各级别职能之间的有机分工。各国上诉审在各层级的制度功能上均有所分化,一般而言,级别越高的法院越重视对法律适用的统一性进行调整,而相对的,也就更放松对实体真实的发现。因此,纠正错误的功能也就相对减弱,而各国最高审级机关基本上只限于审查"法律问题",而排除对"事实问题"的考虑。③ 这也从反面证明了"事实意义上的纠错"并非审级救济制度的全部。而至于说设置几级审级,如何设定审级之间的分工则取决于各法域的具体语境,也与纠错的可能性与必然性并无必然联系。可以说,在现代社会,"审级"乃是一种主观但普适化的制度建构。

第二,通过"司法纠错"实现科层管理。从现实的角度讲,上诉机制和审级

---

① [美]波斯纳:《联邦法院:挑战与改革》,邓海平译,中国政法大学出版社2002年版,第329页。
② 刘品新:"当代英美刑事错案的实证研究",载《国家检察官学院学报》2007年第1期。
③ 傅郁林:"审级制度的构建原理",载《中国社会科学》2002年第4期。

制度乃是一种保障司法统一、贯彻司法政策的集权化监督机制。比较法学家夏皮罗就曾指出,"上诉本质上是中央对地方司法官员行使中央集权化的监督权力的一种方法"。① 一方面,由于存在上诉救济机制,一审法院或基层法院的审理及其司法行为便不能恣意妄为,而必须按照法律的规定与程序的要求进行,并在事实的认定与法律的适用等方面保持高度的审慎。这是一种潜在的或无形的科层式制度约束。当然,这也附带地对司法纠错起着促进作用。我国学者傅郁林对此指出,"上诉程序之所以能够纠正错误,不只因为上诉程序为当事人提供了多一次机会,更因为上诉程序存在本身就构成对一审程序的监督机制,从而减少了一审判决出现错误的几率。"②另一方面,事实的认定、法律的适用与程序的采行必然涉及司法机关的自由裁量。如果对案件的审理与裁定只存在于分散的基层法院中,而缺乏必备的保证集中审理的上诉机构来维持,则无论是对案件真实的把握,还是对法律规定(包括实体法律和程序法律)的理解,都不免陷入"无政府主义"状态。显然,这种七零八落的、琐碎式的法治最终将走向"非法治"或"反法治"。从历史的角度讲,"欧陆法系的模式是分散的一审法院由更中央集权化的上诉机构来监督。通过重新审理的方式来进行上诉活动很大程度上加强了中央集权化的上诉法院对分散的下属机构进行监督的权力"。③ 同样的,即使是在英美法系,一审的事实裁定完全诉诸陪审团,上诉审尤其是最高法院的上诉救济在法律统一与法院管理方面的制度功能也是截然不能忽视的。

第三,通过"司法纠错"实现合法性认同。诉讼机制是一种零和博弈,必然存在胜诉方和败诉方。"无论如何审理与判定,总会有一方不满。"因此,诉讼机制必须设计一系列有利于吸收败诉方不满、提升合法性认同的程序装置。审级救济就是其中比较重要的一种。"上诉权利的功能之一就是能为审判活动中的败诉方提供一个情感宣泄的出口以及相应的社会保护。因为上诉允许败诉方在抽象层面上继续主张自己的权利而不会攻击法律体系的合法性或者拒绝遵从审判法院。确定败诉方的不满意将导致进一步提出关于法律体系合法性的主张。上诉到更高一级法院是以承认它的合法性为前提的。"④这也在一定程度上证明审级制度的本质在于司法救济,而非在于司法纠错。由于事实意义上的司法错

① [美]夏皮罗:《法院:比较法上和政治学上的分析》,张生、李彤译,中国政法大学出版社 2005 年版,第 55 页。

② 傅郁林:"审级制度的构建原理",载《中国社会科学》2002 年第 4 期。

③ [美]夏皮罗:《法院:比较法上和政治学上的分析》,张生、李彤译,中国政法大学出版社 2005 年版,第 55 页。

④ [美]夏皮罗:《法院:比较法上和政治学上的分析》,张生、李彤译,中国政法大学出版社 2005 年版,第 68 ~ 69 页。

误很难分辨,因此,通过赋予被追诉人提起上诉救济的机会,实现司法治理的合法性权威才是现实方案。

2. 刑事审级制度的模型选择:英美抑或欧陆

在还原西方式改革话语的过程中,我们也必须注意到,西方制度经验乃是包含英美法系和欧陆法系等几大分支的综合体。即使同样是三审终审制也存在内在的区别。因此,即使是以司法错误的审级纠错为出发点的改革对案,也必须区分这些不同的制度经验:是英美法系的审级机制更有利于司法纠错呢,还是欧陆法系的更利于司法纠错?

在笔者看来,现代刑事审级制度的构建方式完全是一种"地方性知识"。不同国家的审级救济机制基本上都根基于各自的制度传统、司法语境以及诉讼文化。从制度构造的角度讲,西方语境中的上诉机制和审级制度主要存在英美式与欧陆式。而英美法系与欧陆法系审级制度的主要差异乃在于上诉中的事实认定问题。

根据英美法的原则,审判程序乃是整个刑事诉讼活动的中心。不仅侦查程序是为审判程序的顺利展开而服务的,即使上诉救济程序也仅仅是审判程序的补充。即"为了充实公判程序内涵以及支持公判程序进行之目的下,于公判程序进行之前发动侦查,与于公判程序之后采行上诉救济制度。"①具体而言,由于英美当事人主义诉讼程序乃是一种以纠纷解决为宗旨、依赖于当事人双方推动的程序类型,当事人的对抗与争辩被视为最有效的事实发现方法。② 换言之,在英美法语境中,对抗制不仅可以调动诉讼参与人的积极性,而且有利于和平地解决纠纷。再加上,英美法系有实行陪审团审理的传统,事实认定权交由陪审团掌管,并且,陪审团被认为是最好的事实发现者,代表上帝的声音。因此,设置上诉程序的目的主要在于否定审判程序中那些违反当事人主义基本原则的事实认定。一旦发现有违反正当程序要求的情况,实体裁判将被撤销。可以说,当事人主义诉讼模式下的上诉救济仅仅是对审判程序是否遵循当事人主义基本原则的一种监督,而非对案件事实的另一次甄别。如在美国,"联邦和各州都规定被告人享有上诉的权利。在多数州,重罪案件的被告人享有要求法院将案件自动提交上诉法院审查的权利。但是,上诉人不得就陪审团对事实问题作出的裁判提出上诉,只能就法官适用法律的错误,包括实体法和程序法方面的错误提出上

① 黄朝义:"刑事上诉审构造问题",载黄朝义:《论刑事诉讼程序之运作》,五南图书出版有限公司2001年版,第39页。

② [美]达玛什卡:《司法与国家权力的多种面孔》,郑戈译,中国政法大学出版社2004年版,第134页。

诉。因此,在美国,上诉审一般不进行事实审,而是进行法律审”。[①]

相反,在职权主义诉讼模式中,上诉救济则是一审甚至审前程序中事实发现的继续与深化。正如帕卡指出的,这是一种类似于流水线作业式的诉讼活动。[②]司法组织从侦查程序开始,经由一审程序,上诉至二审法院,自始至终连续不断地从事着事实认定工作。在初审法院,欧陆法系的诉讼程序强调由较低级别的法院对一个完整的书面案卷以及对所有证据的分析加以汇编。那里几乎不存在英美意义上的那种审判,即将所有人同时出现在法庭上,陈述各自的主张并立即得出一个裁决。相反,案件是在连续的几次开庭中通过逐渐积累起来的书面文件而得以推进的。[③]“上诉法院在事实上(是)对整个案件进行重新审理。”[④]我国台湾地区学者黄朝义也指出,“职权主义之诉讼制度下,从侦查至上诉审为止,从侦查之开始起,持续的在于累积案件之记录与诉讼资料,在审判之层级上,上诉之第二审法院不断的监视与监督下级第一审法院之审判活动,以展开整体之刑事裁判”。[⑤]

之所以发生上述区别,显然是历史文化与诉讼传统的使然。一方面,案卷中心主义是欧陆法系刑事诉讼程序的核心特征,[⑥]而英美法系则有所不同。在历史上,英国一审法院的书面案卷几乎不包括任何关于事实的资料。案卷的内容很大程度上限于双方当事人的诉讼请求和由法院发现的法律。案卷也许会包括法院对事实所作出的判断,但是不包括作出判断所依据的证据。这导致上诉案件所依据的案卷经常是由意义模糊的条目组成,包括诉讼请求的内容,哪一方当事人胜诉和所给予的救济方式。这样一来,鉴于上诉卷宗中没有任何的证据资料,英国的上诉法院也就别无他法,即使是想在事实认定方面或者上诉纠错方面有所作为也基本上无能为力——无法认定事实方面的错误,只能将上诉的功能限于发现案卷中存在的法律方面的错误。[⑦]另一方面,欧陆法系传统上较为重视法官对实体真实的发现,而英美法系传统上较为重视对诉讼纠纷的解决。由

① 程味秋主编:《外国刑事诉讼法概论》,中国政法大学出版社1994年版,第76页。

② 张泽涛:“反思帕卡的犯罪控制模式与正当程序模式”,载《法律科学》2005年第2期。

③ [美]夏皮罗:《法院:比较法上和政治学上的分析》,张生、李彤译,中国政法大学出版社2005年版,第55页。

④ [美]夏皮罗:《法院:比较法上和政治学上的分析》,张生、李彤译,中国政法大学出版社2005年版,第55页。

⑤ 黄朝义:“刑事上诉审构造问题”,载黄朝义:《论刑事诉讼程序之运作》,五南图书出版有限公司2001年版,第41页。

⑥ 左卫民:“中国刑事案卷制度研究:以证据案卷为重心”,载《法学研究》2007年第6期。

⑦ [美]夏皮罗:《法院:比较法上和政治学上的分析》,张生、李彤译,中国政法大学出版社2005年版,第54页。

此，前者在救济范围和纠错对象上都较为宽泛，而后者则相对有限，更为重视对法律问题的监督和纠正。

三、刑事审级制度的纠错功能之实现：一个本土性透视

经由上述梳理和反思，我们应当意识到以西方制度经验为蓝本的审级救济机制是多元价值考量的综合产物，纠错功能仅仅是其中之一。同样的，为学界普遍认同并重点借鉴的两种制度模型（英美式审级制度、欧陆式审级制度）在很大程度上也都是基于本土语境（传统、文化以及制度环境）而逐渐演变发展而来的。笔者还认为，将司法纠错寄托于上诉救济机制，不仅需要反思西方制度经验的内在局限，同时，还必须面对中国本土的制度环境，尤其应当思索西方式的改革图景能否在转型中国的司法语境中生根发芽。换言之，如果一种西方式的"制度经验"并不能转化为实实在在的"制度实践"，那么，理论工作者就必须对文本与实践之间的距离作出学术上的回应，看中国的制度转型到底需要什么样的条件和环境。

在笔者看来，对我国刑事审级制度的变迁困境需要从内在局限与外部局限两方面说明：

（一）审级改造的内部局限：制度结构与组织利益

1. 制度结构

在现代社会，权力运行轨迹的合理化程度基本仰赖两个因素：制度的科学与组织的合理。按照达玛什卡的分析框架，我国刑事司法制度与欧陆职权主义诉讼模式在制度结构（诉讼理念、诉讼构造与诉讼运行等方面）上具有很强的家族相似性，隶属于科层式诉讼模式，[①]表现出司法权力的职权性较强、侦查程序的影响比重较大、后续程序的独立性不够等特征。不仅如此，我国刑事司法制度还呈现出其独有的特征，表现出更为强烈的流水作业特点、[②]传统性特征[③]以及集权性特性。[④] 这导致我国上诉救济程序无论在审理方式上，还是在证据来源上基本延续着或直接受制于前面诉讼程序（尤其是侦查程序）的运行结果。换言之，受制度结构的影响，上诉审与庭审乃至侦查决策之间呈现紧密的联袂关系，使之丧失了纠错与监督的制度功能。

---

① ［美］达玛什卡：《司法与国家权力的多种面孔》，郑戈译，中国政法大学出版社2004年版，第73～85页。

② 陈瑞华："从流水作业走向以裁判为中心：对中国刑事司法改革的一种思考"，载《法学》2000年第3期。

③ 左卫民、万毅："我国刑事诉讼制度改革若干基本问题研究"，载《中国法学》2003年第4期。

④ 万毅、林喜芬："宪政型与集权型：刑事诉讼模式的导向性分析"，载《政治与法律》2006年第1期。

具体而言,当前中国刑事上诉救济机制的纠错功能主要受制于以下制度结构,该制度结构也将抑制我国未来审级救济机制的改革与完善:

第一,侦查案卷笔录中心主义。一直以来,学界对上诉审虚置化的弊端提出了不绝于耳的批评。① 可以说,在制度现象上的认知已基本达成共识,即由于法律没有规定二审案件必须一律实行类似一审的控辩式庭审,实践中人民法院对当事人上诉案件开庭审理的情形只占极少数。因此,在二审不开庭审理的情况下,所实行的乃是法官审查判断式或调查讯问式审理,控辩双方(尤其是辩方)的作用微乎其微。② 然而,上诉救济流于形式的具体根源又是什么呢?

近年来,有学者对我国审判运行方式进行了较为细致的检讨,指出无论是刑事一审程序还是刑事二审程序均延续着一种案卷笔录中心主义的裁判方式。按照现代刑事诉讼制度的一般规律,"侦查案卷笔录在检察机关提起公诉之后,应立即失去法律效力,它们不仅不应被移送一审法院,而且也不能被移送二审法院和死刑复核法院。第二审法院审理需要查阅、研读的应当是第一审法院的审判记录,它们认定案件事实的唯一依据应当是控辩双方提交并经过当庭质证的证据;死刑复核法院也应当尽量以开庭方式审理死刑裁判的适当性,或者即使不举行开庭审理,也主要应当以下级法院的审判记录作为审查的依据"。③ 然而,在我国,刑事诉讼的运行过程却并没有呈现出障碍赛式的逐层筛选与监控模式;相反,司法主体自侦查、起诉、一审、二审、死刑复核等一直贯彻着侦查初期的思维、证据与判断。中国刑事诉讼的运行现状显示,侦查逮捕之前形成的案卷证据材料占整个侦查阶段证据材料的90%以上。④ 并且,侦查案卷贯穿于起诉、一审、二审、死刑复核等各个诉讼程序环节。可以说,中国刑事程序的流转及司法决策的作出皆是以各种证据和文书材料构成的案卷为主要载体。

具体而言,在我国,二审法院接收的案卷一般包括一审的证据卷、文书卷、起诉书、庭审记录、判决书、上诉状(抗诉书)。这其中包含信息最多的是证据卷、判决书及庭审记录。其中,就判决书而言,我国判决书对证据的采信、事实的认定及法律的适用均不进行充分的说理已是公认的事实,因此,二审裁决者从一审判决中不可能获取到太多有用的信息。就证据卷而言,虽然我国《刑事诉讼法》规定的是主要证据复印件主义,即检察机关移送起诉时仅向一审法院移送主要证据复印件、证人名单等。但实践中,为了降低成本和减少诉讼环节,公诉机关

① 陈永生:"刑事二审审理方式之改革",载《政治与法律》2004年第1期。

② 李学宽:"刑事二审审理方式存在的问题与对策",载《中国法学》1999年第1期。

③ 陈瑞华:"案卷笔录中心主义:对中国刑事审判方式的重新考察",载《法学研究》2006年第4期。

④ 左卫民:"中国刑事案卷制度研究:以证据案卷为重心",载《法学研究》2007年第6期。

一般都是将案卷直接移送给法院,而这基本上是侦查机关的侦查证据卷的原身。由此,侦查机关获取的证据便毫无障碍地进入了庭审阶段,并成为法官心证的直接信息来源。一旦一审裁决被提起上诉,证据卷也被随之移送给上诉法院,也成为上诉法院审查一审裁决的主要途径。决定二审信息来源的还有一审的庭审记录,但由于我国庭审审理方式具有极强的职权主义色彩,一审程序的法庭调查方式乃是公诉方主导的法庭调查,因此,庭审记录也直接受到侦查案卷的影响。“由于辩护方很少向法庭提交本方证据,法庭上调查的绝大多数证据都是由公诉方提交的,因此,公诉方出示证据的方式大体决定了法庭调查的方式。”而“公诉方无论是出示证言笔录、辨认笔录、被告人供述笔录,还是出示现场勘验笔录、搜查笔录、抓获经过、有关情况说明等证据,几乎都是通过宣读侦查卷宗笔录的方式来进行的。在法庭的许可和授权下,公诉方几乎将侦查人员搜集证据的过程又在法庭上演示了一遍,对于侦查人员通过各种笔录材料所记录下来的主要证据,进行了十分简要的宣读和出示。”①众所周知,我国刑事二审救济程序的进行普遍采用“两步式”:先由法官对案件事实进行实质审查,然后决定是采取开庭还是不开庭来审理。对于调查问卷式而言,由于受制于侦查案卷与一审庭审记录,二审法庭几乎不可能在案件事实的信息来源上有何种突破;就开庭审理式而言,由于二审的审理方式也没能脱离一审审理方式的窠臼——侦查案卷中心,如果辩护方提不出确凿而有力的己方证据,试图推翻一审判决也是很难的。由此可见,无论是在“调查讯问”程序还是在开庭审理程序中,那种由一审法院移送而来的侦查案卷笔录都对法官的事实裁判具有直接的影响。②

因此,从纠错功能的意义上讲,中国的刑事一审程序并非是对侦查和起诉的过滤与审查,二审程序也并非是对一审的过滤与审查。相反,案卷的移送与使用在诉讼程序中呈现出一种层递性的特征,即前一阶段所形成的案卷一般构成后一阶段案卷的重要组成部分,而其中的侦查案卷更是具有贯穿性。不仅如此,在该过程中,案件信息还会因为必罚主义理念而被增删。“在这种层递性的移送过程中,案卷材料既有所增加,也可能有所减少。增加的部分是后一司法机关制作的文书或证据材料,减少的部分通常是后一司法机关认为不利于指控的材料。”③这样一来,后续的上诉救济程序就基本延续了一审乃至侦查卷宗中的证据信息。再加上,侦查程序所盛行的是治罪主义和追诉主义观念,与指控信息相

① 陈瑞华:“案卷笔录中心主义:对中国刑事审判方式的重新考察”,载《法学研究》2006 年第 4 期。

② 陈瑞华:“侦查案卷裁判主义:对中国刑事第二审程序的重新考察”,载《政法论坛》2007 年第 5 期。

③ 左卫民:“中国刑事案卷制度研究:以证据案卷为重心”,载《法学研究》2007 年第 6 期。

对抗的辩护信息无法被及时而充分地纳入到案卷信息中,由此,被追诉人的命运就可想而知了,可以说,在这样的制度环境下,期望通过上诉救济程序来进行司法纠错必将大打折扣。

第二,案件的汇报请示制度。如果说侦查阶段的信息和决策可以通过侦查案卷中心主义的制度模式几乎毫无保留地深入到一审、二审程序,并使得侦查与一审、二审实现贯通,那么,潜在的案件请示制度就更是将我国一审法院与二审法院连为一体,使得司法的独立作业与二审的监督审查荡然无存。

按照诉讼活动的基本规律,司法乃是一种亲历性的判断活动,它要求司法裁判者在双方诉讼参与人均在场的情况下,对相关证据的可靠性、真实性作出判断,对整体的案件事实和如何适用法律作出裁断。这也正是司法活动与行政活动的本质区别。① 具体而言,行政活动是一种管理与被管理的关系。由于在下级行政管理者与上级行政管理者之间存在的是较为直接的领导与被领导关系,因此,更强调被管理者对行政决定的服从与遵守,同时,行政裁决者不是特定的,而是可替换的。然而,司法判断的正确性与否,却完全决定于裁判者是否遵守了正当的法律程序,对案件是否充分地进行了听审,而与该听审者或裁判者是何种层级的法院或法官,是何种身份没有关系。也就是说,司法的层级关系乃是一种法律适用上的监督与被监督关系。正基于此,如果说行政是通过权力来获致权威,则司法是通过程序来获致权威。

然而,在我国,在上下级法院之间却盛行着一种案件请示制度,即下级法院在案件审理过程中,就案件的实体处理或程序问题以口头或书面形式向上级法院请示,上级法院予以答复的制度。② 尽管立法并无明文规定,但这种操作方式却在当下刑事司法实践中非常盛行,俨然已成为一种“实践中的法”。尽管近年来有一些省市严格限制了案件请示的范围,减少了下级法院针对事实认定与证据采纳向上级法院请示的情况,但以国内某中级法院为例的实证调研表明,集中在证据分析与事实认定方面的请示仍占 68.5%。③ 在我国,实践中之所以会盛行案件请示汇报制度,其中一个很重要的原因乃是担心基层法官素质偏低容易形成司法错误,进而影响到司法的权威性。因为一般而言,审级越低的法院,法官的素质越低。从理论上讲,案件的汇报请示似乎能够起到一定的防错功能,即上级法官可以通过自身的经验、知识与理性弥补下级法官在事实认定与法律适

① 孙笑侠:“司法权的性质是判断权”,载《法学》1998 年第 8 期。

② 万毅:“历史与现实交困中的案件请示制度”,载《法学》2005 年第 2 期。

③ 宿迁市中级人民法院的调查报告:《关于法院内部案件请示存废的调查与思考》,转引自万毅:“历史与现实交困中的案件请示制度”,载《法学》2005 年第 2 期。

用等方面的不足。但实际上,案件请示制度很难实现防控司法错误的功能,因为被请示或被汇报法院的信息基本源于下级法院的汇报,甚至还可能在纠错与防错上起反作用。一方面,案件的内部请示使上诉审程序“虚置化”。它不仅使一审法院与二审法院的判决裁定成为联袂的整体,而且会进一步加剧侦查追诉信息对二审法院的影响。“既然该案经过请示后最终是按上级法院的意见办理的,那么该案审结后,当事人再向原审法院的上级法院提起上诉审程序,就没有实质意义了,在这‘一请示、一答复’之间,法定的上诉审程序实际上已经被虚置,当事人的上诉权遭到剥夺,法定的权利救济途径在案件请示制度面前遭到了无法克服的障碍。”[①]另一方面,一审法院进行请示与汇报的案件一般均是案情重大、疑难、复杂的,尤其是那些有相当社会影响的案件,这些案件在证据的采纳、事实的认定、法律的适用等方面很可能并不复杂,只是因为基层法院处于社会效果与法律效果之间感到两难,才向上级法院寻求指示。在这种情况下,上级法院一旦(实践中并不少见)偏向社会效果,就难免会在事实认定上或法律适用上有所偏颇,由此,不仅没有防错,反而人为地制造了司法错误。

2.组织利益

“错案的铸成,往往有这样那样阴差阳错的原因,但因其冤错,案件中必然存在重大矛盾和疑点。但即使如此,被告往往也难以洗雪冤屈。其中一个原因,是因为如果推翻原案,就意味着这个案件的办案人员错了,他们不仅无功而且有过。”[②]这一现象在我国的刑事司法实践中显然并非少数。为什么上诉救济在实践中艰难展开呢?答案也正是上级司法机关有所顾忌。而上级司法机关为什么有所顾忌呢?究其原因,乃是因为受到组织利益的影响。

在我国,司法领域的组织利益集中体现为某一个司法组织出现错误时,其他的司法组织在程序运行过程中不应戳穿错误,甚至应当照顾其他司法组织的利益。实践中,公诉机关对侦查机关,审判机关对公诉机关,二审法院对一审法院在某些特定问题上需要相互“给面子”,由此,采取一种相对变通的方式来处理司法错误就成为惯例。如前所述,为避免出现因二审法院与一审法院的意见相左而导致在司法裁判上不一致,一审法院广泛采取了案件请示与汇报的策略。同样的,上级法院在二审救济程序中一旦与下级法院的裁判意见相左,也广泛采

① 万毅:“历史与现实交困中的案件请示制度”,载《法学》2005年第2期。

② 龙宗智:“如果没有发现真凶”,载龙宗智:《上帝怎样审判》,法律出版社2006年版,第148页。

用着“发回重审制度”。[①] 对此,陈瑞华教授指出,迫于检察机关和下级法院的影响,二审法院“不会轻易作出无罪裁决,而是大量适用‘撤销原判、发回重审’的裁定方式。而在案件被发回下级法院之后,法院或者作出准许撤回起诉的裁定,或者从轻量刑。毕竟,这样的裁决方式会使检察官避免因为法院作出无罪判决而受到的不利考核结果,也使检察机关避免承受国家赔偿的后果”。[②] 对于司法机关而言,程序发生倒转之后,刑事司法机关就变得非常主动,不仅可以依法将起诉案件撤销,免予国家赔偿,而且还可以在适当的时机重新提起公诉,以挽回司法机关的面子。因为在我国,“撤销起诉仅仅意味着原来的指控罪名无法得到法庭的认可,并不意味着检察机关不可以就同一被告人的同一行为重新提起公诉”。[③]

由此可见,我国的刑事司法机关(包括公检法机关)仍然是社会控制的主要工具,表现出较强的行政治罪特性,司法作业也呈现出流水线式的特性。更为主要的是,无论是在组织机构上,还是在程序运作上,公检法机关之间以及一审、二审法院之间在很大程度上都是功能较为类似,性质比较类同的组织机构。往往是组织之间的利益关系取代了规范层面的救济功能,从而使得二审程序很难实现纠错功能。

(二)审级改造的外在困境:治理环境与历史禀赋

1. 治理语境

我国刑事审级制度的构建与完善不仅会受到制度环境的影响,而且还会受到历史社会条件的影响。当下转型时期中的历史社会条件可以包括治理化语境和历史禀赋两个方面。

在我国,当下“治理化的政法传统”是影响上诉法院纠错功能发挥的重要外在因素。所谓治理化的政法传统,主要是指中国司法的政法化倾向。当前,“无论在哪个法律领域,从事法律工作都必须讲政治,都必须服务于大局”,“服务大局是社会主义法治的重要使命”。[④] 这在刑事司法领域表现得尤为突出。在服务大局的法治理念下,刑事司法应积极地参与社会治安与社会矛盾的综合治理。[⑤] 由于我国转型时期的社会矛盾相对较多,治安犯罪形势较为严峻,因此,

---

① 尽管发回重审是各国上诉审法院审理后的一种处理方式,但是与各国关于发回重审的理由不同,我国“事实不清、证据不足”的发回重审理由显得极为宽泛、极为抽象。陈卫东、李奋飞:“刑事二审‘发回重审’制度之重构”,载《法学研究》2004 年第 1 期。

② 陈瑞华:“刑事程序失灵问题的初步研究”,载《中国法学》2007 年第 6 期。

③ 陈瑞华:“刑事诉讼中的重复追诉问题”,载《政法论坛》2002 年第 5 期。

④ 朱景文:“服务大局与‘法学家的幻想’”,载《法学家》2006 年第 5 期。

⑤ 刘为群:“服务大局是人民法院的重要使命”,载《中国审判》2006 年第 9 期。

服务于大局、致力于社会的稳定与发展显然有着语境的合理性、必然性以及必要性。而且,服务于大局、致力于社会稳定的思想是确保司法与诉讼能够实现法律效果与社会效果之统一的集中体现。如苏力所指出的,"一个政权的合法性最终说来在很大程度上在于它能否保证该社会人们的最基本的安全和秩序"。[①] 当然,在服务大局的法治框架之内,也存在一些亟须我们重视的突出问题,这集中体现在:司法的法律效果与社会效果会存在一定的冲突。[②] 在转型时期,价值评价的多元性进一步加剧了法益冲突的激烈程度,而转型时期政治上追求稳定与发展必然会在执法的严格上有所顾忌,在很大程度上会顾及社会群众的一般性评价,甚至在某些时候需要牺牲司法裁决的合法性,而追求司法裁决的合社会性。同样的,治理化的社会语境也一定程度上影响着上诉审救济与纠错功能的发挥。如学者所指出的,"基层司法所面临的所有压力,在'上诉法院'这里有过之而无不及。恐怕就是在今天,'上诉法院'的法官也不敢轻易改判无罪吧?何况,当'发回重审'在制度上完全合法时,'上诉法院'的法官没有任何必要,也没有任何激励去冒这样的政治风险"。[③] 由此可见,在服务于大局、将纠纷消解于基层的治理化司法环境中,过度指望上诉审程序起到纠错功能显然是不太现实的。

2. 历史禀赋

由于人类的行为具有集体式的惯性,在特定的社会或种群中,因长期历史的累积,某种曾在历史进程中占据主流的社会习惯或制度运行在当下社会中仍然不同程度地影响着人的思维、行动与选择,这也被称为历史的禀赋效应。而在我国当前,西方式的审级救济制度之所以很难在中国起到应有的功能,在很大程度上也受制于历史禀赋。

如前所述,审级制度乃是一种西方式的概念,它乃是伴随着西法东进以来的变法潮流进入中国理论界视野的。其实,中国古代的司法并非不重视纠错,而是采行一种逐级转审制的方式来实现。尤其是还存在越级申诉、京控等上诉制度。虽然这种直诉制度在传统社会的设置初衷乃是为了管理司法官吏、促进司法权力的中央集权化。[④] 正如季卫东教授指出的,"当时的制度设计基本上以越级信访、高层直接办理或检查催办为前提,目的是避免中下层官僚组织的懈怠、勾结

① 苏力:"窦娥的悲剧:传统司法中的证据问题",载《中国社会科学》2005 年第 2 期。

② 李建明:"诉讼过程法律评价与社会评价的冲突",载《法学评论》2007 年第 6 期。

③ 陈柏峰:"社会热点评论中的教条主义与泛道德化",载《开放时代》2006 年第 2 期。

④ 李春雷:《中国近代刑事诉讼制度变革研究(1895 ~ 1928)》,北京大学出版社 2004 年版,第 198 页。

以及跛庖,保持政府与群众的密切联系,其原理与传统的行政司法体制中的越级申诉、进京鸣冤('直诉'或'京控')等也一脉相承"。[①] 但客观上这种直诉制度也起到了一定的纠错功能。[②]

制度传统具有延续性。在我国法制转型期间,从上访、信访机制中似乎仍然可以看到传统直诉制度的影子。事实上,上诉与再审等审级制度在救济当事人诉讼权益方面也并非具有当然的合法性,相反,其合法性面临着其他非诉讼救济方式(如信访机制)的激烈竞争。[③] 这里需要指出的是,就上诉救济而言,当事人并非一味地规避上诉审级,而是采取上诉与信访并行的方式。这就浮现出转型中非常奇特的现象,即一审之后被追诉人虽然会遵循法治逻辑,向二审法院寻求上诉救济,但同时也会就案件情况进行诉讼之外的努力——或者向受理案件的司法机关反映情况,或者向其他国家机关信访。就申诉救济而言,众所周知,经过终审判决之后,裁决就发生法律效力。然而,近年来,虽然法院所受理的申诉案件数呈下降趋势,但所处理的信访案件却呈明显的上升趋势。这在一定程度上说明:尽管国家正力图将信访纳入到正规诉讼程序之中,以逐步迈向法治化运作,但诉讼当事人通过诉讼外机制寻求救济的情况还是非常多。这些情形集中反映了在我国当前,诉讼当事人遵循审级制度,却又不太相信审级制度的转型特征。可以说,在中国当前的司法场景之中,涉讼参与人并非欠缺法律意识而不知如何审级救济,而是因为长期以来的审级纠错救济的功能发挥地较为有限,而且还存在诸如信访等符合社会公众传统心理的替代救济机制。可想而知,如果败诉当事人及亲属头脑中浮现的救济路径不但有法定的二审上诉救济,还有其他;或者,终审裁决作出之后,当事人并不认同该终审判决的合法性而是继续寻求其他救济,那么显然,即使中国的审级制度与国际上的三审终审制接轨,也并不能保证涉讼人自然而然地进入司法救济的轨道。进而,期望通过审级救济在内的司法程序来纠错也必将成为空中楼阁。

当然,这些转型要素之间也存在相互耦合、相互加强的情况。以组织利益为

① 季卫东:"上访潮与申诉制度的出路",载 http://www.gongfa.com/jiwdxinfang.htm,2010 年 9 月 21 日访问。

② 苏力:"窦娥的悲剧:传统司法中的证据问题",载《中国社会科学》2005 年第 2 期。

③ 刘思达:"法律移植与合法性冲突:现代性语境下的中国基层司法",载《社会学研究》2005 年第 3 期。

例,错案追究制就加强了承办人遇到疑难、复杂、重大案件时的案件请示动机。[①]综合以上,在内在局限与外在困境的联合裹挟下,中国刑事上诉机制所设定的制度功能[②]要么几乎破产,要么流于形式。这在一定程度上阻滞着我国未来刑事审级救济制度的转型与改良。

四、结论:我国刑事审级制度变迁的可能进路

在笔者看来,如果说司法纠错仅仅是司法权力理性化的一个方面,则现代刑事审级制度的构建与设置就不可能仅仅限于该法律价值;如果说西方的制度经验仅仅是促进制度改革的一个方面,则我国刑事审级制度的转型与改革就应当适度地兼顾本土语境。在全球化语境中,若要融入到以形式理性化为基调的国际社会,显然必须对我国现有的刑事审级制度进行必要的改造,而与此同时,作为我国合法化传统的实质理性也不能置之不顾。为此,将司法错误的纠正一味地交付给审级制度也是不可取的。因此,应当采取审级制度的现代性转型与申诉信访制度的合理化改造的双重路线。“两手都要抓,两手都要硬。”当然,刑事审级制度的构建与完善还需要仰赖一系列配套机制的逐步改良。

(一)刑事审级制度的现代性转型

“由于存在司法错误乃表明整个刑事司法系统的廉洁性受损,因此,针对案件的有效的复审程序是永恒重要的。”[③]同时,由于现代社会中的审级救济机制还具有增强司法权威、促进合法化认同等多元法政功能,因此,在转型期间,致力于设置一套科学合理而符合本土语境的审级制度是很有必要的。当然,在转型进路上,我国刑事审级机制的现代性转型还存在各种各样的困境,我们也清醒地意识到,“中国刑事诉讼制度的转型,需要一定条件的支持,而条件的创造并非一蹴而就的”。[④] 但尽管如此,正如陈瑞华教授指出的,“改革时代,还是要用改革思维去看待和分析改革进程中的问题”。[⑤] 只要有规划、有节制地创造改革条

---

① “下级法院‘热衷’于请示汇报,有时并不是下级法院水平低、能力差,而在于目前案件质量的考评机制,案件的发回重审、改判率一直是衡量一名法官办案水平和能力的主要指标,为了减少办‘错案’的几率,下级法院不得不通过请示汇报与上级法院保持‘步调一致’。”万毅:“历史与现实交困中的案件请示制度”,载《法学》2005 年第 2 期。

② 谢佑平教授指出,刑事二审程序具有以下功能:权利救济与保障功能;纠错防错功能;统一司法功能;安抚劝慰功能。谢佑平:”刑事二审程序的功能与检察机关的作用“,载《人民检察》2007 年第 10 期。

③ Geert-Jan Alexander Knoops, *Redressing Miscarriages of Justice: Practice and Procedure in National and International Criminal Law Cases*, Transnational Publishers, Inc. 2006, p. 34.

④ 龙宗智:《徘徊于传统与现代之间:中国刑事诉讼法再修改研究》,法律出版社 2005 年版,第 11 页。

⑤ 陈瑞华:“以改革思维看待律师法的修改”,载《人民检察》2008 年第 7 期。

件,一种渐进式的改良进路还是较为切实可行的。为此,针对刑事审级制度的现代性转型,我们主张遵循渐进式的改良路线。

在笔者看来,健全与完善中国刑事审级制度应当遵循从死刑案件到普通案件,从死刑复核程序到普通救济程序,再到再审救济程序的进路。

第一步,死刑复核权的“理性归位”。死刑案件是滋生司法冤案最多的领域,也是最容易引发痛惜的领域。正基于此,它也很容易成为我国刑事审级制度改造的突破口。长期以来,由于死刑复核权被下放到高级人民法院,导致死刑二审程序与死刑复核程序合二为一,丧失了纠错救济的功能。为此,在死刑制度短期无法废除的现实语境下,重新配置死刑复核权显然有利于增强死刑审判的审慎性,有利于贯彻“少杀、慎杀”的死刑司法政策,有利于实施“疑者不杀、杀者不疑”的死刑证明标准,进而起到救济司法冤案的法治效果。从规范层面讲,该步骤——死刑复核权的上收在我国已基本实现,①而且,收效还较为显著。如果说在收回之前,大多数死刑案件归由高级人民法院复核,导致二审程序与复核程序合二为一,那么收回之后,死刑复核程序已然成为一种针对特殊案件的特殊三审程序,它具有很强的中国特色。最近有报道指出,经过死刑复核权的上收,核准死刑从而判处死刑立即执行的案件数量首次低于判处死缓的案件数量;15%的案件未核准死刑;死刑复核权收回一年来运行态势总体平稳。② 可以说,该实证数据无论是从纠错功能的角度来理解,还是从有效贯彻“少杀、慎杀”死刑政策的角度理解,均证明上收权力、提升审级之后的死刑复核程序因具有三审程序形式而呈现出实践合理性。

第二步,死刑案件救济程序的“诉讼化转型”。目前我国刑事上诉救济程序的一大弊端正是书面审色彩浓厚而诉讼化程度严重不足。根据《刑事诉讼法》的规定,我国二审案件采取开庭是原则、不开庭是例外的模式。二审案件应当开庭审理,但合议庭经过阅卷,讯问被告人、听取其他当事人、辩护人、诉讼代理人的意见,认为事实清楚的,可以不开庭审理。检察机关提出抗诉的应当开庭审理。然而实践中却相反,不开庭审理反倒成了常态。中国刑事二审案件开庭率相当之低,在有些地方不开庭案件甚至达到90%以上。③ 长期以来,这种书面审色彩浓厚的二审程序不仅沦为侦查、起诉、一审程序的附庸,丧失了纠错功能,同

---

① 随着法院组织法的修订,2007年1月1日最高人民法院正式收回了下放了26年的死刑复核权。秦旭东:“人民法院组织法修订　最高法正式收回死刑复核权”,载《21世纪经济报道》2006年10月28日。

② “疑者不杀、杀者不疑”的高标准案件控制要求得到良好地贯彻。胡云腾、陈卫东、刘仁文:“未核准率15%死刑复核程序成功改革的几点启示”,载《法制日报》2008年3月21日。

③ 陈卫东:《刑事二审开庭程序研究》,中国政法大学出版社2008年版,序。

时还导致“被告人缺少与二审法官、证人等面对面交流的机会,律师也基本上没有当庭辩护的机会”。① 在我国,由于短时间尚不能废除死刑,因此,“少杀、慎杀”就成为最为现实的实践路径。为了最大限度地减少无辜者被误判死刑的情形,近年来,死刑案件的二审程序和复核程序启动了诉讼化转型的步伐。一方面,通过司法解释规定死刑案件二审应开庭进行;②另一方面,通过规范死刑复核案件的办理程序,以杜绝冤错案件的发生。“坚持全面审查的原则,合议庭成员必须全部认真阅卷,核准死刑原则上要提讯被告人,认真听取辩护人等各方意见,严格案件审核程序,努力提高复核工作效率,确保审理的每一起死刑复核案件都经得起历史检验。”③尽管死刑复核程序尚不具有完全意义上的诉讼形态,但是坚持提讯被告人、认真听取辩护意见也是一个较大的进步。由此,从长远的角度讲,我国应当以死刑案件的救济程序改良为契机,逐步地推进普通刑事案件的二审开庭审理及诉讼化运作,以及普通刑事案件三审程序的听证式运作。之所以要逐步推进,乃是因为我国转型时期无论是司法资源的配置还是内外机制的协调均存在较大的问题。即使是死刑案件的二审开庭审理问题也还是较大的,如有学者指出的,“被告人(死刑犯)的押送、审判力量调配、工作安排、交通工具等物质保障等都是问题,最高及高级法院仍面临很大压力。更为重要的是,如何健全法院之间、法院内部审判机构之间和审判组织之间法律适用的协调机制,统一司法尺度,统一法律适用标准,保证统一、公平、公正准确地适用法律,这些都有待于法院在实践中勇于探索,积极完善,而绝非一部二十条的司法解释所能阐释的”。④

第三步,上诉审级救济的“功能性分化”。第一,采取“纠错、救济与政策实施相结合”的制度模式。尽管现代审级救济机制在一定程度上能够纠正一审法院的司法错误,但是它同时还承载着其他法治功能。一味地将上诉审级定位为纠正事实性司法错误的利器,不仅会耗费巨大的司法资源,而且也不利于司法权威的型塑和法律适用的统一。因此,现代法治国家的审级救济机制均致力于兼顾纠错、救济与政策实施等制度功能,或者说,现代审级制度是一种功能耦合的

① 王学堂:“死刑二审开庭审理规定有多大意义”,载 http://www.dffy.com/fayanguancha/sh/200609/20060926001445.htm,2010 年 8 月 3 日访问。

② 最高人民检察院和最高人民法院联合出台《最高人民法院、最高人民检察院关于死刑第二审案件开庭审理程序若干问题的规定(试行)》,并于 2006 年 9 月 25 日起施行。

③ 熊选国、撒贝宁:“最高人民法院副院长解密死刑复核程序”,载 http://news.sina.com.cn/c/l/2007-03-13/145712506325.shtml,2010 年 8 月 21 日访问。

④ 王学堂:“死刑二审开庭审理规定有多大意义”,载 http://www.dffy.com/fayanguancha/sh/200609/20060926001445.htm,2010 年 8 月 3 日访问。

救济程序,而非纠错程序。对此张卫平教授指出,救济程序与纠错程序之间是有本质区别的。“作为一种纠错程序,上诉法院发现原审法院的裁判有错误时就应当予以纠正。作为一种救济程序则与此不同,上诉法院不是一概纠正原审法院裁判的错误,而是对上诉人申明原审错误的审查和纠正,也就是说,对原审法院裁判的纠错仅限于上诉人的请求范围,而且是有利于上诉人的纠正,而不是不利于上诉人的纠正。这里的有利或不利是从上诉人的上诉请求成立则应当予以纠正。上诉法院不能通过纠正原审裁判使上诉人遭受比原判决更大的不利,这是救济程序与纠错程序的最大不同。救济程序存在纠错,上诉救济也往往是通过纠错来实现的,但纠错程序却并不考虑对上诉人的救济问题,救济程序不应当在对当事人实施救济时,反而还要‘落井下石’的。”①反观我国,当前刑事上诉救济还基本上停留在“纠错、救济、政策实施”不分的功能耦合状态。这也是学界普遍认同功能分化的三审终审制度的重要原因。笔者也认为,不同审级之间的功能分化符合我国上诉救济机制的改革趋势。为此,在弱化有错必纠原则的基础上,应将审级制度定位为救济程序而非纠错程序,进而我国审级制度采行三审终审制——二审对事实问题和法律问题均予以救济,并实行权利救济;三审以法律救济为中心,并实行裁量救济——有其制度合理性。

第二,采取“有限救济”原则,或者说实行有限度的三审终审制。设定三审终审制虽然在一定程度上可以加强错误裁判的纠正效果,但同时也耗费着巨大的司法资源。由于我国尚处于转型期间,笔者认为,两审终审制还有语境的合理性,毕竟“(中国)大陆幅员辽阔,许多地方交通不便,案件的审级过多,势必影响及时结案,既增加当事人的讼累,又使人民法院花费更多的人力物力。实行两审终审制,其理由在于避免诉讼拖延,节省人力物力及财力,便利人民法院办案,便利公民诉讼”。② 因此,三审终审制应为有限度的三审终审制。在较为严重的刑事案件,尤其是死刑案件适用三审终审制符合更大限度救济司法错误的改革趋势,同时,适用简易程序的刑事案件则应采取二审终审制,因为这类案件事实比较清楚、法律关系相对简单,二审终审足以起到纠正司法错误、监督司法行为、提供司法救济的功能,而且这样还能将有限的司法资源配置到更需要提升审级的案件类型中去。除此之外,对于高级人民法院一审的案件继续适用二审终审,最高人民法院一审的案件继续实行一审终审。

第三,由于我国二审对于纠错具有较为重要的意义,因此,在二审设置上应适应当前的语境。一方面,就审理方式而言,理论上一般类分为复审制、续审制

---

① 张卫平:《转换的逻辑:民事诉讼体制转型分析》,法律出版社2007年版,第411页。

② 转引自陈瑞华:《刑事诉讼的前沿问题》,中国人民大学出版社2000年版,第438页。

和事后审查制三种。所谓复审制,是指第二审完全重复第一审程序的审判活动。所谓续审制,是指"继续第一审之审判,即以第一审之审理结果为前提,继续为实体之形成。虽在第二审亦得提出新证据以供调查斟酌,但在第一审已调查认定的证据,在第二审则毋庸再为直接调查,而于第二审亦有效力。"①所谓事后审查制,是指"以第一审判决为基础,事后审查该判决事实认定及法律适用有无违误,亦即事后审查原审判决之当否,而非本诸事实审之职责,自行调查证据,迳予认定事实而为判决……故其审判,先审查当事人所指摘判决不当是否有理由,必认为有理由时,始为直接就该案件之内容加以审查,而与续审制或复审制,自始就该案件直接加以审查,自为判断者不同"。② 通说认为,复审制通过第二次审理有利于事实认定和法律适用的进一步明晰,但同时也会导致第一审功能退化以及浪费司法资源等弊端;事后审查制能够兼顾第一审功能和司法资源,但由于多实行书面审理主义,导致对一审判决的事实救济能力较为有限。从比较法的角度讲,在欧陆法系国家,一般针对低审级法院所作判决的上诉审实行的是复审制,既救济事实问题,也救济法律问题;而针对高审级法院所作判决的上诉审实行的是事后审查制,一般仅救济法律问题。在英美法系国家,一般针对治安法院所作判决的上诉审实行的是复审制,既救济事实问题,也救济法律问题;而针对陪审团审理的案件的上诉审实行的是事后审查制,一般仅救济法律问题。当然,针对二审程序的上诉,两大法系均采行事后审查制,仅救济法律问题。实行续审制的立法例较少。③ 在我国,依据《刑事诉讼法》第195条的规定,二审程序参照一审程序进行,进行与一审程序基本相同的法庭调查、法庭辩论、最后陈述、评议和宣判,而且还可以对新事实和新证据展开全面调查,这符合复审制的理论类型。但同时,由于我国《刑事诉讼法》第187条第1款规定,"第二审人民法院对上诉案件,应当组成合议庭,开庭审理。合议庭经过阅卷,讯问被告人、听取其他当事人、辩护人、诉讼代理人的意见,对事实清楚的,可以不开庭审理"。因此,原则上二审程序既可以采取开庭审理,也可以采取法庭调查讯问式审理。在实践中,该条款更成为"审理方式分流机制"的法律依据,"是开庭,还是调查讯问式"基本取决于第二审法院的自由裁量。为此,有学者指出,就开庭审理方式而言,我国二审程序属于复审制,就调查讯问式而言,我国二审程序属于事后审查制。④ 但无论如何,这种分流机制已导致我国二审程序基本上沦为不开庭审理,

---

① 陈丁坤:"刑事诉讼第二审上诉立法例比较研究",载《刑事法杂志》1989年第4期。

② 陈丁坤:"刑事诉讼第二审上诉立法例比较研究",载《刑事法杂志》1989年第4期。

③ 王超:《刑事上诉制度的功能与构造》,中国人民公安大学出版社2008年版,第52~60页。

④ 王超:《刑事上诉制度的功能与构造》,中国人民公安大学出版社2008年版,第110~112页。

而不开庭审理正是导致二审程序受制于侦查案卷,二审程序纠错救济功能形同虚设的主要原因。在此意义上,笔者认为,其一,设置审理方式应契合当前的转型语境。鉴于我国当前一审法官(尤其是基层法官)的素质还相对较低,业务能力还相对较差,再加上,我国在制度传统上与欧陆法系国家存在家族相似性,因此,更应当注重二审的事实救济功能。笔者认为,在短期内,针对基层法院和中级法院所作判决的二审上诉案件,采用复审制;对于高级法院判决不服的二审案件,采用事后审查制。随着我国第一审程序的不断完善,基层法院法官的素质不断提高,在一定条件下,可逐步将事后审查制拓展到中级法院所作判决的上诉程序,最终拓展到基层法院所作判决的上诉程序,从而将事实认定的重心真正移向第一审法院。其二,复审制的实践贯彻需要以强化开庭审理为基础。当务之急,应强化我国二审程序的开庭审理,使纠错救济功能落到实处。笔者同意一些学者关于"废除二审审理方式分流机制"的改革建议:合议庭经过阅卷、讯问被告人,听取其他当事人、被害人、诉讼代理人的意见后,除非各方当事人对事实问题不存在任何异议,否则,应当开庭审理。①

另一方面,就审理范围而言,无论是英美法系,还是欧陆法系,上诉救济均限于当事人的上诉请求范围,但目前我国所实行的是全面审查原则,二审程序的法庭调查范围不仅不限于上诉请求范围,而且一审程序的事实认定对于二审程序而言不具有约束力。可以说,"这种对事实真相的不懈追求不仅展现了我国刑事审判长期存在的职权主义倾向,而且至少在法律文本上显示了上级法院对下级法院以及控辩双方的不信任态度"。② 客观地讲,在转型初期,由于一审法官的业务素质还相对较差,这种重视客观真实,致力于强化审级监督的制度原则起到了较大的历史贡献。但是,随着背景因素的改进,全面审查模式也逐渐受到学界的质疑和否定,甚至主张废除该原则,改采不告不理原则。如张智辉教授指出,"这个制度,既不符合刑事诉讼中控审分离的基本原理,违背了现代司法制度中审判中立的基本原则,也不符合诉讼经济原则和世界各国的普遍做法。因此,应当在修改《刑事诉讼法》时废除这一制度"。③ 当然,也有主张维持的声音,认为不告不理模式的采用乃是建基于当事人对争点的归纳非常合理而有效,并仰赖于高素质律师职业者的高效参与,但这些改革条件在我国当下显然还不具备。如学者张建伟指出的,"当前司法实务界有人主张要借鉴国外的做法取消全面审

① 樊崇义主编:《刑事诉讼法实施问题与对策研究》,中国人民公安大学出版社 2001 年版,第 568 页。

② 王超:《刑事上诉制度的功能与构造》,中国人民公安大学出版社 2008 年版,第 113 页。

③ 张智辉、武小凤:"二审全面审查制度应当废除",载《现代法学》2006 年第 5 期。

查原则是管中窥豹,不得其全。当今世界的当事人主义诉讼模式其实是律师主义,律师对一审中的事实和法律适用有着较高水平的专业判断,能够在上诉中抓住问题的症结,故二审法院可以只针对上诉争议部分进行审查和裁判。但是,目前我国的律师辩护率最佳时仅达30%,一般情况下不过10%。在辩护率如此之低的现状下,如果我们取消二审的全面审查原则,最后只能是本来想达到修复正义的目的却造成颠覆正义的结果”。① 笔者认为,一来不告不理原则确实符合制度改革的宏观趋势。从长远的角度讲,我国上诉救济的范围应当遵循“未提出便视为放弃(raise or waive)”的原则,淡化上诉法院职权审查的色彩、减缓全面审查的耗费。但在短时期内,我国二审救济程序的审理范围完全废除全面审查原则似乎条件并不成熟,尤其是在涉及法律问题的上诉情形时。二来主张维持的观点也值得推敲,尽管我国被追诉方对法律争点的理解和归纳还亟须进一步改进,但在近年来已披露的典型冤错案件审理过程中,约70%的案件律师提出了较高质量的辩护意见,为此,我们有理由相信,这些律师也能够在提起上诉的环节发挥功能。不仅如此,规范层面的全面审查原则似乎也有逐步松动的迹象。② 综合而言,笔者认为,关键不在是否废除或是否维持全面审查模式,而是在转型语境中如何配置全面审查模式。随着法官业务素质的提升、物质条件的丰富以及法治理念的深入,其一,针对事实问题进行全面审查虽然可强化纠错,但似乎不合时宜——毕竟纠错需要以救济的方式来实现。其二,针对法律问题的全面审查却显得合理而有必要。具体而言,我国应采取全面审查与重点审查相结合的模式,即针对事实问题的上诉应采取不告不理的原则,针对法律问题的上诉仍采取全面审查模式。③

第四,采取“有害错误”原则。随着人权保障和正当程序理念的逐步深入,被告人往往会在上诉中针对一审程序中存在的程序违法行为或侵犯公平审判权的情况提出异议。一般而言,程序性司法错误包括原始错误和后续错误,所谓原始错误包括了法院一审程序运作中的程序错误,也包括了侦诉机关审前程序运作中的程序错误;所谓后续错误,主要指由审判法院认可、容忍侦诉机关的原始错误转化而来的错误。而根据是否对实体结果产生影响,可以将这些程序性错误区分为有害错误和无害错误。对实体结果有影响的为有害错误,反之则为无

① 曾献文:“刑事二审改革:在真相与权威间前进”,载《检察日报》2008年7月23日。

② 最高人民法院、最高人民检察院2006年9月联合发布的《关于死刑第二审案件开庭审理程序若干问题的规定(试行)》在坚持全面审查原则的同时,规定在开庭时,可以根据具体情况围绕人民检察院、被告人及其辩护人提出争议的问题和人民法院认为需要重点审查的问题进行。

③ 秦宗文:“刑事二审全面审查原则新探”,载《现代法学》2007年第3期。

害错误。从规范上讲,我国刑诉法分别在第138条规定了二审程序中的"可能影响公正审判"标准,在第285条规定了死刑复核程序的"可能影响正确判决"标准。这些均在一定程度上确立了有害错误原则,即一旦程序错误对实体错误构成影响,应进行救济。但是,一方面,死刑复核程序也是一种常规性救济途径,与二审程序在本质上并无不同,因此两者适用不同标准不尽合理。另一方面,二审程序实行"可能影响公正审判标准"显得过于宽泛,如学者指出的,这种过于注重程序正义而非实体正义的标准在法治发达的美国尚且不被采纳,因此,我国也不应例外。① 不仅如此,在实践中,该标准还造成二审法院合法地利用该条款滥用发回重审权,进而导致司法错误的救济徘徊于一审与二审之间,同时也激励了当事人运用非诉讼力量——诸如上访——进行诉讼博弈。为此,笔者认为,二审程序与死刑复核程序均应采取"可能影响正确判决"标准。

第四步,特别救济机制的"合理化改造"。作为特别救济机制,再审乃是上诉救济的补充,也隶属于审级制度的检讨范畴。在诉讼法理上,上诉程序属于常规救济,而再审程序则属于特别救济,可以说,在纠正或救济司法错误方面,上诉救济应承担起纠错与救济的主要角色。正如陈卫东教授指出的,"纠正错误判决应当在审级制度中解决,动辄就使用非常救济程序,就会使非常救济程序演变为普通救济程序"。② 但是,在我国,"现在的实际情况恰恰是二审程序纠正不了错误,好些案件的错误一定要拖到再审程序才能解决"。③ 而且,长期以来,再审改判率一直高于上诉改判率。这很大程度上凸显了我国上诉救济的制度缺陷,因为从长远的角度讲,让大量案件经过上诉审流向再审,必将消解上诉程序的救济功效和制度权威。当然,也显示着在我国转型期间,再审程序在一定程度上还担负着很强的纠错救济功能,并成为上诉救济的有力补充。而且,从纠错的角度讲,再审改判率居高不下还显示着我国再审受理上把关较严格——受理的案件均存在实实在在的冤屈。

但尽管如此,我们在着力改革我国上诉救济机制的同时,也应注意到再审程序在纠正或救济司法错误方面也存在自身的弱点或缺陷,具体而言表现在以下两方面:一是在制度设计上,我国再审程序重追诉而轻救济;二是在制度实践上,我国再审程序还面临着申诉救济难的困境。

就前一个问题而言,主要体现为制度上对追诉机关和被追诉人在再审启动

---

① 对此学者蒋鹏飞有细致阐述,参见蒋鹏飞:"美国刑事诉讼中的无害错误规则及其启示",载《国家检察官学院学报》2008年第4期。

② 陈卫东、李训虎:"公正、效率与审级制度改革",载《政法论坛》2003年第5期。

③ 曾献文:"刑事二审改革:在真相与权威间前进",载《检察日报》2008年7月23日。

方面地位不平等以及强调不利于被告人的再审。显然,在现代社会,审级制度并非全然致力于有错必纠,相反,它更多的是一种救济程序,致力于法律意义上的救济。同时,过于强调有错必纠还不利于法院裁判的安定性。不仅如此,过度限制被追诉人启动再审的制度设置也导致一些真正存在冤屈的当事人长时间得不到救济,进而影响了司法的权威性和社会的稳定性。为此,笔者认为,为了弱化有错必纠的原则,避免再审程序的追诉化,应完善再审的启动方式,限制再审的启动理由。一方面,应倡导"诉讼化"的启动方式,以诉的形式来改革我国再审程序的启动方式,赋予当事人与检察院启动再审之诉的平等权利。另一方面,应严格限制再审的启动理由,尤其是不利于原审被告人的再审理由,以保证生效裁判的安定性,彰显生效裁判的制度权威。一般而言,在比较法上,再审的功能设定存在人权保障型和实体真实型两种,前者要求再审只能在有利于被判决人的情形下才能提起,重在保障人权;而后者则允许提起对被判决人不利的再审,在保障人权的前提下兼顾发现实体真实。[①] 鉴于我国当前的制度语境,完全采取人权保障型模式也不合理,毕竟实践中存在诸多放纵罪犯的司法错误。为此,笔者认为,应兼顾再审纠错与法安定性,采行"实体真实型"模式。在制度设置上,应允许为被判决人利益而提出的再审,同时也应允许提起对被判决人不利的再审,但需严格限制——将其限制在原审中存在裁判证据虚假、裁判者徇私舞弊的情形。[②]

就第二个问题而言,我国再审程序在实践中还面临着申诉救济难的老问题。笔者认为,以下两个方面应成为申诉救济改革的重点。一方面,由于我国《刑事诉讼法》规定由受理申诉案件的原审级法院审查是否"确有错误",这导致实践中再审的启动很艰难。为此,在受理和审查的级别上,应提高审级,应由原审法院的上级法院进行,而非作出生效裁判的原审法院进行,尤其是案情疑难、复杂、重大的申诉案件,必须由上级法院直接受理。[③] 另一方面,在司法实践中,由于申诉救济长期得不到有效受理,当事人往往越级申诉或重复申诉。在实践中,当发现可能存在重大冤案的时候,虽然司法机关会成立专案组进行调查,但是这种专案组也因不具有组织性和常规性而无法适应纠错救济的需求。鉴于此,笔者同意一些学者的观点,主张针对重复申诉而又被判处重刑的当事人应成立专门

---

① 万毅:"论刑事审判监督程序的现代转型",载《上海交通大学学报》2005 年第 6 期。

② 万毅:"论刑事审判监督程序的现代转型",载《上海交通大学学报》2005 年第 6 期;陈瑞华:《刑事诉讼的前沿问题》,中国人民大学出版社 2000 年版,第 504 页。

③ 樊崇义:"错案昭雪:必须从偶然到必然",载《检察日报》2005 年 6 月 21 日;龙宗智:《徘徊于传统与现代之间:中国刑事诉讼法再修改研究》,法律出版社 2005 年版,第 328 页。

的调查委员会,专门解决这类案件。[①] 但顾及转型期司法资源的短缺,笔者认为,应限定在处以无期徒刑或死刑的重复申诉案件。

(二)传统信访制度的合理化改造

转型时期的国家权力并非不了解上诉审级救济在司法纠错与司法合法性塑立方面的多重功效,其实,中央与司法高层也一直致力于我国刑事审级制度的再改造。但毕竟,这种诉讼内的救济机制有其局限性,一如嘉德琼森指出的,"刑事司法体系在发现、对待以及处理其制造的错误等问题上本身往往是有缺陷的"。[②] 那么,通过何种纠错救济机制来弥补审级救济机制的功能局限呢? 在我国,一种受制于中国诉讼传统与转型语境的司法外救济机制——信访机制在纠错与平息纠纷方面正扮演着重要的角色,并在一定程度上"抢夺着"诉讼内审级救济制度的合法性地位。[③] 因此,如何对待信访制度也是转型期纠正司法错误、完善上诉审级救济不能绕行的重要议题。

1. 语境地评估我国信访机制。从制度属性上讲,信访制度源于我国宪法中公民的民主监督权。作为一种中国化的制度形态,它在制度目的上更为注重民情夙愿的表达和实体正义的实现,在制度功能上主要致力于公民的政治参与和权利救济。就后一功能而言,其中的涉讼信访相当于为当事人提供了一条法律外的救济途径,即当事人认为司法判决没能保障其权益或没能实现其要求时,有权向有关部门来信、来访。近年来,学界针对信访机制提出了种种批评和质疑,但语境地评估,信访机制在我国有着相当的历史合理性和现实合理性。一方面,从历史的角度讲,信访机制乃是我们党革命历史的经验累积,信访制度是建立在司法的群众路线与司法的实事求是原则等政法传统基础上的。它不仅在价值理念上能够超越间接民主、强化公民参与,而且在操作技术上契合着传统的政法文化。[④] 不仅如此,在新中国历史上,信访还是改革开放之初平反"冤、假、错"案最为畅通的渠道之一。[⑤] 另一方面,从现实的角度讲,在当前社会转型期社会冲突和矛盾剧增,司法救济也较为乏力的情况下,信访客观上为民怨的排泄、社会冲突的化解提供了一个消防通道,其现实意义不可小视。[⑥] 仅以人大为例,2005 年全国人大常委会办公厅信访局的接访总件数为 40,433 件,比上年同期增长

① 樊崇义:"错案昭雪:必须从偶然到必然",载《检察日报》2005 年 6 月 21 日。

② G. H. Gudjonsson, *The Psychology of Interrogation and Confession: A Handbook*, wiley, 2003, p. 35.

③ 刘思达:"法律移植与合法性冲突:现代性语境下的中国基层司法",载《社会学研究》2005 年第 3 期。

④ 左卫民等:《最高法院研究》,法律出版社 2003 年版,第 395 页。

⑤ 朱最新、朱孔武:"权利的迷思:法秩序中的信访制度",载《法商研究》2006 年第 2 期。

⑥ 左卫民等:《最高法院研究》,法律出版社 2003 年版,第 398 页。

50.4%;来信总件数为124,974件,比上年同期增长83.9%。与此同时,各级人大常委会受理的公民信访投诉中,涉及司法机关的投诉上升约占60%~70%,其中针对法院案件的投诉又占绝大部分。[①] 尽管其中有不少是“刁民滋事”,但也不乏“蒙冤受屈”的案件。

2.语境地改良我国信访机制。然而,随着社会情景的变迁,信访制度的救济功能也面临着诸如信访量激增[②]、信访效果欠佳[③]、国家资源耗费大等弊端。同样的,我国传统信访机制的权利救济功能还与转型期程序法治化的宏观趋势不相协调,它不仅会影响司法独立、损伤司法权威,还会破坏法院裁判的安定性。有鉴于此,笔者认为应贴合我国社会语境来改良我国信访机制。第一,逐步扭转信访机制的功能错位。在我国当下,现行信访机制强化的是权利救济方面的功能,其实,“信访制度本来应该是收集和传达老百姓民意的一种制度设计,相当于一个秘书的角色。但现在却成了老百姓最后一种救济方式,而且被视为优于其他行政救济甚至国家司法救济的最后一根救命稻草”。[④] 虽然这种制度倾向能够起到化解一部分社会矛盾、救济一些权利诉求的功能,但是,从迈向法治化的宏观趋势来考量,却是价值背离的。[⑤] 因为过度地拓展涉讼信访通道,“也许会拥有更多的‘清官’,但却只会有极少的‘法治’和‘司法’”。[⑥] 客观地分析,信访的大量使用已经在一定程度上损伤到我国上诉救济的合法性基础。因此,从长远的角度讲,信访机制的权利救济功能应当弱化而非加强。第二,在强化政治参与、弱化权利救济的基础理念指导下,应整合信访资源、重构信访机制,以减缓当前信访渠道零散、资源耗费巨大的弊端。笔者认为,应当设立隶属于人大的冤狱

---

① 蔡定剑:“人大个案监督的基本情况”,载《人大研究》2004年第3期。

② 中国在2003年就曾遭遇信访洪峰,据报道,从2003年1月1日到11月26日为止,共收到上访信件52,852封,比2002年同期增长了近五分之一;其中新信33,369封,重信19,483封。在同一时间段,来全国人大信访接待室上访的总件数为17,063件,比2002年同期增长了近三分之一。胡奎、姜抒:“2003中国遭遇信访洪峰”,载《瞭望东方周刊》2003年第4期。

③ 据调查,某市2001年个人重访比例占上访总量的60.9%,集体重访比例占上访总量的57.9%;2002年个人重访占上访总量的68.7%,集体重访的比例比2001年稍有下降为48.46%;2003年个人重访占上访总量的57.25%,集体重访占上访总量的46.71%;2004年个人重访占上访总量的73.1%,集体上访的比例也是居高不下。从以上数据显示,2000年以来,重访的人数和比例都基本占到当年信访总量的50%,同时重访滞留时间拉长,出现很多上访老户,这些上访老户上访时间在5到20年之间不等。李蓉蓉:“信访与地方政府治理中的问题”,载《中国行政管理》2006年第1期。

④ 赵凌:“国内首份信访报告获高层重视”,载《南方周末》2004年11月4日。

⑤ 于建嵘:“中国信访制度批判”,载 http://www.iolaw.org.cn/xhownews.asp? id=12250,2010年9月11日访问。

⑥ 左卫民、何永军:“政法传统与司法理性:以最高法院信访制度为中心的研究”,载《四川大学学报》2005年第1期。

申诉委员会或冤狱申诉局。一来可以实现权力影响与专业优势之间的平衡。现行信访机制的主体部门除司法部门之外还包括了各级人大、政法委、行政部门，在其他国家针对冤狱救济还包括民间团体。但是，我国民间团体的建议往往专业化较高，但缺乏权威性，而人大、政法委、行政部门甚至一些媒体的影响力较大，但专业化却不够，致使后者处理的大量信访案件过分重视社会效果，而忽视法律效果。为此，如果在人大内部设立冤狱申诉委员会，由一些较为资深的退休司法人员或律师人员组成，便既可以兼顾权威性，也可以兼顾专业性。二来可以实现权利救济与体察民情之间的平衡。由于我国人大是权力机关，具有监督一府两院的宪政职能。因此，将冤狱申诉委员会设置在人大内部比较合理，并使之主要承担两个方面的任务：一是接待申诉信访，建立档案，并将认为具备申诉条件的案件转交法院再审。二是通过接待申诉信访或者派出申诉专员倾听民情、独立调查，以了解、监督司法机关的工作情况。① 三来可以实现申诉建议与申诉救济之间的平衡。有学者提出，该机构在财政上应由国家统一拨款，脱离地方和原有的司法机构而独立运行，并享有撤销或变更终审的错误判决，纠正或监督追诉机关的错误决定等权限。② 笔者认为，这种建议有侵越司法权之嫌疑，不符合迈向法治化的长远趋势。因此，应当将该机构的权力限定在冤狱申诉建议的范围内。③

综合以上，通过语境地改良我国信访机制，不仅可以将传统信访救济途径纳入到法治化的轨道之中，而且也有利于与审级救济制度形成合力，共同致力于刑事司法错误的救济。

（三）相关配套机制的渐进式改良

制度功能的实现还需要相关配套设施的完善。因此，我国刑事审级制度的纠错功能之发挥以及纠错与救济功能之协调，尚需要观念上、制度上、人员上等方面的多元支撑。

第一，在观念上，逐步培养公民树立起“司法最终救济”的理念信仰。一如前述，事实意义上的司法错误之纠正虽然是审级制度的基本目的，但审级制度的设置与运行却仰赖于法律意义上的司法错误之认定。因此，司法必须有所终结、司法的审级设置也必须有所限度。同样的，转型时期的信访机制尽管出发点在于实质正义的实现，但司法作为最终解决者的角色却应当予以维系。在此意义

① 胡星斗：“结束信访，设立冤案申诉局”，载 http://www.huxingdou.com.cn/redress.htm，2010 年 8 月 17 日访问。

② 刘斌：《20 世纪末平反冤假错案案例纪实》，珠海人民出版社 2001 年版，前言。

③ 郭欣阳：“刑事申诉筛选机制比较研究”，载《政法论丛》2007 年第 5 期。

上，若“司法最终救济”的法治观念没有树立，我们也很难想见普通民众会摒弃传统信访救济，而迈向现代审级救济。

第二，在制度上，逐步促成庭审中心与司法独立运作的诉讼机制。如前所述，我国审级制度运行的“瓶颈”主要在于侦查案卷中心和案件请示制度，如果这两者不能扭转，则审级制度很容易被架空，司法错误的纠正也就成为无源之水。① 而扭转这两种制度的根本就在于庭审中心主义和司法独立运作机制的确立。当然，我们也应当更为积极地看待中国刑事司法制度的法治化进程。如针对中国的案卷中心主义的制度模式，左卫民教授就指出，受现代性变迁逻辑的影响和本土法治需求的刺激，影响刑事案卷制度的结构性因素正发生着转型。具体而言，“从诉讼目的上看，犯罪嫌疑人/被告人的人权保障将会被进一步强调，人权保障的理念已经获得制度上的认可，国际刑事司法准则对中国刑事诉讼制度中人权保障理念的贯彻起到巨大的推动作用，因此，在未来的刑事司法目的中，人权保障和正当程序很可能占到相当比例”。“从诉讼结构上看，侦查中心主义的诉讼特征将进一步淡化，侦查权的中心地位也将面临更多的结构性和制度性制约，因此，辩护权将逐渐获得更多的主体性待遇，审判程序也将获得自身的合法性权威与合法性功能。”“从司法组织形态上看，司法的一体化权力结构可能会逐步松动，并逐渐从强调互相配合转向强调互相制约。由此，相互关涉地将推动案卷中心主义特征的刑事庭审的制度转型。”②可以说，这些均是有利于审级救济的积极因素，也说明转型语境也是发展变化的。

第三，在组织上，逐步形成“精一审、强二审”的人员配置。徒法不能自行，缺乏精英化、专业化的法官队伍，司法错误的发生在所难免，上诉审的纠错功能也难以发挥。在当前我国司法实务中，存在一种对司法纠错非常不利的人员配置倾向，即将专业素质高、业务能力强的法官逐级升迁到更高审级的法院。虽然其初衷乃是致力于让素质高、能力强的法官进行审核把关，但同时，该措施也导致基层优秀法官的流失，致使基层法院的案件审理质量雪上加霜。正因为如此，进入上诉审级中的司法错误就更多了。笔者认为，如果单纯将司法纠错寄托于上诉救济程序，而不从根源——基层案件的审理质量上入手，显然有本末倒置之嫌疑。为此，笔者赞成近年来实践中倡导的“精一审、强二审”的改革思路，即摒弃将大部分能力较强的法官队伍安置在更高审级，而要兼顾一审、二审乃至更高审级的人员配置。这种实践智慧值得借鉴，因为该人员配置方案更有利于从源流上减少司法错误。不仅如此，这种“精一审、强二审”的组织改善还有利于我

① 陈瑞华：“中国刑事司法的三个传统”，载《社会科学战线》2007 年第 4 期。

② 左卫民：“中国刑事案卷制度研究：以证据案卷为重心”，载《法学研究》2007 年第 6 期。

国审级救济制度的法治化改革,如有利于增强初审法官的独立性,从而有利于弱化实践中盛行的案件汇报请示;有利于强化上级法院对下级法院的信任,从而有利于上诉审全面审查模式的消解和事后审查制的型塑。

总体上,尽管司法改良的受制因素较多,但我们也应当看到改革的积极因素“也许正在增多”! 通过对审级制度与信访机制的双重改造,也许刑事司法错误并不能(也不可能)全然解决,但经由上下级法院之间的职能分化,上下级法院之间的关系软化,司法与信访之间的功能协调,以及相关配套机制(包括观念、制度、组织上)的渐进式改进,刑事司法错误的纠正与救济应该会得到相当大的加强,刑事司法的合法性权威也会稳步提升。

论刑事二审抗诉程序的完善
——以二审抗诉程序的功能为视角

宋振宇* 杨 朔**

一、刑事二审抗诉权的性质

我国《宪法》第129条规定,人民检察院是国家的法律监督机关。我国《刑事诉讼法》第181条规定,地方各级人民检察院认为本级人民法院第一审的判决、裁定确有错误时,应当向上一级人民法院提出抗诉。

我国检察机关具有(但不只具有)公诉职能与法律监督职能,刑事二审抗诉程序实际上是通过诉讼的形式来实现法律监督的目的。首先,检察机关具有对法院一审判决和裁定的纠错职能,对于确有错误的判决、裁定,检察机关应当行使法律监督权。其次,这种监督权的行使是通过诉讼方式进行的,检察机关对于被监督的判决和裁定的纠错,并不是通过行政手段来进行,而是具有明显的诉讼特征。最后,这种监督权能否取得监督效果,决定权在审判机关,既然二审抗诉程序是一种诉讼程序而非行政手段,那么这种通过诉讼来表达的监督"诉求"能否实现,则依赖于法院的裁判权。

那么,刑事二审抗诉权究竟是一种什么性质的权力?

有学者认为,刑事二审抗诉权是一种公诉权:一审完结后享有诉权的人如果不服一审判决,可以在法定期限内提起上诉,启动二审程序。即使是普通公民只要享有诉权就可以启动二审程序,启动二审程序的权利是诉权的一种表现,不能说这种权力是审判监督权。同理,公诉机关的二审抗诉权也不能说是审判监督权。笔者不同意上述观点。首先,上述观点只看到了二审抗诉程序的表象,而没

* 北京市第一中级人民法院刑二庭

** 北京市第一中级人民法院刑二庭

有看清其本质。二审抗诉程序当然具备诉讼的特征,但是这种诉权的体现只不过是监督权实现的一种形式而非目的。其次,检察机关抗诉权的提起比一般的诉权更加严格。对于一审判决或者裁定确有错误的,检察机关本着纠错的原则才能提起抗诉,而一般诉权的提起则没有这样严格的要求。最后,上述观点仅因当事人的上诉权不是法律监督权就认为检察机关的抗诉权不是审判监督权的推论缺乏逻辑支撑。

也有学者认为,刑事抗诉权是审判监督权,刑事抗诉的最终目的在于纠正一审的错误判决和裁定,保障司法公正。笔者认为,刑事二审中的抗诉权是一种兼具监督权和诉权特征的特殊权力。一方面,刑事二审抗诉权的本质特征是监督权。另一方面,这种监督权的实现需要以诉权的实现为载体,即监督权通过诉讼程序实现。

程序的最大价值在于保障权力的良性运行并制约权力的滥用。既然刑事二审抗诉权包括监督权和诉权的双重含义,那么刑事二审抗诉程序则是为了保障监督权和诉权的双重实现,以及避免其滥用。

二、刑事二审抗诉程序的应然功能

任何一种程序都是一把“双刃剑”,在保障权力运行的同时,却有可能造成权力的滥用;在防止滥用权力的同时,却有可能造成权力的失位。作为规制刑事二审抗诉的程序,应当在保障权力和制约权力之间找到一个平衡点。本部分内容将阐释一个理想状态下的二审抗诉程序应当具备的特质。

(一)保障抗诉权的良性运行

1.保障监督权的实现

首先,抗诉程序的逻辑起点应当是检察机关对整个一审诉讼过程以及最终形成裁判的审查。理论上讲,二审抗诉程序应当保证检察机关能够尽可能全面地参与到庭审过程中,以便对一审中认定事实和适用法律有全面透彻的认识,能够尽可能详尽地查摆出一审中出现的违法之处,这样能够使监督权最大化地体现在诉讼过程中。当然,前提是这种监督权不能有违诉讼的特征,不能为了体现监督权而影响法院的独立审判,不能使检察机关成为凌驾于审判之上的最终决定机关。

其次,赋予检察机关提出抗诉的权力。当检察机关通过审查一审的程序以及作出的裁决,发现其中确有错误的,应当能够按照抗诉程序准确高效地提出抗诉。这里就涉及提起抗诉的主体问题。应然状态下提起抗诉的主体,应当是对一审诉讼过程进行监督的检察机关。参与一审监督的检察机关对于此诉讼阶段有着最直观和全面的认识,而且,在发现一审程序有错误时,甚至能够在一审作出判决之前就形成统一的认识,保证在抗诉期内准确提出抗诉,提高诉讼效率。

最后,检察机关派员出庭支持抗诉。由于抗诉是一种在诉讼范围内的监督,因此,在检察机关提出抗诉后,并不代表着监督权能够实现。为了保障监督权的实现,抗诉程序应当具备诉讼特征,即由高一级的法院对检察机关的"诉求"进行再一次审判。此时检察机关应当派员出庭,宣读抗诉书,举证质证,并与原审被告人及其辩护人进行法庭辩论,发表抗诉意见以支持抗诉,实现其监督权。

2. 保障诉权的实现

一方面,二审抗诉程序应当保障抗诉渠道的畅通与高效。具体包括两个方面的含义:一是保证检察机关的抗诉准备时间,这段时间长短的设计,应当考虑诸如被害人不服申请检察机关抗诉、原审被告人的上诉期限、检察机关审查案件所需期限等的问题;二是抗诉渠道明确畅通,哪一级检察机关发现哪一级法院一审程序确有错误、通过哪一级检察机关向哪一级法院提出抗诉的相关规定必须明确而具体。

另一方面,二审抗诉程序应当保障抗诉案件开庭审理并赋予控辩双方充分发表自己意见的权利。首先,二审抗诉程序的设计应当保障抗诉案件开庭审理,这是抗诉程序具备诉讼特征的前提条件。其次,诉讼的特征还在于法院居中裁判、控辩双方平等对抗的诉讼三角模式。法院处于三角结构的顶端,法院的裁判权具有至高的终局效力。抗诉机关与原审被告人或者上诉人处于三角的两个底端,进行对抗。最后,二审抗诉程序应当保障控辩双方充分行使自己的诉讼权利,如庭前交换证据、庭上举证质证、交叉询问证人、辩论的权利。

(二)防止抗诉权被滥用

没有制约的权力是危险的,二审抗诉程序的设计也应当考虑到对抗诉权加以制约,使其在合理的范围之内良性运行。

1. 防止监督权被滥用

一方面,为了制约抗诉权的无限扩张,二审抗诉程序应当对抗诉案件的提起条件作出明确具体的限定。对于一审中出现的错误和纰漏应当区分对待,对于严重到影响实体公正和程序正义的错误,理应提出抗诉,对于对实体公正没有实质性影响或者有轻微程序性违法的行为,则可以通过诸如发监督函之类的方式进行监督。以体现公正与效率相结合。

另一方面,被害人应具有申请检察机关抗诉的权利。权力的无限扩张表现为超越权限使用或是不作为。如果检察机关在一审判决、裁定确有错误的时候没有提起上诉,不但损害了国家公诉权的正确实施和权威,而且间接侵害到了被害人和被告人的合法权益。由此,被害人所具有的申请检察机关抗诉的权利便是对检察机关监督权的一种制约,即以权利制约权力,防止监督权的滥用。

2. 防止诉权被滥用

诉讼的基本特征是控辩双方之间平等对抗且法院中立裁判。但是由于检察机关处于法律监督机关的优势地位,平等对抗的实现更加需要程序的保障。抗诉机关和原审被告人就像是天平的两端,在保障检察机关诉讼权利的同时,更应当保障相对弱势一方——原审被告人的诉讼权利。二审抗诉程序应当保障原审被告人的辩护权能够充分的实现,杜绝法庭审理出现诉权一边倒的局面。

此外,二审抗诉程序还应当保证法院独立审判和直接审理。通程序规制限制检察机关诉权的扩大化,防止出现以法律监督机关的优势地位干预法院独立审判的情况发生。

三、我国二审抗诉程序的功能缺失

(一)保障抗诉权良性运行的功能缺失

1. 法院内部的汇报请示制度不利于抗诉权的实现

就法院而言,部门保护主义、本位主义的存在,阻却了抗诉权的行使。实践中最为突出的是法院系统长期存在的案件请示报告制度。法院案件报送请示,指的是在司法实践中,下级人民法院就其管辖的案件先将案件情况或定罪量刑的意见向上级人民法院请示报告,在得到上级人民法院的指示后再进行审理或作出判决的做法。其沿袭已久,最高人民法院又分别于 1986 年 3 月 24 日和 1990 年 8 月 16 日下发的《关于报送请示案件应注意的问题的通知》和《补充通知》对此进行了规范,使之成为一种制度。这种案件请示报告制度破坏了下级法院审判权的独立性和两审终审制的审级制度,使法律上的两审终审制演变为事实上的一审终审制,削弱了检察院抗诉权的有效性,导致抗诉程序形同虚设。

2. 一审检察院没有抗诉决定权

我国《刑事诉讼法》规定,地方各级人民检察院有权对同级人民法院地一审判决裁定提出抗诉,上级人民检察院如果认为抗诉不当,可以向同级人民法院撤回抗诉。此规定实际上将抗诉的启动权和决定权分离开来,造成权力不能集中行使,容易出现权力交叉的问题。如果上级检察院在审查下级检察院移送的抗诉书时发现应当提出抗诉而没有提出的事由,甚至是发现下级检察院所提抗诉不当,而判决本身在抗诉事由之外又确有错误,能否超越抗诉书范围提出新的抗诉意见。此外,我国《刑事诉讼法》还规定,人民检察院提出抗诉的二审案件,同级人民检察院应当派员出庭。此规定要求上级检察机关在较短的抗诉期限内既要熟悉案情,又需要确定是否抗诉、如何抗诉等,抗诉质量无从保障。如果上级检察院阅卷后发现下级检察院抗诉不当,不应支持,再向二审法院撤回抗诉,既不经济,亦不严肃。而且,如果为了被告人的利益,下级检察院提出抗诉,而上级检察院却撤回抗诉,被告人的利益则无从保障。

（二）防止抗诉权滥用的功能缺失

1. 二审抗诉案件的提起条件过于原则和抽象

根据我国《刑事诉讼法》第 181 条和《人民检察院组织法》第 17 条的规定,人民检察院提起抗诉的条件是"认为"一审裁判"确有错误",同时对于确有错误的裁判,人民检察院"应当"提起抗诉。这一规定的抽象性可以从三个关键词中表现出来:"认为"本身是一个带有很强主观意味的词语,而"确有错误"的"确有"明显是一个客观情况的描述,"应当"则带有不可协商、不能回转的强制性意味。这三个词语要求人民检察院对一审裁判"认为"有错,又要"确实"有错,而且一旦有错就"应当"提出抗诉。这样的规定至少给实践中的抗诉工作带来如下难题:

首先,对于"错误"的界定过于抽象,在实践中检察机关不好把握。其次,检察机关"认为"有错的裁判,无法保证该裁判"确实有错"。按照诉讼理论,对于一个裁判是否有错,只能通过另一裁判来认定,而不是通过检察机关来决定。最后,要求检察机关对所有"确有错误"的裁判均提出抗诉不切实际。若无论一审法院裁判的错误严重程度如何,均要求检察机关提出抗诉,既不必然达到法律效果与社会效果的统一,也浪费了本来就非常有限的诉讼资源。

如此抽象的二审抗诉启动条件的规定,极易造成抗诉权的滥用。试想当检察机关以一审裁判"确有错误"而提出抗诉,审判机关如何保证自身的独立审判?当检察机关因为一审裁判中存在一些并不严重的错误或者疏漏而大量提出抗诉的时候,审判机关又如何高效利用本来有限的司法资源?抽象的二审抗诉启动条件,成为制约抗诉权的一大障碍。

2. 被害人申请检察机关提出抗诉的情形下存在的问题

我国《刑事诉讼法》第 182 条规定:"被害人及其法定代理人不服地方各级人民法院第一审的判决的,自收到判决书后五日以内,有权请求人民检察院提出抗诉。人民检察院自收到被害人及其法定代理人的请求后五日以内,应当作出是否抗诉的决定并且答复请求人。"根据此规定,被害人在刑事第二审程序中仍没有相应"诉权",但是具有一定限度的法律监督权。对此,本文认为被害人申请检察机关提出抗诉的情形存在如下问题:

首先,被害人方面申请检察机关提出抗诉的主体范围狭窄。根据《刑事诉讼法》的规定,被告人、自诉人和他们的法定代理人有权向一审法院的上一级人民法院上诉,被告人的辩护人和近亲属经被告人同意,可以提出上诉。在被害人请求人民检察院提出抗诉方面,只有被害人及其法定代理人有权提出请求,这在被害人权益与被告人权益保护问题上就出现了不平衡现象。同时值得注意的是,被告人在二审审理程序中还有权利为自己的行为进行辩护,而被害人在二审审理过程中其权益还需依托检察机关行使的法律监督来维护,因此,在二审程序启动阶段不应对被害人方面过分限制。

其次,公诉案件被害人请求抗诉的受理机关单一。根据上述法条规定,被害人请求抗诉只能向检察机关提出,由检察机关进行审查,在收到请求后5日内作出是否抗诉的决定。在刑事一审案件启动前,如果人民检察院作出不起诉决定并通知被害人后,被害人如果不服,可以向上一级检察院申诉,或不经申述直接向人民法院起诉。而在刑事二审程序的启动阶段,如果检察机关经审查后决定不提起抗诉,那么被害人方面只能申诉提起审判监督程序,而审判监督程序启动条件限制较多,而且审判监督程序启动后势必要消耗更多的司法资源。

最后,检察机关支持抗诉的条件限制较多。被害人及其法定代理人提出请求后,检察机关立即进行审查,经审查认为应当抗诉的再作出抗诉决定。检察机关审查的依据便是问题的所在,如果按照《刑事诉讼法》的规定,只有一审法院的判决、裁定确有错误时,检察机关才应当向上一级人民法院提出抗诉,如果按照这个标准审查被害人的请求,那么本文认为这个标准对于被害人是苛刻的。对照被告人提起上诉的条件,只要被告人不服一审法院的判决、裁定,就有权向上一级人民法院上诉,并不要求判决、裁定确有错误。对比后就会发现,作为合法权益受到直接侵害、在刑事诉讼中身为当事人的被害人,其请求并促使检察机关提起抗诉的条件要比被告人上诉的条件苛刻得多,因此不得不认为此处存在当事人权益保护不平衡的问题。

当然,如果上面所称的抗诉权滥用是作为的过分使用,则此部分所称的抗诉权滥用则是以一种不作为的形式出现的。

四、我国二审抗诉程序功能的完善

(一)完善保障抗诉权良性运行之功能

1. 取消法院内部的汇报请示制度。在维持上下级人民法院监督关系的前提下,立法要明确规定监督的方式和内容,排除请示、汇报和批示、批复、指导之类的监督方式。2003年12月,最高人民法院颁布了《关于推行十项制度切实防止产生新的超期羁押的通知》,其中第4条明确指出:“完善依法独立审判制度,规范以至逐步取消内部请示的做法。人民法院审理刑事案件,应当依照刑事诉讼法的规定独立审判,坚持两审终审制。除了适用法律疑难案件以外,不得向上级人民法院请示。要规范以至逐步取消内部请示的做法。”最高人民法院和上级人民法院不得以判决和裁定以外的任何方式干预下级人民法院的审判工作。对此应当在《刑事诉讼法》中明确体现出来,并使抗诉的作用真正发挥出来。

2. 建立和完善案例指导制度。在目前形势下,案件请示制度赖以生存的各种机制和法制环境都无法改变,完全废除案件请示制度的设想并不可行。因此,我们必须引入其他制度来代替案件请示制度功能的发挥,其中最为有效的是案例指导制度。最高人民法院制定关于案例指导制度的规范性文件,规定指导性案例的编选标准、编选程序、发布方式、指导规则等。同时,对于具有普遍法律适用意义的案件,下级人民法院可以根据当事人的申请或者依职权报请上级人民法院审理。上级人民法院经审查认为符合条件的,可以直接审理。通过案例指导制度的建立和完善,逐渐废止案件汇报请示制度,使抗诉制度步入正轨,效力能够实际发挥。

3. 建立原公诉人参与抗诉案件庭审的制度。作为控诉机关,原审公诉人对于案件的了解程度应当是最深入的,不论是在审查起诉阶段对证据的分析,还是在一审阶段与被告人一方进行辩论,原审公诉人都全程参与。而目前我国法律规定的参加抗诉案件审理的检查员,对于案件的分析却仅被限定在抗诉期结束之后至开庭前这一段时间,不论是对事实的认识还是对证据的分析都不见得比原公诉机关的公诉人掌握的清楚。笔者认为,我国可以参照主要大陆法系国家的做法,抗诉案件由原公诉机关与上一级检察机关共同派员出庭支持抗诉。如此设计可以保证:首先,由于原公诉人要继续参加抗诉案件的审理,因此不会出现原公诉人与上一级检察机关沟通脱节的情况,更利于上一级检察机关了解案情。其次,由于原公诉人参与庭审,则上级检察机关可将原本用于准备庭审举证和辩论的时间优先用于对抗诉范围的审查,与原公诉机关形成一致的抗诉范围和抗诉意见,抗诉案件的提起与决定分离所带来的弊端可以得到一定的改观。最后,在法庭审理阶段,原公诉人与上一级检察机关的检察员共同举证质证并参与法庭辩论,能够更加充分地行使抗诉权,保证抗诉质量。

(二)完善防止抗诉权滥用之功能

1. 明确二审抗诉案件的提起条件

二审抗诉的提起既是法律监督权的一种体现,也需要具有诉权的特征。既要考虑以认识论为基础的追求客观事实真相、有错必纠的目标,也要考虑以价值论为基础的诉讼效率的制约。因此,对于二审抗诉的提起条件既不应当放得太宽而“抗无巨细”,也不应当限制过窄使抗诉成为一种“法律监督的奢侈品”。

具体来讲,对于检察机关发现的一审过程中出现的错误,如果认为可能影响裁判结果——如发现刑讯逼供、违反回避原则、定罪量刑出现实质错误,则应当以抗诉的形式进行法律监督。对于检察机关发现的一审过程中出现的错误,如果认为不致造成影响裁判的后果,则可以通过其他方式——如发监督表、监督函的方式进行法律监督。这样分别对待一审过程中的错误,既能够实现检察机关的法律监督权,又充分考虑了诉讼的效率,适合我国的实际情况,将有限的司法资源用在“刀刃”上。

2. 完善被害人申请抗诉的相关规定

完善被害人申请抗诉的相关权利,其出发点在于惩罚犯罪与保障人权之间的平衡。针对以上论述中阐明的被害人申请检察机关提出抗诉存在的问题,本文认为应从以下几点完善被害人申请抗诉的相关规定。

第一,扩大申请抗诉权主体范围。在实践中,被害人作为危害行为直接侵害的对象,其身体或精神都受到了一定程度的损害,被害人的法定代理人一般是被害人的共同居住人或关系密切人,其精神、情绪也会因危害结果的发生而受到不良影响。因此,本文认为只规定被害人及其法定代理人具有申请抗诉的权利使申请抗诉权的主体范围过窄,应扩大主体范围,将被害人的近亲属纳入享有申请抗诉权的主体范围之内。

第二,增加抗诉申请的受理机关。根据《刑事诉讼法》的规定,只有检察机关是受理被害人申请抗诉的机关,同时,检察机关也是决定是否支持公诉的机关。因此本文认为,基于被害人权益保护与程序公正,应增加原审法院的上一级法院为抗诉申请的受理机关。但是,原审法院的上一级法院只能是抗诉申请的受理机关不能是决定机关,否则就等于直接赋予的被害人抗诉权。受理申请法院应对被害人抗诉申请进行审查,如果认为被害人申请合情合理应将申请移交至检察机关,由检察机关最终作出是否抗诉的决定。增加抗诉申请的受理机关的意义在于增加被害人申请抗诉的途径,同时纳入审判机关加强部门之间的监督,意以权力制约权力,更好的保障被害人的权益。

第三,放宽检察机关支持抗诉的条件。刑事二审抗诉程序则是为了保障监督权和诉权的双重实现,刑事二审抗诉权包括监督权和诉权的双重含义,检察机关支持被害人的抗诉申请,就是维护了被害人的诉讼权利。因此,本文认为,检察机关在审查被害人的抗诉申请时,不应依照检察机关自行抗诉的标准,在条件上应更为宽松,如果被害人的抗诉申请合情合理,就应支持被害人的申请提起上述。当然在这种情况下,法院的审理程序也应有别于检察机关自行抗诉的程序,可依照被告人上诉的审理程序,如可以选择不开庭审理。

被害人抗诉请求权的现状与问题分析

邱志强* 孙 喻**

所谓被害人是指合法权益因违法犯罪行为侵犯而遭受一定损失或损害的人。[①] 20世纪中叶以来,被害人的意志逐渐得到尊重,被害人在刑事诉讼中的权利保障问题日益受到世界各国关注。一些国家以不同形式赋予了公诉案件被害人上诉权。我国虽没有赋予被害人上诉权,但在《刑事诉讼法》中规定:被害人及其代理人不服地方各级人民法院第一审判决的,自收到判决书后5日以内,有权请求人民检察院提出抗诉。《刑事诉讼法》对被害人提请抗诉权的规定,体现了我国法律对被害人合法权益的保护。然而,由于历史及现实原因等多方面原因,对于被害人及其代理人提请抗诉权的保护还存在诸多不足,需要继续加强与完善。

一、保护被害人抗诉请求权的重要意义

犯罪是指违反刑事法律的相关规定,并要承担刑罚处罚的行为。刑事犯罪行为不仅对国家利益和社会秩序造成极大危害,且损害了一定社会群体的利益,也就是被害人的利益。刑事犯罪历来是我国法律打击的重点。从理论上分析,国家对犯罪享有的追诉权是一种公权力,被害人个人对犯罪亦应享有私诉权。但由于刑事犯罪本身具有复杂性、隐蔽性等特点,被害人由于受其个人能力的限制无法承担查清案件事实的责任,也无法完成控诉犯罪的任务以及实现维护社会秩序安定的目的。刑事案件的性质决定了应主要由检察机关行使公诉权。为保护被害人的合法权益,我国刑法也规定了四类自诉案件,除此之外,一切刑事

* 北京市昌平区人民检察院公诉一处处长

** 北京市昌平区人民检察院公诉一处助理检察员,文学硕士

① 范晔:“保障被害人抗诉请求权的对策”,载《上海市政法管理干部学院学报》第17卷第3期。

犯罪的公诉权归于检察机关。

在现代法制下,被害人参与诉讼的心理,一方面是要求追诉犯罪、惩罚真凶,另一方面也有对加害人施加报复以使其遭受的物质损失和精神损失得到补偿。[①] 鉴于此,我国当前法律并未如西方一些国家那样,赋予被害人方与被告人方完全一样的当事人地位,而是由被害人向检察机关提出抗诉请求,由检察机关行使抗诉权。但由于在刑事犯罪中,被害人是利益受到直接侵犯的客体,其合法权益应与被告人一样享有相等的被保护权。在现行法律中,被告人具有有独立的上诉权,被告人的上诉权不但没有任何限制,法律还为其有效行使此项权利提供多种方便,并有"上诉不加刑"原则的保护。因此,对于处于弱势地位的被害人一方,请求人民检察院抗诉是刑事被害人不服一审判决的唯一自主的权利救济程序。为切实保护被害人利益,完善被害人抗诉请求权显得尤为重要。

二、当前被害人抗诉请求权中存在的问题

刑事抗诉权作为人民检察院履行法律监督职能的检察权之一,具有权威性、强制性、高效性等特征。刑事抗诉权既是人民检察院发挥法律监督职能,保证诉讼的程序正义与实体正义的体现,也是权利救济的一种途径。在现行法律体制下,刑事抗诉权存在两种方式:一种是公诉机关在收到法院的判决、裁定后,认为在定罪、量刑和适用法律情况方面存在有违法律相关情况时,应及时向上级检察机关提出抗诉意见;另一种是被害人不服法院的一审判决的,在法律规定时限内,可以提请检察机关提起抗诉。这里着重论述后者,作为保护被害人利益的抗诉请求权,在我国司法实践中仍存在一些不足之处,应引起重视。

(一)审查期限过短

《刑事诉讼法》规定被害人及其法定代理人不服地方各级人民法院一审判决的,自收到判决书后5日内,有权请求人民检察院提出抗诉,人民检察院自收到被害人及其法定代理人请求后5日以内,应当作出是否抗诉的决定并且答复请求人。在刑事抗诉权的行使中,法律仅赋予检察机关5日的审查时限,且不排除双休日及法定节假日。根据现有的审查体制,承办人审查后还要向处长、主管检察长进行层层请示,如果确有抗诉必要,还要经过检委会集体讨论决定。对于一些疑难复杂案件,有可能出现承办人迫于时限要求,审查不合法、不详细等情况。从根本上而言,不利于被害人权益的保护。

---

① 魏颖:"论我国检察机关为被告人利益抗诉的困境及出路",载《黑龙江省政法管理干部学院学报》2008年第4期。

(二)审查人员的确定

对于被害人及其代理人提请抗诉请求权是否支持,一般由案件的原承办人进行审查。但目前理论界有以下不同的看法:一种看法是认为应由原承办人进行审查,因为原承办此案的人员经过审查起诉、出庭支持公诉等环节,对于案件的事实、证据最为熟悉,最有发言权,换其他的人员审查需要重新对案件的事实证据进行复核,难免会耗费更多的人力、财力。另一种看法是认为应另行指派承办人进行审查。《刑事诉讼法》虽然赋予被害人及其法定代理人对刑事一审判决不服有请求抗诉权,但未规定该抗诉请求由检察机关内部哪个部分受理和审查,《最高人民检察院刑事诉讼法规则》也没有相关规定。如果仍然由原公诉人对被害人及其法定代理人的抗诉请求进行审查,不能排除由于其先入为主观念可能导致不能客观公正地对待此抗诉请求的情形。指定一位承办人和原承办人共同审查的做法似可克服上述两种做法的弊端,但需防止承办人间碍于情面而使联合审查徒有形式。[①] 在司法实践中,对被害人的抗诉请求,多以承办人审查为主要形式。但以上看法都各有利弊,从根本上而言,应确立专职人员对法院判决进行审查,以保障审查的翔实准确。

(三)救济形式单一、时间冗长、条件过窄

在现有的法律体制下,对被害人的救济只有两种形式:一种是被害人收到判决后5日内有权要求检察院抗诉,另一种是在判决、裁定生效后,被害人可以向法院或检察院申诉,但在此期间不能停止判决、裁定的执行。前一种救济形式是对于被害人而言,较为被动,被害人只能提出相关证据,要求检察院抗诉,而最终是否抗诉的决定权在检察院手中。后一种救济形式的启动更为严格,根据《刑事诉讼法》第204条的规定,只有在符合以下四种情形时,法院才能启动重新审判程序:(1)有新的证据证明原判决、裁定认定的事实确有错误的;(2)据以定罪量刑的证据不确实、不充分或者证明案件事实的主要证据之间存在矛盾的;(3)原判决、裁定适用法律确有错误的;(4)审判人员在审理该案件的时候,有贪污受贿、徇私舞弊、枉法裁判行为的。这两种救济形式都或多或少存在某种缺陷,影响了对被害人权益的保护。

(四)被害人抗诉请求客体偏窄

根据我国《刑事诉讼法》第182条的规定,被害人及其法定代理人仅对法院的判决有权提请抗诉,对裁定则无抗诉主动权,这在一定程度上限制了被害人抗诉请求的客体。第204条规定:"当事人及其法定代理人、近亲属,对已经发生法

① 何建芳:"抗诉请求权及其程序规定",载《刑事检察》总第39期。

律效力的判决、裁定,可以向人民法院或者人民检察院提出申诉,但是不能停止判决、裁定的执行”,这里把当事人及其法定代理人、近亲属申诉的客体扩大到裁定的范围。同样是对被害人权利的救济,不同的启动程序所针对的客体则有如此区别,客观上不利于被害人权利的保护。

(五)被害人法律意识淡薄,对于抗诉的相关规定缺乏一定了解

目前我国的社会主义法制建设已经取得了巨大成就,但由于历史与现实等多方面原因,广大人民群众的法律意识仍然淡薄,不懂法、不知法的人还占有很大例。在一些故意伤害案件中,有些被害人在案发后不知去向,给案件的正常起诉带来很大困难,更无从通过抗诉请求权维护自身合法权益。也存在一些被害人收到法院判决后,没有在法定时限内提请检察机关抗诉,从而在法律上错失抗诉请求权的情况。这就要求法院在送达判决书时对此项权利明确告知被害人,检察机关在收到判决书后也应再次向被害人告权,以切实从体制上保障被害人的相关权益。

(六)公诉人的抗诉审查能力有待提高

公诉人在审查被害人提请抗诉的案件时,或出于与法院的业务关系的考虑,或由于自身业务能力所限,而对相关案件的抗诉请求不予支持,种种原因导致了抗诉案件的支持率偏低。

三、完善被害人抗诉请求权的建议

在现行司法实践中,被害人抗诉请求权的作用尚未得到完全发挥,既有体制原因也有主观因素,为贯彻中央提出的以人为本的科学发展观核心,维护法律公平正义、切实发挥检察机关的法律监督职能,现提出以下相关建议:

(一)扩大被害人告权的内容范围

在司法实践中,在保障被害人抗诉请求权这一实体权利中,检察机关告知不够,有些被害人不知道可以行使抗诉请求权,少数法院又不依法将判决书送达被害人,使得被害人难以行使这项权利。检察机关应在告知被害人有权委托诉讼代理人的同时,应告知被害人不服地方各级人民法院第一审判决的,自收到判决书5日内有权请求人民检察院提出抗诉;或者在检察机关收到法院的第一审判决时,应将判决结果口头或书面告知被害人,并征求其是否申请抗诉的意见。检察院应当改进《被害人权利告知书》的现有内容,增加抗诉请求权这一项,以便多方位、多层次保护被害人的相关权利。尤其是现有的法律文书,法律术语过多,致使当事人对于内容的理解存在偏差,检察院应当采用通俗的语言对抗诉权、回避权等诸多法律术语作出解释,附在法律文书的下方,这不仅有利于法律的执行,也有助于提高当事人的法律意识。

(二)设立专职审查人员

由于原承办人员受原先办案过程中形成的认识影响,在审查被害人提出的抗诉请求时容易先入为主,难以深入细致地进行审查,从而可能影响其对抗诉请求的公正审查。因此,应规定不得由案件原承办人审查被害人的抗诉请求,而由专职人员进行审查,并应要求写出审查报告,以保证审查人员对是否抗诉提出正确意见,从而切实保障被害人的抗诉请求权。

(三)被害人抗诉工作纳入量化考核体系

由于被害人与司法机关地位的不对等,使得被害人的抗诉请求权没有得到足够重视。上级人民检察院应该将下级人民检察院提请抗诉工作纳入案件质量管理体系,增强上级人民检察院对抗诉工作的重视。对于被害人提请抗诉的案件,专职审查人员应写出详细的审查报告,并报上级检察院备案,以切实增强抗诉审查的质量。

(四)扩大被害人提请抗诉请求权的范围

应通过立法,将法院的裁定纳入被害人提请抗诉的范围。被害人对于法院的裁定不服的也可以向检察院提请抗诉,这样方能与《刑事诉讼法》第 203 条相应合。

(五)提高审查人员的业务能力与职业素养

对于专职审查人员,应通过相关业务培养,提高其审查被害人提请抗诉案件的能力。并且建立相应监督机制,使审查人员切实履行其审查职责,避免滥用权利,损害被害人利益。由于法院与检察院之间密切的业务关系,部分审查人员怕提请抗诉影响了与法官的关系,而存在漏抗情况,应引起重视。

四、制度构建与展望

对于刑事案件中被害人权利的保护,已成为现今刑事学界关注的重点。从当代刑事诉讼发展的趋势来看,扩大和保护被害人的权利是刑事诉讼权利保障的一个重要方面。世界上一些国家,诸如法国、德国、瑞典等国的法律都以不同形式赋予被害人上诉权。如瑞典《刑事诉讼法典》规定:被害人对检察官不上诉的判决,可以上诉。① 联合国在 1985 年《为罪行和滥用权力行为受害者取得公理的基本原则宣言》中规定:"对待罪行受害者时应给予同情并尊重他们的尊严。他们有权向司法机构申诉并为其所受损害迅速获得国家法律规定的补救。"

---

① 博·斯文松:"瑞典刑事司法制度",程味秋译,载陈光中、江伟:《诉讼法论丛》(第二卷),法律出版社 1998 年版,第 269~270 页。

该条款也明示了被害人有上诉权。[①] 规定被害人享有上诉权,在一定程度上有利于被害人权利的保护,使被害人与被告人一样在法律上享有平等的上诉权。但基于我国目前的司法环境,尚不适合规定被害人的上诉权。这是因为:(1)我国司法资源有限,如果推行被害人上诉制度,极有可能造成司法资源的浪费。(2)被害人法律素养有待提高。如果推行被害人上诉制度,有可能出现部分被害人出于报复被告人的目的,追求不合理的民事赔偿与精神赔偿,滥用上诉权。(3)与检察机关的抗诉权形成冲突。我国现行法律规定,检察机关对于法院的判决、裁定可以提出抗诉,如果推行被害人上诉制度,极有可能造成检察机关的抗诉与被害人的上诉产生冲突,不仅浪费了司法资源,也容易造成司法混乱。因此,在我国司法环境下,只有切实从现行的被害人抗诉请求权出发,加大检察机关诉讼监督力度,从实体与程序两方面保障被害人的合法权益,方是可行之道。

① 雷连莉:"论公诉案件被害人的有限上诉权",载《探索与争鸣》2006 年第 10 期。

【专题三:上诉不加刑原则的落实与完善】

贯彻上诉不加刑原则的实践反思与立法完善*

项　谷**

上诉不加刑原则是刑事诉讼第二审程序中的特殊原则,被称为保障被告人上诉权的基石。《刑事诉讼法》修改以来,尤其是最高人民法院在《关于执行〈中华人民共和国刑事诉讼法〉若干问题的解释》(以下简称《解释》)中对适用上诉不加刑原则作出具体司法解释后,对第二审程序中仅有被告人一方上诉的案件贯彻上诉不加刑原则,基本杜绝了直接加刑的问题。这对保障被告人的合法权益,体现诉讼民主和现代司法文明都起到积极作用。但是,实践中也存在利用与第二审程序相关联的审判监督程序和发回重审制度,对仅有被告人一方上诉的案件变相加重被告人刑罚的问题。本文拟通过对实践中"变相加刑"问题的剖析,从司法和立法两个层面对完善上诉加刑原则适用提出自己的看法建议,以求教同行专家。

一、上诉不加刑原则在我国《刑事诉讼法》中的体现

《刑事诉讼法》第190条第1款规定:"第二审人民法院审判被告人或者他的法定代理人、辩护人、近亲属上诉的案件,不得加重被告人的刑罚。"这是上诉不加刑原则在我国法律上的体现。但是,此条对上诉不加刑原则的规定过于抽象和原则,缺乏可操作性,同时由于第二审程序在案件事实、罪名、量刑等实体认定问题以及程序处理问题上较为复杂,所以在理论上和司法实践上,对这一原则的理解和运用都有较大分歧。鉴于此,《解释》第257条、第258条对适用上诉不加刑原则作出了具体规定。归纳而言:(1)共同犯罪案件,只有部分被告人提出

---

* 该文曾发表在《华东政法学院学报》2004年第5期,并被中国人民大学书报资料中心收录于《诉讼法学、司法制度》2004年第12期,获第四届上海检察理论研究年会优秀论文二等奖。

** 上海市人民检察院第一分院研究室主任

上诉的,既不能加重提出上诉的被告人的刑罚,也不能加重其他同案被告人的刑罚。(2)对原判认定事实清楚、证据充分,只是认定的罪名不当的,在不加重原判刑罚的情况下,可以改变罪名。(3)对被告人实行数罪并罚的,不得加重决定执行的刑罚,也不能在维持原判决决定执行的刑罚不变的情况下,加重数罪中某罪的刑罚。(4)对被告人判处拘役或者有期徒刑宣告缓刑的,不得撤销原判决宣告的缓刑或者延长缓刑考验期。(5)对事实清楚、证据充分,但判处的刑罚畸轻,或者应当适用附加刑而没有适用的案件,不得撤销第一审判决,直接加重被告人的刑罚或者适用附加刑,也不得以事实不清或者证据不足发回第一审人民法院重新审理。必须依法改判的,应当在第二审判决、裁定生效后,按照审判监督程序重新审判。(6)共同犯罪案件中,人民检察院只对部分被告人的判决提出抗诉的,对其他第一审被告人不得加重刑罚。

但是,上诉不加刑并不是在任何情况下第二审人民法院都不得加重被告人的刑罚。《刑事诉讼法》第 190 条第 2 款明确规定:“人民检察院提出抗诉或者自诉人提出上诉的,不受前款规定的限制。”

二、上诉案件通过再审程序“变相加刑”的问题

目前,理论界和实务界对上诉不加刑原则适用中最大的争议,莫过于二审法院能否通过审判监督程序纠正上诉案件中一审判决刑罚畸轻的错误。具体而言:对于仅有被告人上诉的案件,二审法院认为一审判决量刑畸轻且需要加刑的,能否在第二审判决、裁定生效后,按照审判监督程序改判加刑?对此,《刑事诉讼法》没有明确规定,最高人民法院《解释》则持肯定态度,《解释》第 257 条第 5 项规定:“对事实清楚、证据充分,但判处的刑罚畸轻,或者应当适用附加刑而没有适用附加刑的案件,不得撤销第一审判决,直接加重被告人的刑罚或者适用附加刑,也不得以事实不清或者证据不足发回第一审人民法院重新审理。必须依法改判的,应当在第二审判决、裁定生效后,按照审判监督程序重新审判。”最高人民法院规定这一《解释》的出发点是好的,为了正确贯彻上诉不加刑原则,彻底纠正在刑事审判实践中存在的错误做法:第二审人民法院为了加重上诉人的刑罚,以原判决事实不清或者证据不足为借口,裁定撤销第一审判决,将案件发回第一审人民法院重新审判。同时对于如何在适用上诉不加刑原则的情况下正确地纠正原判决适用刑罚的错误也作出规定,以指导审判实践。其主要依据是:首先,上诉不加刑原则仅适用上诉程序,而不适用审判监督程序。其次,二审因适用上诉不加刑原则而维持原判刑罚的生效裁判,在适用刑罚即在适用实体

法上确有错误,符合按照审判监督程序重新审判的条件。① 可见,这种做法在目前被视为唯一合法的正确的加刑渠道。学界对《解释》第 257 条第 5 项规定持"两分法"的态度。一方面绝大多数学者都赞成最高人民法院关于"不得直接改判加重被告人刑罚,也不得通过发回重审加重被告人刑罚"的规定。因为在第二审程序中对被告人一方上诉的案件,直接加重被告人的刑罚就明显违背了上诉不加刑原则,而发回重审的案件必须是事实不清或者证据不足,量刑畸轻不在此理由之例,所以这类案件不得通过发回重审而加重被告人的刑罚。② 另一方面则对"第二审法院能否通过审判监督程序加重被告人刑罚"认识不一,且相当一部分学者持否定意见。

笔者认为,首先,我们要解读《解释》第 257 条第 5 项规定的适用条件和范围,以探究该解释的原意和需要解决的问题。根据此项规定:其一,原判决必须事实清楚、证据充分,案由限制在仅有被告人一方的上诉案件,不包括既有被告人上诉又有检察院抗诉或者既有被告人上诉又有自诉人上诉的案件。其二,原判决必须是因适用法律不当而导致量刑错误,包括主刑和附加刑两种。其中对主刑而言,必须是量刑畸轻。司法实践中一般理解为,"量刑畸轻"是指人民法院对没有法定减轻处罚情节的犯罪行为,在该罪法定刑的以下判处刑罚。故系因适用法律不当而引起的量刑"畸轻",适用于跨越量刑幅度的量刑"畸轻",而排斥所谓适用法律正确但在量刑幅度内的量刑"畸轻"。对附加刑而言,应当适用附加刑而没有适用的,也明显属于适用法律不当。其三,原判决必须依法改判的。何谓"必须",《解释》本身没有规定,简言之,就是非改不可。在审判实践中虽具有酌定裁量权,但一般都应当从严掌握。其四,重新审判主体必须是二审法院或上级法院。由于《解释》没有明确再审启动和再审审判的主体,而是作了"按照审判监督程序重新审判"的开放性规定。那么,根据《刑事诉讼法》第 205 条的规定,人民法院、人民检察院都可以启动,甚至是当事人也可以申请启动,但再审主体应当是二审法院及其上级法院。

其次,我们从价值分析的角度,探究制度设置的价值合理性。《解释》允许通过审判监督程序加重上诉人刑罚的规定,说到底,是未能将上诉不加刑原则的精神贯彻到底。其背后仍然存在严重的"重实体轻程序"的传统观念,③将会引发诸多弊端。

一是"变相加刑"。该规定对量刑畸轻的一审判决,虽规定不得以事实不清

① 熊选国主编:《刑事诉讼法司法解释释疑(11)》,中国法制出版社 2002 年版,第 190 ~ 193 页。

② 甄贞主编:《刑事诉讼法学研究综述》,法律出版社 2001 年版,第 507 页。

③ 陈光中主编:《刑事诉讼法实施问题研究》,中国法制出版社 2000 年版,第 264 页。

或证据不足为由,发回重审而变相加刑,却允许先维持原判,再启动审判监督程序加刑。比较两种加刑方法,前一种方法,在二审程序中就直接否定一审判决,再通过发回重审加刑;而后一种方法在二审程序中虽没有直接否定一审判决,看似遵守上诉不加刑原则,但实际上只不过绕个圈子,通过审判监督程序加刑而已。因此,它们形式上所适用的法律程序不同,但实质上都是达到加重被告人刑罚的目的和结果,同样违背了上诉不加刑原则的立法宗旨。

二是对上诉人更为不利。其一,被告人不是法官,他无法确认一审判决是重罪轻判还是轻罪重判,不服一审判决而提出上诉,一旦被二审法院认为量刑畸轻,他将面临着被随后的审判监督程序加重处罚的巨大风险,使自己处于更加不利的境地。其二,被告人上诉总是希望上级法院作出有利于自己的判决,二审法院却因一审判决重罪轻判作出驳回上诉、维持原判的终审裁定。由于现行的裁判文书说理性不够,一般被告人不了解二审维持原判的理由,误认为一审判决发生效力,诉讼就此终止。但殊不知法院又启动审判监督程序重新审判,这就使刚刚恢复平静的被告人再次被迫参与诉讼,且无法预测第二次对其不利的判决结果,要承受更大的精神和心理压力。① 对被告人而言,这种貌似合法的"加刑"程序还不如二审直接撤销原判、发回重审,"速战速决"来得干脆,这样心理承受或许会更好些。其三,由于先是第二审程序终结,属于第二审案件,再启动审判监督程序,应当按照第二审程序进行审判,所作出的是终审裁判,被告人不得上诉,这就意味着被告人将失去普通救济机会。

三是转嫁过错责任。客观地说,对事实清楚、证据充分,但判处的刑罚畸轻,或者应当适用附加刑而没有适用的一审判决错误,一审法院和检察院都应承担过错责任,应当追究司法机关自身的责任。因为一审法院审判错误,检察院作为公诉指控、法律监督机关,没有发现一审判决错误或没有提出抗诉。被告人并没有故意隐瞒犯罪事实,不承担过错责任。相反,正是由于被告人的上诉,使上级二审法院发现和纠正一审判决错误。但是,通过再审程序加重被告人刑罚以纠正一审判决错误,实际上是以牺牲上诉不加刑原则为代价,将司法机关的过错转嫁到被告人身上,让被告人承担责任,这既不合理又不合情。如果被告人因害怕加刑而不敢上诉,二审法院因此会缺少及时发现和纠正一审判决错误的重要渠

① 相反,再审法院(一般就是二审法院)启动审判监督程序的目的十分明确,就是纠正一审判决刑罚畸轻的错误,其必然会引起加重被告人刑罚的判决结果。因为根据《解释》第257条第5项的规定,必须依法改判的,才能按照审判监督程序重新审判。如果不需要改判加刑的,就没有必要启动审判监督程序。从这个角度看,审判监督程序只不过是形式,结果早在二审裁定时就已经预测和确定,无论被告人怎么行使辩护权,都无济于事。但对这一再审结果,追本溯源,并不是检察院或被害人不服一审判决而引起的,恰恰是因被告人上诉自己引起的。因此,这种制度安排的缺陷是显而易见的。

道,不利于强化上级法院对下级法院的监督和指导。

四是有损司法信誉。上诉不加刑是国家对被告人所作出的一种司法承诺,目的是保障被告人上诉权。被告人受上诉不加刑原则的保护,能够没有顾虑地行使上诉权,能够预测到上诉后要么减轻处罚、要么维持原判的二审结果,从而依法维护自己的合法权益。该《解释》规定,违背了原先的承诺,失信于被告人,阻吓了被告人有效行使上诉权。

再次,我们从实体法的角度,通过分析造成刑罚畸轻的主要因素,进一步剖析该规定适用的必要性。《刑法》第 61 条规定:“对于犯罪分子决定刑罚的时候,应当根据犯罪的事实、犯罪的性质、情节和对于社会的危害程度,依照本法的有关规定判处。”这就是刑法关于量刑原则的规定,是罪责刑相适应原则的具体化。可见对犯罪事实、犯罪性质、犯罪情节、量刑情节等认定错误,均会影响正确量刑,导致量刑偏差。应当说,量刑畸轻是量刑偏差的一种表现结果。

从影响正确量刑的因素看,容易引起争议的是,对因认定罪名错误造成量刑畸轻的上诉案件,能否通过审判监督程序加重上诉人的刑罚。认定罪名(定罪)又称认定犯罪性质(定性),定罪是量刑的前提,只有确认行为构成何种犯罪,才能进入量刑的过程,否则对量刑就是违法。因定罪不当造成量刑畸轻的情况,主要发生在此罪与彼罪的认定上,且一般是将重罪名错定为轻罪名。对因罪名认定不当而导致量刑畸轻是否需要纠正,《解释》第 257 条第 5 项没有明确规定是否可以适用,第 257 条第 2 项也仅规定:“对原判认定事实清楚、证据充分,只是认定的罪名不当的,在不加重原判刑罚的情况下,可以改变罪名。”但是,我们将这一问题细加推敲,则会发现其可以适用《解释》第 257 条第 5 项规定。因为根据《刑事诉讼法》规定,适用审判监督程序的前提条件,必须是生效判决适用法律确有错误。《解释》第 257 条第 5 项对允许启动审判监督程序纠正量刑畸轻的案件仅是限定原判决必须事实清楚、证据充分,而没有限制造成量刑畸轻的原因。认定罪名、犯罪情节、量刑情节不当或者适用刑罚错误等均系一审判决适用法律确有错误,且均有可能发生量刑畸轻的情况,因此符合《解释》第 257 条第 5 项的适用精神。但这样推理的结论是,在被告人一方上诉的第二审程序中,只要一审判决适用法律确有错误并导致量刑畸轻的,都可以在二审终审后通过审判监督程序予以纠正,甚至可以不问一审判决是否事实清楚、证据充分。[①] 笔者认

① 因为根据《解释》第 257 条第 5 项规定,需要按照审判监督程序纠正一审判决量刑畸轻的上诉案件,必须“事实清楚、证据充分”。但是,对于“事实不清、证据不足”的上诉案件,二审法院发回重审的,原审法院在查清事实的基础上,也可以加重上诉人的刑罚。对此是否适用上诉不加刑原则,笔者将在后文予以分析。

为，上述结论实质上违背了在上诉程序中应当遵守上诉不加刑原则的立法宗旨。联系《解释》第 257 条第 2 项和第 5 项规定看，至少没有授权二审法院对上诉案件，可以按照审判监督程序纠正原判决因罪名认定不当所造成量刑畸轻的错误。根据公权力的行使原则，我们不应作扩张性的理解和执行。因此，笔者主张对这种情况，二审法院应当指出一审判决认定罪名不当的错误，再根据《刑事诉讼法》第 190 条第 1 款的规定，阐明上诉案件应当适用上诉不加刑原则，作出"驳回上诉、维持原判"的终审裁定。而没有必要再启动审判监督程序重新审判，来加重上诉人的刑罚。

从《解释》第 257 条第 5 项规定的适用条件看，影响正确量刑的因素，主要是指犯罪情节①和量刑情节②。我国刑法对各种犯罪的法定刑和法定量刑情节规定得十分详细，影响正确量刑并造成量刑畸轻的情况也较为复杂，有必要具体问题具体分析。

第一个问题是：对原审判决在同一法定量刑幅度内的量刑偏轻，有无必要加重原判刑罚？笔者认为，鉴于目前司法实践将是否跨越量刑档次作为判断量刑畸重、畸轻的标准，在法定量刑幅度内发生量刑偏差，认定犯罪情节正确，选择法定刑没有错误，仅在认定量刑情节有偏差，尚不能达到适用法律确有错误的程度。且《解释》第 257 条第 5 款将按照审判监督程序纠正原判决刑罚错误限定在"量刑畸轻"。从贯彻上诉不加刑原则的角度出发，不宜扩大现行的"加刑"范围。故笔者主张对法定量刑幅度内出现的量刑偏差的上诉案件，哪怕是涉及本该判决无期徒刑、死刑的案件，一律不得通过审判监督程序加重上诉人的刑罚。

第二个问题是：对原审判决跨越法定量刑幅度的量刑畸轻，是否需要加重原判刑罚？涉及跨越量刑档次的量刑错误一般可分为两种情况：一种情况是原审判决仅跨越有期徒刑的量刑幅度，但不涉及跨越含有无期徒刑、死刑的量刑幅度。这种单一刑种（主要是有期徒刑）量刑幅度的减轻处罚形成的"量刑畸轻"，与同一量刑幅度内包含有期徒刑、无期徒刑和死刑等不同刑种的从轻处罚所形成的"量刑偏轻"相比，在量刑错误的严重程度上，后者反而比前者严重。前者被认为是超出了自由裁量权的范围，属于适用法律不当；而后者被认为是在自由裁量权的范围内，即使偏轻、偏重，也不宜纠正。笔者主张，对原判这种量刑错误

① 这里的"犯罪情节"是指不具有犯罪构成事实的意义，却与犯罪构成事实的主客观方面具有密切联系，反映主客观的情况或深度，从而影响犯罪的社会危害程度与行为人的人身危险程度的各种事实情况。张明楷：《刑法学》（上），法律出版社 1997 年版，第 438 页。

② 这里的"量刑情节"，是指在定罪和确定相应法定刑的基础上，对犯罪分子量刑时据以从重从轻处罚、减轻处罚或者免除处罚以及暂缓执行刑罚的，表明行为的社会危害程度和行为人的人身危险程度的主客观事实情况。马克昌主编：《刑罚通论》，武汉大学出版社 2002 年版，第 272 页。

通过审判监督程序纠正,属于形式合理、合法,但实质并不合理、公正,故不得通过审判监督程序加重上诉人的刑罚。另一种情况是原审判决应当判处无期徒刑、死刑的,但在法定量刑幅度以下减轻处罚为有期徒刑。从实体法角度看,这种量刑畸轻,一是降格减轻处罚没有法律依据,显属适用法律错误;二是由无期徒刑、死刑降格判为有期徒刑,严重违背罪责刑相适应原则。因此,这类刑罚错误性质和程度最为严重,应该是《解释》第 257 条第 5 项进行纠错的重点对象。笔者主张,现阶段可以暂时保留该项纠错制度,但应将纠错范围严格限制在此类案件内,以体现"少用、慎用"的精神。

第三个问题是:对原审判决应当适用附加刑而没有适用的,是否需要加重原判刑罚?客观地说,主刑中剥夺生命的死刑、限制人身自由的无期徒刑,要比附加刑中剥夺、追缴财产的罚金、没收财产严厉得多。两者相比之下,对纠正适用附加刑错误,应当受到更为严格的控制。对此,笔者主张,对仅有被告人上诉的原审判决中适用附加刑错误,没有必要通过审判监督程序予以纠正。

最后,我们从实证角度,发现司法实践中很少适用《解释》第 257 条第 5 项规定。究其原因有三:一是类似量刑畸轻的案例较少,仅有被告人上诉而检察机关未抗诉的原判决量刑畸轻的案件,实践中更少发生。二是受到最高人民法院相关司法解释的制约。最高人民法院《关于刑事再审案件开庭审理程序的具体规定》规定,除人民检察院抗诉的以外,再审一般不得加重原审被告人(原审上诉人)的刑罚。最高人民法院对再审程序作出的特别规定,实质上是对适用《解释》第 257 条第 5 项规定的限制。三是在第二审程序中对上诉案件,二审法院即便发现原审判决有量刑不当的,通常直接作出维持原判的终审裁定,几乎很少在第二审程序终结后启动再审程序纠正,而且检察机关一般也不另行提出抗诉。综上分析,《解释》第 257 条第 5 项允许通过审判监督程序纠正原审判决刑罚畸轻的规定,违背了现代诉讼原理和上诉不加刑原则的立法宗旨,在理论上引起相当大的质疑,实践中很少适用又难以发挥其预设功能。

三、上诉案件通过发回重审制度"变相加刑"的问题

根据《刑事诉讼法》第 189 条、第 191 条的规定,第二审程序中,发回重审的案件包括两类:一类是原判决事实不清或者证据不足的,可以撤销原判,发回重审;另一类是一审法院的审理违反法律规定的诉讼程序,可能影响公正审判的,应当撤销原判,发回重审。那么对于上述两类只有被告人一方上诉而发回重审的案件,是否也适用上诉不加刑原则呢?由于《刑事诉讼法》第 190 条规定的上诉不加刑原则,是属于第二审程序的规定,是否也适用于第二审发回重审的案件,法律没有明文规定。学界观点不一,最高人民法院对《执行刑事诉讼法若干

问题的解释》释疑时明确指出:"上诉不加刑原则不适用于二审裁定发回重审的案件,即二审法院裁定撤销原判决,将案件发回原审法院重新审判后,原审法院可以对上诉人判处重于原判刑罚的刑罚。"①但是,必须承认,发回重审的案件既不同于第二审裁判的案件,也不同于未经上诉的一审案件。它源于被告人的上诉,派生于第二审程序,具有特殊性,这种特殊性决定了这类案件与上诉不加刑原则存在一定的联系。同时,还应看到,这类因被告人一方上诉而引发的发回重审案件,检察院并未对原审判决提出异议而抗诉,原审法院也没有对原审判决自行纠正错误,恰恰是因被告人自己启动上诉程序而引发了重审"纠错"程序。如果对发回重审的上诉案件,原审法院重新审判后随意加刑,不加必要的限制,这种"发回重审加刑"渠道与"再审加刑"渠道并无二致,均属"变相加刑",根本上都违背了上诉不加刑原则,不利于保护被告人的上诉权。因此,对于这类发回重审的上诉案件,是否适用上诉不加刑应区别对待,一种观点主张,原审法院重审后,没有发现新的犯罪事实,不能加重被告人刑罚;②另一种观点主张,原审法院重审后,除非重审后的事实发生变化,否则不得加重被告人刑罚。③

笔者赞同第一种观点,应以重审后是否有新的犯罪事实和新的证据来决定加重被告人刑罚。主要理由如下:

首先有必要正确理解发回重审中所称"事实"的含义。根据《刑事诉讼法》第 189 条的规定,发回重审时所指的是原判决事实不清;二审的对象不是起诉指控的事实,而是一审判决所认定的事实。但二审法院发回重审后,原审法院重新审判时,根据《刑事诉讼法》第 192 条的规定,依照第一审程序审判,即按照一审案件审判,这时原审法院应当根据起诉指控的事实来认定。

原审法院对于发回重审的上诉案件,如果重审后认定的犯罪事实与原判决认定的犯罪事实没有变化,检察机关也没有新的指控,不得加重被告人的刑罚;如果重审时,查清了原判事实,而且检察机关提供了新的证据,使原判事实、情节增加,或者由于检察机关重新指控,认定新的犯罪事实,这已经超出了原控诉认定的事实范围,可以加重被告人的刑罚;如果原判决对检察机关指控数罪事实或者同种犯罪中数节事实只认定其中一部分,重审时,应参照检察机关撤回起诉后没有新的事实和新的证据不得再行起诉的有关规定,没有新的证据不得追加认定,也不得加重被告人的刑罚。

此外,原审法院对于因程序违法而发回重审的上诉案件,主要是指《刑事诉

---

① 熊选国主编:《刑事诉讼法司法解释释疑(11)》,中国法制出版社 2002 年版,第 191 页。

② 陈卫东:《刑事二审程序论》,中国方正出版社 1997 年版,第 99 页。

③ 金泽刚:"发回重审案件是否适用上诉不加刑原则",载《法学》2001 年第 1 期。

讼法》第191条规定的情形的,应当重新开庭审理。至于重审后是否加重被告人的刑罚,因违反法定程序,损害当事人的诉讼权利,影响审判程序的公正性,但一般不涉及实体事实。因此,除非案件出现新的证据和事实,一般不得加重被告人的刑罚。相反,二审法院对于"原审法院的极其严重的程序违法行为,应当增加更为严厉的裁判方式,如直接作出无罪判决,使违法者承担不利的法律后果"。[①]

四、上诉不加刑原则的司法、立法完善

(一)从限制再审加刑条件到取消再审加刑规定,全面贯彻上诉不加刑原则

对于事实清楚、证据充分,但判处的刑罚畸轻,或者应当适用附加刑而没有适用的上诉案件,应坚持以无条件地适用上诉不加刑原则为前提,有条件地适用上诉不加刑原则为例外,采用限制再审加刑条件和取消再审加刑规定"两步走"的方法,逐步实现司法层面上的完善。

初步目标是改革现行再审加刑的纠错制度。缩小纠错范围和严格规范纠错程序。即对于一审法院本该判处无期徒刑、死刑却判处有期待刑的轻判,可区分一审法院的审级作出如下处理。

如果一审法院是基层人民法院,二审法院是中级人民法院。一审法院判处有期徒刑,二审法院认为应判无期徒刑或死刑的,应当按照何种程序纠正原判刑罚错误?笔者认为,基层人民法院审判中级人民法院管辖的案件,系管辖错误,属于严重违反法律规定的诉讼程序。在现行法定诉讼程序内,较为妥当的做法是:根据《刑事诉讼法》第191条的规定,应当撤销原判,发回重审。由原审法院即基层人民法院通过公诉机关将案件移送有管辖权的上一级检察院审查起诉,再向中级人民法院提起公诉,这时的中级人民法院因地域管辖规定有可能与原二审法院重合,但也有可能是其他中级人民法院。由于是中级人民法院发回原审法院重新审判的,作出的判决仍属第一审判决,被告人不服,仍可以提出上诉,不受上诉不加刑原则限制。同时,基层人民法院将案件重新移送审查起诉,使被告人可以重新聘请辩护律师,充分行使辩护权。

如果一审法院是中级人民法院,二审法院即高级人民法院。一审法院判处有期徒刑,二审法院认为应判处无期徒刑或死刑的。应当按照什么程序纠正原判刑罚错误?由于中级人民法院有权管辖判处无期徒刑、死刑的普通刑事案件,所以高级人民法院应根据《解释》第257条第5项的规定,先作出维持原判的终审裁定,再自行启动审判监督程序,重新审判。需要注意的是,根据第二审程序

---

① 陈卫东、李奋发:"刑事二审'发回重审'制度之重构",载《法学研究》2004年第1期。

作出的再审判决,是终审判决,被告人不得上诉。但高级人民法院如果直接改判死刑的案件,应当参照《解释》第257条第2款规定,对于第二审人民法院直接改判死刑的案件,应当报请最高人民法院核准。

最终目标是取消再审加刑规定。在第二审程序和审判监督程序中,全面、彻底贯彻上诉不加刑原则。为此,笔者建议,在今后《刑事诉讼法》及相关司法解释再修改中明确规定:凡是被告人或者他的法定代理人、辩护人、近亲属上诉的案件,人民检察院没有提出抗诉或者自诉人没有提出上诉的,第二审人民法院不得加重被告人的刑罚,也不得在第二审程序终结后按照审判监督程序重新审判,加重被告人的刑罚。但是被害人及其法定代理人请求人民检察院提出抗诉的,不受上诉不加刑原则的限制。主要理由是:

其一,《解释》第257条第5项关于可以再审加刑的规定,鉴于其在司法实践中运用得很少,没有发挥应有的制度功能,保留该制度弊大于利,与其让在理论上备受争议、实践中作用很小的制度形同虚设,还不如直接取消该制度。同时,应充分注意第二审程序与审判监督程序之间的衔接与协调,明确规定:"只有被告人一方提出上诉的案件,不得以任何方式加刑,包括启动审判监督程序,且无论是法院自行决定还是检察院抗诉引起的",以彻底堵塞变相加刑的渠道。

其二,在适用上诉不加刑原则中有必要兼顾依法保护被告人合法利益和依法保护被害人合法利益的平衡,我国《刑事诉讼法》赋予被害人的当事人地位,但没有赋予其独立的上诉权。笔者认为,赋予被害人独立的上诉权,需要立法修改,情况较为复杂。目前,较为可行的方法是,在被害人具有请求抗诉权的立法框架内,明确规定在被告人提出上诉的第二审案件中,被害人及其法定代理人请求人民检察院提出抗诉,即便检察院经审查决定不抗诉,第二审法院认为原审判决确有错误,需要加重上诉人刑罚的,可以不受上诉不加刑原则的限制。

其三,在第二审程序中,上诉不加刑原则与有错必纠原则发生冲突时,应该牺牲个体的实体公正,以实现整体的程序公正,来保障宪法规定的辩护权得以真正落实。同时,我们也应看到,随着审判质量和审判水平的不断提高,人民检察院法律监督的不断加强,发生重罪轻判的差错将会越来越少。

(二)限制重新审判加刑条件,在发回重审制度中实行有条件适用上诉不加刑原则

对于发回重审的上诉案件加刑问题,初步目标是严格限制重新审判加刑的条件。原审法院重审后,除非有新的犯罪事实或者增加原判决认定事实和情节,否则不得加重被告人的刑罚,以防止发回重审加刑渠道被滥用,保障上诉不加刑原则的贯彻。最终目标是改革现行发回重审制度。笔者建议取消《刑事诉讼法》第189条第3项关于因事实不清、证据不足发回重审的规定,彻底杜绝发回

重审加刑渠道，革除变相加刑的弊端，但应保留因违反法定程序的发回重审条件。

（三）完善立法技术，适当扩大上诉不加刑原则适用范围

笔者建议，在今后的法律修改中，应对《刑事诉讼法》第190条予以修正，补充“对于人民检察院、自诉人为被告人利益而提出的抗诉或者上诉，第二审人民法院也不得加重被告人的刑罚”的内容，使上诉不加刑原则在立法上更加严谨、完整。

上诉不加刑适用中的两个争议问题

申　云*　温如敏**

刑事上诉制度是根据我国《刑事诉讼法》两审终审的制度设计,为了保障被告人的权利、确保审判质量而设立的诉讼程序。该程序的设置为一审被告人提供了由上一级法院重新审查得到公正审判的机会。上诉不加刑原则的确立旨在保护被告人上诉权利,使其不致因害怕上诉后再次审判承担更加不利的后果而不敢提出上诉,不得不放弃由上一级法院重新审查的机会,从而最终导致上诉程序被虚设。但是对如何在处理具体案件中理解、适用上诉不加刑原则,各地的做法不一,这既有损法律的权威,同时也不利于保障一审被告人的诉讼权益。

一、发回重审案件能否排斥上诉不加刑原则

在我国刑事二审程序中,上诉案件并不是完全由二审法院作出最终具有法律效力的判决和裁定,很多是由二审法院发回一审法院重新审理。根据《刑事诉讼法》第190条和最高人民法院《关于执行〈中华人民共和国刑事诉讼法〉若干问题的解释》第257条第1款第5项的规定,有两种情况是确定不加刑的:凡是第二审人民法院审判的只有原审被告人上诉的案件,一律不得加重被告人的刑罚;事实清楚、证据充分的案件,不得以任何形式加重刑罚。但是,对于事实不清,证据不足发回重审的案件,能不能对被告人加刑,上诉不加刑原则是否在这类案件中适用,在理论和实践中都有较大的争议。主要有两种观点:

一种观点认为,发回重审案件可以加刑,这也是实践当中普遍的做法。有人指出,"上诉不加刑原则只适用于二审法院直接改判的案件,不适用于发回重审

* 北京市人民检察院第一分院政治部副主任

** 北京市人民检察院第一分院二审监督处干部

的案件”[①]。发回重审的案件原审法院按照一审程序审理，查清事实后该加刑的加刑，该减刑的减刑，如果被告人不服重审判决，还可以提出上诉。还有人认为在司法实践中，以下两种情况不受上诉不加刑原则的限制：(1)因原判事实不清或者证据不足发回重审的案件，若查清了原判确实没有查清的事实和证据，根据查明的事实和证据量刑，可不受上诉不加刑的限制。(2)经过二审审理，若发现新的犯罪事实，应该改变控诉范围，发回原审法院重审。对于发现新的犯罪事实的案件，原审法院可以不受上诉不加刑的限制，但是，上述情况必须是“确属原判事实不清或证据不足以及真的发现了犯罪事实，在重审时加刑不属违背上诉不加刑原则”。[②]

另一种观点认为，发回重审案件不可以加刑。认为发回重审案件加重被告人的刑罚是变相加刑，动摇了上诉不加刑原则的根基。如樊崇义教授认为若发回重审加重刑罚，此时第一审法院若对被告人加刑，按诉讼法的规定并不违法，但这种情况与那种明显的违法重审，对上诉不加刑的损害结果是相同的。“任何变相加刑的做法，都不仅会破坏上诉不加刑原则，而且必然导致被告人上诉权的不敢行使和二审终审制的落空，结果不是有弊无利，至少也是弊大于利。”[③]

笔者认同第二种观点，认为在刑事诉讼中要切实贯彻执行上诉不加刑原则，对事实不清，证据不足发回重审的案件，一审法院重新作出判决时，不能加重被告人的刑罚。理由主要有以下六点：

1. 上诉不加刑原则的价值蕴涵要求不能加刑。上诉不加刑原则是刑事二审程序中的特许原则，是法律赋予被告人的一项重要权利，被称为保障被告人上诉权的基石。起源于西方现代刑事诉讼的上诉不加刑原则是为了保障人权而诞生的。古代欧洲罗马共和国时期由于迷信神示证据，奉行“一事不再理”原则，没有上诉制度。中世纪和欧洲由于对君权的畏惧，一般也是一审终审。资产阶级革命胜利之后，西方各国为保护被告人权利，继续实行“一事不再理”原则。但是一次判决有可能出现错误，损害被告人的利益的情况，因此必须对“一事不再理”原则有所突破，设立上诉制度予以救济。然而这种救济程序必然破坏法律的稳定性，并可能剥夺因“一事不再理”原则而获得的既得利益，为了调和上诉制度带来的法律的稳定性和真实性的冲突和摩擦，并彻底落实人权保障至上理念，上诉不加刑制度即应运而生[④]。由此可以看出，上诉不加刑原则完全是为被告

① 陈光中：《刑事诉讼法实施问题研究》，中国法制出版社 2000 年版，第 263 页。

② 王国枢：《刑事诉讼法学》，北京大学出版社 1998 年版，第 347 页。

③ 樊崇义：《刑事诉讼法学研究综述与评价》，中国政法大学出版社 1991 年版，第 511 ~ 513 页。

④ 王芳：“试论我国的上诉不加刑原则”，载《法制与社会》2007 年第 3 期。

人利益产生的,不能让被告人行使一项法律赋予的权利反而获得不利的后果。否则势必会造成被告人"越上诉、越加刑"的想法,对上诉彻底失去信心,很可能出现即使一审判决错误也不敢上诉的情况,最终客观上限制被告人的上诉权利①。因此,由被告人上诉后发回重审的案件,从保护被告人利益角度,不能加刑。

2. 允许发回重审案件加重被告人刑罚,可能会导致处理案件上的不平衡。最突出的表现是会造成同案不同刑的现象,导致司法不稳定。首先,事实是否清楚、证据是否确实充分,本身就没有量化标准,案件是否"事实清楚,证据充分",由法官说了算。相同的案件有的法官认为已经事实清楚,可能换了别的法官就认为某些细节事实不清楚。其次,在认定案件事实不清、证据不足后,根据我国《刑事诉讼法》第 189 条第 3 项的规定,有两种处理办法,一是查清事实后直接改判,二是发回重审,法官有绝对的选择权。若法官选择直接改判,就受上诉不加刑的制约,这是毋庸置疑的;但是若法官选择将案件发回重审,则被告人就面临着被加刑的危险。就导致同样的案件仅仅因为法官的处理决定不同,有的被告人不被加刑,有的被告人被加刑两种截然不同的结果,这不仅对被告人不公平,而且会破坏司法稳定性和权威性。

3. 从文义逻辑上看,应当遵循上诉不加刑原则。《刑事诉讼法》第 189 条第 3 项规定,"原判决事实不清、证据不足的……也可以裁定撤销原判,发回原审人民法院重新审判"。第 192 条规定:"原审人民法院对于发回重新审判的案件,应当另行组成合议庭,依照第一审程序进行审判。"第 192 条是对第 189 条第 3 项的延伸,具体规定了重新审判应当适用的程序。这两条规定都规定在第三章第二审程序中,而上诉不加刑原则是刑事二审程序的一项原则性规定,适用于整个二审程序。因此,无论是只有被告人上诉引起的第二审程序审理的案件,还是被二审法院发回重审的"依照"第一审程序进行审判的案件,都应当遵循第二审程序的原则性规定。另外,《刑事诉讼法》第 192 条规定依照第一审程序进行,应当是从形式上依照第一审程序进行,即在合议庭组成上、在法庭审理过程等程序问题上依照第一审程序,并不是意味着发回重审的案件可以规避《刑事诉讼法》规定的二审程序的原则性制约。

4. 发回重审后加重被告人刑罚,实际上是被告人在一定程度上分担了一审检法机关的某些错误。案件认定事实不清,证据不足,一审检察机关也没有提出抗诉,由此造成对被告人定罪错误从而导致量刑较轻的一审判决错误,是一审法

① 笔者在实践办案当中就遇到过这样的情况,被告人在接到重审后的判决后,表示"再也不敢上诉了"。

院和作为公诉、法律监督机关的检察院的共同错误的结果,应当由错误的司法机关及其工作人员承担。如果被告人没有提出上诉请求,那么这个错误可能永远都不会被发现,被告人也不会被加重刑罚。而一旦丝毫不懂法律适用的被告人为自己利益提出上诉,他绝对不会想到,自己的上诉请求成为了检法两家司法机关纠正自己工作失误的机会,他自己纠正了司法机关的错误,本人不仅没有获得较轻的刑罚,反而被一审法院重新审理后加重了刑罚。这实际上是由被告人来承担司法工作者的责任,不仅不利于保障被告人上诉的权利,而且可能助长检察官、法官工作的任意性,不利于司法工作人员业务素质的提高和责任心的培养。最高人民法院和最高人民检察院关于再审程序对被告人加刑的限制规定①,在一定程度上也体现了保护被告人利益,防止转嫁错误的法律意识。

5. 禁止通过发回重审加重被告人的刑罚,有利于防止法官自由裁量权的滥用。如果允许通过发回重审加重刑罚,只要二审法院欲加重被告人的刑罚,就很容易以事实不清、证据不足为借口将案件发回重审,并通过原审法院加重被告人的刑罚。在具体办案中,笔者确实也遇到过这种情况。如笔者参与办理的何某受贿一案,一审判决其犯公司企业人员受贿罪,有期徒刑1年。何某收到判决后提出上诉,二审法院经审理后以事实不清,证据不足发回重审,一审法院在证据完全没有发生变化的情况下,判处其犯受贿罪,有期徒刑3年6个月。笔者经了解证实,二审之所以发回重审就是因为一审对被告人判得较轻,想通过发回来加重被告人的刑罚,从而体现罪刑相适应。另外,案件被发回重审到原审法院,虽然另行组成合议庭审理,但毕竟还是在同一个法院,公诉人也没有更换,如果认为可以加重刑罚,暂且不论是否违背了回避制度,从情理上看,一审法院很可能利用手中的裁量权对其加重处罚,法律就很可能沦为少数司法人员泄愤的工具。

6. 发回重审加重被告人刑罚的做法,实际上使被告人上诉之后的结局变得难以预测,且客观上充满风险。也就是说,只要上诉,事实上就存在被发回重审的可能性,也就导致存在被加重刑罚的可能性。所谓原则,应当是权威的、稳定的,上诉不加刑原则一旦在司法操作被撕开了缺口,存在了例外,司法的权威性就会荡然无存,也会置被告人的利益于一种不确定状态中,最终损害两审终审制。上诉不加刑原则本身规定得非常清楚,之所以会出现分歧与发回重审制度

① 最高人民法院《关于刑事再审案件开庭审理程序的具体规定》第8条规定:"除人民检察院抗诉的以外,一般不得加重原审被告人(原审上诉人)的刑罚。"最高人民检察院《关于在检察工作中贯彻宽严相济刑事司法政策若干意见》第10条规定:"对于第一审宣判后人民检察院在法定期限内未提出抗诉,或者判决、裁定发生法律效力后6个月内未提出抗诉的案件,没有发现新的事实或者证据的,一般也不得为加重被告人刑罚而依照审判监督程序提出抗诉。"

本身存在的弊病有着千丝万缕的关系。司法实践中事实不清,证据不足案件发回重审的弊端越来越凸显,无论学界还是实务界取消发回重审的呼声也越来越高。但在当今发回重审制度并没有取消,而且还被法院大量采用的现实中,有必要统一司法尺度,规定对仅由被告人上诉后被发回重审的案件应当受上诉不加刑原则的限制。

综上,笔者认为,无论是从内在价值蕴涵,还是从文义逻辑理解,或是从司法改革趋势来看,事实不清,证据不足而发回重审的案件都应当受上诉不加刑原则的制约。当然对该原则的理解可以有变通,但是任何理解和适用都不能从根本上违背其旨意,比如,《解释》第257条第2项规定,"对原判事实清楚,证据确实充分,只是认定的罪名不当的,在不加重原判刑罚的情况下,可以改变罪名"就是在绝对尊重不加刑基础上的灵活变通。[①] 因此,笔者认为,该原则适用于所有仅有被告人上诉引起的一系列程序审理的案件,当然也包括发回重审按照一审程序审理的案件。

但严格遵循上诉不加刑原则,这并不意味着对事实、证据确有错误的判决不加处理。笔者认为可以分两种情形来处理:第一,只要没有发现新的犯罪事实,都不能加重刑罚。若经过审理发现具有法定或者酌定从轻、减轻处罚情节或者事实的应当予以改判;若经过重新审理,发现了决定或者影响其行为应当适用的比较重的法定刑幅度、罪名的事实(如具有某种特定身份、出现加重结果),及刑法规定的从重、加重处罚情节的事实,量刑畸轻的,应当通过审判监督程序纠正。第二,对于发回重审后发现了新的犯罪事实的,即发现遗漏的犯罪事实或者重新犯罪的,对于新发现的犯罪事实由公诉机关另行起诉,对于原判认定的事实依照上诉不加刑原则处理,待新发现的犯罪事实作出判决后,再根据《刑法》第70条的规定,对被告人进行数罪并罚。这样既保证了打击犯罪的实体公正,又兼顾了维护被告人利益的程序公正。

二、上诉不加刑原则对罪名改变是否有制约

最高人民法院《关于执行〈中华人民共和国刑事诉讼法〉若干问题的解释》(以下简称《解释》)第257条第2项规定,对原判认定事实清楚、证据充分,只是认定罪名不当的,在不加重刑罚的情况下,可以改变罪名。笔者认为,罪名是指法律规定的某种具体犯罪的名称[②],由于不同的犯罪适用不同的刑罚,该条规定在司法实践中可能会带来定罪量刑不利于被告人利益的后果,进而导致与上诉

---

① 虽然笔者对改变罪名也有不同意见,但认为坚持不加重刑罚是正确的。

② 周道鸾:《刑事诉讼法的修改与司法解释的完善》,人民法院出版社1996年版,第35页。

不加刑原则相冲突。

1. 改变罪名后可能会出现应当适用附加刑的情况。例如,某一审法院判处被告人犯故意杀人罪,判处死刑,剥夺政治权利终身;判决后被告人上诉,二审法院经审理后认为被告人是在抢劫过程中为制服被害人而故意杀人,应定抢劫罪而非故意杀人罪。但是根据《刑法》第 263 条的规定,判处抢劫罪必须并处罚金,严重的抢劫罪则并处罚金或者没收个人全部财产。那么二审法院在改判为抢劫罪的时候能否适用附加刑呢?

2. 改变罪名可能会出现法定刑幅度加重的情况。例如,某一审判决认定被告人丢包方式设圈套趁机窃取被害人价值 5 万元的财物的行为构成诈骗罪,而二审法院经审理后认为被告人的行为构成盗窃罪,那么根据我国《刑法》对诈骗罪和盗窃罪数额规定,诈骗他人财物 5 万元属于数额巨大,应当在 3 年以上 10 年以下量刑;而如果二审认定盗窃他人财物 5 万元就属于数额特别巨大,应当在 10 年以上量刑。那么二审法院改变罪名后又该在哪个量刑幅度内量刑呢?

3. 改变罪名可能会导致认定被告人为累犯的情况。如一审判决认定的过失犯罪,二审经审查后事实认定没有变化,只是罪名变更为故意犯罪的罪名,如果先前该被告人曾经故意犯罪被判处刑罚,那么是否能够认定为累犯?根据《刑法》第 65 条的规定,累犯应当从重处罚,那么二审法院在量刑时能否从重处罚?

针对这种改变罪名后带来的问题,有一种意见认为,应当严格遵守法律的规定,该适用附加刑的就要适用附加刑,该从重处罚的就要从重处罚,因为这都是法律明文规定的,否则就违背了法律规定。另一种意见认为,只有被告人一方上诉,就应当严格贯彻上诉不加刑原则,不能判处附加刑也不能加重处罚。

对于改变罪名后能否加重适用附加刑的问题,最高人民法院审判委员会第 1448 次会议讨论通过了《关于刑事第二审判决改变第一审判决认定的罪名后能否加重适用附加刑的批复》(以下简称《批复》)。《批复》全面贯彻了《刑事诉讼法》规定的上诉不加刑原则,规定第一审法院没有判处附加刑的,第二审人民法院改变罪名后不得判处附加刑;第一审人民法院原判附加刑较轻的,第二审人民法院不得改判较重的附加刑,也不得以事实不清,或者证据不足发回第一审人民法院重新审理;必须依法改判的,应当在第二审判决、裁定生效后,按照审判监督程序重新审判。①

对于改变罪名后能否适用更高的量刑幅度及能否认定累犯的问题,最高人民法院和最高人民检察院都没有相关的规定。

① 李洪江:"最高人民法院关于刑事第二审判决改变第一审判决认定的罪名后能否加重附加刑的批复的理解与适用",载《刑事审判参考》2008 年第 3 期。

笔者认为,罪名不是简单的某种犯罪的符号,从刑罚关系上来讲,不论是在立法上还是司法上,罪名都是刑罚的前提和基础,没有罪名就没有刑罚[①]。这才与罪刑法定原则所要求的没有犯罪就没有刑罚在精神、实质是一致的。笔者认为,根据上诉不加刑原则,不宜变更罪名,但是变更罪名后有利于被告人的除外。

1. 对上诉不加刑之不加“刑”范围的理解。我国《刑法》规定的“刑”有两种:主刑和附加刑。但是上诉不加刑主要是为了被告人利益,其所意指的“加刑”就不仅仅限于主刑和附加刑,还包括刑罚适用方式和罪名选择。刑罚适用方式虽然表面上没有加重刑期,但是不可否认对被告人的影响。罪名是对某种犯罪的本质特征或者主要特征的高度概括[②],是主客观危险性的提炼,将轻罪变更为重罪就意味着对被告人作出了更加不利的评价。因此无论是主刑、附加刑还是刑罚方式、罪名都在“不加刑”所限制的范围内,不得随意改变。

2. 罪名和刑罚的关系密切,不宜变刑不变名。《解释》第 257 条第 2 项将刑法分则的罪名与相应的刑罚割裂开来,认为改变罪名只是名称的变化,并不等于改变了刑罚,只要实质上没有加重被告人的刑罚,就既坚持了上诉不加刑原则,又在最大程度上达到了“实体正确”。实际上,正确确定罪名是正确适用刑罚的前提,罪名的变化必然带来刑罚的变化,只是因为我国实行相对固定的刑罚制度,大部分可以在法定幅度内保证刑罚在某一点吻合,但是也不能忽视确不吻合的情况。一旦改变后的罪名与先前的罪名在量刑上没有交叉点,就会导致适用了某一罪名确不能适用相应的刑罚,从而破坏罪刑法定原则。笔者建议,既然实质上都没有被告人的刑罚产生任何影响,那么改变罪名也大可不必。

3. 改为重罪名后对被告人具有潜在的不利影响。虽然只是改变了罪名,既没有加重主刑和附加刑,也没有把刑罚执行方法变得更加严厉,表面上对被告人利益没有任何实质损害,但可能剥夺了将来被告人获得从轻处罚的机会。比如,一二审判决对犯罪事实认定都没有异议,对量刑也没有改变,都是 10 年有期徒刑,只是将一普通罪名变更为抢劫、爆炸等《刑法》第 81 条第 2 款规定的不得假释的暴力性犯罪,那么被告人就被剥夺了将来可能获得假释的机会。这种影响在二审法院更改罪名的时候并没有显现出来,但刑罚执行中,罪名对被告人的实际影响就会凸显出来。

4. 二审法院改变一审法院的罪名,从程序上看,违背了审判权的基本性质。审判权具有被动性和中立性,既不能偏向于控诉方也不能偏向于辩护方。一审判决后,一审检察机关未提出抗诉,说明一审检察机关对一审判决的罪名予以了

---

① 顾永忠:《刑事上诉程序研究》,中国人民公安大学出版社 2003 年版,第 57 页。

② 周道鸾、张军:《刑法罪名精释》(第 3 版),人民法院出版社 2007 年版,第 5 页。

认可。如果二审法院在经过审理后,认为被告人不构成一审判决认定的罪名,主动改变被一审检察机关认可的罪名,等于法院在积极主动的追究被告人的刑事责任,不是把自己看成被动的、中立的审判者,而是积极的追诉者,这是一种超职权主义的思维方式①。

综上,笔者认为全面、彻底的贯彻上诉不加刑原则,不仅刑罚不能加重,罪名也不宜变更(有利于被告人除外),那么以上种种矛盾、冲突就会迎刃而解,就不会出现定罪与量刑之间的矛盾。

三、余论

上诉不加刑原则的适用,牵一发而动全身,与刑事诉讼程序设置、刑罚运用规则等息息相关,不能单纯地从上诉不加刑原则本身去思考。从实质上来讲,"上诉"是刑事诉讼中的一种程序,"加刑"是审判中对《刑法》的具体理解和运用,上诉不加刑是程序规则对实体运用的制约。之所以会出现分歧和争议,说到底是程序和实体之争。

社会正义的实现,要以人民看得见的方式实现,刑事诉讼不但要确保实体正义,更要确保程序正义,只有经过了正当程序得出的结论才能为社会公众信服。在当前追求"事实清楚"、"有错必纠"的实体公正的司法语境中,程序正义有时候会被人为地忽视。但是,我们期望随着司法人员素质的提高,社会民众对程序正义的逐步支持和理解,立法、司法机关能够越来越认识到程序正义的独立价值,在二者发生冲突时,越来越关注程序正义。只有这样,才能在刑事二审程序中全面、彻底地贯彻上诉不加刑原则。

① 龙宗智:《相对合理主义》,中国政法大学出版社 1999 年版,第 397 页。

略论落实上诉不加刑原则的问题及对策

郑文伟[*]　杨　亮[**]

上诉不加刑原则是刑事二审程序中的特殊原则,被称为是保障被告人上诉权的基石。上诉不加刑原则的含义最早见于1806年的法国《刑事诉讼法典》,它的确立是资产阶级革命成功的产物,是人类文明进步的表现。① 当今世界上大多数国家普遍沿用了这一原则,而且有越来越严格的趋势,我国也概莫能外。我国《刑事诉讼法》自修改以来,尤其是最高人民法院《关于执行〈中华人民共和国刑事诉讼法〉若干问题的解释》(以下简称《解释》)对适用上诉不加刑原则作出具体司法解释后,在二审程序审判实践中,对仅有被告人一方上诉的案件基本能够贯彻上诉不加刑原则,杜绝了直接加刑的问题。然而一些违背该原则基本精神的做法却并未完全消除,影响了该原则应有的效果。本文仅就我国审判实践中各种涉嫌变相加刑的做法略陈管见,希冀能为更好地贯彻上诉不加刑原则提供一定的参考和借鉴。

一、审判实践中违背上诉不加刑原则的几种做法

在我国审判实践中,各种涉嫌违反上诉不加刑原则的变相加刑做法主要有以下表现形式:

第一,二审法院可以以事实不请、证据不足或违反法定程序为由,将案件发回原审法院重新审理,通过重审加重被告人的刑罚。这也是审判实践中出现的相对于后三种方法比较多的情况。

第二,二审法院可以建议检察院提出抗诉或自诉人提出上诉,以使二审能够

* 北京市第一中级人民法院刑一庭审判长

** 北京市第一中级人民法院刑一庭书记员

① 丁卫强:"论'上诉不加刑'原则的适用",载《法律适用》1994年第6期。

加重被告人的刑罚。需要指出的是,实践中这种情况由于程序上的原因,出现频率极低,因此不作为本文的重点讨论。

第三,二审法院可以根据《刑事诉讼法》第18条关于"上级人民法院在必要的时候,可以审判下级人民法院管辖的第一审刑事案件"的规定,对上诉案件撤销原判,自行进行第一审,以达到加刑的目的。这种方法同上述第二种方法一样,虽然理论研究很多,但在审判实践中也极少出现,因此不作为本文的重点探讨。

第四,二审法院可以根据《解释》第257条第1款第5项的规定,对上诉案件先维持原审判决,然后根据审判监督程序提起再审,通过再审加重被告人的刑罚。①

二、对上述做法的具体分析

(一)对二审法院发回重审而加刑的分析

比较起来,二审法院发回重审而加刑的方法对上诉不加刑原则危害最为严重;它实施起来简单易行,又假借相关的法条作庇护,在我国审判实践中运用也最为普遍。这类因被告人一方上诉而引发的发回重审案件,检察院并未对原审判决提出异议而抗诉,原审法院也没有对原审判决自行纠正错误,恰恰是因被告人自己启动上诉程序而引发了重审"纠错"程序,确实是违背了上诉不加刑原则,不利于上诉不加刑原则的贯彻实施。

当然,考虑到我国的实际情况,对这一现象还要具体问题具体分析。如果二审法院经审理后认为,原判决的确事实不清、证据不足或违反法定程序,可以根据《刑事诉讼法》第189条第3项的规定将案件发回原审法院重审。原审法院重审后,如果能发现新的事实,补足新的证据,相对于前一次判决而言加重对被告人的处罚也未尝不可,因为这符合我国所一贯倡导的实事求是,有错必纠的原则。在刑事诉讼中,若能根据新的事实和证据,并以新的诉讼指控来对被告人重新定罪量刑,是符合正当诉讼程序的,世界各国的刑事诉讼均不排斥这一点。可问题在于,对于原审判决认定事实没有错误,仅是量刑不当的案件,若再假借第189条第3项理由发回重审就明显与法不合。因为量刑不当并不能构成发回重审的法定理由,而审判实践中这种现象恰恰存在。以往实践表明,若不从立法上严格堵塞这种变相加刑的渠道,上诉不加刑原则就很难在二审程序中得以顺利贯彻和履行。

---

① 李文健:"完善上诉不加刑原则的立法思考",载《政法论坛》(中国政法大学学报)1996年第1期。

此外,实践中有些情况下,二审法院发现上诉案件一审中确实是违反法定程序,因而裁定发回重审。而一审法院面对自己的案件被发回,难免对上诉人的上诉行为心生怨言,因而在重审中极力发挥“主观能动性”而加重了上诉人的刑罚。毕竟,一审法院即使是没有发现新的事实和证据,也可以在重审中以程序发生变动为由,使用自由裁量权加重被告人的刑罚。由此可见,首先,发回重审加刑的结果也并不全是二审法院的本意;其次,二审法院动辄就发回重审,虽然于法有据,但在实践中确实也是存在弊端的。

(二)对二审法院建议检察院提出抗诉或自诉人提出上诉而加刑的方法的分析

如前所述,这种变相加刑方法在实践中运用的概率极小,实际发生的可能性不大。因为变相加刑的前提是针对被告人单方提出上诉的案件,而一个上诉案件是不是由被告人单方提出的,只有待上诉或抗诉期满之后才能确定。如果已经确定了某上诉案件是由被告人单方提出的,这肯定意味着上诉、抗诉的期限已过。此时,若二审法院再通过要求检察院抗诉或自诉人上诉的途径来改变上诉不加刑原则的适用条件,显然是不可能的。故而在实践中,这种变相加刑方法由于极少出现,不会对上诉不加刑原则构成大的破坏。

(三)对二审法院以管辖不当为由自行审理而加刑的方法的分析

从理论上讲,这种变相加刑方法是有着存在的空间的。因为我国刑法分则对许多单个刑事犯罪规定的刑罚在幅度上是很宽的,甚至经常跨越多个刑种。比如,我国《刑法》第 232 条规定:“故意杀人的,处死刑、无期徒刑或者十年以上有期徒刑,情节较轻的,处三年以上十年以下有期徒刑。”这样,对究竟什么样情节的故意杀人罪,可能判处死刑、无期徒刑,法院不经过审判,有时候是无法得知的。所以,对这类案件,一审法院违反级别管辖权也在情理之中,因为“可能判处死刑,无期徒刑的案件”有时难以把握。然而从审判实践来看,毕竟这种管辖事故是个案,因而目前这种变相加刑方法是极少出现的,故而也不会对上诉不加刑原则构成大的破坏。

实际上,这种变相加刑方法存在着对法律的误用问题。《刑事诉讼法》第 18 条关于“上级人民法院在必要的时候,可以审判下级人民法院管辖的第一审刑事案件”的规定,是指上级人民法院可以审判本该属于下级人民法院审判而下级人民法院尚没有审判的第一审刑事案件,并非指上级人民法院可以将下级人民法院已经审判过的第一审刑事案件裁定撤销,再作为上级人民法院的第一审刑事案件进行审理。应当指出的是,“管辖”与“审判”并不是一个概念,管辖权只是法院行使审判权的一个必要条件。这种方法其实是利用偷换概念的逻辑错误手法,误用《刑事诉讼法》第 18 条以达到变相加刑的目的。

(四)对二审法院通过提起再审而加刑的方法的分析

对于这种加刑方法,理论界主要有两种观点。第一种观点偏重于学术立场,认为通过提起再审而加刑的行为违背了上诉不加刑原则,过于重视实体而忽视程序价值;第二种观点偏重于实践立场,认为该做法因循的是一种正常的程序渠道,不算是变相加刑,因为按照我国《刑事诉讼法》第 149 条第 1 款和《解释》第 257 条第 5 项的规定,各级人民法院院长对已经生效的裁判,可以提起审判监督程序再审。再审的结果,可能出现对原审判决适用法律错误导致量刑不当的案件予以纠正,以加重被告人处罚的情况。在我国,上诉不加刑原则只适用在刑事第二审程序之中,并没有延伸到再审程序。

其实,上述两种观点都各有道理,应该把它们综合起来分析研究。一方面,《解释》允许通过审判监督程序加重上诉人刑罚的规定,说到底,是未能将上诉不加刑原则的精神贯彻到底。其背后仍然存在"重实体轻程序"的传统观念,将会引发一些弊端。一是"变相加刑";二是对上诉人更为不利;三是转嫁过错责任,通过再审程序加重被告人刑罚以纠正一审判决错误,实际上是以牺牲上诉不加刑原则为代价,将司法机关的过错转嫁到被告人身上;四是有损司法信誉。上诉不加刑是国家对被告人所作出的一种司法承诺,目的是保障被告人上诉权。《解释》的规定,违背了原先的承诺,失信于被告人,阻吓了被告人有效行使上诉权。①

另一方面,《解释》的出发点是好的,它从比较务实的角度将贯彻上诉不加刑原则与我国一贯所提倡的实事求是原则结合了起来。从这个意义上讲,该规定恰恰是为了正确贯彻上诉不加刑原则,彻底纠正在刑事审判实践中存在的错误做法:二审法院为了加重上诉人的刑罚,以原判决事实不清或者证据不足为借口,裁定撤销第一审判决,将案件发回第一审人民法院重新审判。同时对于如何在适用上诉不加刑原则的情况下正确地纠正原判决适用刑罚的错误作出规定,以指导审判实践。更何况,我国的司法腐败现象在一审中也不容忽视,如果彻底摒弃了《解释》第 257 条第 5 项关于审判监督程序的规定,很难说不会对我国的司法反腐领域造成负面影响。此外,由于再审程序必须经由院长同意并经审委会讨论决定后才能提起,程序复杂且问题繁多,所以通过这一迂回方式对上诉人加刑,在实践中也并不多见。因此退一步讲,即便是这种再审加刑做法对上诉不加刑原则构成了破坏,也是危害不大。

综上分析,我们对二审法院提起再审以加重上诉人刑罚的做法应该辩证的

① 项谷:"贯彻上诉不加刑原则的实践反思与立法完善",载《华东政法学院学报》2004 年第 5 期。

看待,取其长补其短,对其加以改革和完善。努力使二审程序在维护程序正义与实体正义之间找到一个平衡点,争取正面效果的最大化。

三、解决上述问题的几点对策

(一)严格限制发回重审案件的范围,逐渐实现"重审不加刑"

当前,人民法院审判工作既要把握世界先进的法治理念,又要服务于国家经济建设大局。因此,解决二审法院通过发回重审来加重被告人刑罚的问题,要采取经济、效率而又温和的改革方式,避免出现司法力量骤然不足或打击犯罪不力的局面。所以,我们第一步要从严格限制发回重审案件的范围入手,缓解当前二审法院发回重审以变相加刑中的突出问题,最终逐渐实现"重审不加刑"的伟大目标。

具体来说,一方面,对于原审判决认定事实没有错误,仅是量刑不当的案件,法律及相关司法解释应严格禁止假借《刑事诉讼法》第189条第3项理由发回重审,因为量刑不当并不能构成发回重审的法定理由。另一方面,重审之后除非案件出现新的证据和事实,否则不得加重被告人的刑罚;相反,二审法院对于原审法院的极其严重的程序违法行为,应当增加对上诉人更为有利的裁判方式,如直接作出无罪判决等,以辅助上诉不加刑原则的有效实施。相信通过这些有力做法,必将使实践中二审法院发回重审而导致加刑的行为有所收敛并最终消失。对于一审法院刻意对发回案件中被告人进行加刑的行为,一方面上级法院和同级检察院都应该认真予以监督,发现问题后及时纠正并严肃处理;另一方面,二审法院在可以发回重审也可以直接改判的情况下,应勇于直接改判。

(二)坚决反对二审法院建议检察院抗诉或自诉人上诉加刑行为

对于二审法院通过建议检察院抗诉或自诉人上诉而加重被告人刑罚的行为,虽然这种变相加刑的做法在实践中运用的概率较小,实际发生的可能性不大,然而,我们也必须要旗帜鲜明的对这种行为予以坚决反对。毋庸置疑,法院的这种建议检察院抗诉的行为,是对检察院控诉权的侵犯,违背了控审分离原则,使法院的中立裁判者的地位被破坏,从而损害了法院判决的公正性和权威性。这种做法仍是一种变相加刑,会大大加重被告人上诉的思想顾虑,无疑会使上诉不加刑原则形同虚设。因此,我们有必要在相关司法解释中对此种行为予以明确禁止,以彻底堵塞此种变相上诉加刑的渠道。

(三)变更管辖案件仍不得加重被告人刑罚

如前所述,对此种变相加刑方法,我们应当通过澄清概念,正确理解法律原意的方法予以纠正。按照现行《刑事诉讼法》规定,本该由二审法院管辖的刑事案件,如果一审法院已经一审结束,二审法院是在被告人上诉后的审理中才发现案件该由自己管辖,此时二审法院应该怎么做?当然,理论上最好的做法是取消《刑事诉讼法》关于普通刑事案件级别管辖的规定,这也符合当前学界一部分人的呼声。然而,就目前的法律状况和实践状况而言,取消级别管辖规定是不现实的。当二审法院发现管辖错误时,比较妥当的做法是以一审判决严重违反诉讼程序为由,撤销原判,发回重审。然后由检察院把案件移送上一级检察院,上一级检察院向同一级法院提起公诉。① 当然,这种情况下,中级人民法院审理后,仍然不得加重被告人的刑罚,否则虽表面上不违背上诉不加刑原则,因为被告人对判决还有上诉权,但实际上却造成了上诉加刑的后果,严重侵犯了被告人的上诉权。

(四)按照"相对再审不加刑"改造我国刑事再审制度

前已论及,《解释》第257条第1款第5项允许通过审判监督程序纠正原审判决刑罚畸轻的规定,在理论上引起了一定的质疑。实践中很少适用又难以发挥其预设功能,因此建议对我国刑事再审程序予以改革。即便我们为此牺牲了一些个案实体正义,但与被告人的上诉权的切实保障、二审终审制的彻底贯彻相比,这种牺牲是值得的。

具体说来,我们有必要从立法的源头上抓起。为此,必须要从立法技巧、立法原则,特别是立法内容上对刑事再审程序予以改革。

其一,要进一步明确提起再审的理由,尽量减少其随意性和可弹性,确保生效裁决的权威性、稳定性和对上诉人权益的保护。

其二,要严格区分有利于被告人和不利于被告人的刑事再审,并对两种再审提起的理由和条件予以确定,区别对待。为遏制司法腐败,实现司法公正,再审程序应当发挥其纠正已生效裁判中的错案的重要作用。对于那些因枉法裁判导致的量刑畸轻的案件,应当依法改判,实事求是地加重刑罚;而并非由于一审法院徇私枉法裁判的则要实行"再审不加刑"原则。其实,德国《刑事诉讼法》也注意到这种情况,将再审分为两种,即有利于受有罪判决人的再审和对被告人不利的再审。该法第362条规定,参与判决的法官、陪审员,在与案件有关的问题上犯有应处罚的违反其职务义务的罪行时,应当提起对被告人不利的再审,可以加重原判刑罚,而不适用再审不加刑原则。因此在我国的再审程序中,也有必要区分这两种不同的再审情形,对于那些由被告人提出的再审案件,经查证后并未发现有徇私枉法的,仍须坚持再审不加刑原则,以体现再审的救济性。②

其三,对法院主动提起的刑事再审应作出限制性规定,当再审可能给被处以

① 姜彩云:"论上诉不加刑原则",中国政法大学2006年法律硕士论文,第22~23页。

② 赵宪杰:"论上诉不加刑原则在我国的确立和完善",载《司法论坛》2005年第5期。

刑罚的被告人带来更为不利的后果时,人民法院不应当提起再审。对于确有错误的判决,也意味着二审中检察机关应该抗诉而没有抗诉,所以再审应当通过检察机关的法律监督予以引出,而非二审法院自行提起。① 这一方面有利于维护法律的严肃性,更好地贯彻上诉不加刑原则,另一方面也有利于发挥检察机关的法律监督作用。从某种意义上讲,二审法院对上诉被告人变相加刑的做法,虽然避免了"放纵"犯罪的机会,却在一定程度上放纵了公诉机关的消极怠工或不负责任。因为,对于一审判决量刑轻的案件应当抗诉却不抗诉,的确意味着检察机关的抗诉失职。然而,有了二审法院的自行提起再审而加刑的规定,检察机关则可以想抗诉就抗诉,不想抗诉就不抗诉,反正原审判决的量刑过轻总会有办法纠正和弥补。但事实上,作为中立的二审法院的确本无必要也不应当借被告人自己的上诉机会来弥补检察机关的失职。②

在进行了上述改革的同时,撤销《解释》第257条第1款第5项的规定便名正言顺、水到渠成了,这样也就能更好的对接"上诉不加刑"原则了。

(五)引导法院及法官改变职能观念

上诉不加刑原则作为人类法治文明的一大硕果,为什么在中国会举步维艰呢? 这里不得不提及的是我国法院及法官的角色定位问题。毋庸讳言,长期以来,我国的法院及法官被冠以配合公安机关和人民检察院共同打击犯罪的角色,而往往忽视了法院的中立裁判者的身份。即便是在目前这种状况已大为改观的情况下,我们也并没有达到刑事诉讼理论上所追求的高度。因此,党和国家应积极引导法院及法官改变职能观念,并从人事、经费等角度入手加以改革,使法院及法官逐步改变职能观念,放弃犯罪追诉者或协助追诉者的角色定位,回归中立裁判者的本位。这也是最根本、最重要的一个方面,做到这一方面,也许是贯彻执行上诉不加刑原则的最重要的一点。

四、对上诉不加刑原则负面性的控制

上诉不加刑原则得以在各国的刑事诉讼中贯彻实行,且占有重要的地位,可见其有旺盛的生命力和社会价值。但上诉不加刑原则的实行,可能会破坏个案公正。我们对此不能因噎废食,因为任何法治均要付出代价,上诉不加刑原则亦是如此。正如博登海默先生所言:"法律的其他弊端同法律制度的基本性质有着不可分割的联系,可以被视为一个铜板的另一面,有光的地方,就有阴影,与灵活

① 唐光怀:"完善我国上诉不加刑原则的构想",载《求索》2006年第11期。

② 武小凤:"'上诉不加刑'原则在中国的立法及实践问题分析",载《刑事司法论坛》(第2辑),中国人民公安大学出版社2009年版,第90页。

性完善结合在一起的法律制度才是真正伟大的制度”。① 毕竟,相对于上诉不加刑的积极作用,该原则的负面作用是比较小的。不过要想使上诉不加刑原则得以最大限度地发挥其应有的作用,我们也应该最大限度地控制其负面性。

首先,要提高一审法院的审判质量。对此我们要做的工作很多,如提高一审审判人员的素质,包括其对法律知识的掌握水平、应用能力、对法律程序的熟知和正直的品质;减少对一审法院审判的不当干预,使一审法院真正做到审判独立;充分保障被告人的诉讼权利;确保被告人得到律师的有效帮助,形成法官能做到“兼听”而不是“偏听”控方的一面之词。

其次,还要加强公安机关的侦查工作力度,提高侦查取证水平,人民检察院也要提高抗诉意识,等等。公安机关收集更完全、更确凿的证据对法院正确定罪量刑意义重大;人民检察院加强抗诉意识,应用好法律赋予的抗诉权,特别是对重罪轻判的案件提起抗诉,可以使二审法院不被上诉不加刑原则束缚住手脚而走向另一个极端。目前,人民检察院抗诉权的行使可能会受到一些不正当因素的干扰,或为维护一审法院的面子,或受到不正当的人情关系的干扰。因此,应加强对人民检察院的抗诉工作的监督。

五、结论

不难发现,我国刑事诉讼中没有全面、彻底贯彻上诉不加刑原则,其中既有诉讼程序本身的结构不合理等技术原因,也有司法人员的执法观念、意识的制约,还受到司法行政化色彩过浓的保障制度以及外部的执法环境等因素的影响。从实质上来讲,“上诉”是刑事诉讼中的一种程序,“加刑”是审判中对《刑法》的具体理解和运用,上诉不加刑是程序规则对实体运用的制约。之所以会出现分歧和争议,说到底是程序和实体之争。② 随着司法人员素质的提高,社会民众对程序正义的逐步支持和理解,立法、司法机关能够越来越认识到程序正义的独立价值,在二者发生冲突时,越来越关注程序正义,才有可能在刑事二审程序中全面、彻底贯彻上诉不加刑原则。在古老而又年轻的中国,贯彻上诉不加刑原则,彰显现代司法文明,任重而道远。③

---

① 吕道龙:“上诉不加刑原则在司法实践中的偏离及矫正”,载东方法眼,http://www.dffy.com,2010年7月28日访问。

② 申云、温如敏:“发回重审案件能否排斥上诉不加刑原则”,载《中国检察官》2009年第12期。

③ 项谷:“贯彻上诉不加刑原则的实践反思与立法完善”,载《华东政法学院学报》2004年第5期。

落实上诉不加刑原则的难点及对策

王　鹏*

近年来,二审刑事案件逐年增多,虽然多数案件一审的判决结果定罪准确、量刑适当,二审大多对一审的正确判决结果予以维持。但是,也不免发现一些一审在定罪量刑方面出现错误的案件。二审作为一审的上级机关,其主要作用在于对一审的审判进行复查,若发现一审定罪量刑过重,则减轻处罚,予以改判;若出现一审定罪量刑过轻,又仅有被告人上诉,而自诉人没有上诉或者检察院没有抗诉的情况下,二审是坚决遵守上诉不加刑原则还是追求"惩罚犯罪、追究责任"始终存在争议。因此,在二审中落实上诉不加刑原则也存在一些难点。本文围绕在审理"仅被告人上诉"而引起的二审案件过程中,就落实"上诉不加刑"原则的难点进行探讨,深究其因,提出相应对策,以使上诉不加刑原则实现其存在的真正意义。

一、上诉不加刑原则的相关理论阐述

上诉不加刑原则,是指第二审人民法院审判被告人一方上诉的案件,不得以任何理由加重被告人刑罚的一项审判原则。关于上诉不加刑理论,笔者首先从目的理论、理论依据、二审审判功能理论方面加以阐述,进而对上诉不加刑实质要求加以归纳。

(一)上诉不加刑目的理论阐述

上诉不加刑最早见于1908年法国《刑事诉讼法典》,它的目的是使被告人能够毫无顾虑地行使上诉权,保证被告人的诉讼地位不会由于上诉而更加恶劣。其是法国资产阶级革命的产物之一,也是资产阶级革命时期所宣扬的"民主"、"自由"、"人权"的一种体现。目前,此原则为世界多数国家所运用,可以说其产

* 北京市第一中级人民法院刑二庭

生以及运用具有一定的时代性和社会性。此原则在我国刑事诉讼中的确立经历了漫长的过程,最终1979年《刑事诉讼法》第137条加以明确规定:“第二审人民法院审判被告人或者他的法定代理人、辩护人、近亲属上诉的案件,不得加重被告人的刑罚。”至此,上诉不加刑原则在我国刑事诉讼法中确定下来。由于我国社会主义社会的特殊性,在1996年新修改的《刑事诉讼法》第190条第1款重新肯定了1979年《刑事诉讼法》第137条的规定,只是在第190条第2款对上诉不加刑原则进行了限制,规定:“人民检察院提出抗诉或者自诉人提出上诉的,不受前款规定的限制。”为了更好地适用上诉不加刑原则,最高人民法院在《关于执行〈中华人民共和国刑事诉讼法〉若干问题的解释》第257条中对上诉不加刑的适用范围作了限制。由此可见,上诉不加刑原则的目的是保护被告人的上诉权,是对上诉人二审期间的权益保障。但是同时由于时代以及每个国家国情的特殊性,其在具体的司法实践中实施起来往往又略有不同。

(二)上诉不加刑的理论依据阐述

关于上诉不加刑原则的理论根据,目前理论界的观点主要有“控审分离说”(又称“不告不理说”)、“控辩平衡说”、“权益均衡说”。(1)“控审分离说”的含义是:首先,对于未经起诉的案件,法院不能受理和审判,控审必须分离;其次,法院审判必须受诉讼主张的限制,在只有被告人一方提出上诉的情况下,法院应该是根据上诉人的要求减轻刑罚。(2)“控辩平衡说”的含义是:控辩双方实质上是不平等的,所以应加强对被告人的特殊保护,使其拥有一些特权以换取实质上的平衡。(3)“利益均衡说”的含义是:在刑事诉讼程序中存在许多利益冲突,如实体正义和程序正义,打击犯罪与保障人权,公正与效率,上诉不加刑坚持了程序上的人权保障而放弃了个案刑罚权的行使,是以牺牲个别案件真实为代价而谋求普遍真实,是对实体与程序、惩罚与保障等冲突利益权衡的结果。

(三)二审审判功能理论阐述

刑事一审审判要解决的问题是刑事被告人刑事责任的有无及大小,若一审判决错误也只是承办法官对于被告人刑事责任的有无以及大小作了错误评断,二审则旨在纠正这种评断错误。换言之,二审程序的功是纠正一审裁判的错误,使案件得到公正处理,从而维护法律的尊严和法院的信誉。

综上,二审法院对于上诉不加刑原则的落实应符合其以下实质要求:(1)二审法院审理上诉案件只能是为上诉人的利益服务,即保证被告人的诉讼地位不会由于上诉而更加恶劣的上诉目的要求;(2)二审法院只能针对上诉人的诉求范围(减轻处罚)去审理,即“控审分离说”理论要求;(3)对于仅有上诉人上诉的案件,二审的纠错功能也仅限于纠正对上诉人有利的一审错误审判来保障上诉不加刑原则的落实,即二审功能以及“利益均衡说”的综合要求。

二、落实上诉不加刑原则的难点

上诉不加刑作为保护被告人上诉权利审判原则之一,其使得被告人可以大胆上诉,而不必要担心在上诉后被加重处罚。但是此原则却与我国一些刑事理论、司法实践惯例以及诉讼法的其他规定存在矛盾。

(一)上诉不加刑原则理论与相关刑事审判理论的矛盾

如果上诉不加刑原则按照其实质原则去操作会受到以下刑事原则和理论的阻碍。

1. 罪与刑相适应的刑法原则阻碍上诉不加刑原则的落实。《刑法》第5条规定:"刑罚的轻重,应当与犯罪分子所犯罪行和承担的刑事责任相适应。"由于落实上诉不加刑原则要求二审法院审理上诉案件只能为上诉人利益服务,那么即使一审量刑过轻,二审也只能予以维持,这样便会导致重罪轻刑的情形出现,使得罪与刑不相适应。因此,遵守"罪与刑相适应"的原则必然阻碍上诉不加刑原则的实施。

2. 二审全面审查原则阻碍上诉不加刑原则的落实。二审全面审查原则要求第二审人民法院应当就第一审判决认定的事实和适用法律进行全面审查,不受上诉或者抗诉范围的限制。共同犯罪的案件只有部分被告人上诉的,应当对全案进行审查。其内容包括:(1)既要对原审法院所认定的事实是否正确进行审查,又要对其适用法律是否正确进行审查。(2)既要对上诉或抗诉的部分进行审查,又要对未上诉或抗诉的部分进行审查。(3)在共同犯罪案件中,只有部分被告人上诉的,或者人民检察院只就第一审人民法院对部分被告人的判决提出抗诉的,第二审人民法院应当对全案进行审查,一并处理。即既要对已上诉的被告人的问题进行审查,又要对未上诉的被告人的问题进行审查;既要对被提起上诉或抗诉的被告人的问题进行审查,又要对未被提起上诉或抗诉的被告人的问题进行审查。(4)对于附带民事诉讼的上诉案件,应当对全案进行审查,即不仅审查附带民事诉讼部分,还要审查刑事部分,以便正确确定民事责任。落实上诉不加刑原则要求二审法院只能针对上诉人的诉求范围(即减轻处罚)去审理。因此,若遵守二审全面审查原则则必然阻碍上诉不加刑原则的实施。

3. "实事求是、惩罚犯罪"的刑事司法目的阻碍上诉不加刑原则的落实。是将"查清事实、惩罚犯罪"还是将"追求公正、保障人权"作为我国刑事司法的目的是近年来一直被争论的问题。在笔者看来,我国是一个刑法历史悠久的国家,刑法治国已经进行了数千年,在人们头脑中刑事司法"查清事实、惩罚犯罪"的目的已经根深蒂固。但是由于近年来社会的发展,国际上大多国家将"追求正义、保障人权"作为刑事司法的目的已经是主流趋势,为了适应社会发展,虽然我国也受到影响,但是我们还是要承认目前我国刑事司法的目的还是倾向于“实事求是、惩罚犯罪”。因此,在刑事审判中,在查清犯罪事实的基础上,要依法对被告人给予刑事处罚。落实上诉不加刑原则要求二审的纠错功能仅限于纠正对上诉人有利的错误一审判决来保障该原则的落实。也就是说,即使二审法院在查清事实的基础上,按照法律本应给予加重处罚,但是,上诉不加刑原则限制二审法院不能加重处罚。如果追求“实事求是、惩罚犯罪”的司法目的,就有必要加重处罚,这必然阻碍上诉不加刑原则的实施。

(二)司法实践对落实上诉不加刑原则的阻碍

在司法实践中,二审法院在审理仅被告人上诉引发的二审案件过程中,往往会发现一审法院轻判被告人的情况。关于轻判的原因大体分为两大类:(1)因一审认定事实不清而导致的轻判,如将“主犯”认定为“从犯”、将成年人犯罪认定为未成年人犯罪。出现此种情况时,司法实践中一般都是以原判事实不清、证据不足为由发回重审,一审重新审判,对被告人加重处罚。(2)一审虽然认定的事实清楚、证据充分,但是适用法律错误而导致的轻判,如适用罪名错误导致的量刑过轻、量刑的档适用出现错误。出现这种情况时,按照法律规定如果确实量刑“畸轻”、要改判的需要时,二审应对一审判决予以维持,待判决生效后重新启动审判监督程序加重处罚。虽然司法实践对于上述的一审轻判情形能够找到合法妥善途径加重对被告人的处罚,但是对于到底何谓“事实不清”、何谓“量刑畸轻、必须改判”认识不一,导致在一些事实基本清楚应遵守上诉不加刑原则的案件却被发回重审,一些量刑不是畸轻、没有必要改判的案件通过审判监督重新审判,对被告人加重了处罚,阻碍了上诉不加刑原则的落实。

三、落实上诉不加刑原则存在难题的原因

(一)刑事理念与上诉不加刑原则的冲突

刑事理念是刑事法律工作者特别是刑事法官对法律的认识,但比一般的认识和观念沉淀更深,更具有稳定性、原则性和基础性。裁判的理念是每一位法官在自己世界观、价值观的基础上对刑事诉讼制度和刑事实体制度的一个综合性、原则性的理性感知。长期以来,我国的刑事理念一直倾向于“重打击、轻保护”、“重实体、轻程序”等,这些理念都与上诉不加刑原则发生着冲突。

1.“重打击、轻保护”理念与上诉不加刑原则发生冲突。改革开放后,我国的经济体制、政治体制、生活方式和社会观念等都发生了有目共睹的变化,法制建设取得了令人瞩目的成就。今日经济的快速发展、社会秩序的稳定、体制改革的深化和社会文明程度的提升,更要求法制建设同步运行,充分发挥保驾护航的职能作用。作为负有“打击犯罪,保护人权”职责的刑事司法,其在社会政治、经

济、文化、思想等领域中的重要地位和作用愈益突出。从社会初始分工的角度看，刑事司法制度的本源功能就是打击犯罪。受“大公无私”等社会利益的传统价值观念的影响以及“敌我矛盾”等阶级斗争的思维习惯的制约，我国的刑事司法制度一直偏重于打击犯罪的需要。再加上受过去“有罪推定”思想的影响，对于仅有被告人上诉的二审案件，二审中发现一审轻判，却往往会觉得如果适用了上诉不加刑原则会放纵了犯罪，没有打击犯罪，无法维护社会和谐。因此常常通过一些方式加重对被告人的处罚，使得上诉不加刑原则不能很好地落实。

2.“重实体、轻程序”理念与上诉不加刑原则发生冲突。由于我国过去长期实行的是职权主义的审理模式，以打击犯罪作为刑事诉讼的主要目的，使得“重实体、轻程序”的陈旧观念长时期左右人们的思想。在刑事司法过程中，很多情况只要案件实体部分没有问题，程序上有点瑕疵也不为人所关注。上诉不加刑原则作为保护被告人利益的程序性权利之一，在与实体相比之下，往往也不为人们所重视。

（二）司法实践惯例与上诉不加刑原则的冲突

新中国成立至今，对于被告人或者他的监护人、辩护人、近亲属提起上诉的案件，如果认为原判处刑罚显然过轻，而确有加重刑罚必要的情形，不同历史阶段处理方法也不一。1956 年《审判程序总结》中规定应当用裁定撤销原判，发回原审人民法院重审；1957 最高人民法院在《关于刑事审判程序上某些具体问题的临时变通意见》中答复说：“关于被告人或者他的监护人、辩护人、近亲属提起上诉的案件，上诉审人民法院可否直接改判加重刑罚的问题，如果原判处刑显然过轻，确有加重必要，而案件事实以及为规则所需要斟酌的一切犯罪情节都完全清楚，证据明确，无须发回原审改判时，也可以不发回原审人民法院而由上诉审人民法院自行改判。”虽然自 1979 年《刑事诉讼法》中确定了上诉不加刑原则至今，此原则一直保留实施，但是在司法实践中有些情况下仍有通过发回重审或者审判监督而加重处罚的可能性。由此可以看出，二审中对于认为原判处刑显然过轻，而确有加重必要的时候，存在着也倾向于加重处罚的审判惯例。

（三）法律规定不明确使得上诉不加刑原则落实受阻

法律规定了仅有被告人或者他的监护人、辩护人、近亲属提起上诉的案件，二审中应遵守上诉不加刑原则。同时也规定了对于事实不清、证据不足的案件可以发回重审以及对于事实清楚、证据充分，但是量刑畸轻、确有必要改判的，应当先予以维持，后启动审判监督程序予以改判。虽然法律对于此方面的规定较为完善，但是操作起来却很难。到底何为“事实不清、证据不足”，何为“量刑畸轻、确有必要改判的”，法律未加以明确，留给法官自由裁量。因此，往往导致一些原本应遵守上诉不加刑原则、不属于发回或者审判监督程序改判的案件，却通过发回和审判监督程序加重了处罚,阻碍了上诉不加刑原则的实施。

四、解决落实上诉不加刑原则难题的对策

要在刑事诉讼中真正落实上诉不加刑原则,使此原则在我国实现其存在的价值,需从以下几方面作出努力。

(一)重塑刑事司法理念

我国刑事司法制度长期以来都将打击犯罪作为其基本价值定位,由此衍生出的“以事实为根据,以法律为准绳”的客观真实说主导着我国刑事法律制度的发展,这在以人为本的价值取向为中心以及追求对后人的警示作用、警戒可能犯罪的人、保护将来可能受害者不再受侵害的刑事诉讼目的的现代社会中,具有明显的滞后性与相悖性。随着社会的发展与法制的进步,传统的司法理念必须进行重新定位,刑事司法制度应从偏重惩罚犯罪转向惩罚犯罪和人权保护并重的价值观,从追求客观真实转向追求法律真实,在司法制度的构建中明确设立无罪推定原则、程序合法性原则、沉默权规则等,以达到程序和实体的双重保护。这在我国已引起理论界的足够重视。司法理念的再定位对上诉不加刑原则是一种相互支撑,相互辅助,便于发挥刑事司法制度的打击与保护并重的双重功能。

(二)加快司法审判惯例向落实上诉不加刑原则的过渡

为了追求实体正义,长期以来形成的通过发回重审以及审判监督等程序加重处罚的审判惯例严重阻碍了上诉不加刑原则的发展。完善实体真实主义者忽略了刑事诉讼的最终目的,将个案打击视为终极目标,以刑不抵罪等狭隘思想反对扩大上诉不加刑原则的适用范围。其以实事求是为口号把刑事司法的内容限定在查明案件和对犯罪的处罚上,挤占上诉不加刑原则的适用空间。这种“只见树木不见森林”的做法,已经成为现代刑事诉讼的发展的绊脚石。刑事二审中应做到敢于打破常规,该适用“上诉不加刑”原则时大胆去用,而不被以前的“发回重审和审判监督”等审判惯例所束缚。加快由“打击犯罪”的实体审判惯例向上诉不加刑原则实施惯例的过渡。

(三)明确相关法律规定,使得上诉不加刑原则在司法实践中真正得到落实

有原则必有例外。根据我国的国情,我们要肯定在法律规定上诉不加刑原则存在的同时,也应承认不坚持上诉不加刑原则而“发回重审”和“审判监督”加重被告人刑罚有其理由。“发回重审”、“审判监督”案件与适用“上诉不加刑”原则案件的界限明确对上诉不加刑原则的落实意义匪浅。因此也就有必要进一步明确何为“事实不清、证据不足”以及“量刑畸轻、确有必要改判”。

1.“事实不清、证据不足”的界定。要明确“事实不清、证据不足”首先要明确什么是“犯罪事实清楚、证据确实充分”。“犯罪事实清楚”是指与定罪量刑有

关的事实情节都必须查清,这里面包括定罪的事实和量刑的情节。“证据确实充分”中的确实与充分是相互联系、密不可分的。所谓“证据确实”是指证据要真实可靠,如实地反映案件的事实真相,这是对证据质的要求;所谓“证据充分”是指对证据在量上的要求,就具体案件而言,是指必须足以形成一个完整的证据链并得出排他的唯一的结论。同时,犯罪事实清楚需要确实充分的证据来加以证明,两者相互联系。由此得出如下情形属于“事实不清、证据不足”,可以发回重审:(1)定罪的事实认定发生错误,如将利用合同的诈骗事实认定为普通诈骗事实;(2)量刑的情节出现错误,如一审遗漏了累犯情节;(3)定罪量刑的证据不真实,如定罪证据是伪造的;(4)定罪量刑的证据不充分,如证据之间不能形成完整的证据链对犯罪事实加以证明。以上情形下可以发回重审。除此之外,应该遵守上诉不加刑原则进行审判,而不应以“事实不清、证据不足”为由发回重审,加重对被告人的刑事处罚。

2.“量刑畸轻、确有必要改判”的界定。关于量刑畸轻的情形应从以下两方面加以理解。(1)量刑属于刑种错误的。由于我国刑种分为主刑和附加刑,主刑分为管制、拘役、有期徒刑、无期徒刑和死刑,附加刑分为罚金、没收个人全部财产、剥夺政治权利以及对外国人实施的驱逐出境,附加刑可以单独适用和附加适用。如果量刑时将附加刑的刑种判错,根据最高人民法院《关于刑事第二审判决改变第一审判决认定的罪名后能否加重附加刑的批复》可以得知一般不属于量刑畸轻。只有在情形达到“需要依法改判的”才属于畸轻。鉴于此,主刑刑种在量刑时出现错误,由于主刑的惩罚力度大,所以应属于量刑畸轻。(2)量刑档出现错误。此种情况一般出现在有期徒刑的判处过程中,如盗窃数额特别巨大本应判处10年以上有期徒刑、无期徒刑,而一审法院却判处有期徒刑2年,则属于量刑档出现差错,应属于量刑畸轻。(3)在同一量刑档内量刑偏轻的。比如,诈骗19万元,没有其他量刑情节的情况下,一审法院判处了有期徒刑4年。由于法律规定诈骗数额5万元到20万元,量刑幅度为3年以上10年以下。而一审法院虽然判处刑罚偏轻,但是也属于法律规定的量刑范围之内。此种情况就不应算做量刑畸轻去启动审判监督程序,而应遵守上诉不加刑原则。

虽然现代社会法制日益健全,刑事法律已成体系。但是在司法实践中,一些现存法律仍然缺乏可操作性,不能很好地为司法实践服务。笔者作为从事刑事司法工作的一名新人,针对落实上诉不加刑原则的难点及对策进行了以上简单探析,期望使此原则在司法实践中得到更好落实,实现其存在的意义,如有不当之处敬请指教。

发回重审与上诉不加刑原则之冲突与协调

郭　翔*

一、问题提出

首先介绍一则案例:何某为某燃气集团公司工程咨询分公司工程预算员,其职责为审核预决算及拨付工程款,2005 年何某两次收受某燃气管理所工程施工方贿赂款共计人民币 15,000 元,并为其谋取利益;后何某又于 2007 年 8 月收受某技改工程施工方贿赂款共计人民币 30,000 元,并为其谋取利益。

其间,为了在香港红筹上市,根据国家相关部委的批示,2007 年 3 月 20 日何某所在的公司的企业类型变更为外商独资企业,工程咨询分公司相应地变更为外商独资企业的分支机构。从公司性质变更的时间来看,何某在公司性质变更前后分别采用相同的手段实施收受施工方钱财为对方牟利的行为。

某区人民检察院以被告人何某犯非国家工作人员受贿罪向一审法院提起公诉。

一审法院经审理作出判决,认定被告人何某犯非国家工作人员受贿罪,判处有期徒刑 1 年 6 个月。被告人何某不服,提出上诉。

二审法院经审理后,以原判认定何某犯罪的事实不清,证据不足为由,发回重审。

重审此案时,区人民检察院未提交新的证据,辩护人提交两份新证据,拟证明何某作案期间所在单位变更为全资外商机构并且其所在单位管理人员均为聘任制人员并与所在单位签订劳动合同。

一审法院确认了该企业类型变更的事实和证据,再次作出判决,并对检察院指控何某罪名予以纠正。以被告人何某犯受贿罪,判处有期徒刑 3 年 6 个月。

---

* 北京市第一中级人民法院刑二庭

随案扣押赃款人民币45,000元,予以没收。

一审法院判决后,被告人何某没有提出上诉。检察院提起抗诉,认为一审法院判决确有错误,在程序上违背了"上诉不加刑"的刑事诉讼原则,认定的事实与证据不一致,导致量刑明显不当。

二审法院经审理,认为检察机关的抗诉理由缺乏依据,不予支持。二审法院裁定驳回检察院的抗诉,维持原判。

问题的提出:二审法院对案件发回重审的前提条件是"事实不清、证据不足",发回重审后无疑有利于查明事实真相,准确对被告人定罪量刑。但如果重审过程中查清事实真相后的结果是加重原上诉人的罪名和刑罚,这是否和"上诉不加刑"原则有所冲突,如何在追求实体正义和保障被告人充分行使上诉权之间取得协调,如何准确划分事实认定错误和法律适用错误的界限,值得商榷。

本案在实体和程序上都有问题值得探讨。抛开实体问题,即何某身份的准确认定,其行为如何定性等,本文着重从审理过程的角度分析发回重审制度和上诉不加刑原则之冲突和协调。

二、发回重审与上诉不加刑原则之冲突

(一)上诉不加刑原则的贯彻是程序正义的必然要求

上诉不加刑原则和人权保障理念息息相关,这一原则在刑事审判过程中已经深入人心。虽然该原则也有不利于查明事实真相且有悖公正惩罚犯罪等负面影响,但因其能最大限度保护被告人上诉权、实现程序正义,目前已经被绝大多数国家所承认。

我国自古就有上诉制度,这体现了我国探求事实真相,注重实体正义的传统,但是上诉人的权利保护制度却有所缺失。我国明确确立上诉不加刑原则是首先在1979年通过的《刑事诉讼法》中,之后1996年新通过的《刑事诉讼法》修订稿中保留了这一原则,其第190条对上诉不加刑原则予以规定。该条规定虽然明确,但不具体,之后最高人民法院《关于执行〈中华人民共和国刑事诉讼法〉若干问题的解释》第257条对本原则规定进一步细化并使之有可操作性。

上诉不加刑原则体现了程序正义,有利于维护被告人的上诉权。国家公权力贯彻刑事诉讼过程始终,从侦查犯罪到提起公诉到审理判决,国家公权力的作用始终存在。无论财力、物力还是人力,国家公权力相对于被告人这个独立个人都过于强大,单纯的个人无法与之抗衡,如果不对国家权力予以制约,其滥用的结果必然是践踏人权。实体正义从一开始就是作为各国刑罚的终极目的存在,但是残酷的现实结果是实体正义并非总能得到伸张。制约公权力,给予被告人一方以有效支持和保护,逐渐成为《刑事诉讼法》发展的动力。

上诉不加刑是《刑事诉讼法》中的重要原则,也是程序正义的必然要求。当被告人受到刑事审判,如果确实认为判决不公,可以任意提起上诉,启动二审程序,而不用惧怕此二审会加重其刑罚。如果没有该原则作为护身符,被告人断然不敢任意提起上诉,这不仅不利于二审程序的启动,更不利于保护被告人的权利。

(二)发回重审制度的落实有利于查明事实、体现实体正义

发回重审是我国刑事诉讼二审审理、死刑复核、再审过程中一项重要的制度。根据《刑事诉讼法》第189条第3项和第191条之规定,二审法院可以发回重审的情形主要包括两种:(1)原判决事实不清或者证据不足的,可以改判也可以发回重审;(2)一审法院审理违反法律规定的诉讼程序必须发回重审。本文仅就二审审理中因事实不清、证据不足而发回重审进行讨论。

刑事二审审理后,以"事实不清、证据不足"为由发回重审,目的在于重新审查证据、查明案情真相,加强二审法院的法律监督职能。在案件事实不清的情况下,发回重审从救济途径上较直接改判更有利于被告人诉权的行使。因为,如果二审法院直接改判,处于劣势地位的被告人将缺少上诉的机会,但如果案件被发回重审,一审法院将重新组成合议庭,按照一审程序重新审判,如果被告人不服重审结果可以再次提出上诉。发回重审制度设计的目的体现了我国追求实体正义,严查犯罪事实真相的法制传统,也严格地保护了被告人的上诉权,无疑是有积极意义的。但是该制度也面临被滥用的危险,尤其是当一审由于适用法律错误、工作失误或者其他人为原因造成定罪或者量刑偏轻,二审又无法直接加重刑罚予以改判。同时在追求事实真相、惩罚犯罪的传统思想的作用下,二审法官会很轻易地想到"发回重审"这个办法来进行变相加刑。最高人民法院为了杜绝这种情况的发生,特别在司法解释中要求不能在事实清楚、证据充分的情况下发回重审以达到加重罪名或刑罚的目的。1998年最高人民法院《关于执行〈中华人民共和国刑事诉讼法〉若干问题的解释》第257条第5项规定:"对事实清楚、证据充分,但判处的刑罚畸轻的,或者应当使用附加刑而没有适用的案件,不得撤销第一审判决,直接加重被告人的刑罚或者适用附加刑,也不得以事实不清或者证据不足发回第一审人民法院重新审理。必须依法改判的,应当在第二审判决、裁定生效后,按照审判监督程序重新审判。"

(三)发回重审和上诉不加刑原则二者之间已然存在冲突

1998年最高人民法院《关于执行〈中华人民共和国刑事诉讼法〉若干问题的解释》第257条第5项仅仅规定对"事实清楚、证据充分"的案件不得发回重审加重刑罚,只能利用审判监督程序予以改判。但是,如果一审审理过程中并没有查清案件事实,即二审通过审理发现案件根本上就是"事实不清、证据不足",那

么是否可以发回重审呢？毫无疑问,在这种情况下,根据《刑事诉讼法》第189条的规定,二审法院是可以发回重审的。然而,对于重审过程中是否可以加重定罪和量刑,法律没有明确规定。

分析以上问题,我们发现发回重审制度需要解决两个问题,一方面二审据以发回重审所提到的未查清事实,究竟属于案件客观事实还是一审法院法律认识错误;另一方面,重审是否可以判处法定刑较重的罪名并裁量更重的刑罚。

第一个问题,判断一项事实究竟是案件事实还是法律认识错误极为重要,如果是案件客观事实,那么对其没有查清或一审认定错误,二审法院可以发回重审。但如果该事实是一审法官基于清晰的案件事实而由于错误认识或判断失误,造成法律适用错误而对被告人定罪和量刑偏轻,那么二审法院不能直接发回重审也不能改判。如果确属错案,只能在案件生效后,启动审判监督程序。由此可以看出,二审发回重审的前提为"案件客观事实"还是"法律认识"这个认定极为重要,应该以何标准判断,认定结果决定是否可以对案件发回重审。

第二个问题,如果二审法院经过审理发现原审客观事实未查清,发回重审。一审法院在查清案件事实后认为应该判处法定刑较原判为重的罪名,并且加重刑罚是否会和"上诉不加刑"原则产生冲突？面对重新查清的案件客观事实情况,如果一审法院不予以改判,重审制度将毫无意义。如果予以改判,将有悖于被告人权利的保护。这二者之间存在矛盾,应该如何予以协调,值得探讨。

三、在程序正义的基础上探求事实真相——发回重审和上诉不加刑原则的协调

在我国实务界和理论界对于发回重审制度和上诉不加刑原则之间的冲突多有探讨,上诉不加刑原则体现了程序正义,发回重审制度设计的初衷来自于追求实体正义的传统,对于二者的协调应该有完善的制度基础支持,才能实现在程序正义的基础上追求实体正义的理想。根据上文提出的问题,下面从两方面来讨论:其一,区分案件客观事实和法官法律认识的界限;其二,重审过程中法院是否可以依据已经查明的客观真相重新对被告人定罪量刑,即使加重被告人的罪名和刑法。

(一)客观事实和法律认识的区分

客观事实的形成过程可以理解为一个有独立思想的人在一定主观支配下实施了某种行为,产生了一定后果的过程。这其中包括四个要素即主体、主观方面、客体、客观方面,也就是刑法中罪名判断的四要素。这些要素的内容都可以看做是原始的、没有经过法律价值体系判断的事实。当该事实触犯了刑事法律,按照《刑事诉讼法》的规定进入了司法程序,从立案侦查到提起公诉到司法审判,就将按照国家刑事法律的价值标准对其判断。此时,原始的客观事实和后续

在刑法价值观的指导下重新认定的事实常常混淆在一起。例如,主体身份的认定是行为主体的一种自然状况的认定,应该可以判断其为客观事实的一部分,但对身份犯,判断主体身份的过程又可看做是基于法律的一种价值判断,本文开始提到的案例就涉及这种情况。

发回重审适用的前提仅仅为客观事实不清,而非法律判断失误。但客观事实和法律判断常常重叠,某些情况下区分二者很难。由于法律判断是在查清案件客观事实的基础上按照刑事法律进行的司法对应过程,因此应该对客观事实予以广义解释,即一切对于还原事情原貌的情节、过程均为客观事实。客观事实不清可以依据《刑事诉讼法》第189条第3项的规定发回重审。这样虽然可能会导致发回重审案件比例的提高,但是有利于实现我国刑法惩罚犯罪的目的,也符合我国追求实体正义的法律传统。

(二)发回重审案件在查清事实真相的基础上是否可以加重刑罚

发回重审案件比例的提高保证了实体正义的实现,但是程序正义作为看得见的正义更为重要,其价值又如何得到体现?案件发回重审查明事实后,认定原判定罪错误、量刑畸轻,需要改判,是否可以对原上诉人直接改判,加重被告人刑罚,对此法律并没有直接规定。但是理论上,这种做法是否有利于被告人上诉权的行使并体现程序正义有待进一步讨论。

上诉不加刑原则对于保障人权有积极意义。虽然我国有“重实体、轻程序”的法制传统,但是程序正义作为“看得见的正义”,其比单纯追求实体正义更为重要。上诉不加刑原则作为程序正义的重要原则,在我国有越来越重要的地位。由被告人方提起的上诉,二审审理结果不能不利于被告人。但是在案件发回重审,重审结果加重了被告人的罪名和刑罚是否合适,应该分别讨论。

首先,从定罪上分析。重审过程中一审法院重新组成合议庭按照一审程序对案件重新审理,应该按照查清楚的客观事实进行法律价值判断重新定罪,即使新确定的罪名较原判决为重,也要予以改判。否则定罪和犯罪事实不一致,既不符合客观实际,也有损法制统一。

其次,从量刑上分析。我国《刑法》中对每个罪名都规定有详细的法定刑。具体到个别案件,宣告刑并不一致。因为宣告刑是考虑各种法定量刑情节和酌定量刑情节的基础上予以平衡的结果。在重审案件中,新合议庭可以对被告人判处重罪,但量刑不高于原判刑罚,这样会有更好的社会效果,且有利于保护被告人可以无所顾忌充分行使上诉权。当然,这种做法需要制度支持,否则会产生罪刑不适当的结果。可行的做法是将案件曾被发回重审作为法定量刑情节,重审判决的量刑必须在原一审判决的宣告刑内量刑,这不仅保护了被告人的上诉权,也有利于强化一审法院的责任意识。

四、再次讨论案例

根据上文讨论的内容,重新回到开始的案例,并解决开始讨论的问题。

第一,二审法院发回重审是否合适。

本案二审法院发回重审并非是由于一审程序错误,而是基于一审基本案件事实未查清。那么认定何某身份的问题究竟属于客观案件事实不清,还是一审法院适用法律错误?可以确定何某身份问题应该属于客观案件事实,因为该事实一直客观存在不因为法院判断错误而改变。一审法院没有查清该事实,二审法院以该事实不清为由发回重审符合法律规定。虽然一审法院在重新审理后并未补充新的证据,但是其对原客观存在的事实予以重新认定的过程也是发现真相、查清事实的过程。因此二审法院发回重审正当。

第二,一审法院在审理过程中对被告人判处了较原先更重的罪名,并加重被告人的刑罚,该做法是否合适。

首先,重审过程中,一审法院对原未查清的事实重新进行认定,查明何某应该属于国家工作人员。既然事实查清,那么根据查明的事实确定何某为受贿罪实属正当。如果在查清事实的基础上,为了怕担上"加刑"的责任而不敢于根据事实作出判断,才为枉法。其次,量刑是否合适。我国法律对于这种重审案件的量刑幅度范围没有明确的规定。一审法院据重新认定的事实作出加重被告人刑罚的判决应该说并无不当。但是从有利于保护被告人的上诉权的行使角度看,重新量刑不应该超出第一次刑罚的量刑幅度更为合适。当然,这种设想只有国家法律明确规定,确立重审案件的量刑幅度,才能得以实现。否则,一审法官只能在查清案件事实的基础上考虑法定和酌定的量刑情节,结果可能是减轻被告人的刑罚也可能加重被告人的刑罚。

落实上诉不加刑原则的难题与对策

刘津慧* 贾艳芳**

上诉不加刑原则是刑事诉讼第二审程序中的特殊原则,被称为保障被告人上诉权的基石。据统计,在我院二审部门近三年来处理的案件中,法院维持原判的比例为74.2%,发回重审的比例为4.95%,直接改判的比例16.2%,①没有出现一审被告人上诉,二审直接改判加刑的情形,但存在二审发回重审后加刑及通过审判监督程序加刑的情况,也存在二审虽然维持了一审判决但在事实认定上存在分歧的情形。在具体案件的处理中,还有很多落实上诉不加刑原则的难题,下面笔者将依次通过案例予以分析。

一、上诉不加刑原则的内涵及法理依据

上诉不加刑原则是从“禁止不利变更原则”中引申出来的,该原则的本质和基本含义是,对于只有为被告人利益请示上诉的案件,第二审法院的判决不得将被告人置于更加不利的境地。它最早见于1908年法国《刑事诉讼法典》,是法国资产阶级革命的产物之一,也是资产阶级革命时期所宣扬的“民主”、“自由”、“人权”的一种体现。现在已发展成为世界各国刑事诉讼中普遍采用的一项重要原则。法国《刑事诉讼法典》第515条规定:“审理被告人或民事负责人的上诉时,法院不得使上诉人处于更加不利的地位。”德国《刑事诉讼法典》第358条规定:“仅由被告人,或者为他的利益由检察院或者他的法定代理人提出了上诉的时候,对于被声明不服的判决在法律对行为的处分种类、刑度方面不允许作不利于被告人的变更。”日本《刑事诉讼法典》第402条规定:“对被告人的上诉,禁

* 天津市人民检察院第一分院

** 天津市人民检察院第一分院

① 以我院二审部门2008年、2009年和2010年上半年收到的法院判决情况为样本。

止变更为不利,不得宣告重于原判决的处罚。”前苏联《刑事诉讼法典》第370条规定,“原判决如果是按照被判刑人的上诉理由而被撤销的,人民法院第二次所判处的刑罚不能重于第一次审判所选择的刑罚。”在我国台湾地区,该原则也被称为“禁止不利益变更原则”。[①] 迄今为止,世界上大多数国家与地区都在其刑事诉讼法典中明文规定了或在司法实践中实际采用了上诉不加刑原则。

我国《刑事诉讼法》第190条规定:“第二审人民法院审判被告人或者他的法定代理人、辩护人、近亲属上诉的案件,不得加重被告人的刑罚。”“人民检察院提出抗诉或者自诉人提出上诉的,不受前款规定的限制。”这是上诉不加刑原则在我国法律上的体现。但是《刑事诉讼法》第190条对上诉不加刑原则的规定过于抽象、原则,不够具体,缺乏可操作性,同时由于第二审程序在案件事实、罪名、量刑等实体认定问题以及程序处理问题上较为复杂,所以在理论上和司法实践中,对这一原则的理解和运用都有较大分歧。鉴于此,最高人民法院《关于执行刑事诉讼法若干问题的解释》(以下简称《解释》)第257条、第258条对适用上诉不加刑原则作出了具体规定。归纳而言:(1)共同犯罪案件,只有部分被告人提出上诉的,既不能加重提出上诉的被告人的刑罚,也不能加重其他同案被告人的刑罚。(2)对原判认定事实清楚、证据充分,只是认定的罪名不当的,在不加重原判刑罚的情况下,可以改变罪名。(3)对被告人实行数罪并罚的,不得加重决定执行的刑罚,也不能在维持原判决决定执行的刑罚不变的情况下,加重数罪中某罪的刑罚。(4)对被告人判处拘役或者有期徒刑宣告缓刑的,不得撤销原判决宣告的缓刑或者延长缓刑考验期。(5)对事实清楚、证据充分,但判处的刑罚畸轻,或者应当适用附加刑而没有适用的案件,不得撤销第一审判决,直接加重被告人的刑罚或者适用附加刑,也不得以事实不清或者证据不足发回第一审人民法院重新审理。必须依法改判的,应当在第二审判决、裁定生效后,按照审判监督程序重新审判。(6)共同犯罪案件中,人民检察院只对部分被告人的判决提出抗诉的,对其他第一审被告人不得加重刑罚。

二、落实上诉不加刑原则的难题

1. 为了规避上诉不加刑原则,二审法院滥用发回重审权问题比较突出

案例1:

某市某区环保局原副局长贾某,一审被判处受贿罪有期徒刑3年,但某市某中院认定该判决适用法律有误,将此案发回某区法院重审,重审结果为贾某因受

---

① 许建添:“我国‘上诉不加刑原则’若干问题探讨”,载中国民商法律网,http://www.civillaw.com.cn/Article/default.asp? id =45048。

贿终审被判5年。

2006年6月,某区法院一审认定贾某的行为已构成受贿罪,但根据具体情况,依法可以减轻处罚。据此,该院适用《刑法》第63条的规定,在法定刑罚以下对贾某量刑,判处其3年有期徒刑。宣判后,不服判决的贾某上诉,其辩护人提出,贾某收取20万元后主动予以退还,且在退钱3年后投案,不宜再认定为受贿罪。2006年8月,某中院作出裁定:贾某已经构成受贿罪,且不具有《刑法》第63条规定的"在法定刑罚以下判处刑罚"的特殊情况,一审判决属于"适用法律不当",并依法将此案发回重审。2006年12月,某区法院再次作出一审判决,以受贿罪判处贾某5年有期徒刑。宣判后,贾某及其律师再次上诉。随后,某中院作出终审裁定,维持了5年有期徒刑的判决。终审裁定称,根据查明的本案事实及情节,法院重审后对贾某依法减轻了处罚,因此作出5年徒刑,量刑适当。一审法院此前判处的3年有期徒刑,属于适用法律不当,已被撤销,不能生效,也不能对重审后的量刑发生影响。据此,该院判处贾某5年有期徒刑并无不当,并驳回其上诉。

这个案例属于发回重审后增加刑期的情形,笔者认为这种情形不违反上诉不加刑原则,二审法院发回重审的案件应当按照一审程序审理,不用遵循二审程序中上诉不加刑的原则。《解释》释疑时也明确指出:"上诉不加刑原则不适用于二审裁定发回重审的案件,即二审法院裁定撤销原判决,将案件发回原审法院重新审判后,原审法院可以对上诉人判处重于原判刑罚的刑罚"。①

《刑事诉讼法》第189条、第191条规定的二审法院发回重审案件的条件和范围,可以概况为两种情况:一是案件事实不清或者证据不足;二是违反法律规定的诉讼程序,可能影响公正审判的。但是在实践中,经常会出现二审法院"套用"这两种情况将案件发回重审的情况,其中不乏为了规避上诉不加刑原则而发回重审的情形。我们在调查中发现,二审检察院在既可建议二审法院发回重审又可通过审判监督抗诉(以下简称"审监抗")的情况下,也往往采用建议发回重审的方式,理由如下:(1)更加便捷。审监抗的方式首先需要维持原判,再由检察机关提出抗诉,比直接发回重审的程序要复杂。(2)更加严肃。通过审监抗的方式改变一审判决的情况下,相当于二审部门维持了一个错误的判决,这种"出尔反尔"的行为不如直接发回一审法院改判更具严肃性。(3)更有利于救济当事人。发回重审后当事人如果不服还可以再上诉,而审监抗的判决相当于终审判决,当事人不能再上诉,而只能通过再审的方式进行救济。(4)业绩考核的

---

① 熊选国主编:《刑事诉讼法司法解释释疑》(11),中国法制出版社2002年版,第191页。

需要。通常情况下,审监抗后改变一审判决的属于考核中的扣分项目,而发回重审后是否改变原审判决就不在考核之列。二审法院将案件发回重审的比例较高也是出于类似同样的理由。基于上述发回重审"更加优越"的理由,实践中很多本来应当直接改判且应坚决执行上诉不加刑的案件被套用"事实不清"而发回重审,增加了"加刑"的比例,属于滥用发回重审权而导致"加刑"。这人为地延长了诉讼周期和被告人的羁押期限,不仅严重侵犯了被告人的合法权益而且造成司法资源的极大浪费。

我们从案例中可以看到,某中院是以一审法院"适用法律不当"为由将案件发回重审的。根据《刑事诉讼法》第189条第2款的规定,第二审人民法院对不服第一审判决的上诉、抗诉案件,经过审理后,认为原判决认定的事实没有错误,但适用法律有错误,或者量刑不当的,应当改判。而本案中却发回重审,明显不符合《刑事诉讼法》的规定。然而我们看到二审法院发回重审的真正理由应当是贾某主动退赃的情节是否《刑法》第63条规定的法定减轻处罚情节,实际上是与量刑有关的事实没有查清,因此本案发回重审的理由应当是事实不清,而非适用法律不当。那么什么样的情况属于"事实不清、证据不足",应当"发回重审"的情况呢?原判事实不清或证据不足的原因有可能是多方面的,有可能是主观方面的原因,包括被告人方面和控诉方的原因,也有可能是客观方面的原因,如因不可抗力使证据收集有困难。对于"原判事实不清或证据不足"我们也应当区分情况予以理解,并应对何为"事实不清、证据不足"作更为深入细致的界定。

2. 二审检察机关通过审判监督方式抗诉是否属于变相违反上诉不加刑原则

案例2:

上诉人肖某,回族,高中文化,无职业。肖某于2006年采取暂交部分租金的形式,骗取车辆所有人的信任后实施诈骗,将骗取来的车辆作为抵押物,找他人借钱用于挥霍,犯罪数额达43万余元。一审法院认定肖某的行为符合我国《刑法》合同诈骗罪的主、客观构成要件规定,触犯了《刑法》第224条第5项之规定,构成合同诈骗罪。由于肖某历史上曾因信用卡诈骗罪和诈骗罪被刑事处罚,此次仍不知悔改,系刑罚执行完毕后5年内再犯应当判处有期徒刑以上刑罚之罪,属累犯,依法应予从重处罚。依照《刑法》第224条第5项之规定,判处被告人肖某犯合同诈骗罪,处有期徒刑9年,并处罚金10万元。

肖某上诉后,二审检察机关认为,根据最高人民法院《关于审理诈骗案件具体应用法律的若干问题的解释》(1996年12月16日)规定,个人进行合同诈骗数额在10万元以上的,属于数额特别巨大,又具有下列情形之一的,也应认定为"情节特别严重":其中第5条挥霍诈骗财物,致使诈骗的财物无法返还的,应在

10 年以上予以量刑,直至无期徒刑。本案中涉及犯罪的金额在 43 万余元,应属于数额特别巨大和情节特别严重。一审法院判决量刑畸轻。因此,建议二审法院驳回上诉、维持原判。待二审判决、裁定生效后,按照审判监督程序重新审理。

现实中会遇到一审判决量刑畸轻的情形,此时被告人如果上诉,二审法院需要遵循“上诉不加刑”原则。检察机关作为法律监督机关,既要遵循上诉不加刑原则,又要维护公平正义,纠正一审法院量刑畸轻的错误,这时检察机关就应当按照审判监督程序提起抗诉,但这种方式被很多人质疑是变相规避上诉不加刑原则。笔者认为,审判监督程序改判与上诉不加刑原则是不相矛盾的。“上诉不加刑是指第二审法院直接改判时不得加重原判刑罚,不适用于审判监督程序及发回重审的案件。”①但是,如何规范审判监督程序,使这一程序的运行更加严格、公正就成为落实上诉不加刑原则过程中不可回避的一个难题。

《刑事诉讼法》第 205 条、《人民检察院刑事诉讼规则》第 406 条对审判监督程序抗诉的具体标准作出了规定。通过比较《人民检察院刑事诉讼规则》第 397 条和第 406 条可以发现,在抗诉标准的掌握上,审判监督程序的抗诉应当严于第二审程序的抗诉。这是由于审判监督程序的抗诉针对的是已经发生法律效力的判决、裁定,从维护人民法院裁判的稳定性考虑,没有新的证据或更为充分的理由,不宜提起这种程序的抗诉。② 在这种情况下,就需要检察机关更加充分地发挥其审判监督职能,使这一程序的功能效用得到更大程度的发挥。

3. 是否只要不增加刑期就是符合上诉不加刑原则

案例 3:

上诉人毛某,女,汉族,中专文化,无业。原审被告人侯某,男,汉族,中专文化,无业。原审被告人吴某,男,汉族,中专文化,无业。2006 年 1 月 22 日 20 时许,原审被告人侯某、吴某预谋后共同到天津市北辰区某底商门前,将被害人高某某停放在此的一辆桑塔纳牌汽车(鉴定价值 66,000 元)窃走。同年 1 月 27 日,上诉人毛某明知原审被告人侯某、吴某让其帮助销售的汽车系犯罪所得赃物,仍与原审被告人侯某、吴某预谋后以欺骗手段,将该车以 61,000 元的价格销售给案外人牛某某,赃款俵分挥霍。一审判决书认定原审被告人侯某、吴某犯盗窃罪,上诉人毛某犯掩饰、隐瞒犯罪所得罪。

二审中检察机关认为,一审判决书认定原审被告人侯某、吴某犯盗窃罪事实清楚、证据确实充分,定罪量刑并无不当,建议二审法院维持一审判决对二人的

① 陈光中、徐静村主编:《刑事诉讼法学》,中国政法大学出版社 2001 年版,第 403 页。

② 黄河、付延威、史卫忠、张凤艳等:《刑事抗诉的理论与实务》,中国检察出版社 2000 年版,第 98 页。

定罪量刑;一审法院依据2007年5月11日施行的最高人民法院、最高人民检察院《关于办理与盗窃、抢劫、诈骗、抢夺机动车相关刑事案件具体应用法律若干问题的解释》以掩饰、隐瞒犯罪所得罪对上诉人毛某定罪,但毛某实施销赃行为是2006年1月27日,依据《刑法》从旧兼从轻的原则,应以销售赃物罪定罪处罚,一审法院所定罪名属于适用法律不当,但是该解释的量刑幅度与《刑法》第312条销售赃物罪的量刑幅度是一致的,一审法院虽属适用法律不当,但不影响对原审被告人毛某的量刑。

《解释》中第257条第2款规定对原判认定事实清楚、证据充分,只是认定的罪名不当的,在不加重原判刑罚的情况下,可以改变罪名。但“改变罪名”的具体含义是什么呢?在不加重原判刑罚的情况下适用旧法是否属于改变罪名呢?改变罪名是否包括改变对事实的认定?这些也是在落实上诉不加刑原则过程中遇到的难题,笔者认为应当对“加刑”的具体含义予以界定。

三、对策与建议

1. 建议立法上对发回重审条件中的“事实不清或证据不足”予以细化

“事实不清或证据不足”是指在对事实或量刑情节的认定上发生错误。所谓事实认定错误,是指原判决、裁定对案件事实作了错误认定,或者案件中的主要犯罪事实和重大情节没有查清,或者缺乏确实、充分的证据。具体包括:第一,对犯罪构成要件事实没有查清或者作了错误认定。如将未达到刑事责任年龄、不具有刑事责任能力以及没有实施危害社会行为的人当做犯罪主体追究刑事责任;将故意犯罪认定为过失犯罪或者将过失犯罪认定为故意犯罪;将意外事故、合法行为和一般违法行为认定为犯罪行为予以追究。第二,对与量刑有关的重要案件事实没有查清或者作了错误认定。如对共同犯罪中被告人的地位和作用作了错误的认定,将犯罪未遂认定为犯罪既遂。第三,定案证据不确实、不充分。如证明案件主要事实的证据之间互相矛盾,或者作为定案根据的证据未经法庭查证核实;案件中只有被告人对案情的供述和辩解,或者只有同案被告人的供述而无其他证据证明被告人有罪无罪、罪轻罪重。

“量刑情节”是指在定罪和确定相应法定刑的基础上,对犯罪分子量刑时据以从重从轻处罚、减轻处罚或者免除处罚以及暂缓执行刑罚的,表明行为的社会危害程度和行为人的人身危险程度的主客观事实情况。[①] 量刑情节包括罪中情节和罪前罪后情节。其中罪中情节有如犯罪预备、未遂和中止;罪前罪后情节有

① 马克昌主编:《刑罚通论》,武汉大学出版社2002年版,第272页。

如累犯、自首、立功。可见,犯罪情节决定法定刑,量刑情节决定宣告刑。正确认定犯罪情节和量刑情节,对于正确量刑具有特别重要的意义。①

在对“事实不清或证据不足”有了足够的认识,认为应当将案件发回重审后,也应当根据案件事实具体分析是否应当加重对被告的刑罚。值得注意的是,被告人在原审中如果有毁灭、伪造、改造证据的行为,造成事实不清证据不足,而重审在查清事实后有确实充分证据的,应当可以加刑。此时可以加刑应该说体现的是法律的公正与威严,是对被告人的一种惩罚。同时这样做可以收到良好的效果。相反,如果是控诉方在一审中所提供的证据不足或违法取证,使得判决“原判决事实不清或证据不足”的,在只有被告人上诉后发回重审的,不应当加重被告人刑罚。根据证明责任的分配原则,控诉方的错误造成的后果理应由控诉方自己承担,而不能转嫁责任于被告人。②

2. 建议检察机关充分发挥审判监督的作用

很多学者甚至主流观点认为“要从限制再审加刑条件到取消再审加刑规定,全面贯彻上诉不加刑原则”,“这是贯彻无罪推定原则、更好地保障人权、推行程序公正的必由之路”。但现实的情况是,“限制再审加刑条件”、“取消再审加刑规定”都涉及立法的大幅修改,是一个循序渐进的漫长过程。而在目前的办案过程中,检察官和法官不能按照某些学术观点行事,还是要以“依照当前法律,保证个案正义”为原则,因此“主流观点”在现实操作中可能不适用,或者采取其他的方式可以达到更好的法律效果和社会效果。笔者认为,检察机关充分地发挥审判监督作用就是一种“更好”的方式。

检察机关通过审判监督程序提出抗诉是检察机关行使法律监督权的重要方式,检察机关依法行使审判监督权,既是国家权力体系以及法律规范层级性原理的逻辑结论,同时又与司法规律相契合。因此,我们不能机械地执行上诉不加刑原则,认为只要有上诉,在之后的任何程序中就绝对不能加刑。检察机关充分发挥审判监督职能具有以下几个方面的重要意义:(1)有助于实现司法公正和保障人权。司法的直接目的是实现个案公正,而其终极价值与现实追求则在于保障人权。对此,检察机关通过对法院的判决提起抗诉的形式履行审判监督职能,有助于通过程序公正实现其支撑实体公正的程序价值。对于终审判决对被告人量刑畸轻的案件,出于公平正义、有错必纠和保护被害人人权的考虑,二审检察机关应当通过审判监督程序提起抗诉,这也符合《解释》第257条第5款“必须依法改判的,应当在第二审判决、裁定生效后,依照审判监督程序重新审判”的规

---

① 项谷:“贯彻上诉不加刑原则的实践反思与立法完善”,载《华东政法大学学报》2004年第5期。

② 金泽刚:“发回重审案件是否适用上诉不加刑原则”,载《法学》2001年第1期。

定，与上诉不加刑原则不相违背。（2）有助于维护司法的权威。司法权威并非抽象的，二审建立在公正的个案裁判的基础之上，检察机关的审判监督是有助于实现个案公正裁判的，也是有助于维护审判权威的。因此，许多人呼吁为了彻底贯彻上诉不加刑原则，应当切实保证发回重审案件和审判监督案件“绝对不加刑”，甚至有人对发回重审和审判监督制度的存在发出质疑。在新的改革措施或司法解释没有出台之前，我们在实践中只有充分发挥原有制度的优越性，克服原有制度运行中的弊端，依法行事（而非以某些学术观点行事）才能在保证个案公正的过程中追求人权保障的实现。（3）有助于监督法官的行为。[①] 检察官作为法律的守护人，既要追诉犯罪，更需要保护当事人免于法官恣意及滥权的侵害，担当国家权力双重控制的任务。可见，检察机关行使审判监督权正是创设检察制度的初衷，检察权自其诞生之日起，便带有审判权的基因——维护社会的公平正义，并以监督审判权作为自己神圣的职责。

根据《最高人民检察院关于刑事抗诉工作的若干意见》和《最高人民检察院关于进一步加强刑事抗诉工作强化审判监督的若干意见》的规定，结合当前刑事抗诉工作实践，除《人民检察院刑事诉讼规则》第406条规定的情形外，对于以下五种情形，均应依法提出抗诉：（1）人民法院采信自行收集的证据未经庭审质证即作为裁判的根据，导致错误裁判的，特别是判决生效以后，人民法院按照审判监督程序立案并自行收集证据或采信律师自行收集的证据而未经质证擅自改判的；（2）不采纳公诉人庭前收集并当庭出示的有效证据，仅因为被告人翻供而判决无罪或改变事实认定，导致错误裁判的；（3）审判活动严重违反法定诉讼程序，或者审判人员在审理案件过程中有贪污受贿、徇私舞弊等行为，影响公正裁判的；（4）判决、裁定认定或者适用法律错误，量刑畸轻畸重，或虽然未致畸轻畸重但社会影响恶劣的；（5）因重要事实、法定情节认定错误而导致错误裁判，或者因判决、裁定认定犯罪行政错误，可能对司法实践产生不良效应的。对具有以下三种情形之一的案件，一般不予抗诉：（1）法律规定不明确，存有争议，抗诉法律依据不充分的；（2）证据不确实、不充分，存有矛盾，又不能合理排除的；（3）判决或裁定认定的事实、证据有错误，认定罪名不当，但量刑基本适当的。[②] 检察机关在发现上述应当提出抗诉的五种情形且不符合一般不予抗诉的三种情形时，就应果断提起抗诉，不应以遵循上诉不加刑原则为理由该抗不抗，置公平正

---

① 胡志坚：“论司法规律与审判监督权的科学配置”，载张智辉主编：《中国检察》（第16卷），北京大学出版社2008年版，第171～174页。

② 贺恒扬等：“刑事抗诉制度的立法完善”，载张智辉主编：《中国检察》（第14卷），北京大学出版社2007年版，第276～277页。

义与法定职责于不顾。

另外,充分发挥检察机关审判监督权的另一重要表现是,落实抗诉审案件检察长列席法院审判委员会制度。人民检察院要提起刑事抗诉的案件,尤其是依审判监督程序提起抗诉的案件,一般属于重大案件或有争议的疑难、复杂案件,人民法院在程序上都会经过审判委员会予以讨论。如果落实检察长列席审判委员会这一制度,检察长作为检察院的当然代表,就会将检察院对于这些重大、疑难、复杂案件的看法和意见予以充分表达,这样可以引起审判委员会的高度重视,如果检法两家能就此达成共识,对案件作出正确的判决,一则可以减少司法资源的浪费,二则可以保证法律监督的实效。

3. 建议立法对上诉不加刑原则中"加刑"的含义予以界定,一审事实认定有误的,即使二审维持原判也应对事实重新认定

上诉不加刑之"刑"是否仅限于刑期的增加,是实践中争议较大且亟须予以厘清的问题,笔者认为上诉不加刑应当包括以下几种情况:(1)同一刑种,不得加重刑罚的数量,如不得加重刑期、不得加重罚金的数额。(2)不得改变刑罚的执行方法,如把缓刑改判为实刑,其中包括有期徒刑缓刑和死刑缓刑两年执行。(3)不得在原判主刑的基础上改判增加附加刑。其中包括改变原有的附加刑种为重于原附加刑的附加刑,以及原判已判处附加刑而改判增加附加刑刑种。(4)不得把原判的较轻刑种改判为较重的刑种,如不得把有期徒刑改判为无期徒刑或死刑,不得把原判管制或拘役改判为有期徒刑。(5)在数罪并罚案件中,不得因此罪被否定或减轻处罚而加重对彼罪的处罚。(6)不得加重数罪并罚案件的宣告刑。我们不应将对上诉不加刑之"刑"的理解仅限于"刑期",而应按照这一制度的立法原意作广义的理解。然而,要使这一理解在实践中予以贯彻,还有待于立法的进一步修改和完善。对原判认定事实清楚、证据充分,只是认定的罪名不当的,在不加重原判刑罚的情况下,可以改变罪名,一审对事实的认定有误也属于改变罪名的范畴,此时即使二审维持原判也应对事实予以重新认定。

如今我们越来越清楚地看到,中国要加快法治建设与改革的步伐,程序的建设是关键,程序正义的张扬是关键中的关键。我们应当充分借助司法改革这一契机,接受新思想新观念,不断加深对上诉不加刑制度的理解,使这一制度的优越性得到更大程度的发挥。

刑事诉讼上诉不加刑原则的立法完善研究

——以维护刑事被告人上诉权为研究视角

尹 畅*

上诉不加刑原则是二审法院必须遵守的原则之一。此原则在我国现行刑事诉讼司法实践有利于保障被告人依法享有的上诉权,使其不致因害怕上诉后可能被加重刑罚而不敢提出上诉,确保上诉审制度不致成为虚设。但现行上诉不加刑原则立法层面不够完善,司法层面存在"曲线加刑"的现象。为此,本文依据我国现行法律法规,结合理论与实践,提出对上诉不加刑原则修改完善的立法建议,以期抛砖引玉,使上诉不加刑原则日臻科学合理。

一、上诉不加刑原则的有关规定及其存在的理论依据

上诉不加刑原则的基本含义是指人民法院审判只有被告人一方上诉的案件,不得以任何理由加重被告人的刑罚。追溯上诉不加刑原则的相关规定,可从一些国家的规定中找到答案。

考据有关国家关于上诉不加刑原则的规定,上诉不加刑原则是从"禁止不利益变更"原则中引申出来的,是资产阶级民主革命的产物,现已为世界大多数国家的《刑事诉讼法》所确认。其一,法国是最早从立法上确立此原则的国家。1808 年法国《刑事诉讼法典》规定刑事案件于一审判决后,被告人或者他的近亲属,监护人以及辩护人不服而为被告人的利益提起上诉的,上诉审法院不得判处比原判决更重的刑罚;只有在为被告人之不利益而提起上诉时,上诉审法院才可以处以比原判决更重的刑罚。其二,德国是最先从法国《刑事诉讼法典》中吸取这一原则的国家。1877 年德意志《刑事诉讼法典》第 398 条规定,被告人一方对判决不服提出上诉时,新的判决不得处以比原判决更重的刑罚。其三,日本是东

* 重庆市人民检察院第二分院干部

方国家最先搬用此原则的国家。1891 年日本以德国《刑事诉讼法典》为蓝本，在其《刑事诉讼法》第 265 条中规定：若只有被告人，辩护人或法律上代理人上诉，不许将原判决变更为不利益于被告人。其四，大陆法系的其他国家相继在刑事诉讼中作了类似的规定，英美法系国家采用此原则较晚。如英国在 1968 年才在刑事诉讼法中确认此原则，规定上诉审法院审理案件时，如有若干罪名，可以撤销其中某些罪名的判定而且可以据此重新判刑，但其总刑期不得长于原判决。当前，世界上绝大多数国家都在诉讼法立法层面上确立了此原则，虽适用范围和表达方式各异，但内容基本相同。

考据我国相关法律规定，我国《刑事诉讼法》经多次修改，在 1979 年才最终确立上诉不加刑原则，使其成为二审法院必须遵守的原则之一。该法第 190 条规定，第二审人民法院审判被告人或者他的法定代理人、辩护人、近亲属上诉的案件，不得加重被告人的刑罚。人民检察院提出抗诉或者自诉人提出上诉的，不受前款规定的限制。最高人民法院《关于执行〈中华人民共和国刑事诉讼法〉若干问题的解释》（以下简称《解释》）第 257 条对此规定作了进一步解释，其第 1 款第 5 项规定：对事实清楚、证据充分，但判处的刑罚畸轻，或者应当适用附加刑而没有适用的案件，不得撤销第一审判决，直接加重被告人的刑罚或者适用附加刑，也不得以事实不清或者证据不足发回第一审人民法院重新审理；必须依法改判的，应当在第二审判决、裁定生效后，按照审判监督重新审判。此规定明确被告人或者他的法定代理人、辩护人、近亲属提起上诉的案件，二审法院经过审理决定改判时只能适用比原判决更轻的刑罚，不能适用比原判决更重的刑罚，也不得变相加重被告人的刑罚。考据我国法律规定上诉不加刑原则的基本出发点有三：一是为了保护被告人的上诉权，防止上诉而招致不利的后果；二是强化上级法院对下级法院审判的监督和指导；三是提高检察机关的公诉和抗诉水平。

上诉不加刑事原则的理论基础主要在于：刑事诉讼保护的是国家利益，诉讼过程中起诉方代表的国家公权与被告私权主要是人身自由权的极不对称；以及刑事诉讼涉及社会个体人身自由权的极端重要性。为了获得一种矫正的平衡，现代社会继一审程序对被告人适用无罪推定原则之后，在二审程序对刑事被告人适用的又一特殊保护制度。目前理论界主要有“控申分离说”、“控辩平衡说”、“利益权衡说”等主流观点。“控申分离说”又称“不告不理说”，认为上诉不加刑是有控审分离这项表示刑事诉讼民主、科学、文明的原则所要求的，即使法律未明文规定，二审法院也应当遵守。“控辩平衡说”认为由于控辩双方实质上的不平等，所以应加强对被告人的特殊保护，使其拥有一些特权以换取实质上的平衡。“控辩平衡说”是数千年来人们对公平、正义思考的理论结晶。“利益权衡说”认为刑事诉讼程序中存在许多利益冲突，如实体正义与程序正义，打击犯罪与保障人权,公正与效率等冲突发生且利益难以兼得时,就应该“两利相权取其大,两害相权选其轻”。当前,虽然理论界对上述三种观点存有异议,但笔者认为从程序角度看,它作为上诉不加刑原则的存在依据,自有其重要的存在价值。

二、上诉不加刑原则的实践表现及适用限制

(一)上诉不加刑原则的实践表现

司法实践中,透过上诉不加刑原则的种种具体表象,可以抽象出以下几类表现:(1)同一刑种,不得加重刑罚的数量;(2)不得改变刑罚执行的方法,如将缓刑改为实刑,将死刑缓期执行改为立即执行;(3)不得在主刑上增加附加刑;(4)不得改判较重的刑种,如将拘役6个月改为有期徒刑6个月;(5)对于构成数罪并罚的上诉案件,既不能加重决定执行的刑罚,也不能在执行原刑罚不变的情况下,加重数罪中某一罪或几个罪的刑罚;(6)不得加重共同犯罪中未提出上诉的被告人的刑罚。《刑事诉讼法》规定上诉不加刑的目的在于保障和发挥上诉制度的作用,使正确的判决得以维持,错误的判决得到纠正。透过上述表现认识上诉不加刑原则的存在价值,可以这样认为:它是切实执行上诉制度不可缺少的条件,因为上诉不加刑原则是上诉人的法律保障,而被告人可以通过上诉制度来保护自己的合法权益;它是被告人行使上诉权的重要保障,因为宪法和法律赋予被告人有辩护权,上诉权也是辩护权的重要部分,是被告人在一审判决后行使辩护权的一种方式;它是国际通例,因为目前世界各国较为普遍地采用这项诉讼原则,无论是资本主义国家还是社会主义国家,在刑事诉讼的法律中都作了相应的规定。

(二)上诉不加刑原则的适用限制

我国现行《刑事诉讼法》第190条第1款规定:第二审人民法院审判被告人或者他们的法定代理人、辩护人、近亲属上诉的案件,不得加重被告人的刑罚。此规定有利于保障被告人的上诉权,解除其上诉的思想顾虑,切实保障和发挥上诉制度的作用。但适用此规定应注意把握以下情形:(1)共同犯罪案件,只有部分被告上诉的,既不能加重上诉被告人的刑罚,也不能加重其他同案被告人的刑罚。(2)对被告实行数罪并罚的,既不能加重决定执行的刑罚,也不能在保持决定执行的刑罚不变的情况下,加重数罪中某一罪或者几个罪的刑罚。(3)对被告人判处拘役或者有期徒刑宣告缓刑的,不得撤销原判决宣告的缓刑,或者延长缓刑考验期。(4)共同犯罪案件中,人民检察院只对部分被告人的判决提出抗诉的,对其他原审被告人不得加重刑罚。(5)对于以事实不清,证据不足而发回重新审判的案件,一审法院经过重新审理后有变化,如果只是由于被告人一方上

诉才引起二审的案件,一审法院不得加重刑罚。(6)原判认定的事实没有错误,只是定性不准、认定罪名不当,在二审改判重新确定罪名时,不应加重被告人的刑罚。为了保障被告人的上诉权,免除被告人因害怕上诉后被加重刑罚的顾虑,从而通过上诉案件的审理保证办案质量,保证法律的正确实施,《刑事诉讼法》规定第二审人民法院审判被告人或者他的法定代理人、辩护人、近亲属上诉的条件,经过审理决定改判的,对被告人只能适用比原判轻的刑罚,不能加重被告人的刑罚。(7)人民检察院抗诉要求二审法院减轻被告人刑罚的案件,二审中也不能加重被告人的刑罚。因没有加重刑罚的诉因,也是对抗诉的不尊重。笔者认为上述适用限制可表明:《刑事诉讼法》所规定的上诉不加刑原则,只适用于被告人一方上诉的案件;对于人民检察院提出抗诉或者自诉人提出上诉的,不受被告人一方上诉不加刑的规定的限制;除被告方上诉权人外的其他上诉权人的上诉或人民检察院抗诉的案件,二审人民法院可以加重被告人的刑罚。

三、上诉不加刑原则之不足及产生原因

随着法治环境及司法实践活动的变化,上诉不加刑原则的缺陷也日益明朗,结合司法实践可将此原则之不足及原因归纳为六个方面:

(一)无法对"违法"判决进行救济

依据《刑事诉讼法》第190条规定,第二审人民法院审判被告人或者他的法定代理人、辩护人、近亲属上诉的案件,不得加重被告人的刑罚。二审人民法院针对一审法院事实已查清,法律适用无误,但作出的判决较轻。而被告人上诉的案件,不能依据《刑事诉讼法》第189条第3款的规定发回原审人民法院进行重审,而只能依据第1款的规定,维持原判。这又与《刑法》第5条的规定"刑罚的轻重,应当与犯罪分子所犯罪行和承担的刑事责任相适应",即刑罚相当原则严重不符,不利于打击违法犯罪活动。而且判决生效后,根据上诉不加刑原则的立法思想,二审法院也不能依据《刑事诉讼法》第205条的规定对该案按照审判监督程序进行再审,从而无法对该"违法"判决进行救济,只能"听之任之"。

(二)影响二审法院的效率和办案质量

上诉不加刑原则的贯彻实行,很大程度上消除了被告人及其代理人、近亲属提起上诉的顾虑,同时也引发了一系列后果。一是增加了上诉案件的数量。在实践中,被告人及其代理人、近亲属有了上诉不加刑做"保护伞",被告人根本无须承担任何上诉案件的败诉风险,所以不管一审判决量刑是否适当、审判程序是否合法,他们都会上诉,结果导致我国目前绝大多数刑事案件都要经过一、二审的审判。这就增加了二审法院的负担,浪费了大量的人力、物力和财力。目前,各中级人民法院的人力本身就难以满足社会发展的需要,二审法院不得不在审

理被告人及其代理人、近亲属提起上诉的案件的过程中,尽可能地提高办案效率,大量采用书面审理的方式进行审理。根据《刑事诉讼法》第 187 条规定:第二审人民法院对上诉案件,应当组成合议庭,开庭审理。合议庭经过阅卷,询问被告人,听取其他当事人、辩护人、诉讼代理人的意见,对事实清楚的,可以不开庭审理。对人民检察院抗诉的案件,第二审人民法院应当开庭审理。二审法院对被告方提起上诉的案件,只有在经过"询问被告人,听取其他当事人、辩护人、代理人的意见",查清事实清楚的情况下,才可以不开庭审理,进行书面审理。司法实践环节,二审法院由于被告方提起上诉的案件实在太多,审期又有限,为提高结案效率或者为了不超过审理期限而不得不对某些未查清事实的案件也进行书面审理,其最终结果是影响了二审法院的办案质量,造成了冤假错案。如此一来,与保障被告人的辩护权、提高司法机关的办案质量、维护司法公平公正为目的而确立的上诉不加刑原则相背离,导致事与愿违的后果。

(三)与其他法律制度存在许多相矛盾的地方

上诉不加刑原则与其他法律制度存在许多相矛盾之处,可归纳为三个方面:(1)违背了实事求是的原则。实事求是作为《刑事诉讼法》的一项基本原则,要求其他诉讼制度、原则及具体规定不得与其相抵触,上诉不加刑原则却要求二审法院在发现一审判决过轻的情况下亦不得改判加刑,这就违背了实事求是的基本原则。(2)与刑法罪刑相适应的基本原则相冲突。罪刑相适应原则要求重罪重判,轻罪轻判,无罪不判,量刑适当,罪当其罪。上诉不加刑原则使得二审法院无法对一审判决太轻的判决予以直接纠正,也就违反了罪刑相适应原则,其必然导致重罪轻判、放纵犯罪的后果。这样既不利于刑事诉讼法惩罚犯罪目的的实现,也不利于罪犯的教育与改造。(3)与《刑事诉讼法》的有错必纠的原则相矛盾。《刑事诉讼法》所有程序、制度都应服务于有错必纠原则。上诉不加刑原则使有错必纠在二审中得不到彻底的贯彻。

(四)被实践中的多种"变相加刑"做法所取代

我国虽确立了上诉不加刑原则,但因法院主动提起再审的威胁而变得不彻底。有许多精通法律的犯罪分子会这样认为:不能上诉,如果上诉后二审认为判轻了,先维持原判,然后随即提起再审,将 20 年判成无期,将无期判成死刑,岂不冤哉。这种可能在理论上存在,在实务中也曾这样操作过,说明了上诉不加刑在实践中难以贯彻执行。

(五)易导致被告人滥用上诉权和增加二审法院工作量

在实践中,由于上诉不加刑原则的保护,被告人没有加刑的顾虑;根据《刑事诉讼法》的规定又不用交纳诉讼费用等,即既没有诉讼风险,又没有诉讼成本,而且还有被裁减刑罚的可能。《刑事诉讼法》第 180 条规定,只要被告人不服一审法院的判决、裁定,就可以提起上诉。这就为被告方上诉提供了便利条件。以上这些原因致使被告人可以随心所欲地提起上诉,这为二审法院增加了大量负担,影响二审法院的办案质量。

四、修改完善上诉不加刑原则的立法建议

当前,上诉不加刑原则在立法方面逐步被广泛认可,司法方面被告人依法享有上诉权的作用日益显现。但上诉不加刑原则的诸多缺陷亟待加以改进,以期遏制刑事被告人滥用上诉权,减少不必要的诉讼成本,使之更符合刑事立法原则和宗旨,确保公正司法,维护公平正义。

(一)用科学发展观统领上诉不加刑原则的立法完善

当前,世界多数国家都基本从立法层面认可了上诉不加刑原则。确立刑事诉讼上诉不加刑原则的一个重要目的在于保障被告人依法享有的上诉权。坚持用科学发展观统领各项工作,刑事法律的修改完善,都应体现保障公民基本人权、保障被告人依法享有的上诉权。为此,我们应当树立依法治国、以人为本和坚持社会主义法制的立法理念,全面贯彻上诉不加刑原则,对事实清楚、证据充分,但判处的刑罚畸轻,或者应当适用附加刑而没有适用的上诉案件,应坚持以无条件地适用上诉不加刑原则为前提,有条件地适用上诉不加刑原则为例外,采用限制再审加刑条件和取消再审加刑规定“两步走”的方法,逐步实现司法层面上的完善。上诉不加刑原则修改完善的初步目标定位为改革现行再审加刑的纠错制度,从严规范纠错程序,进一步缩小纠错范围,逐步取消再审加刑规定。

(二)对现行再审加刑的纠错做法进行程序立法完善

对上诉不加刑原则修改完善的最终目标是取消再审加刑规定,在第二审程序和审判监督程序中全面、彻底贯彻上诉不加刑原则。建议在今后修改完善刑事法律和司法解释时,进行程序性修改,规定凡是被告人或者他的法定代理人、辩护人、近亲属上诉的案件,人民检察院没有提出抗诉或者自诉人没有提出上诉的,第二审人民法院不得加重被告人的刑罚,也不得在第二审程序终结后按照审判监督程序重新审判,加重被告人的刑罚。但是被害人及其法定代理人请求,人民检察院提出抗诉的,不受上诉不加刑原则的限制。

(三)科学设定适用条件革除“变相加刑”弊端

对发回重审的上诉案件加刑问题,初步目标是严格限制重新审判加刑的条件,最终目标是改革现行发回重审制度。为此,建议取消我国现行《刑事诉讼法》第189条第3项关于因“事实不清、证据不足”发回重审的规定,杜绝发回重审加刑渠道,革除“变相加刑”的弊端,只保留因违反法定程序发回重审的条件;对《刑事诉讼法》第189条、第191条规定二审程序发回重审的两类案件,应以重

审后是否有新的犯罪事实和新的证据来决定加重被告人刑罚。

（四）采取修改立法条款降低被告人滥用上诉权

针对目前的“上诉不加刑”制度只是片面强调了保护被告人的上诉权，而没有考虑到因此而带来的因提起审判监督程序纠正量刑急剧增加诉讼成本的后果，也没考虑因此带来刑事被告人滥用上诉权给二审法院加重工作负荷的问题。同时上诉不加刑原则与其他法律制度存在许多相矛盾的地方，也违背“罪刑法定”等原则，建议通过修改犯罪情节、量刑情节和完善司法解释等方式，改进目前对量刑偏轻的案件都要提起审判监督程序纠正一审量刑的做法。严格执行最高人民法院《解释》有关“上诉不加刑原则不适用于二审裁定发回重审的案件……”的规定，按适用条件执法，提升案件质量，维护公正司法声誉。

（五）适度扩大适用范围保障刑事被告人的正当权益

针对二审程序上诉不加刑原则与有错必纠原则发生冲突时，应该牺牲个体的实体公正，以实现整体的程序公正，来保障宪法规定的辩护权得到落实。建议适度扩大上诉不加刑原则的适用范围，修正《刑事诉讼法》第190条，补充“对于人民检察院、自诉人为被告人利益而提出的抗诉或者上诉，二审人民法院不得加重被告人刑罚”等内容，使上诉不加刑原则在立法上更为科学合理，使整个立法、司法更能彰显现代司法文明。

上诉不加刑原则与全面审查原则的关系

——以实现实体和程序双重价值为目标

欧春光* 赵 佳**

上诉不加刑原则是刑事案件仅基于上诉而进入二审程序时,二审法院不得加重被告人刑罚。全面审查原则是二审法院应当就一审判决认定的事实和适用法律进行全面审查,不受上诉或者抗诉范围的限制。上诉不加刑原则与全面审查原则都是刑事诉讼二审程序应当遵循的原则,但两种原则在落实过程中常常会出现矛盾。当二审法院对一审判决进行全面审查后发现量刑存在错误,需要加重被告人的刑罚,而按照上诉不加刑原则又不允许加重刑罚,审判人员就很难在两者之间作出抉择。由此,学界与实践部门出现了因仅站在上诉不加刑原则的立场或仅依据全面审查原则,对二审法院处理需要加刑案件的措施进行的不同评价。笔者认为,上诉不加刑原则与全面审查原则都是《刑事诉讼法》规定的程序原则,都具有指导刑事诉讼的效力,当两者发生冲突时应当适当调整落实的度,保障程序公正与实体公正可以有效互动,实现公正最大化。

部分学者认为应当彻底贯彻上诉不加刑原则。有学者指出,上诉不加刑原则本质上要求仅由上诉而启动的二审不能以任何理由加重原判刑罚,不能通过发回重审加重原判刑罚,也不能启动再审程序加重原判刑罚。其实质是,要求二审法院在对上诉案件全面审查后,发现应当加重原判刑罚的情况时,唯一合法的做法就是维持原判。其理由是,对一审判决刑罚轻重的监督职责应由检察院来履行,当检察院没有基于量刑有误提出抗诉时,法院不能越俎代庖。笔者认为,上诉不加刑原则所体现出来的程序价值在于鼓励被告人通过上诉实现其合法权益,这种程序价值的实现要求以公诉机关和被害人的诉讼权利可以无障碍实现

* 北京市昌平区人民法院
** 北京市昌平区人民法院

为前提,只有这样才能够保证诉讼关系的基本平衡。目前,我国刑事诉讼中的公诉机关和被害人的诉讼权利并没有无障碍实现,甚至被害人的诉讼权利常常无法实现。例如,被害人出庭参加诉讼的权利没有实现条件,被害人向公诉机关提起抗诉的权利没有很好地落实,这些现实情况都制约着被害人诉讼权利的行使。基于这种被害人弱势的诉讼情况,上诉不加刑原则就应当适当变通以保证诉讼双方的力量平衡,而不应极力强调绝对不加刑,加剧诉讼不平衡。

实践部门认为应当在全面审查原则下变通纠正一审全部错误。最高人民法院《关于执行〈中华人民共和国刑事诉讼法〉若干问题的解释》释疑时明确指出:"上诉不加刑原则不适用于二审裁定发回重审的案件,即二审法院裁定撤销原判决,将案件发回原审法院重新审判后,原审法院可以对上诉人判处重于原判刑罚的刑罚。"最高人民法院《关于执行〈中华人民共和国刑事诉讼法〉若干问题的解释》第257条第5项规定:"对事实清楚、证据充分,但判处的刑罚畸轻,或者应当适用附加刑而没有适用附加刑的案件,不得撤销第一审判决,直接加重被告人的刑罚或者适用附加刑,也不得以事实不清或者证据不足发回第一审人民法院重新审理。必须依法改判的,应当在第二审判决、裁定生效后,按照审判监督程序重新审判。"由此可见,发回重审和审判监督就是上诉不加刑原则在实践中可以运用的变通处理。这两种变通处理方式由于诉讼成本的不同,使用率也截然不同。发回重审是二审法院加重量刑的第一选择,审判监督却几乎没有发挥作用。笔者认为,全面审查原则是诉讼能力不对等的现状下,为保障被告人与被害人的实体利益而设立的原则。其最终目的是确保案件准确无误,实现实体公正。可是,由于现阶段被害人诉讼权利无法有效实现,二审法院又仅通过发回重审实现对一审轻判的监督纠正,使得一审法院倾向对被告人轻判减少上诉案件数量降低发改率,出现能轻则轻的量刑倾向。这种现状不利于实体公正的有效实现,二审法院应当进一步加大全面审查力度,扩大变通上诉不加刑原则的途径,确保案件审判公正。

上诉不加刑原则与全面审查原则在实践中的关系应当是相互协调又相互制约的关系。当下被害人的请求抗诉权很难实现,公诉机关的抗诉权行使易受诸多因素影响。笔者认为二审法院应在全面审查原则下区分属于判决错误还是自由裁量范围内的偏差,对一审出现的错误应当依法纠正,不受上诉不加刑原则的制约,而一审法官自由裁量权以内的量刑应当受到上诉不加刑原则的保护。例如,一审法院依据案件事实认定被告人犯A罪,判处有期徒刑3年,被告人上诉后,二审法院经全面审查认为案件事实清楚但被告人的行为不构成A罪,应构成B罪,应判处10年以上有期徒刑。此时认定被告人犯A罪的事实不清,证据不足,二审法院应当以事实不清,证据不足为由将案件发回重审。这种通过发挥重审纠正定罪与量刑的方式,不仅没有剥夺被告人的两审辩护权,也没有固执于上诉不加刑而无视公正,是因判决错误而依法纠正的最好方式。但实践中普遍存在二审法院在发回重审时随附一份重审建议,其中包括二审法院对案件的定罪量刑的看法。一审法院必定会依照重审建议,与二审法院保持一致,以确保案件不再被发回或改判。笔者认为,这一做法虽然实体上保证了案件的正确处理,但是却牺牲了审判案件的程序公正。

2010 年 10 月 1 日最高人民法院发布的《人民法院量刑指导意见(试行)》(以下简称《量刑指导意见》)要求人民法院要以《量刑指导意见》为指导,统一法律适用标准,严格依法办案,确保量刑公正和均衡。《量刑指导意见》以及高级人民法院将要研究制定的实施细则都会明确一些常见量刑情节的量刑幅度调解比例,人民法院在审判过程中需要遵循。落实到二审监督时,对一审判决的审查必然包括一审法院在量刑时是否依法适用《量刑指导意见》及实施细则。刑罚无理由高出《量刑指导意见》及实施细则规定的范围时,二审法院应当依法予以改判,降低刑罚。而对刑罚低于《量刑指导意见》及实施细则规定的范围时,二审法院应当分情况处理:

一是一审判决认定事实清楚、证据充分,但适用的量刑低于法律规定的最低刑,属于适用法律错误。对此,二审法院目前采取的办法是维持原判,并在第二审判决、裁定生效后,按照审判监督程序重新审判予以纠正。笔者认为,只要一审过程中已对案件事实及各项情节调查清楚,被告人及辩护人已充分发表意见,最终量刑出现不符合法律规定的情况,二审法院应当直接更改一审判决,将量刑调整在合适的幅度以内。这并不违反上诉不加刑原则,因为二审法院仅仅是对一审适用法律错误的纠正,并不属于人为加刑,也没有剥夺被告人的辩护权。

二是一审判决认定事实清楚,但根据犯罪情节适用的刑罚低于《量刑指导意见》或实施细则量刑调节比例所限定的量刑范围,二审法院不适合通过直接改判或发回重审来纠正量刑。此时,二审法院应当采取的办法是维持原判,并在第二审判决、裁定生效后,按照审判监督程序重新审判予以纠正。之所以在这种情况下要通过审判监督程序来对量刑进行纠正,是因为与法律规定相比,作为司法解释的《量刑指导意见》与实施细则的法律效力相对层级较低,基于上位法高于下位法的法理原则,二审法院不宜直接改判纠正量刑。同时,由于启动审判监督程序所需司法资源多于直接改判,因此,这实际减少了二审法院启动该程序纠正此类量刑的动力,导致二审法院仅对量刑畸轻的案件予以纠正。

三是一审判决认定事实清楚,判处刑罚在《量刑指导意见》限定的幅度以内,即使比二审法院认定量刑轻,也应当坚持上诉不加刑原则,不予加刑。

全面审查原则存在的基础是全面纠正,没有全面纠正的落实,全面审查原则也将是虚设。目前,我国被害人通过请求检察机关抗诉来监督量刑的权利没有完全落实,检察机关通过抗诉来监督量刑的权力也没有很好地实现。因此,当前我国应加强全面审查与全面纠正的力度,变通处理上诉不加刑原则,以保证我国刑事审判程序与实体公正双重价值的实现。

略论上诉不加刑原则的适用与完善

赵学军*　孙振勇**

上诉不加刑原则是我国刑事诉讼二审程序中的特殊原则，其制度创设初衷是为充分保障被告人的上诉权，使其不会因为害怕承担不利后果而不敢上诉，变相放弃获得上级法院重新审查的权利。在我国当前的司法实践中，二审程序已经基本实现了对仅有被告人一方上诉案件的上诉不加刑问题，这对充分保障被告人合法权益具有重要作用。但是，实践中仍旧广泛存在着利用现有法律规定的漏洞，对仅有被告人一方上诉的案件变相加重被告人刑罚的情形。并且，上诉不加刑的司法原则还存在需要适当扩张适用范围、细化适用规定等方面的问题。本文拟对上述问题进行较为深入的探讨，希望能为进一步的研究提供相关素材。

一、上诉不加刑原则的具体法律规定

我国《刑事诉讼法》第 190 条第 1 款规定："第二审人民法院审判被告人或者他的法定代理人、辩护人、近亲属上诉的案件，不得加重被告人的刑罚。"为避免适用上的分歧，增强可操作性，最高人民法院在《关于执行〈中华人民共和国刑事诉讼法〉若干问题的解释》第 257 条规定："第二审人民法院审理被告人或者其法定代理人、辩护人、近亲属提出上诉的案件，不得加重被告人的刑罚，并应当执行下列具体规定：(一)共同犯罪案件，只有部分被告人提出上诉的，既不能加重提出上诉的被告人的刑罚，也不能加重其他同案被告人的刑罚；(二)对原判认定事实清楚、证据充分，只是认定的罪名不当的，在不加重原判刑罚的情况下，可以改变罪名；(三)对被告人实行数罪并罚的，不得加重决定执行的刑罚，也不能在维持原判决决定执行的刑罚不变的情况下，加重数罪中某罪的刑罚；

* 北京市门头沟区人民法院
** 北京市门头沟区人民法院

(四)对被告人判处拘役或者有期徒刑宣告缓刑的,不得撤销原判决宣告的缓刑或者延长缓刑考验期;(五)对事实清楚、证据充分,但判处的刑罚畸轻,或者应当适用附加刑而没有适用的案件,不得撤销第一审判决,直接加重被告人的刑罚或者适用附加刑,也不得以事实不清或者证据不足发回第一审人民法院重新审理。必须依法改判的,应当在第二审判决、裁定生效后,按照审判监督程序重新审判。人民检察院提出抗诉或者自诉人提出上诉的案件,不受前款规定的限制。但是人民检察院抗诉的案件,经第二审人民法院审理后,改判被告人死刑立即执行的,应当报请最高人民法院核准。”第 258 条规定:“共同犯罪案件中,人民检察院只对部分被告人的判决提出抗诉的,第二审人民法院对其他第一审被告人不得加重刑罚。”

二、上诉不加刑原则对发回重审案件的制约与适用

根据我国《刑事诉讼法》第 189 条、第 191 条的规定,在二审程序中有两类发回重审案件,一是原判决事实不清或者证据不足的,可以撤销原判,发回重审;二是一审法院的审理违反法律规定的诉讼程序,可能影响公正审判的,应当撤销原判,发回重审。

在第一类发回重审案件中,如果只有被告人一方上诉,能不能对被告人加刑,即上诉不加刑原则是否适用于仅有被告人一方上诉,且因事实不清或证据不足而发回重审的案件,在司法实践中存在着广泛的争议。其中一种观点认为,发回重审案件可以加刑。这种观点的主要依据是司法解释的规定,即“上诉不加刑原则不适用于二审裁定发回重审的案件,即二审法院裁定撤销原判决,将案件发回原审法院重新审判后,原审法院可以对上诉人判处重于原判刑罚的刑罚”。

另外一种观点认为,发回重审案件不可以加刑。持这类观点的人主要认为:“发回重审的案件既不同于第二审裁判的案件,也不同于未经上诉的一审案件。它渊源于被告人的上诉,派生于第二审程序,具有特殊性,这种特殊性决定了这类案件与上诉不加刑原则存在一定的联系。同时,还应看到,这类因被告人一方上诉而引发的发回重审案件,检察院并未对原审判决提出异议而抗诉,原审法院也没有对原审判决自行纠正错误,恰恰是因被告人自己启动上诉程序而引发了重审纠错程序。如果对发回重审的上诉案件,原审法院重新审判后随意加刑,不加必要的限制,这种发回重审加刑渠道与再审加刑渠道并无二致,均属变相加刑,根本上都违背了上诉不加刑原则,不利于保护被告人的上诉权。”①

---

① 项谷:“贯彻上诉不加刑原则的实践反思与立法完善”,载《华东政法学院学报》2004 年第 5 期。

笔者也认同第二种观点,即对于因事实不清,证据不足发回重审的案件不能加刑。首先,上诉不加刑原则是法律赋予被告人的一项重要权利,其制度创设的初衷就是为充分保护被告人的合法权益。在被告人上诉后发回重审的案件中仍旧适用上诉不加刑原则,符合该项制度的本初意义,有利于更充分的保障被告人的上诉权。其次,在司法实践中,对于"事实是否清楚、证据是否充分"的判断,仅仅是法官的一种直观评判,这种判断在目前阶段仍旧缺乏一种明确、细致的规则予以规范。二审法官有充足的自由裁量权,将某些细节上的不足认定为"事实不清,证据不足"的案件发回重审,仍然可以加刑。也就是说,无论案件是否事实清楚、证据充分,被告人或者其法定代理人、辩护人、近亲属上诉还是存在着被加刑的风险。① 基于这种现实,笔者认为我们还是应当在仅有被告人一方提出上诉,并因事实不清、证据不足而发回重审的案件中坚决贯彻上诉不加刑原则。

在第二类因程序违法而发回重审的上诉案件中,对于重审后是否能加重被告人的刑罚,笔者认为仍旧应当坚持上诉不加刑原则。这是因为违法法定程序,虽然损害了当事人的诉讼权利,影响了审判程序的公正性,但是一般并不涉及实体问题。因此,除非发回重审案件出现新的证据和事实,一般还是不能加重被告人的刑罚。

上诉不加刑原则与发回重审制度在司法实践中存在着交叉性问题,大量发回重审案件存在着变相加刑的问题,而根据权威的论断,"任何变相加刑的做法,都不仅会破坏上诉不加刑原则,而且必然导致被告人上诉权的不敢行使和二审终审制的落空,结果不是有弊无利,至少也是弊大于利。"②因此,笔者认为,上诉不加刑原则应当适用于所有仅由被告人上诉引起的一系列程序审理的案件,应当包括两类发回重审的案件。

实践中存在争议的还有一点,即如果确实发现了新的犯罪事实的,是否还应当适用上诉不加刑原则。笔者认为,一方面我们应当严格适用上诉不加刑原则,另一方面也要积极应对司法现实。如果确实出现了新的犯罪事实,那么完全可以对新的犯罪事实进行判处,但是在原有的犯罪事实范围内仍旧应当坚持上诉不加刑原则。

三、上诉不加刑原则对审判监督程序的制约与适用

实践中对于仅有被告人上诉的案件,二审法院认为一审判决量刑畸轻并且需要加刑的,往往采取在第二审判决、裁定生效后,按照审判监督程序予以改判

① 黄国胜:"上诉不加刑司法解释的漏洞",载《人民检察》2003 年第 12 期。

② 樊崇义:《刑事诉讼法学研究综述与评价》,中国政法大学出版社 1991 年版,第 511 ~ 513 页。

的方式来实现。因此,上诉不加刑原则是否适用于该类情形下的审判监督程序,成为司法实务中的争论焦点。最高人民法院《关于执行〈中华人民共和国刑事诉讼法〉若干问题的解释》第257条第5项规定:"对事实清楚、证据充分,单判处的刑罚畸轻,或者应当适用附加刑而没有适用附加刑的案件,不得撤销第一审判决,直接加重被告人的刑罚或者适用附加刑,也不得以事实不清或者证据不足发回第一审人民法院重新审理。必须依法改判的,应当在第二审判决、裁定生效后,按照审判监督程序重新审判。"该条司法解释实际上将上诉不加刑原则的适用范围排除在审判监督程序之外,但是目前有相当一部分学者和司法实务专家均采反对的观点,即认为二审法院不能通过审判监督程序加重被告人的刑罚,笔者也较为认同这种观点。实际上,司法解释允许通过审判监督程序加重上诉人的刑罚,就是未能充分贯彻上诉不加刑的精神,仍然存在着"重实体轻程序"的观念。但实践中上诉不加刑原则在二审"量刑畸轻"案件中并不是一味地适用或不适用问题,而是应当具体问题具体分析。为了更加细致分析上诉不加刑原则的适用范围,笔者在下文中从三个方面进行展开。

一是对原审判决在同一法定量刑幅度内的量刑偏轻,能否通过提起审判监督程序加重原判刑罚?笔者认为,鉴于目前司法实践将是否跨越量刑档次作为判断量刑畸重、畸轻的标准,因此在法定量刑幅度内发生量刑偏差,其前提是原判决认定犯罪情节正确,选择法定刑没有错误,只是在量刑情节的认定上存在偏差,还不到适用法律错误的严重程度。司法解释将按照审判监督程序纠正原判决刑罚错误限定在"量刑畸轻",而在法定量刑幅度内发生的偏差不属于"量刑畸轻"。因此,笔者认为在该类因法定量刑幅度内出现量刑偏差导致的上诉案件中,不能通过审判监督程序加重上诉人的刑罚,这样才是从根本上贯彻上诉不加刑原则的精神。

二是对原审判决跨越法定量刑幅度的量刑畸轻,能否通过提起审判监督程序加重原判刑罚?笔者认为,原审判决跨越法定量刑幅度的量刑畸轻,符合司法解释中提起审判监督程序的前提条件,但是笔者认为我们应当在实践中坚持有限适用原则。对于那些虽然跨越法定量刑幅度,但尚且在有期徒刑范畴内的量刑畸轻案件,仅仅是超出自由裁量权范围的法律适用不当,出于上诉不加刑原则的创设初衷,我们应当尽量避免在该类案件中通过提起审判监督程序实现对被告人的加刑。此外,对于那些原审判决应当判处无期徒刑、死刑的,但在法定量刑幅度以下减轻处罚为有期徒刑的量刑畸轻案件,由于这种量刑量刑畸轻已经属于刑罚适用的严重错误,而且严重违反了罪责刑相适应原则,因此应当将该类案件保留在提起审判监督程序予以改判的范畴内。

三是对于原审判决应当适用附加刑而没有适用的,能否通过提起审判监督程序加重原判刑罚？笔者也同意一种普遍性的观点，即对仅有被告人上诉的原审判决中适用附加刑错误，不应当通过提起审判监督程序予以纠正，这样才能从根本上实现上诉不加刑原则的创设初衷。

四、上诉不加刑原则对改变罪名后判处刑罚的制约与适用

最高人民法院《关于执行〈中华人民共和国刑事诉讼法〉若干问题的解释》第257条第2项规定，对原判认定事实清楚、证据充分，只是认定罪名不当的，在不加重刑罚的情况下，可以改变罪名。罪名是指法律规定的某种具体犯罪的名称，由于改变罪名有可能直接导致刑罚的改变，因此该条规定使得定罪量刑与上诉不加刑原则之间产生了冲突。

有学者指出如果前罪刑罚并无附加刑，而改变的罪名规定了相关的附加刑，那么二审法院在改变罪名的时候能否适用附加刑呢？有人认为如果新的罪名中附加刑的适用是“并处”，那么在这种情况下应当适用附加刑，因为刑法规定的“并处”就应当处附加刑，否则就违背了法律规定。而另外一些人则认为，如果该案件仅有被告人一方上诉，那么应当严格贯彻上诉不加刑原则，不能判处附加刑。

针对上述问题，最高人民法院审判委员会第1448次会议讨论通过了《关于刑事第二审判决改变第一审判决认定的罪名后能否加重适用附加刑的批复》。该文件更加细致地规定了《刑事诉讼法》上诉不加刑原则，明确第一审法院没有判处附加刑的，第二审人民法院改变罪名后不得判处附加刑；第一审人民法院原判附加刑较轻的，第二审人民法院不得改判较重的附加刑，也不得以事实不清，或者证据不足发回第一审人民法院重新审理；必须依法改判的，应当在第二审判决、裁定生效后，按照审判监督程序重新审判。①

在司法实践中，罪名之间也存在轻重之分，一个罪名之后都附带具体的刑罚规定，改变罪名并不具有单一的意义，而有可能产生更加复杂的影响。例如，将原审的过失犯罪改为故意犯罪，那么是否直接认定为累犯，这些都是很难在事前给予充分考虑的后续问题。因此，笔者认为，依据上诉不加刑原则，司法实践中不宜轻易变轻罪名为重罪名。

首先，我们应当对上诉不加刑原则进行更加深入的了解。我国《刑法》规定的刑罚包括主刑和附加刑，但是上诉不加刑不仅限于不能增加主刑和附加刑，还包括刑罚适用方式和罪名选择方面也不得加重。刑罚适用方式虽然表面上没有

---

① 《刑事审判参考》(第62辑)，第61~64页。

加重刑期，但是不可否认会对被告人产生某些不可预期的影响。由于罪名是对犯罪的综合性评价，因此将轻罪改为重罪就意味着对被告人作出更为不利的评价。

其次，将轻罪名改为重罪名后对被告人具有很多不可预期的影响。表面上只是改变了罪名，并没有加重主刑和附加刑，但却可能变相地剥夺了被告人的权益。比如，“一、二审判决对犯罪事实认定都没有异议，对量刑也没有改变，都是10年有期徒刑，只是将一普通罪名变更为抢劫、爆炸等《刑法》第81条第2款规定的不得假释的暴力性犯罪，那么被告人就被剥夺了将来可能获得假释的机会。这种影响在二审法院更改罪名的时候并没有显现出来，但在刑罚执行中，罪名对被告人的实际影响就会凸显出来”。[①]

五、有关上诉不加刑原则完善的相关建议

1. 逐步规范再审加刑条件，通过更加细化、严格的规定变相降低再审加刑的可能，全面贯彻上诉不加刑原则。

对于事实清楚、证据充分，但判处的刑罚畸轻，或者应当适用附加刑而没有适用的上诉案件，应当坚持适用上诉不加刑原则，只有在极特殊的情况下才可以实施加刑。同时，在第二审程序和审判监督程序中，全面、彻底贯彻上诉不加刑原则。

例如，可以明确规定仅有被告人提出上诉的案件，二审法院不得直接加重被告人的刑罚，同时也不得通过审判监督程序重新审判的方式加重被告人的刑罚。

之所以对再审加刑规定进行改革，是因为再审加刑一方面违反了我国《刑事诉讼法》的基本原则，另一方面也确实与上诉不加刑原则的创设初衷相悖。并且实践中再审加刑的运用极其稀少，没有制度发挥的空间和现实需要，因此完全可以将这项形同虚设的制度予以废除。

此外，在二审程序中，上诉不加刑原则与全面严格审查的有错必纠原则容易发生冲突，如果冲突确实产生，我们应该优先关注程序公正的价值和意义，充分保障被告人的辩护权和上诉权，将对实体公正的追求放在程序公正的前提下。

2. 明确限制发回重新审判的加刑条件，在发回重新审判制度中逐步尝试适用上诉不加刑原则。

对于发回重审的上诉案件加刑问题，可以第一步先是逐步严格限制发回重新审判加刑的条件，如加强对事实不清、证据不足的认定难度。第二步是最终实

① 温如敏、沙云飞：“上诉不加刑适用中的两个问题”，载《法学》2010年第5期。

现改革发回重新审判制度。例如,可以取消关于因事实不清、证据不足发回重审的规定,使发回重审变成不可能,彻底杜绝发回重审的渠道。

3. 在适用上诉不加刑原则中还应当突出被害人的合法权益与被告人合法权益保障之间的平衡。

在我国《刑事诉讼法》中,被告人的合法权益已经受到制度和司法实践的多重保护,但是被害人在刑事诉讼中并不具备完整、独立的当事人地位,甚至没有独立的上诉权。在当前条件下,笔者认为,我们应当明确规定在被告人提出上诉的二审案件中,被害人及其法定代理人请求人民检察院提出抗诉,即便检察院经审查决定不抗诉,第二审法院认为原审判决确有错误,需要加重上诉人刑罚的,可以不受上诉不加刑原则的限制。

4. 完善刑事诉讼立法,逐步扩大上诉不加刑原则的适用范围。

有学者提出在未来的《刑事诉讼法》中,应当明确规定"对于人民检察院、自诉人为被告人利益而提出的抗诉或者上诉,第二审人民法院也不得加重被告人的刑罚",这样就直接扩张了上诉不加刑的适用范围,符合该项制度创设的初衷,对于充分保障被告人合法权益具有重要意义。

上诉不加刑原则发微

孔文思*

上诉不加刑原则在我国制定第一部《刑事诉讼法》时就正式确立。之后,该原则在保障人权、惩罚犯罪方面发挥了不小的作用。然而随着社会的发展变化,关于该原则的讨论在学界从未停止过,而上诉不加刑原则在实践中也出现了落实难的问题。本文立足刑事二审制度的实际运作,对上诉不加刑原则进行重新界定,对该原则在落实中出现的与全面审查原则、发回重审原则、审判监督程序及抗诉程序的冲突及解决方法作出分析,使其能在司法实践中更好地发挥作用。

一、上诉不加刑原则存在的意义

上诉不加刑原则起源于西方现代刑事诉讼,是为了惩罚犯罪、保障人权而诞生的。古代欧洲罗马共和国由于迷信神示证据,奉行"一事不再理"原则,没有上诉制度。中世纪欧洲由于对君权的畏惧,一般也是一审终审。资产阶级革命胜利之后,西方各国为保护被告人权利,继续实行"一事不再理"原则。但是一次判决有可能出现错误,损害被告人的利益的情况,因此必须对"一审终审"原则有所突破,设立上诉制度予以救济。然而这种救济程序必然破坏法律的稳定性,并可能剥夺因"一事不再理"原则而获得的既得利益,为了调和上诉制度带来的法律的稳定性和真实性的冲突和摩擦,并彻底落实人权保障至上理念,上诉不加刑制度即应运而生。[①] 该原则最早见于1808年法国《刑事诉讼法典》,此后其他一些大陆法系国家的刑事诉讼法中陆续对这一原则进行了规定。

由于我国的上诉制度与西方一些国家的上诉制度有些不同,加之我国还规定有抗诉制度。为便于区分,作者简单地对我国的上诉和抗诉不同点进行分析:

---

* 北京市房山区人民检察院公诉一处干部,法律硕士

① 王芳:"试论我国的上诉不加刑原则",载《法制与社会》2007年第3期。

一是主体不同。上诉人的范围包括自诉人、被告人及其法定代理人,经被告人同意的辩护人和近亲属,而抗诉的主体只有人民检察院。二是理由不同。对于上诉,《刑事诉讼法》并没有规定任何限制性条件,而针对抗诉要求有明确的理由。三是方式不同。上诉可以用书状和口头两种形式提出,而抗诉只能以抗诉书的形式提出。[①] 四是后果不同。只有被告人的上诉,二审人民法院进行裁判时,要受到上诉不加刑原则的限制,抗诉则不受此原则的限制。这一点也是本文将要讨论的问题之一。

从上诉不加刑原则的历史渊源可以看出,该原则自出现之日起就决定了它将在保障人权方面发挥作用。而上诉不加刑原则在我国立法确立后,也的确在不同方面发挥着积极的作用,意义不言而喻。

一方面,上诉不加刑原则能够保障被告人上诉的权利。虽然我国《刑事诉讼法》规定了被告人有上诉的权利,但是面对强大的国家司法机关,对法律知之甚少甚至一无所知的被告人,怎么就能在认为权利受到侵害的时候毅然决然地提出上诉呢？怎么能确定自己上诉的后果一定对自己有利呢？而上诉不加刑原则可以消除被告人因担心被加重刑罚而不敢上诉的顾虑,能够更好地维护被告人的合法权益。

另一方面,该原则可以增强一审法院的责任感。我们都知道,法院系统内部有自身的考核评价机制,通过二审法院的审判能够纠正一审法院的错判。为了减少错判,一审法院的法官就更加需要精通业务知识,认真对待每起案件,确保案件审理的公平性与精准性。另外由于被告人上诉权有保障,上诉的可能性就增加,为了减少错案、降低上诉率,一审法院办理案件势必会更加谨慎,确保案件审理的合法性。

此外,上诉不加刑原则对于提高检察机关的诉讼监督也有着重要的作用。由于检察机关抗诉的案件不适用上诉不加刑原则,检察机关积极履行抗诉职能能够减少被告人滥用上诉权。所以为了减少冤假错案的发生,上诉不加刑原则在督促检察机关认真履行审判监督职能方面也起到了作用。

二、上诉不加刑实践中存在的问题

我国关于上诉不加刑的规定出现在《刑事诉讼法》第 190 条第 1 款:“第二审人民法院审判被告人或者他的法定代理人、辩护人、近亲属上诉的案件,不得加重被告人的刑罚。”由于该条规定比较抽象,因此最高人民法院《关于〈中华人

---

① 刘金友:《刑事诉讼法》,中国政法大学出版社 2007 年版,第 356~360 页。

民共和国刑事诉讼法〉若干问题的解释》第 257 条、第 258 条对适用上诉不加刑原则作了具体规定,指明了不受上诉不加刑限制的几种情况:一是被告人提出上诉并且检察机关也抗诉的;二是检察机关提出抗诉而被告人没提出上诉的;三是被告人提出上诉并且自诉人也提出上诉的;四是自诉人提出上诉但被告人没提出上诉的。规定虽然比较具体了,但是在实践中我们也渐渐发现了该原则存在的问题,在落实上出现了难点。

1. 上诉不加刑原则与全面审查原则的冲突

一般来讲,一审判决结束后,被告人对判决部分事实不予认可的可能性更大些,很少对全部事实予以否认,那么上诉所依据的事实也就只是一审中的部分事实,对其他事实的真实性是承认的。但我国《刑事诉讼法》第 186 条规定:"第二审人民法院应当就第一审判决认定的事实和适用法律进行全面审查,不受上诉或者抗诉范围的限制。"这就是全面审查原则,根据该原则,对于只有被告人上诉的二审案件,不管被告人对犯罪事实是否认可,法院要都对全案事实及适用的法律进行审查。而审查的结果,如果是二审法院认为一审判决中对事实的认定或者适用法律的情况不当,应当作出比一审判决更重的判决时,二审法院就会处于两难境地。按照上诉不加刑的原则维持原判,就违背了"不错不漏"、"不枉不纵"的原则;按照"实事求是、有错必纠"的原则改判,则又违背了"上诉不加刑"的原则。[①] 这在实际审判过程中难以避免,二审法院的这种两难选择很可能让案件发回重审或者按照审判监督程序再审,这又会引起其他的原则冲突问题,下面的分析会谈到。

2. 上诉不加刑原则与发回重审的关系

根据我国的刑事审判制度,很多上诉案件并不是由二审作出最终的审判,可能由于事实不清或证据不足被发回重审。最高人民法院对《执行刑事诉讼法若干问题的解释》释疑时明确指出:"上诉不加刑原则不适用于二审裁定发回重审的案件,即二审法院裁定撤销原判决,将案件发回原审法院重新审判后,原审法院可以对上诉人判处重于原判刑罚的刑罚"。那么对被告人来讲,他上诉的结果就出现了可能:一是一审法院判决正确,二审维持原判;二是一审法院量刑不准,二审被告人刑罚被减轻;三是二审法院认为案件事实不清或证据不足,发回重审被苛以更重的刑罚。分析这三种可能就发现,由于发回重审不受上诉不加刑的限制,被告人上诉的风险增加了。而上诉不加刑原则的立法目的是保障被告人的上诉权,减少上诉的顾虑,如果由于发回重审而被加重刑罚处罚的话,实际上

① 张智辉、武小艺:"二审全面审查制度应当废除",载《现代法学》2005 年第 3 期。

是对被告人的“变相加刑”，与上诉不加刑的原则就冲突了。

3. 上诉不加刑原则与审判监督程序之间的关系

我国《刑事诉讼法》对于审判监督有具体规定，对于已发生效力的判决、裁定，人民法院和检察院都有提出再审的权利，这对维护司法的公平公正是具有积极作用的。但是最高人民法院《关于执行〈刑事诉讼法〉若干问题的解释》第257条第1款第5项之规定：“对事实清楚，证据充分，但判处的刑罚略轻或者应当适用附加刑而没有适用的案件，不得撤销第一审判决，直接加重被告人的刑罚或者适用附加刑，也不得以事实不清或者证据不足发回第一审人民法院重新审理。必须依法改判的，应当在第二审判决、裁定生效后，按照审判监督程序重新审判。”从条文中能够看出，虽然法律规定二审要遵严格照上诉不加刑原则，但是却没有规定审判监督程序适用上诉不加刑原则。这就容易使一些案件的被告人在经过两审终审后在再审程序中被加重刑罚，自己希望减刑的梦想被打破。上诉不加刑原则再次受到冲击，会使当事人上诉的顾虑继续增加，可能在明知一审法院枉法裁判的情况下，担心再审会加重刑罚而不再上诉，从而使一审的错误判决得不到纠正。对于早晚会加重处罚的被告人来讲，与其二审维持原判后通过审判监督程序加重处罚，还不如在二审中就直接宣判，这样受的心理煎熬还少些。

4. 针对检察机关为被告人利益而提起抗诉的案件，上诉不加刑的适用问题

根据法律规定，被告人提出上诉并且检察院抗诉的案件，不管抗诉是否为了被告人的利益，二审均不适用上诉不加刑原则。但这个问题值得商榷。上诉不加刑原则是为了保护被告人的上诉权，但更是为了保障被告人的合法权益，检察机关认为一审法院的量刑过重而提出抗诉，也是为了保障被告人的合法权益，如果仅仅因为检察机关的抗诉而不适用上诉不加刑原则，那么被告人被再次加重刑罚的可能性就更大了，上诉的风险也就更大了。如果被告人认为一审刑罚过重而提起上诉的同时检察机关也因量刑过重启动了抗诉程序，说明一审的判决可能确实存在问题，那么二审法院更应该引起足够的重视，更应该仔细全面分析案件，切实履行二审审判的救济职责。

5. 在处理级别管辖时遇到的对上诉不加刑的曲解

《刑事诉讼法》第20条规定：“中级人民法院管辖下列第一审刑事案件：(一)反革命案件、危害国家安全案件；(二)可能判处无期徒刑、死刑的普通刑事案件；(三)外国人犯罪的刑事案件。”那么针对可能判处无期徒刑、死刑的案件就可能出现级别管辖错误的情况。现在的问题是在被告人上诉后，发现案件级别管辖错误时，中级法院能不能因为管辖错误而直接改变管辖而加刑呢？这是否与上诉不加刑原则相违背呢？笔者认为，这种情况下中级法院不能直接因改变管辖而加刑，原因如下：一方面对于法院的选择问题，在检察院移交起诉的时

候就已经明确,根据法律的规定,检察机关认为犯罪嫌疑人可能被判处无期徒刑、死刑的时候才可能将案件移送中级法院,否则的话会移送基层法院。法院根据管辖错误而加刑在一定程度上就是对检察机关起诉权的侵犯;另一方面,根据级别管辖错误而直接对上诉案件加刑还容易造成审判的不公平,如两起同样的可能判处无期徒刑、死刑的故意杀人案,检察机关都向基层法院移送起诉,而判决结果都是15年有期徒刑,但一起案件的被告人不服判决向中级法院上诉,另一起案件的被告人没有提出上诉,而中级法院在审理过程中发现管辖错误而改变管辖对上诉人判处了无期徒刑。这很显然会造成"同案不同判"的结果,影响了司法活动的公正性,也影响了被告人上诉的权利,打击了上诉的积极性。

三、从多方面入手解决上诉不加刑落实的难题

世上的万事万物都是矛盾的结合体,矛盾都有正反两方面,上诉不加刑原则也不例外。它既有其存在的意义,也存在应改进的地方。面对上诉不加刑原则在实践中存在的问题,回避不是方法,应该积极地面对,使上诉不加刑原则更好地应用,更好地保护上诉人的合法权益。

1. 全面审查原则的存废关系着上诉不加刑的应用

全面审查原则的弊端在前面的论述中已经指明,法院作为一个中立的机关,不应该偏向于裁判的某一方,法院对未上诉的事实进行审查,实际上是违背"不告不理"的原则。那么关于上诉不加刑原则与全面审查原则的冲突问题的解决,笔者这样认为:不管是被告人上诉还是检察机关抗诉的案件,如果只对部分事实提出了异议,就表示对未上诉或抗诉的事实予以认可。根据"不告不理"原则,法院作为中立机关,对于案件的审查范围应该限制于案件上诉的事实,不管是被告人的上诉还是检察机关的抗诉,对于事实的审查应该限制于上诉或抗诉的部分。如果法院对案件进行全面审查,不仅违反了"不告不理原则",更是对诉权的一种侵犯。假若二审的判决能依据上诉不加刑维持原判或者判决减轻的话,对被告人的上诉权还有一定程度的维护,但如果二审根据全面审查原则发现事实不清或证据不足而发回重审的话,被告人就面临着被加刑的可能,那么上诉不加刑原则就受到动摇。因此,笔者建议为了更好地适用上诉不加刑原则,全面审查原则应该废除。

2. 发回重审的案件不应该加刑

关于上诉不加刑原则与发回重审的关系,其实二者并不存在根本性的冲突。发回重审的案件是否适用上诉不加刑的规定,理论界一直存在两种观点:一种认为可以加刑,另一种认为不能加刑。笔者认为,根据上诉不加刑的起源及立法目的,对于事实不清、证据不足而发回重审的案件应该适用上诉不加刑原则,否则,

除了损害被告人合法权益外，还容易造成法官自由裁量权滥用导致案件审理的不平衡。因为根据我国《刑事诉讼法》第189条第3款的规定："原判决事实不清楚或者证据不足的，可以在查清事实后改判；也可以裁定撤销原判，发回原审人民法院重新审判。"正是这种选择性，对于同样的一起只有被告人上诉的案件，一个法官审理时可能直接改判，此时受上诉不加刑的限制不会加重一审判决，而另一个法官可能以事实不清、证据不足发回重审，那么若不依据上诉不加刑的原则，被告人很可能被加重刑罚。这对当事人是不公平的，因此我们从法律的相关规定中也能确定发回重审的案件应该受上诉不加刑原则的限制。笔者认为，对于事实不清或证据不足发回重审的案件，为了做到不枉不纵，在重审时的确发现有新的犯罪事实或者遗漏了犯罪事实的话，可以对原有的事实按上诉不加刑的原则判决，对于新的犯罪事实可以由检察机关重新移送起诉，根据《刑法》第70条之规定数罪并罚，这样既维护了被告人的合法权益，又维护了司法的权威和公正。

3. 再审时分情况决定是否加刑

要想解决上诉不加刑原则与审判监督程序的冲突，笔者认为我们不能为了达到实体的公正而忽略了程序的公正，不合理的程序就算能得到合理的实体结果也不能使人信服。从西方一些国家的相关规定来看，法国《刑事诉讼法典》第572条规定："重罪法庭宣告的无罪释放裁定，只能在为了维护法律而且不损害被释放一方的利益时方得上诉。"①德国《刑事诉讼法典》第373条规定："[重新审判后的判决；再审不加刑]（一）在重新审判中，应当是或者维持原来判决，或者撤销原判对案件另作裁决。（二）仅由受有罪判决人，或者为了他的利益由检察院或者他的法定代理人提请再审的时候，对于原判决在法律对行为的处分种类、刑度方面，不允许作不利于有罪判决人的变更。"②许多国家对此都有相关的规定且实践中也比较成熟，因此我国的法律也可以借鉴这种相对再审不加刑的做法：对于只有被告人上诉或者检察机关为了被告人的利益提起抗诉的二审案件，即时在二审终审后提起了审判监督程序，也不应该加重被告人的刑罚。因为审判监督程序的提起，一般是由于一审或二审的法院甚至可能是公诉机关出现了失误而引起的，我们不应该把司法机关的失误转嫁到被告人身上，被告人相对于强大的国家机关本身就处于弱势，这种转嫁更是不公平的。同时我们采用"相对的再审不加刑"制度也能对基层的司法机关工作人员起到督促制约作用，使其在办案过程中更加认真仔细，正确运用自己手中的权力，使审判监督程序的提起更加谨慎，减少随意性，确保权威性。

---

① 李义冠：《美国刑事审判制度》，法律出版社1999年版，第132页。

② 沈德咏：《审判监督指导与研究》，人民法院出版社2001年版，第301页。

4. 检察机关为被告人利益提出抗诉的案件适用上诉不加刑原则

关于检察机关为被告人利益提出抗诉的案件,根据国外一些通例是适用上诉不加刑的。比如,德国《刑事诉讼法》第358条规定:“如果上诉是由公诉被告人独立提起的,或者由检察官为他的利益提起的,或者的法定代理人提起的,对于被声明不服的判决的刑罚种类和量刑方面,不得做出不利于公诉被告人的变更。”还有日本《刑事诉讼法》第402条也规定:“对与由被告人提起控诉或者为被告人的利益而提起控诉的案件,不得宣告重于原判决的刑罚。”不仅国外有相关的规定,根据我国检察机关依法履行诉讼监督职能的要求,检察机关不仅是承担着控诉机关的职能,还要监督法院的司法活动。而且这种监督职能是双向的,检察机关不仅要发现重罪轻判的错误,也要注意轻罪重判的事实,如果检察机关为被告人的利益提出抗诉而使得被告人可能加重刑罚的话,那么对于被告人轻罪重判的判决检察机关又如何行使监督职能呢?并且适用上诉不加刑原则还能避免检察机关的恶意抗诉使被告人的上诉权成为一纸空谈。因此建议立法机关在法律修改时将《刑事诉讼法》第190条第2款改为:“第二审法院审判检察机关为了被告人利益提起抗诉的案件适用前款规定”。如果对检察机关为被告人利益而提起抗诉的案件适用上诉不加刑原则的话,能更好地督促二审法官履行审判职责,确保上诉权的合法行使。

5. 从实践主体入手完善上诉不加刑原则的适用

对于上诉不加刑原则在实践中遇到的问题,除了要在立法上进行修改完善外,还要注重在实践中司法活动的规范性和合法性。基层人民法院在案件审理的过程中,要切实做到公平公正,不受其他因素影响;审判员要不断提高自身素质,塑造良好品格,提高办案能力,同时做到充分保护被告人的诉讼权利,使被告人及其辩护律师充分参与到案件审理过程中,尽量避免冤假错案的发生。检察机关要正确行使审判监督职能,增强抗诉意识,不仅使重罪轻判的案件在二审得到纠正,更要维护轻罪重判的案件被告人的利益,做到案件不枉不纵,维护公平正义。比如,前面谈到的关于处理级别管辖时遇到的该不该加刑的问题,如果我们的检察机关在审查起诉阶段能够再多一份责任与谨慎,确保移送的法院的正确性,如果我们的法院在受理时能够准确认定是否为自己的受理范围,那么笔者认为这种问题的出现是可以减少甚至避免的。

上诉不加刑原则经过近二百年的考验,虽然在适用过程中存在难以避免的问题,特别是学界有不少人认为上诉不加刑原则容易造成上诉权滥用甚至与有错必纠原则相抵触,对其存在价值有异议。但是笔者认为,上诉不加刑原则绝对有其存在的意义,不能因为它存在问题就否定,而是应该积极面对,在司法实践中解决问题,使其能更好地落实,使其更好地发挥作用。

论上诉不加刑原则的立法完善

宋亚光*

一、上诉不加刑原则的历史发展

上诉不加刑原则是资产阶级民主革命的成果。法国大革命以前，虽然刑事审判被告人有权上诉，但二审法院可以任意加重刑罚，被告人的上诉权名存实亡。在大革命胜利以后，法国率先确立了上诉不加刑原则。1808 制定的法国《刑事诉讼法典》里最早提出，如果刑事诉讼被判有罪的被告人对判决提出上诉，不得加重对他的处罚。随后大陆法系的国家逐渐接受上诉不加刑原则，在各自的刑事诉讼法立法上采取了类似的规定。1877 年德国《刑事诉讼法典》第 398 条规定："被告一方对判决不服提出上诉时，新的判决不得处较原判决更重的刑。"1891 年的日本《刑事诉讼法典》第 265 条规定："若只有被告人、辩护人或法律上的代理人控诉，不许将原判决变更为不利于被告人。"

上诉不加刑原则随后也被苏俄及东欧各国逐步接受，前苏联 1923 年的《苏俄刑诉法典》及 1958 年的《全苏刑事诉讼立法纲要》对此都作了规定，罗马尼亚、南斯拉夫的《刑事诉讼法》也都有类似规定。随着时代的不断进步与发展，上诉不加刑原则的具体内容越来越向着实质化的方向发展。1994 年德国《刑事诉讼法典》第 331 条就规定："（一）仅由被告人或者为了他的利益由检察院或者他的法定代理人提出了上诉的时候除外，否则对于判决在法律对行为的处分种类刑度方面不允许作不利于被告人的变更；（二）前款规定不与移送精神病院戒瘾所的命令相抵触。"现行日本《刑事诉讼法》第 402 条规定，对于由被告人提起控诉或者为被告人的利益而提起控诉的案件不得宣告重于原判决的刑罚。此处为被告人的利益而提起控诉，根据日本《刑事诉讼法》的有关规定包括检察官被

* 北京市西城区人民法院刑一庭

告人的法定代理人等为被告人的利益而提起的上诉,并且该法将该条主旨界定为禁止不利的变更。

俄罗斯的现行刑事诉讼制度也强调上诉不加刑原则的实质化。《俄罗斯联邦刑事诉讼法典》规定,二审"无权加重刑罚以及适用规定较重的犯罪的法律",第 340 条更具体地规定"在依上诉程序审理案件时,法庭可以减轻第一审法院所判处的刑罚,或者适用规定较轻的犯罪的法律,但是无权加重以及适用规定较重的犯罪的法律",例外的情况仅限于"在检察长提出抗诉或被害人上诉",要求"必须适用规定较重的犯罪的法律,或者由于处刑较轻而撤销刑事判决",在这种情况下,"只有根据检察长的抗诉或被害人、自诉人或其代理人的上诉,一审法院的刑事判决才能朝恶化被判刑人状况的方向变更"。

由上诉不加刑原则的历史考察可以看出,该原则正是为了限制审判权的自由擅断,切实保障被告人的上诉权而设的。上诉不加刑原则的发展趋势正向着实质化的方向发展,这也是为了更好地保障被告人获得公正审判的权利的体现,也使得二审程序救济功能得以更好的发挥。

二、我国对上诉不加刑原则的立法规定

自新中国成立以来,我国在司法体系和制度上一直以苏联为师,但是在具体刑事二审制度的实施上,并没有立即接受上诉不加刑的观念。在新中国成立初期,对于上诉不加刑原则只限于学术研究,在具体审判实践中争论很大,认为该原则与实事求是的认识论相冲突。经历过"文革"对司法制度的严重破坏后,人们逐渐认识到民主法治的重要性,程序正义的观念也逐渐得到接受。因此在 1979 年第一部《刑事诉讼法》上第一次正式确立了上诉不加刑原则,在 1996 年《刑事诉讼法》修改时,条文的表述也基本没有发生变化。自此,上诉不加刑原则正式成为我国刑事诉讼二审程序中的基本原则。

为了明确上诉不加刑原则的具体适用,最高人民法院《关于执行〈中华人民共和国刑事诉讼法〉若干问题的解释》(以下简称《解释》)第 257 条和第 258 条规定了上诉不加刑原则的几种具体情况的处理办法。

其一,共同犯罪案件中只有部分被告人提出上诉,是否可以加重其他没有提出上诉的同案被告人的刑罚?《解释》明确回答,"既不能加重提出上诉的被告人的刑罚,也不能加重其他同案被告人的刑罚";同时,针对司法实践中人民检察院在共同犯罪案件中只对部分被告人的判决提出抗诉的情况明确规定:"第二审人民法院对其他第一审被告人不得加重刑罚。"这里体现了一个共同的精神,对于没有提出上诉的同案被告人和没有被提出抗诉的同案被告人一视同仁都不得加重他们的刑罚。这一规定体现了诉讼制度中不告不理原则和控诉职能与审判

职能相分离的原则。其他被告人没有被检察院抗诉,说明检察院对其判决是认可的,法院不能主动去对其他被告人进行改判,否则就相当于代为行使了检察院的职能。

其二,被告人实行数罪并罚的,是否可以不改变对数罪所判的个别刑罚,而加重决定执行的刑罚,或者不改变原判决决定执行的刑罚,而加重数罪中某罪的刑罚呢?《解释》明确规定,既“不得加重决定执行的刑罚”,也不得“加重数罪中某罪的刑罚。”显然,直接加重决定执行的刑罚是明显违反上诉不加刑原则的,对此也没有争议;不改变决定执行的刑罚,只加重数罪中某罪的刑罚似乎并没有对被告人造成直接不利的后果,但实际上仍然对被告人是不利的。因为虽然目前不执行,但加重宣告刑本身就是对被告人在法律上否定性评价的加重。何况在特定情况下,如数罪中的其他罪名因错判被纠正的情况下,该加重的宣告刑就可能成为实际的执行刑,潜在的加重就会变成现实的加重,当然不符合上诉不加刑的立法精神。

其三,对被告人判处刑罚适用缓刑的是否可以不加重所判实刑而只撤销缓刑或延长缓刑考验期?《解释》也予以否定,“不得撤销原判决宣告的缓刑或者延长缓刑考验期”。以往有人认为缓刑本身不是刑罚而是执行刑罚的方法,缓刑考验期也不是服刑的刑期,不加刑不包括这两种情况。但是,缓刑虽然不是刑罚方法,撤销了缓刑就意味着要执行原判的刑罚。缓刑考验期虽然不是刑期,但延长它则意味着延长了被撤销缓刑且执行原判刑罚的机会和可能性,这些都实际加重了对被告人的处罚。

其四,案件事实清楚、证据充分,但上诉后发现原判的刑罚畸轻,或者应当适用附加刑而没有适用的案件,二审程序是否可以撤销一审判决直接加重被告人的刑罚,或者适用附加刑,或者以事实不清、证据不足为由发回一审法院重新审理?《解释》明确规定,不得撤销第一审判决直接加重被告人的刑罚或者适用附加刑,也不得以事实不清或者证据不足发回第一审人民法院重新审理。这一规定正是体现了上诉不加刑原则的题中之意。上诉不加刑原则使得被告人在一审之后不会顾虑单单因为上诉而加重刑罚,从而放心地行使上诉权;相反,如果因为自己的上诉反而要承担一审法院审判错误的不利后果,这对当事人显然不公平,不利于被告人上诉权的行使。

三、当前我国上诉不加刑原则立法的不足

《解释》的具体规定对于更好地贯彻上诉不加刑原则,起到了非常好的积极作用。但是,以《刑事诉讼法》和《解释》为载体的我国上诉不加刑原则的立法规范体系仍存在一些不足之处,还有待进一步的改善。

其一,《解释》规定,“对原判认定事实清楚证据充分,只是认定的罪名不当的,在不加重原判刑罚的情况下,可以改变罪名”。这一规定表面上虽然没有加重被告人的刑罚,但仍然会对被告人造成不利的后果,违反了控审分离、不告不理的原则,不利于上诉程序功能的实现。

罪名并不单单只是某种犯罪的名称,罪名本身的不同代表了国家对于不同的犯罪行为否定性的评价程度的差异。从罪与刑的关系上来看,立法上的罪名和司法上的罪名都是刑罚的前提和基础,没有罪名就没有刑罚;而且在立法上刑罚的轻重与罪名关系密切,严重的罪名,法定最高刑,可以重至无期徒刑甚至死刑,较轻的罪名法定最高刑可以只有3年有期徒刑。有的罪名不存在罚金刑的问题,而另外一些罪名,罚金刑是属于必罚的类别。虽然司法上不同的罪名可能判处的刑罚没有区别,但是社会评价和社会效果完全不同,被告人完全有可能因为罪名的不同而受到不同的际遇。如现在的过失致人死亡罪,在1997年《刑法》之前的罪名叫做过失杀人罪。因此当时很多被告人并不接受这样一个罪名,而更愿意接受过失致人死亡罪的罪名,这也是该罪名名称修改的原因。又如抢劫罪和抢夺罪,二者都可以判处3年以上有期徒刑直至无期徒刑,唯一不同的是,抢劫罪最高可以判处死刑。所以从罪名来说,抢劫罪是比抢夺罪更严重的一种罪。如果被告人上诉,刑期没有发生变化,由抢夺罪变成了抢劫罪,被告人将要承担更为不利的社会评价。

此外,在这种情形下被告人本来是以量刑过重提出上诉,并没有对罪名问题提出上诉。上诉法院脱离被告人上诉请求的范围另行作出被告人没有提出而对其不利的改判,法院的中立性、被动性何以谈起?如此一来,还有多少被告人敢于提出上诉,上诉程序的功能和目的又何以实现?

其二,《解释》虽然对数罪并罚的上诉和抗诉是否加刑问题作了规定,但只涉及对数罪都提出上诉的情形,但是解释遗漏了一个重要的内容,即在数罪并罚的案件中被告人只对数罪中的若干罪提出了上诉,对其余的罪没有提出上诉对此如何贯彻上诉不加刑的原则?如果在审理此类案件中发现提出上诉的罪并没有什么问题,而没有提出上诉的罪明显判轻了,对此是否可以加重处罚或发回重审呢?根据上诉不加刑原则和不告不理的诉讼法基本原理,笔者认为不能对没有提出上诉的其余罪名进行改判。该立法漏洞有待在未来立法修订中加以填补。

其三,《解释》虽然明确规定了只有被告人一方提出上诉的案件不得加重被告人的刑罚,但没有解决检察机关为了被告人的利益提出抗诉是否也应适用上诉不加刑原则。《刑事诉讼法》规定人民检察院提出抗诉或者自诉人提出上诉的案件不受前款规定的限制,并没有明确为了被告人利益进行抗诉的情况不适用这一例外。这是否意味着即使检察院为被告人的利益提出抗诉,二审法院如果发现原判过轻,仍然可以加重被告人的处罚呢?这样做的法理何在?这也是《解释》遗漏的问题。

其四,《解释》虽然旗帜鲜明地禁止对事实清楚、证据充分但判处的刑罚畸轻的上诉案件撤销原判直接加重被告人的刑罚,或者适用附加刑,或者以事实不清、证据不足为由发回一审法院重审,但其又规定必须依法改判的应当在第二审判决裁定生效后按照审判监督程序重新审判。这与直接加刑或发回重审变相加刑相比,除了增加司法资源的大量重复消耗外又有什么区别?再进一步,这类案件如果被告人没有提出上诉检察机关也没有提出抗诉,二审法院又何以发现何以处理?被告人的上诉反而导致了自身的不利益,这与上诉不加刑原则的精神实质相冲突。

其五,上诉不加刑中的刑,或者《刑事诉讼法》规定的不得加重被告人的刑罚中的刑罚指什么?这样规定或表述与以往发生的对判处的缓刑可否加刑,以及对数罪并罚中决定执行的刑罚,或数罪中某罪的刑罚可否加重的争论是否有关?上诉不加刑的立法动机和立法精神到底是什么,是否只要不加重刑罚就可以,其他对被告人不利的处罚或后果仍然可以加重?这些问题有待在未来以规范的形式予以明确。

此外,还有一种情况《刑事诉讼法》和解释都没有规定,即有的案件最初由基层人民法院管辖,经过审理基层人民法院作出了判决并且明显属于轻判。被告人提出上诉,后二审法院可否以管辖不当程序违法为由撤销原判提高审级重新进行一审,借此加重对被告人的刑罚?以往有人提出过这种做法,也对此发生过争论,立法或司法解释对此应当予以回应。

四、对上诉不加刑原则立法的改进建议

针对以上问题和不足之处,笔者建议应当对我国《刑事诉讼法》关于上诉不加刑原则的有关规定做如下修改和完善。

第一,将《刑事诉讼法》第 190 条规定的"不得加重被告人的刑罚"修改为"不得作出对被告人不利的变更"。据此,在理论上应将上诉不加刑原则表述为禁止不利变更原则,不得加重被告人的刑罚所指的范围太窄。因为刑罚在法律上有特定的含义,就是指刑法规定的刑罚种类或刑罚方法,不能涵盖执行刑罚的方法,如缓刑和对数罪分别判处的宣告刑,更不能包括罪名的变更。正因为如此,以往围绕上述情形才发生了是否应受上诉不加刑原则限制的争论。如果改为不得作出对被告人不利的变更就不会发生类似的争论。

当然主张把上诉不加刑原则改变为禁止不利变更原则绝不简单的是为了减

少争论,而有着实质性的意义。

首先,从被告人的心理状态看,如果说他对提出上诉有什么担心的话,绝不仅仅是担心加重对他的刑罚,而应当是担心一切对他不利的变更。因此立法上规定上诉不加刑原则是为了给被告人再次司法救济的机会,同时解除被告人对提出上诉不利后果的担心。此外,还为了使被告人拥有与控诉方相抗衡的能力和地位而赋予他的特权。因此将上诉不加刑原则改变为禁止不利变更原则更符合保障被告人上诉权的目的。

其次,从控审分离、不告不理原则看,既然审判机关只能在控辩双方的诉讼主张范围内进行审判活动,那么在被告人单方提出上诉的情形下,即使不加重被告人的刑罚,任何其他对被告人不利的变更都是违背被告人上诉主张的。都是违反控审分离不告不理原则的,其结果必然动摇审判机关的中立地位和被动属性进而影响审判机关的公正形象。

第二,明确提出检察院为了被告人的利益提出抗诉的规定,并将其也纳入不得作出对被告人不利的变更的范围。在我国检察机关不仅是公诉案件的起诉机关,而且是宪法规定的法律监督机关。它不仅有权指控犯罪追究犯罪,而且有责任维护法律的正确实施。因此对于初审法院作出的对被告人不利的错误裁判它当然应该为了被告人的利益提出抗诉。这不仅是在维护被告人自己的合法权益,而且是在维护法律的正确实施,维护司法的公正与尊严。虽然现行《刑事诉讼法》关于检察机关抗诉的规定中当然地包含了这一精神,并且《人民检察院刑事诉讼规则》对此已作了明确规定,但毕竟没有在《刑事诉讼法》的条文中明确提出。此外,还应当将这种情况纳入到禁止不利变更的原则之中,而不应如最高人民法院的司法解释现在规定的那样不受上诉不加刑原则的限制。

第三,对于数罪并罚的案件,补充规定数罪并罚案件被告人只对部分犯罪提出上诉的,既不能对提出上诉的犯罪作出对被告人不利的变更,也不能对未提出上诉的犯罪作出对被告人不利的变更。道理非常简单,如果对提出上诉的犯罪都不能作出对被告人不利的变更,就更不能对没有提出上诉的犯罪作出对被告人不利的变更。因为被告人对部分犯罪没有提出上诉就表明他服从判决,还意味着没有人对这部分犯罪的认定启动上诉程序。处于被动中立地位的上诉法院当然不能对被告人没有提出的诉求作出裁判。

第四,对于事实清楚、证据确实充分而被告人提出上诉的案件,即使上诉法院审理后发现由基层法院管辖不当,量刑也明显过轻,上诉法院也不应以管辖不当、程序违法为由撤销原判,提高审级重新进行一审从而加重刑罚。因为级别管辖的当与不当是由法院决定的,被告人无权决定,而一个案件究竟由哪一级法院管辖,是需要一个认识过程。有时候在审理之后才能发现问题。即使级别管辖有问题,审判机关以及公诉机关在作出判决前没有进行调整,说明他们并不认为级别管辖有问题,那么在被告人提出上诉后又撤销原判,提高审级重新审理,不仅是对原审法院的否定,而且也超出了被告人上诉的范围。不符合不告不理原则。

第五,取消《解释》针对事实清楚、证据确实充分只是量刑畸轻,必须依法改判的案件应当在第二审判决裁定生效后按照审判监督程序重新审判的规定。这种情况在以往理论界和司法界争论得最激烈,反对二审法院直接加重被告人的刑罚或者通过发回重审变相加刑的人,一般也都提出对这种情况可以在二审维持原判后通过审判监督程序重新审判。解释吸收了这种观点,起草解释的有关人员对此解释:首先,这样做并不违反上诉不加刑原则,因为上诉不加刑原则的适用仅是禁止第二审人民法院直接加重上诉人的刑罚,而不禁止通过审判监督程序对发生法律效力的判决或者裁定在适用法律上存在的错误进行纠正。其次,由于一审判决本身在适用刑罚上确有错误,那么上述二审维持原判刑罚的裁判也是确有错误的,即在适用实体法上确有错误。据此提起的审判监督程序予以纠正,是符合《刑事诉讼法》有关规定的。

笔者认为,上述说法并不能令人信服。首先,根据《刑事诉讼法》第 189 条第 1 项的规定,二审法院作出驳回上诉或抗诉维持原判裁定的前提条件是原判决认定事实和适用法律正确,量刑适当。既然二审法院对这类案件作出维持原判的裁定,就表明它并不认为原判决量刑不当。因此,当二审裁定生效后又以该裁定适用刑罚确有错误为由启动审判监督程序重新审判予以加刑岂不是自己否定自己?其次,这样做表面上看起来没有在二审程序中直接加刑,似乎没有违反上诉不加刑的原则,实质上仍然违反上诉不加刑原则。因为能够发现所谓量刑不当问题,是以上诉人提出上诉为条件的,虽然没有在上诉程序中直接加刑或通过发回重审变相加刑,但通过审判监督程序予以加刑完全是殊途同归。它传达给上诉人的信息仍然是不要轻易提起上诉,只要原判决轻判了,二审不能加刑也要通过审判监督程序加刑,这对上诉人来说从结果上看无异于上诉直接加刑,从感受上说,比上诉直接加刑更加可怕更加痛苦。其总结的教训就是今后不要轻易提出上诉。最后,这实质上还是重实体轻程序的表现。认为上诉不加刑只是个程序原则,可以通过迂回的方式加以规避而量刑不当是个实体问题,迟早也要进行纠正。在此指导思想下,程序永远是服从于实体的,其本身没有独立的价值,为了实体可以牺牲程序,而不可为了程序而牺牲实体。这就是问题的实质所在。

其实,不仅这个问题,如前面提到的可以变更罪名的问题,关于检察院为了被告人的利益提出抗诉不受上诉不加刑原则限制的问题,关于所谓管辖不当案件撤销原判提高审级重新审判予以加刑的问题,统统都体现出了重实体轻程序,为了实体可以牺牲程序的思想观念。其认识论的根源仍然是实事求是、有错必纠的方针。

笔者认为,刑事诉讼活动必须依法进行。依法首先是指严格遵守程序法,其次才是实体法,当实体问题与程序问题发生冲突时应当优先解决程序问题。现行《刑事诉讼法》第191条规定,二审法院发现一审法院的审理有违反所列法律规定的诉讼程序情形的,应当裁定撤销原判发回重审,这体现了不管实体判决对与不对首先解决程序问题的精神。此外实事求是、有错必纠的方针是思想路线方针,将其运用到法律领域,主要是体现在立法上而不能直接指导司法活动。否则就可能出现为了实事求是、有错必纠而违法办案的现象。

五、结语

总而言之,二审程序中的上诉不加刑原则已经通过立法方式有了完整的框架,体现出了上诉不加刑原则的精神实质。但是在贯彻上诉不加刑原则的规范上还有漏洞和不足之处,希望本文能够在完善上诉不加刑原则的立法上面起到一定的作用,使得上诉不加刑原则的立法体系更加完备,更好地保护好被告人的上诉权,保证二审程序公正有序进行。

【附录】

中华人民共和国刑事诉讼法

（1979年7月1日第五届全国人民代表大会第二次会议通过
根据1996年3月17日第八届全国人民代表大会第四次会议《关于修改〈中华人民共和国刑事诉讼法〉的决定》第一次修正
根据2012年3月14日第十一届全国人民代表大会第五次会议《关于修改〈中华人民共和国刑事诉讼法〉的决定》第二次修正）

目　录

第一编　总　　则

第一章　任务和基本原则

第一条　为了保证刑法的正确实施,惩罚犯罪,保护人民,保障国家安全和社会公共安全,维护社会主义社会秩序,根据宪法,制定本法。

第二条　中华人民共和国刑事诉讼法的任务,是保证准确、及时地查明犯罪事实,正确应用法律,惩罚犯罪分子,保障无罪的人不受刑事追究,教育公民自觉遵守法律,积极同犯罪行为作斗争,维护社会主义法制,尊重和保障人权,保护公民的人身权利、财产权利、民主权利和其他权利,保障社会主义建设事业的顺利进行。

第三条　对刑事案件的侦查、拘留、执行逮捕、预审,由公安机关负责。检察、批准逮捕、检察机关直接受理的案件的侦查、提起公诉,由人民检察院负责。审判由人民法院负责。除法律特别规定的以外,其他任何机关、团体和个人都无权行使这些权力。

人民法院、人民检察院和公安机关进行刑事诉讼,必须严格遵守本法和其他法律的有关规定。

第四条　国家安全机关依照法律规定,办理危害国家安全的刑事案件,行使与公安机关相同的职权。

第五条 人民法院依照法律规定独立行使审判权,人民检察院依照法律规定独立行使检察权,不受行政机关、社会团体和个人的干涉。

第六条 人民法院、人民检察院和公安机关进行刑事诉讼,必须依靠群众,必须以事实为根据,以法律为准绳。对于一切公民,在适用法律上一律平等,在法律面前,不允许有任何特权。

第七条 人民法院、人民检察院和公安机关进行刑事诉讼,应当分工负责,互相配合,互相制约,以保证准确有效地执行法律。

第八条 人民检察院依法对刑事诉讼实行法律监督。

第九条 各民族公民都有用本民族语言文字进行诉讼的权利。人民法院、人民检察院和公安机关对于不通晓当地通用的语言文字的诉讼参与人,应当为他们翻译。

在少数民族聚居或者多民族杂居的地区,应当用当地通用的语言进行审讯,用当地通用的文字发布判决书、布告和其他文件。

第十条 人民法院审判案件,实行两审终审制。

第十一条 人民法院审判案件,除本法另有规定的以外,一律公开进行。被告人有权获得辩护,人民法院有义务保证被告人获得辩护。

第十二条 未经人民法院依法判决,对任何人都不得确定有罪。

第十三条 人民法院审判案件,依照本法实行人民陪审员陪审的制度。

第十四条 人民法院、人民检察院和公安机关应当保障犯罪嫌疑人、被告人和其他诉讼参与人依法享有的辩护权和其他诉讼权利。

诉讼参与人对于审判人员、检察人员和侦查人员侵犯公民诉讼权利和人身侮辱的行为,有权提出控告。

第十五条 有下列情形之一的,不追究刑事责任,已经追究的,应当撤销案件,或者不起诉,或者终止审理,或者宣告无罪:

(一)情节显著轻微、危害不大,不认为是犯罪的;

(二)犯罪已过追诉时效期限的;

(三)经特赦令免除刑罚的;

(四)依照刑法告诉才处理的犯罪,没有告诉或者撤回告诉的;

(五)犯罪嫌疑人、被告人死亡的;

(六)其他法律规定免予追究刑事责任的。

第十六条 对于外国人犯罪应当追究刑事责任的,适用本法的规定。

对于享有外交特权和豁免权的外国人犯罪应当追究刑事责任的,通过外交途径解决。

第十七条 根据中华人民共和国缔结或者参加的国际条约,或者按照互惠原则,我国司法机关和外国司法机关可以相互请求刑事司法协助。

第二章 管　辖

第十八条 刑事案件的侦查由公安机关进行,法律另有规定的除外。

贪污贿赂犯罪,国家工作人员的渎职犯罪,国家机关工作人员利用职权实施的非法拘禁、刑讯逼供、报复陷害、非法搜查的侵犯公民人身权利的犯罪以及侵犯公民民主权利的犯罪，由人民检察院立案侦查。对于国家机关工作人员利用职权实施的其他重大的犯罪案件，需要由人民检察院直接受理的时候，经省级以上人民检察院决定，可以由人民检察院立案侦查。

自诉案件，由人民法院直接受理。

第十九条 基层人民法院管辖第一审普通刑事案件，但是依照本法由上级人民法院管辖的除外。

第二十条 中级人民法院管辖下列第一审刑事案件：

（一）危害国家安全、恐怖活动案件；

（二）可能判处无期徒刑、死刑的案件。

第二十一条 高级人民法院管辖的第一审刑事案件，是全省（自治区、直辖市）性的重大刑事案件。

第二十二条 最高人民法院管辖的第一审刑事案件，是全国性的重大刑事案件。

第二十三条 上级人民法院在必要的时候，可以审判下级人民法院管辖的第一审刑事案件；下级人民法院认为案情重大、复杂需要由上级人民法院审判的第一审刑事案件，可以请求移送上一级人民法院审判。

第二十四条 刑事案件由犯罪地的人民法院管辖。如果由被告人居住地的人民法院审判更为适宜的，可以由被告人居住地的人民法院管辖。

第二十五条 几个同级人民法院都有权管辖的案件，由最初受理的人民法院审判。在必要的时候，可以移送主要犯罪地的人民法院审判。

第二十六条 上级人民法院可以指定下级人民法院审判管辖不明的案件，也可以指定下级人民法院将案件移送其他人民法院审判。

第二十七条 专门人民法院案件的管辖另行规定。

第三章　回　　避

第二十八条 审判人员、检察人员、侦查人员有下列情形之一的，应当自行回避，当事人及其法定代理人也有权要求他们回避：

（一）是本案的当事人或者是当事人的近亲属的；

（二）本人或者他的近亲属和本案有利害关系的；

（三）担任过本案的证人、鉴定人、辩护人、诉讼代理人的；

（四）与本案当事人有其他关系，可能影响公正处理案件的。

第二十九条 审判人员、检察人员、侦查人员不得接受当事人及其委托的人的请客送礼，不得违反规定会见当事人及其委托的人。

审判人员、检察人员、侦查人员违反前款规定的，应当依法追究法律责任。当事人及其法定代理人有权要求他们回避。

第三十条 审判人员、检察人员、侦查人员的回避，应当分别由院长、检察长、公安机关负责人决定；院长的回避，由本院审判委员会决定；检察长和公安机关负责人的回避，由同级人民检察院检察委员会决定。

对侦查人员的回避作出决定前,侦查人员不能停止对案件的侦查。

对驳回申请回避的决定,当事人及其法定代理人可以申请复议一次。

第三十一条 本章关于回避的规定适用于书记员、翻译人员和鉴定人。

辩护人、诉讼代理人可以依照本章的规定要求回避、申请复议。

第四章 辩护与代理

第三十二条 犯罪嫌疑人、被告人除自己行使辩护权以外,还可以委托一至二人作为辩护人。下列的人可以被委托为辩护人:

(一)律师;

(二)人民团体或者犯罪嫌疑人、被告人所在单位推荐的人;

(三)犯罪嫌疑人、被告人的监护人、亲友。

正在被执行刑罚或者依法被剥夺、限制人身自由的人,不得担任辩护人。

第三十三条 犯罪嫌疑人自被侦查机关第一次讯问或者采取强制措施之日起,有权委托辩护人;在侦查期间,只能委托律师作为辩护人。被告人有权随时委托辩护人。

侦查机关在第一次讯问犯罪嫌疑人或者对犯罪嫌疑人采取强制措施的时候,应当告知犯罪嫌疑人有权委托辩护人。人民检察院自收到移送审查起诉的案件材料之日起三日以内,应当告知犯罪嫌疑人有权委托辩护人。人民法院自受理案件之日起三日以内,应当告知被告人有权委托辩护人。犯罪嫌疑人、被告人在押期间要求委托辩护人的,人民法院、人民检察院和公安机关应当及时转达其要求。

犯罪嫌疑人、被告人在押的,也可以由其监护人、近亲属代为委托辩护人。

辩护人接受犯罪嫌疑人、被告人委托后,应当及时告知办理案件的机关。

第三十四条 犯罪嫌疑人、被告人因经济困难或者其他原因没有委托辩护人的,本人及其近亲属可以向法律援助机构提出申请。对符合法律援助条件的,法律援助机构应当指派律师为其提供辩护。

犯罪嫌疑人、被告人是盲、聋、哑人,或者是尚未完全丧失辨认或者控制自己行为能力的精神病人,没有委托辩护人的,人民法院、人民检察院和公安机关应当通知法律援助机构指派律师为其提供辩护。

犯罪嫌疑人、被告人可能被判处无期徒刑、死刑,没有委托辩护人的,人民法院、人民检察院和公安机关应当通知法律援助机构指派律师为其提供辩护。

第三十五条 辩护人的责任是根据事实和法律,提出犯罪嫌疑人、被告人无罪、罪轻或者减轻、免除其刑事责任的材料和意见,维护犯罪嫌疑人、被告人的诉讼权利和其他合法权益。

第三十六条 辩护律师在侦查期间可以为犯罪嫌疑人提供法律帮助;代理申诉、控告;申请变更强制措施;向侦查机关了解犯罪嫌疑人涉嫌的罪名和案件有关情况,提出意见。

第三十七条 辩护律师可以同在押的犯罪嫌疑人、被告人会见和通信。其他辩护人经人民法院、人民检察院许可,也可以同在押的犯罪嫌疑人、被告人会见和通信。

辩护律师持律师执业证书、律师事务所证明和委托书或者法律援助公函要求会见在押的犯罪嫌疑人、被告人的,看守所应当及时安排会见,至迟不得超过四十八小时。

危害国家安全犯罪、恐怖活动犯罪、特别重大贿赂犯罪案件，在侦查期间辩护律师会见在押的犯罪嫌疑人，应当经侦查机关许可。上述案件，侦查机关应当事先通知看守所。

辩护律师会见在押的犯罪嫌疑人、被告人，可以了解案件有关情况，提供法律咨询等；自案件移送审查起诉之日起，可以向犯罪嫌疑人、被告人核实有关证据。辩护律师会见犯罪嫌疑人、被告人时不被监听。

辩护律师同被监视居住的犯罪嫌疑人、被告人会见、通信，适用第一款、第三款、第四款的规定。

第三十八条 辩护律师自人民检察院对案件审查起诉之日起，可以查阅、摘抄、复制本案的案卷材料。其他辩护人经人民法院、人民检察院许可，也可以查阅、摘抄、复制上述材料。

第三十九条 辩护人认为在侦查、审查起诉期间公安机关、人民检察院收集的证明犯罪嫌疑人、被告人无罪或者罪轻的证据材料未提交的，有权申请人民检察院、人民法院调取。

第四十条 辩护人收集的有关犯罪嫌疑人不在犯罪现场、未达到刑事责任年龄、属于依法不负刑事责任的精神病人的证据，应当及时告知公安机关、人民检察院。

第四十一条 辩护律师经证人或者其他有关单位和个人同意，可以向他们收集与本案有关的材料，也可以申请人民检察院、人民法院收集、调取证据，或者申请人民法院通知证人出庭作证。

辩护律师经人民检察院或者人民法院许可，并且经被害人或者其近亲属、被害人提供的证人同意，可以向他们收集与本案有关的材料。

第四十二条 辩护人或者其他任何人，不得帮助犯罪嫌疑人、被告人隐匿、毁灭、伪造证据或者串供，不得威胁、引诱证人作伪证以及进行其他干扰司法机关诉讼活动的行为。

违反前款规定的，应当依法追究法律责任，辩护人涉嫌犯罪的，应当由办理辩护人所承办案件的侦查机关以外的侦查机关办理。辩护人是律师的，应当及时通知其所在的律师事务所或者所属的律师协会。

第四十三条 在审判过程中，被告人可以拒绝辩护人继续为他辩护，也可以另行委托辩护人辩护。

第四十四条 公诉案件的被害人及其法定代理人或者近亲属，附带民事诉讼的当事人及其法定代理人，自案件移送审查起诉之日起，有权委托诉讼代理人。自诉案件的自诉人及其法定代理人，附带民事诉讼的当事人及其法定代理人，有权随时委托诉讼代理人。

人民检察院自收到移送审查起诉的案件材料之日起三日以内，应当告知被害人及其法定代理人或者其近亲属、附带民事诉讼的当事人及其法定代理人有权委托诉讼代理人。人民法院自受理自诉案件之日起三日以内，应当告知自诉人及其法定代理人、附带民事诉讼的当事人及其法定代理人有权委托诉讼代理人。

第四十五条 委托诉讼代理人，参照本法第三十二条的规定执行。

第四十六条 辩护律师对在执业活动中知悉的委托人的有关情况和信息，有权予以保密。但是，辩护律师在执业活动中知悉委托人或者其他人，准备或者正在实施危害国家安全、公共安全以及严重危害他人人身安全的犯罪的，应当及时告知司法机关。

第四十七条 辩护人、诉讼代理人认为公安机关、人民检察院、人民法院及其工作人员阻碍其依法行使诉讼权利的,有权向同级或者上一级人民检察院申诉或者控告。人民检察院对申诉或者控告应当及时进行审查,情况属实的,通知有关机关予以纠正。

第五章　证　　据

第四十八条　可以用于证明案件事实的材料,都是证据。

证据包括:

(一)物证;

(二)书证;

(三)证人证言;

(四)被害人陈述;

(五)犯罪嫌疑人、被告人供述和辩解;

(六)鉴定意见;

(七)勘验、检查、辨认、侦查实验等笔录;

(八)视听资料、电子数据。

证据必须经过查证属实,才能作为定案的根据。

第四十九条　公诉案件中被告人有罪的举证责任由人民检察院承担,自诉案件中被告人有罪的举证责任由自诉人承担。

第五十条　审判人员、检察人员、侦查人员必须依照法定程序,收集能够证实犯罪嫌疑人、被告人有罪或者无罪、犯罪情节轻重的各种证据。严禁刑讯逼供和以威胁、引诱、欺骗以及其他非法方法收集证据,不得强迫任何人证实自己有罪。必须保证一切与案件有关或者了解案情的公民,有客观地充分地提供证据的条件,除特殊情况外,可以吸收他们协助调查。

第五十一条　公安机关提请批准逮捕书、人民检察院起诉书、人民法院判决书,必须忠实于事实真象。故意隐瞒事实真象的,应当追究责任。

第五十二条　人民法院、人民检察院和公安机关有权向有关单位和个人收集、调取证据。有关单位和个人应当如实提供证据。

行政机关在行政执法和查办案件过程中收集的物证、书证、视听资料、电子数据等证据材料,在刑事诉讼中可以作为证据使用。

对涉及国家秘密、商业秘密、个人隐私的证据,应当保密。

凡是伪造证据、隐匿证据或者毁灭证据的,无论属于何方,必须受法律追究。

第五十三条　对一切案件的判处都要重证据,重调查研究,不轻信口供。只有被告人供述,没有其他证据的,不能认定被告人有罪和处以刑罚;没有被告人供述,证据确实、充分的,可以认定被告人有罪和处以刑罚。

证据确实、充分,应当符合以下条件:

(一)定罪量刑的事实都有证据证明;

(二)据以定案的证据均经法定程序查证属实;

(三)综合全案证据,对所认定事实已排除合理怀疑。

第五十四条　采用刑讯逼供等非法方法收集的犯罪嫌疑人、被告人供述和采用暴力、威胁等非法方法收集的证人证言、被害人陈述，应当予以排除。收集物证、书证不符合法定程序，可能严重影响司法公正的，应当予以补正或者作出合理解释；不能补正或者作出合理解释的，对该证据应当予以排除。

在侦查、审查起诉、审判时发现有应当排除的证据的，应当依法予以排除，不得作为起诉意见、起诉决定和判决的依据。

第五十五条 人民检察院接到报案、控告、举报或者发现侦查人员以非法方法收集证据的，应当进行调查核实。对于确有以非法方法收集证据情形的，应当提出纠正意见；构成犯罪的，依法追究刑事责任。

第五十六条 法庭审理过程中，审判人员认为可能存在本法第五十四条规定的以非法方法收集证据情形的，应当对证据收集的合法性进行法庭调查。

当事人及其辩护人、诉讼代理人有权申请人民法院对以非法方法收集的证据依法予以排除。申请排除以非法方法收集的证据的，应当提供相关线索或者材料。

第五十七条 在对证据收集的合法性进行法庭调查的过程中，人民检察院应当对证据收集的合法性加以证明。

现有证据材料不能证明证据收集的合法性的，人民检察院可以提请人民法院通知有关侦查人员或者其他人员出庭说明情况；人民法院可以通知有关侦查人员或者其他人员出庭说明情况。有关侦查人员或者其他人员也可以要求出庭说明情况。经人民法院通知，有关人员应当出庭。

第五十八条 对于经过法庭审理，确认或者不能排除存在本法第五十四条规定的以非法方法收集证据情形的，对有关证据应当予以排除。

第五十九条 证人证言必须在法庭上经过公诉人、被害人和被告人、辩护人双方质证并且查实以后，才能作为定案的根据。法庭查明证人有意作伪证或者隐匿罪证的时候，应当依法处理。

第六十条 凡是知道案件情况的人，都有作证的义务。

生理上、精神上有缺陷或者年幼，不能辨别是非、不能正确表达的人，不能作证人。

第六十一条 人民法院、人民检察院和公安机关应当保障证人及其近亲属的安全。

对证人及其近亲属进行威胁、侮辱、殴打或者打击报复，构成犯罪的，依法追究刑事责任；尚不够刑事处罚的，依法给予治安管理处罚。

第六十二条 对于危害国家安全犯罪、恐怖活动犯罪、黑社会性质的组织犯罪、毒品犯罪等案件，证人、鉴定人、被害人因在诉讼中作证，本人或者其近亲属的人身安全面临危险的，人民法院、人民检察院和公安机关应当采取以下一项或者多项保护措施：

（一）不公开真实姓名、住址和工作单位等个人信息；

（二）采取不暴露外貌、真实声音等出庭作证措施；

（三）禁止特定的人员接触证人、鉴定人、被害人及其近亲属；

（四）对人身和住宅采取专门性保护措施；

（五）其他必要的保护措施。

证人、鉴定人、被害人认为因在诉讼中作证，本人或者其近亲属的人身安全面临危险的，可以向人民法院、人民检察院、公安机关请求予以保护。

人民法院、人民检察院、公安机关依法采取保护措施,有关单位和个人应当配合。

第六十三条 证人因履行作证义务而支出的交通、住宿、就餐等费用,应当给予补助。证人作证的补助列入司法机关业务经费,由同级政府财政予以保障。

有工作单位的证人作证,所在单位不得克扣或者变相克扣其工资、奖金及其他福利待遇。

第六章 强制措施

第六十四条 人民法院、人民检察院和公安机关根据案件情况,对犯罪嫌疑人、被告人可以拘传、取保候审或者监视居住。

第六十五条 人民法院、人民检察院和公安机关对有下列情形之一的犯罪嫌疑人、被告人,可以取保候审:

(一)可能判处管制、拘役或者独立适用附加刑的;

(二)可能判处有期徒刑以上刑罚,采取取保候审不致发生社会危险性的;

(三)患有严重疾病、生活不能自理,怀孕或者正在哺乳自己婴儿的妇女,采取取保候审不致发生社会危险性的;

(四)羁押期限届满,案件尚未办结,需要采取取保候审的。

取保候审由公安机关执行。

第六十六条 人民法院、人民检察院和公安机关决定对犯罪嫌疑人、被告人取保候审,应当责令犯罪嫌疑人、被告人提出保证人或者交纳保证金。

第六十七条 保证人必须符合下列条件:

(一)与本案无牵连;

(二)有能力履行保证义务;

(三)享有政治权利,人身自由未受到限制;

(四)有固定的住处和收入。

第六十八条 保证人应当履行以下义务:

(一)监督被保证人遵守本法第六十九条的规定;

(二)发现被保证人可能发生或者已经发生违反本法第六十九条规定的行为的,应当及时向执行机关报告。

被保证人有违反本法第六十九条规定的行为,保证人未履行保证义务的,对保证人处以罚款,构成犯罪的,依法追究刑事责任。

第六十九条 被取保候审的犯罪嫌疑人、被告人应当遵守以下规定:

(一)未经执行机关批准不得离开所居住的市、县;

(二)住址、工作单位和联系方式发生变动的,在二十四小时以内向执行机关报告;

(三)在传讯的时候及时到案;

(四)不得以任何形式干扰证人作证;

(五)不得毁灭、伪造证据或者串供。

人民法院、人民检察院和公安机关可以根据案件情况,责令被取保候审的犯罪嫌疑人、被告人遵守以下一项或者多项规定：

（一）不得进入特定的场所；

（二）不得与特定的人员会见或者通信；

（三）不得从事特定的活动；

（四）将护照等出入境证件、驾驶证件交执行机关保存。

被取保候审的犯罪嫌疑人、被告人违反前两款规定，已交纳保证金的，没收部分或者全部保证金，并且区别情形，责令犯罪嫌疑人、被告人具结悔过，重新交纳保证金、提出保证人，或者监视居住、予以逮捕。

对违反取保候审规定，需要予以逮捕的，可以对犯罪嫌疑人、被告人先行拘留。

第七十条 取保候审的决定机关应当综合考虑保证诉讼活动正常进行的需要，被取保候审人的社会危险性，案件的性质、情节，可能判处刑罚的轻重，被取保候审人的经济状况等情况，确定保证金的数额。

提供保证金的人应当将保证金存入执行机关指定银行的专门账户。

第七十一条 犯罪嫌疑人、被告人在取保候审期间未违反本法第六十九条规定的，取保候审结束的时候，凭解除取保候审的通知或者有关法律文书到银行领取退还的保证金。

第七十二条 人民法院、人民检察院和公安机关对符合逮捕条件，有下列情形之一的犯罪嫌疑人、被告人，可以监视居住：

（一）患有严重疾病、生活不能自理的；

（二）怀孕或者正在哺乳自己婴儿的妇女；

（三）系生活不能自理的人的唯一扶养人；

（四）因为案件的特殊情况或者办理案件的需要，采取监视居住措施更为适宜的；

（五）羁押期限届满，案件尚未办结，需要采取监视居住措施的。

对符合取保候审条件，但犯罪嫌疑人、被告人不能提出保证人，也不交纳保证金的，可以监视居住。

监视居住由公安机关执行。

第七十三条 监视居住应当在犯罪嫌疑人、被告人的住处执行；无固定住处的，可以在指定的居所执行。对于涉嫌危害国家安全犯罪、恐怖活动犯罪、特别重大贿赂犯罪，在住处执行可能有碍侦查的，经上一级人民检察院或者公安机关批准，也可以在指定的居所执行。但是，不得在羁押场所、专门的办案场所执行。

指定居所监视居住的，除无法通知的以外，应当在执行监视居住后二十四小时以内，通知被监视居住人的家属。

被监视居住的犯罪嫌疑人、被告人委托辩护人，适用本法第三十三条的规定。

人民检察院对指定居所监视居住的决定和执行是否合法实行监督。

第七十四条 指定居所监视居住的期限应当折抵刑期。被判处管制的，监视居住一日折抵刑期一日；被判处拘役、有期徒刑的，监视居住二日折抵刑期一日。

第七十五条 被监视居住的犯罪嫌疑人、被告人应当遵守以下规定：

（一）未经执行机关批准不得离开执行监视居住的处所；

（二）未经执行机关批准不得会见他人或者通信；

（三）在传讯的时候及时到案；

（四）不得以任何形式干扰证人作证；

（五）不得毁灭、伪造证据或者串供；

（六）将护照等出入境证件、身份证件、驾驶证件交执行机关保存。

被监视居住的犯罪嫌疑人、被告人违反前款规定，情节严重的，可以予以逮捕；需要予以逮捕的，可以对犯罪嫌疑人、被告人先行拘留。

第七十六条 执行机关对被监视居住的犯罪嫌疑人、被告人，可以采取电子监控、不定期检查等监视方法对其遵守监视居住规定的情况进行监督；在侦查期间，可以对被监视居住的犯罪嫌疑人的通信进行监控。

第七十七条 人民法院、人民检察院和公安机关对犯罪嫌疑人、被告人取保候审最长不得超过十二个月，监视居住最长不得超过六个月。

在取保候审、监视居住期间，不得中断对案件的侦查、起诉和审理。对于发现不应当追究刑事责任或者取保候审、监视居住期限届满的，应当及时解除取保候审、监视居住。解除取保候审、监视居住，应当及时通知被取保候审、监视居住人和有关单位。

第七十八条 逮捕犯罪嫌疑人、被告人，必须经过人民检察院批准或者人民法院决定，由公安机关执行。

第七十九条 对有证据证明有犯罪事实，可能判处徒刑以上刑罚的犯罪嫌疑人、被告人，采取取保候审尚不足以防止发生下列社会危险性的，应当予以逮捕：

（一）可能实施新的犯罪的；

（二）有危害国家安全、公共安全或者社会秩序的现实危险的；

（三）可能毁灭、伪造证据，干扰证人作证或者串供的；

（四）可能对被害人、举报人、控告人实施打击报复的；

（五）企图自杀或者逃跑的。

对有证据证明有犯罪事实，可能判处十年有期徒刑以上刑罚的，或者有证据证明有犯罪事实，可能判处徒刑以上刑罚，曾经故意犯罪或者身份不明的，应当予以逮捕。

被取保候审、监视居住的犯罪嫌疑人、被告人违反取保候审、监视居住规定，情节严重的，可以予以逮捕。

第八十条 公安机关对于现行犯或者重大嫌疑分子，如果有下列情形之一的，可以先行拘留：

（一）正在预备犯罪、实行犯罪或者在犯罪后即时被发觉的；

（二）被害人或者在场亲眼看见的人指认他犯罪的；

（三）在身边或者住处发现有犯罪证据的；

（四）犯罪后企图自杀、逃跑或者在逃的；

（五）有毁灭、伪造证据或者串供可能的；

（六）不讲真实姓名、住址，身份不明的；

（七）有流窜作案、多次作案、结伙作案重大嫌疑的。

第八十一条 公安机关在异地执行拘留、逮捕的时候,应当通知被拘留、逮捕人所在地的公安机关,被拘留、逮捕人所在地的公安机关应当予以配合。

第八十二条 对于有下列情形的人,任何公民都可以立即扭送公安机关、人民检察院或者人民法院处理:

(一)正在实行犯罪或者在犯罪后即时被发觉的;

(二)通缉在案的;

(三)越狱逃跑的;

(四)正在被追捕的。

第八十三条 公安机关拘留人的时候,必须出示拘留证。

拘留后,应当立即将被拘留人送看守所羁押,至迟不得超过二十四小时。除无法通知或者涉嫌危害国家安全犯罪、恐怖活动犯罪通知可能有碍侦查的情形以外,应当在拘留后二十四小时以内,通知被拘留人的家属。有碍侦查的情形消失以后,应当立即通知被拘留人的家属。

第八十四条 公安机关对被拘留的人,应当在拘留后的二十四小时以内进行讯问。在发现不应当拘留的时候,必须立即释放,发给释放证明。

第八十五条 公安机关要求逮捕犯罪嫌疑人的时候,应当写出提请批准逮捕书,连同案卷材料、证据,一并移送同级人民检察院审查批准。必要的时候,人民检察院可以派人参加公安机关对于重大案件的讨论。

第八十六条 人民检察院审查批准逮捕,可以讯问犯罪嫌疑人;有下列情形之一的,应当讯问犯罪嫌疑人:

(一)对是否符合逮捕条件有疑问的;

(二)犯罪嫌疑人要求向检察人员当面陈述的;

(三)侦查活动可能有重大违法行为的。

人民检察院审查批准逮捕,可以询问证人等诉讼参与人,听取辩护律师的意见;辩护律师提出要求的,应当听取辩护律师的意见。

第八十七条 人民检察院审查批准逮捕犯罪嫌疑人由检察长决定。重大案件应当提交检察委员会讨论决定。

第八十八条 人民检察院对于公安机关提请批准逮捕的案件进行审查后,应当根据情况分别作出批准逮捕或者不批准逮捕的决定。对于批准逮捕的决定,公安机关应当立即执行,并且将执行情况及时通知人民检察院。对于不批准逮捕的,人民检察院应当说明理由,需要补充侦查的,应当同时通知公安机关。

第八十九条 公安机关对被拘留的人,认为需要逮捕的,应当在拘留后的三日以内,提请人民检察院审查批准。在特殊情况下,提请审查批准的时间可以延长一日至四日。

对于流窜作案、多次作案、结伙作案的重大嫌疑分子,提请审查批准的时间可以延长至三十日。

人民检察院应当自接到公安机关提请批准逮捕书后的七日以内,作出批准逮捕或者不批准逮捕的决定。人民检察院不批准逮捕的,公安机关应当在接到通知后立即释放,并且将执行情况及时通知人民检察院。对于需要继续侦查,并且符合取保候审、监视居住条件的,依法取保候审或者监视居住。

第九十条 公安机关对人民检察院不批准逮捕的决定,认为有错误的时候,可以要求复议,但是必须将被拘留的人立即释放。如果意见不被接受,可以向上一级人民检察院提请复核。上级人民检察院应当立即复核,作出是否变更的决定,通知下级人民检察院和公安机关执行。

第九十一条 公安机关逮捕人的时候,必须出示逮捕证。

逮捕后,应当立即将被逮捕人送看守所羁押。除无法通知的以外,应当在逮捕后二十四小时以内,通知被逮捕人的家属。

第九十二条 人民法院、人民检察院对于各自决定逮捕的人,公安机关对于经人民检察院批准逮捕的人,都必须在逮捕后的二十四小时以内进行讯问。在发现不应当逮捕的时候,必须立即释放,发给释放证明。

第九十三条 犯罪嫌疑人、被告人被逮捕后,人民检察院仍应当对羁押的必要性进行审查。对不需要继续羁押的,应当建议予以释放或者变更强制措施。有关机关应当在十日以内将处理情况通知人民检察院。

第九十四条 人民法院、人民检察院和公安机关如果发现对犯罪嫌疑人、被告人采取强制措施不当的,应当及时撤销或者变更。公安机关释放被逮捕的人或者变更逮捕措施的,应当通知原批准的人民检察院。

第九十五条 犯罪嫌疑人、被告人及其法定代理人、近亲属或者辩护人有权申请变更强制措施。人民法院、人民检察院和公安机关收到申请后,应当在三日以内作出决定;不同意变更强制措施的,应当告知申请人,并说明不同意的理由。

第九十六条 犯罪嫌疑人、被告人被羁押的案件,不能在本法规定的侦查羁押、审查起诉、一审、二审期限内办结的,对犯罪嫌疑人、被告人应当予以释放;需要继续查证、审理的,对犯罪嫌疑人、被告人可以取保候审或者监视居住。

第九十七条 人民法院、人民检察院或者公安机关对被采取强制措施法定期限届满的犯罪嫌疑人、被告人,应当予以释放、解除取保候审、监视居住或者依法变更强制措施。犯罪嫌疑人、被告人及其法定代理人、近亲属或者辩护人对于人民法院、人民检察院或者公安机关采取强制措施法定期限届满的,有权要求解除强制措施。

第九十八条 人民检察院在审查批准逮捕工作中,如果发现公安机关的侦查活动有违法情况,应当通知公安机关予以纠正,公安机关应当将纠正情况通知人民检察院。

第七章 附带民事诉讼

第九十九条 被害人由于被告人的犯罪行为而遭受物质损失的,在刑事诉讼过程中,有权提起附带民事诉讼。被害人死亡或者丧失行为能力的,被害人的法定代理人、近亲属有权提起附带民事诉讼。

如果是国家财产、集体财产遭受损失的,人民检察院在提起公诉的时候,可以提起附带民事诉讼。

第一百条 人民法院在必要的时候,可以采取保全措施,查封、扣押或者冻结被告人的财产。附带民事诉讼原告人或者人民检察院可以申请人民法院采取保全措施。人民法院采取保全措施,适用民事诉讼法的有关规定。

第一百零一条 人民法院审理附带民事诉讼案件,可以进行调解,或者根据物质损失情况作出判决、裁定。

第一百零二条 附带民事诉讼应当同刑事案件一并审判,只有为了防止刑事案件审判的过分迟延,才可以在刑事案件审判后,由同一审判组织继续审理附带民事诉讼。

第八章 期间、送达

第一百零三条 期间以时、日、月计算。

期间开始的时和日不算在期间以内。

法定期间不包括路途上的时间。上诉状或者其他文件在期满前已经交邮的,不算过期。

期间的最后一日为节假日的,以节假日后的第一日为期满日期,但犯罪嫌疑人、被告人或者罪犯在押期间,应当至期满之日为止,不得因节假日而延长。

第一百零四条 当事人由于不能抗拒的原因或者有其他正当理由而耽误期限的,在障碍消除后五日以内,可以申请继续进行应当在期满以前完成的诉讼活动。

前款申请是否准许,由人民法院裁定。

第一百零五条 送达传票、通知书和其他诉讼文件应当交给收件人本人;如果本人不在,可以交给他的成年家属或者所在单位的负责人员代收。

收件人本人或者代收人拒绝接收或者拒绝签名、盖章的时候,送达人可以邀请他的邻居或者其他见证人到场,说明情况,把文件留在他的住处,在送达证上记明拒绝的事由、送达的日期,由送达人签名,即认为已经送达。

第九章 其他规定

第一百零六条 本法下列用语的含意是:

(一)“侦查”是指公安机关、人民检察院在办理案件过程中,依照法律进行的专门调查工作和有关的强制性措施;

(二)“当事人”是指被害人、自诉人、犯罪嫌疑人、被告人、附带民事诉讼的原告人和被告人;

(三)“法定代理人”是指被代理人的父母、养父母、监护人和负有保护责任的机关、团体的代表;

(四)“诉讼参与人”是指当事人、法定代理人、诉讼代理人、辩护人、证人、鉴定人和翻译人员;

(五)“诉讼代理人”是指公诉案件的被害人及其法定代理人或者近亲属、自诉案件的自诉人及其法定代理人委托代为参加诉讼的人和附带民事诉讼的当事人及其法定代理人委托代为参加诉讼的人;

(六)“近亲属”是指夫、妻、父、母、子、女、同胞兄弟姊妹。

第二编　立案、侦查和提起公诉

第一章　立　　案

第一百零七条　公安机关或者人民检察院发现犯罪事实或者犯罪嫌疑人，应当按照管辖范围，立案侦查。

第一百零八条　任何单位和个人发现有犯罪事实或者犯罪嫌疑人，有权利也有义务向公安机关、人民检察院或者人民法院报案或者举报。

被害人对侵犯其人身、财产权利的犯罪事实或者犯罪嫌疑人，有权向公安机关、人民检察院或者人民法院报案或者控告。

公安机关、人民检察院或者人民法院对于报案、控告、举报，都应当接受。对于不属于自己管辖的，应当移送主管机关处理，并且通知报案人、控告人、举报人；对于不属于自己管辖而又必须采取紧急措施的，应当先采取紧急措施，然后移送主管机关。

犯罪人向公安机关、人民检察院或者人民法院自首的，适用第三款规定。

第一百零九条　报案、控告、举报可以用书面或者口头提出。接受口头报案、控告、举报的工作人员，应当写成笔录，经宣读无误后，由报案人、控告人、举报人签名或者盖章。

接受控告、举报的工作人员，应当向控告人、举报人说明诬告应负的法律责任。但是，只要不是捏造事实，伪造证据，即使控告、举报的事实有出入，甚至是错告的，也要和诬告严格加以区别。

公安机关、人民检察院或者人民法院应当保障报案人、控告人、举报人及其近亲属的安全。报案人、控告人、举报人如果不愿公开自己的姓名和报案、控告、举报的行为，应当为他保守秘密。

第一百一十条　人民法院、人民检察院或者公安机关对于报案、控告、举报和自首的材料，应当按照管辖范围，迅速进行审查，认为有犯罪事实需要追究刑事责任的时候，应当立案；认为没有犯罪事实，或者犯罪事实显著轻微，不需要追究刑事责任的时候，不予立案，并且将不立案的原因通知控告人。控告人如果不服，可以申请复议。

第一百一十一条　人民检察院认为公安机关对应当立案侦查的案件而不立案侦查的，或者被害人认为公安机关对应当立案侦查的案件而不立案侦查，向人民检察院提出的，人民检察院应当要求公安机关说明不立案的理由。人民检察院认为公安机关不立案理由不能成立的，应当通知公安机关立案，公安机关接到通知后应当立案。

第一百一十二条　对于自诉案件，被害人有权向人民法院直接起诉。被害人死亡或者丧失行为能力的，被害人的法定代理人、近亲属有权向人民法院起诉。人民法院应当依法受理。

第二章　侦　　查

第一节　一般规定

第一百一十三条　公安机关对已经立案的刑事案件，应当进行侦查，收集、调取犯罪嫌疑人有罪或者无罪、罪轻或者罪重的证据材料。对现行犯或者重大嫌疑分子可以依法先行拘留,对符合逮捕条件的犯罪嫌疑人,应当依法逮捕。

第一百一十四条 公安机关经过侦查,对有证据证明有犯罪事实的案件,应当进行预审,对收集、调取的证据材料予以核实。

第一百一十五条 当事人和辩护人、诉讼代理人、利害关系人对于司法机关及其工作人员有下列行为之一的,有权向该机关申诉或者控告:

(一)采取强制措施法定期限届满,不予以释放、解除或者变更的;

(二)应当退还取保候审保证金不退还的;

(三)对与案件无关的财物采取查封、扣押、冻结措施的;

(四)应当解除查封、扣押、冻结不解除的;

(五)贪污、挪用、私分、调换、违反规定使用查封、扣押、冻结的财物的。

受理申诉或者控告的机关应当及时处理。对处理不服的,可以向同级人民检察院申诉;人民检察院直接受理的案件,可以向上一级人民检察院申诉。人民检察院对申诉应当及时进行审查,情况属实的,通知有关机关予以纠正。

第二节 讯问犯罪嫌疑人

第一百一十六条 讯问犯罪嫌疑人必须由人民检察院或者公安机关的侦查人员负责进行。讯问的时候,侦查人员不得少于二人。

犯罪嫌疑人被送交看守所羁押以后,侦查人员对其进行讯问,应当在看守所内进行。

第一百一十七条 对不需要逮捕、拘留的犯罪嫌疑人,可以传唤到犯罪嫌疑人所在市、县内的指定地点或者到他的住处进行讯问,但是应当出示人民检察院或者公安机关的证明文件。对在现场发现的犯罪嫌疑人,经出示工作证件,可以口头传唤,但应当在讯问笔录中注明。

传唤、拘传持续的时间不得超过十二小时;案情特别重大、复杂,需要采取拘留、逮捕措施的,传唤、拘传持续的时间不得超过二十四小时。

不得以连续传唤、拘传的形式变相拘禁犯罪嫌疑人。传唤、拘传犯罪嫌疑人,应当保证犯罪嫌疑人的饮食和必要的休息时间。

第一百一十八条 侦查人员在讯问犯罪嫌疑人的时候,应当首先讯问犯罪嫌疑人是否有犯罪行为,让他陈述有罪的情节或者无罪的辩解,然后向他提出问题。犯罪嫌疑人对侦查人员的提问,应当如实回答。但是对与本案无关的问题,有拒绝回答的权利。

侦查人员在讯问犯罪嫌疑人的时候,应当告知犯罪嫌疑人如实供述自己罪行可以从宽处理的法律规定。

第一百一十九条 讯问聋、哑的犯罪嫌疑人,应当有通晓聋、哑手势的人参加,并且将这种情况记明笔录。

第一百二十条 讯问笔录应当交犯罪嫌疑人核对,对于没有阅读能力的,应当向他宣读。如果记载有遗漏或者差错,犯罪嫌疑人可以提出补充或者改正。犯罪嫌疑人承认笔录没有错误后,应当签名或者盖章。侦查人员也应当在笔录上签名。犯罪嫌疑人请求自行书写供述的,应当准许。必要的时候,侦查人员也可以要犯罪嫌疑人亲笔书写供词。

第一百二十一条 侦查人员在讯问犯罪嫌疑人的时候,可以对讯问过程进行录音或者录像;对于可能判处无期徒刑、死刑的案件或者其他重大犯罪案件,应当对讯问过程进行录音或者录像。

录音或者录像应当全程进行,保持完整性。

第三节 询问证人

第一百二十二条 侦查人员询问证人,可以在现场进行,也可以到证人所在单位、住处或者证人提出的地点进行,在必要的时候,可以通知证人到人民检察院或者公安机关提供证言。在现场询问证人,应当出示工作证件,到证人所在单位、住处或者证人提出的地点询问证人,应当出示人民检察院或者公安机关的证明文件。

询问证人应当个别进行。

第一百二十三条 询问证人,应当告知他应当如实地提供证据、证言和有意作伪证或者隐匿罪证要负的法律责任。

第一百二十四条 本法第一百二十条的规定,也适用于询问证人。

第一百二十五条 询问被害人,适用本节各条规定。

第四节 勘验、检查

第一百二十六条 侦查人员对于与犯罪有关的场所、物品、人身、尸体应当进行勘验或者检查。在必要的时候,可以指派或者聘请具有专门知识的人,在侦查人员的主持下进行勘验、检查。

第一百二十七条 任何单位和个人,都有义务保护犯罪现场,并且立即通知公安机关派员勘验。

第一百二十八条 侦查人员执行勘验、检查,必须持有人民检察院或者公安机关的证明文件。

第一百二十九条 对于死因不明的尸体,公安机关有权决定解剖,并且通知死者家属到场。

第一百三十条 为了确定被害人、犯罪嫌疑人的某些特征、伤害情况或者生理状态,可以对人身进行检查,可以提取指纹信息,采集血液、尿液等生物样本。

犯罪嫌疑人如果拒绝检查,侦查人员认为必要的时候,可以强制检查。

检查妇女的身体,应当由女工作人员或者医师进行。

第一百三十一条 勘验、检查的情况应当写成笔录,由参加勘验、检查的人和见证人签名或者盖章。

第一百三十二条 人民检察院审查案件的时候,对公安机关的勘验、检查,认为需要复验、复查时,可以要求公安机关复验、复查,并且可以派检察人员参加。

第一百三十三条 为了查明案情,在必要的时候,经公安机关负责人批准,可以进行侦查实验。

侦查实验的情况应当写成笔录,由参加实验的人签名或者盖章。

侦查实验,禁止一切足以造成危险、侮辱人格或者有伤风化的行为。

第五节　搜　　查

第一百三十四条　为了收集犯罪证据、查获犯罪人,侦查人员可以对犯罪嫌疑人以及可能隐藏罪犯或者犯罪证据的人的身体、物品、住处和其他有关的地方进行搜查。

第一百三十五条　任何单位和个人,有义务按照人民检察院和公安机关的要求,交出可以证明犯罪嫌疑人有罪或者无罪的物证、书证、视听资料等证据。

第一百三十六条　进行搜查,必须向被搜查人出示搜查证。

在执行逮捕、拘留的时候,遇有紧急情况,不另用搜查证也可以进行搜查。

第一百三十七条　在搜查的时候,应当有被搜查人或者他的家属,邻居或者其他见证人在场。

搜查妇女的身体,应当由女工作人员进行。

第一百三十八条　搜查的情况应当写成笔录,由侦查人员和被搜查人或者他的家属,邻居或者其他见证人签名或者盖章。如果被搜查人或者他的家属在逃或者拒绝签名、盖章,应当在笔录上注明。

第六节　查封、扣押物证、书证

第一百三十九条　在侦查活动中发现的可用以证明犯罪嫌疑人有罪或者无罪的各种财物、文件,应当查封、扣押;与案件无关的财物、文件,不得查封、扣押。

对查封、扣押的财物、文件,要妥善保管或者封存,不得使用、调换或者损毁。

第一百四十条　对查封、扣押的财物、文件,应当会同在场见证人和被查封、扣押财物、文件持有人查点清楚,当场开列清单一式二份,由侦查人员、见证人和持有人签名或者盖章,一份交给持有人,另一份附卷备查。

第一百四十一条　侦查人员认为需要扣押犯罪嫌疑人的邮件、电报的时候,经公安机关或者人民检察院批准,即可通知邮电机关将有关的邮件、电报检交扣押。

不需要继续扣押的时候,应即通知邮电机关。

第一百四十二条　人民检察院、公安机关根据侦查犯罪的需要,可以依照规定查询、冻结犯罪嫌疑人的存款、汇款、债券、股票、基金份额等财产。有关单位和个人应当配合。

犯罪嫌疑人的存款、汇款、债券、股票、基金份额等财产已被冻结的,不得重复冻结。

第一百四十三条　对查封、扣押的财物、文件、邮件、电报或者冻结的存款、汇款、债券、股票、基金份额等财产,经查明确实与案件无关的,应当在三日以内解除查封、扣押、冻结,予以退还。

第七节　鉴　　定

第一百四十四条　为了查明案情,需要解决案件中某些专门性问题的时候,应当指派、聘请有专门知识的人进行鉴定。

第一百四十五条 鉴定人进行鉴定后，应当写出鉴定意见，并且签名。

鉴定人故意作虚假鉴定的，应当承担法律责任。

第一百四十六条 侦查机关应当将用作证据的鉴定意见告知犯罪嫌疑人、被害人。如果犯罪嫌疑人、被害人提出申请，可以补充鉴定或者重新鉴定。

第一百四十七条 对犯罪嫌疑人作精神病鉴定的期间不计入办案期限。

第八节 技术侦查措施

第一百四十八条 公安机关在立案后，对于危害国家安全犯罪、恐怖活动犯罪、黑社会性质的组织犯罪、重大毒品犯罪或者其他严重危害社会的犯罪案件，根据侦查犯罪的需要，经过严格的批准手续，可以采取技术侦查措施。

人民检察院在立案后，对于重大的贪污、贿赂犯罪案件以及利用职权实施的严重侵犯公民人身权利的重大犯罪案件，根据侦查犯罪的需要，经过严格的批准手续，可以采取技术侦查措施，按照规定交有关机关执行。

追捕被通缉或者批准、决定逮捕的在逃的犯罪嫌疑人、被告人，经过批准，可以采取追捕所必需的技术侦查措施。

第一百四十九条 批准决定应当根据侦查犯罪的需要，确定采取技术侦查措施的种类和适用对象。批准决定自签发之日起三个月以内有效。对于不需要继续采取技术侦查措施的，应当及时解除；对于复杂、疑难案件，期限届满仍有必要继续采取技术侦查措施的，经过批准，有效期可以延长，每次不得超过三个月。

第一百五十条 采取技术侦查措施，必须严格按照批准的措施种类、适用对象和期限执行。

侦查人员对采取技术侦查措施过程中知悉的国家秘密、商业秘密和个人隐私，应当保密；对采取技术侦查措施获取的与案件无关的材料，必须及时销毁。

采取技术侦查措施获取的材料，只能用于对犯罪的侦查、起诉和审判，不得用于其他用途。

公安机关依法采取技术侦查措施，有关单位和个人应当配合，并对有关情况予以保密。

第一百五十一条 为了查明案情，在必要的时候，经公安机关负责人决定，可以由有关人员隐匿其身份实施侦查。但是，不得诱使他人犯罪，不得采用可能危害公共安全或者发生重大人身危险的方法。

对涉及给付毒品等违禁品或者财物的犯罪活动，公安机关根据侦查犯罪的需要，可以依照规定实施控制下交付。

第一百五十二条 依照本节规定采取侦查措施收集的材料在刑事诉讼中可以作为证据使用。如果使用该证据可能危及有关人员的人身安全，或者可能产生其他严重后果的，应当采取不暴露有关人员身份、技术方法等保护措施，必要的时候，可以由审判人员在庭外对证据进行核实。

第九节 通　　缉

第一百五十三条 应当逮捕的犯罪嫌疑人如果在逃，公安机关可以发布通缉令，采取有效措施，追捕归案。

各级公安机关在自己管辖的地区以内，可以直接发布通缉令；超出自己管辖的地区，应当报请有权决定的上级机关发布。

第十节　侦查终结

第一百五十四条　对犯罪嫌疑人逮捕后的侦查羁押期限不得超过二个月。案情复杂、期限届满不能终结的案件，可以经上一级人民检察院批准延长一个月。

第一百五十五条　因为特殊原因，在较长时间内不宜交付审判的特别重大复杂的案件，由最高人民检察院报请全国人民代表大会常务委员会批准延期审理。

第一百五十六条　下列案件在本法第一百五十四条规定的期限届满不能侦查终结的，经省、自治区、直辖市人民检察院批准或者决定，可以延长二个月：

（一）交通十分不便的边远地区的重大复杂案件；

（二）重大的犯罪集团案件；

（三）流窜作案的重大复杂案件；

（四）犯罪涉及面广，取证困难的重大复杂案件。

第一百五十七条　对犯罪嫌疑人可能判处十年有期徒刑以上刑罚，依照本法第一百五十六条规定延长期限届满，仍不能侦查终结的，经省、自治区、直辖市人民检察院批准或者决定，可以再延长二个月。

第一百五十八条　在侦查期间，发现犯罪嫌疑人另有重要罪行的，自发现之日起依照本法第一百五十四条的规定重新计算侦查羁押期限。

犯罪嫌疑人不讲真实姓名、住址，身份不明的，应当对其身份进行调查，侦查羁押期限自查清其身份之日起计算，但是不得停止对其犯罪行为的侦查取证。对于犯罪事实清楚，证据确实、充分，确实无法查明其身份的，也可以按其自报的姓名起诉、审判。

第一百五十九条　在案件侦查终结前，辩护律师提出要求的，侦查机关应当听取辩护律师的意见，并记录在案。辩护律师提出书面意见的，应当附卷。

第一百六十条　公安机关侦查终结的案件，应当做到犯罪事实清楚，证据确实、充分，并且写出起诉意见书，连同案卷材料、证据一并移送同级人民检察院审查决定；同时将案件移送情况告知犯罪嫌疑人及其辩护律师。

第一百六十一条　在侦查过程中，发现不应对犯罪嫌疑人追究刑事责任的，应当撤销案件；犯罪嫌疑人已被逮捕的，应当立即释放，发给释放证明，并且通知原批准逮捕的人民检察院。

第十一节　人民检察院对直接受理的案件的侦查

第一百六十二条　人民检察院对直接受理的案件的侦查适用本章规定。

第一百六十三条　人民检察院直接受理的案件中符合本法第七十九条、第八十条第四项、第五项规定情形，需要逮捕、拘留犯罪嫌疑人的，由人民检察院作出决定，由公安机关执行。

第一百六十四条 人民检察院对直接受理的案件中被拘留的人,应当在拘留后的二十四小时以内进行讯问。在发现不应当拘留的时候,必须立即释放,发给释放证明。

第一百六十五条 人民检察院对直接受理的案件中被拘留的人,认为需要逮捕的,应当在十四日以内作出决定。在特殊情况下,决定逮捕的时间可以延长一日至三日。对不需要逮捕的,应当立即释放;对需要继续侦查,并且符合取保候审、监视居住条件的,依法取保候审或者监视居住。

第一百六十六条 人民检察院侦查终结的案件,应当作出提起公诉、不起诉或者撤销案件的决定。

第三章 提起公诉

第一百六十七条 凡需要提起公诉的案件,一律由人民检察院审查决定。

第一百六十八条 人民检察院审查案件的时候,必须查明:

(一)犯罪事实、情节是否清楚,证据是否确实、充分,犯罪性质和罪名的认定是否正确;

(二)有无遗漏罪行和其他应当追究刑事责任的人;

(三)是否属于不应追究刑事责任的;

(四)有无附带民事诉讼;

(五)侦查活动是否合法。

第一百六十九条 人民检察院对于公安机关移送起诉的案件,应当在一个月以内作出决定,重大、复杂的案件,可以延长半个月。

人民检察院审查起诉的案件,改变管辖的,从改变后的人民检察院收到案件之日起计算审查起诉期限。

第一百七十条 人民检察院审查案件,应当讯问犯罪嫌疑人,听取辩护人、被害人及其诉讼代理人的意见,并记录在案。辩护人、被害人及其诉讼代理人提出书面意见的,应当附卷。

第一百七十一条 人民检察院审查案件,可以要求公安机关提供法庭审判所必需的证据材料;认为可能存在本法第五十四条规定的以非法方法收集证据情形的,可以要求其对证据收集的合法性作出说明。

人民检察院审查案件,对于需要补充侦查的,可以退回公安机关补充侦查,也可以自行侦查。

对于补充侦查的案件,应当在一个月以内补充侦查完毕。补充侦查以二次为限。补充侦查完毕移送人民检察院后,人民检察院重新计算审查起诉期限。

对于二次补充侦查的案件,人民检察院仍然认为证据不足,不符合起诉条件的,应当作出不起诉的决定。

第一百七十二条 人民检察院认为犯罪嫌疑人的犯罪事实已经查清,证据确实、充分,依法应当追究刑事责任的,应当作出起诉决定,按照审判管辖的规定,向人民法院提起公诉,并将案卷材料、证据移送人民法院。

第一百七十三条 犯罪嫌疑人没有犯罪事实,或者有本法第十五条规定的情形之一的,人民检察院应当作出不起诉决定。

对于犯罪情节轻微,依照刑法规定不需要判处刑罚或者免除刑罚的,人民检察院可以作出不起诉决定。

人民检察院决定不起诉的案件,应当同时对侦查中查封、扣押、冻结的财物解除查封、扣押、冻结。对被不起诉人需要给予行政处罚、行政处分或者需要没收其违法所得的,人民检察院应当提出检察意见,移送有关主管机关处理。有关主管机关应当将处理结果及时通知人民检察院。

第一百七十四条 不起诉的决定,应当公开宣布,并且将不起诉决定书送达被不起诉人和他的所在单位。如果被不起诉人在押,应当立即释放。

第一百七十五条 对于公安机关移送起诉的案件,人民检察院决定不起诉的,应当将不起诉决定书送达公安机关。公安机关认为不起诉的决定有错误的时候,可以要求复议,如果意见不被接受,可以向上一级人民检察院提请复核。

第一百七十六条 对于有被害人的案件,决定不起诉的,人民检察院应当将不起诉决定书送达被害人。被害人如果不服,可以自收到决定书后七日以内向上一级人民检察院申诉,请求提起公诉。人民检察院应当将复查决定告知被害人。对人民检察院维持不起诉决定的,被害人可以向人民法院起诉。被害人也可以不经申诉,直接向人民法院起诉。人民法院受理案件后,人民检察院应当将有关案件材料移送人民法院。

第一百七十七条 对于人民检察院依照本法第一百七十三条第二款规定作出的不起诉决定,被不起诉人如果不服,可以自收到决定书后七日以内向人民检察院申诉。人民检察院应当作出复查决定,通知被不起诉的人,同时抄送公安机关。

第三编 审 判

第一章 审判组织

第一百七十八条 基层人民法院、中级人民法院审判第一审案件,应当由审判员三人或者由审判员和人民陪审员共三人组成合议庭进行,但是基层人民法院适用简易程序的案件可以由审判员一人独任审判。

高级人民法院、最高人民法院审判第一审案件,应当由审判员三人至七人或者由审判员和人民陪审员共三人至七人组成合议庭进行。

人民陪审员在人民法院执行职务,同审判员有同等的权利。

人民法院审判上诉和抗诉案件,由审判员三人至五人组成合议庭进行。

合议庭的成员人数应当是单数。

合议庭由院长或者庭长指定审判员一人担任审判长。院长或者庭长参加审判案件的时候,自己担任审判长。

第一百七十九条 合议庭进行评议的时候,如果意见分歧,应当按多数人的意见作出决定,但是少数人的意见应当写入笔录。评议笔录由合议庭的组成人员签名。

第一百八十条 合议庭开庭审理并且评议后,应当作出判决。对于疑难、复杂、重大的案件,合议庭认为难以作出决定的,由合议庭提请院长决定提交审判委员会讨论决定。审判委员会的决定，合议庭应当执行。

第二章 第一审程序

第一节 公诉案件

第一百八十一条 人民法院对提起公诉的案件进行审查后，对于起诉书中有明确的指控犯罪事实的，应当决定开庭审判。

第一百八十二条 人民法院决定开庭审判后，应当确定合议庭的组成人员，将人民检察院的起诉书副本至迟在开庭十日以前送达被告人及其辩护人。

在开庭以前，审判人员可以召集公诉人、当事人和辩护人、诉讼代理人，对回避、出庭证人名单、非法证据排除等与审判相关的问题，了解情况，听取意见。

人民法院确定开庭日期后，应当将开庭的时间、地点通知人民检察院，传唤当事人，通知辩护人、诉讼代理人、证人、鉴定人和翻译人员，传票和通知书至迟在开庭三日以前送达。公开审判的案件，应当在开庭三日以前先期公布案由、被告人姓名、开庭时间和地点。

上述活动情形应当写入笔录，由审判人员和书记员签名。

第一百八十三条 人民法院审判第一审案件应当公开进行。但是有关国家秘密或者个人隐私的案件，不公开审理；涉及商业秘密的案件，当事人申请不公开审理的，可以不公开审理。

不公开审理的案件，应当当庭宣布不公开审理的理由。

第一百八十四条 人民法院审判公诉案件，人民检察院应当派员出席法庭支持公诉。

第一百八十五条 开庭的时候，审判长查明当事人是否到庭，宣布案由；宣布合议庭的组成人员、书记员、公诉人、辩护人、诉讼代理人、鉴定人和翻译人员的名单；告知当事人有权对合议庭组成人员、书记员、公诉人、鉴定人和翻译人员申请回避；告知被告人享有辩护权利。

第一百八十六条 公诉人在法庭上宣读起诉书后，被告人、被害人可以就起诉书指控的犯罪进行陈述，公诉人可以讯问被告人。

被害人、附带民事诉讼的原告人和辩护人、诉讼代理人，经审判长许可，可以向被告人发问。

审判人员可以讯问被告人。

第一百八十七条 公诉人、当事人或者辩护人、诉讼代理人对证人证言有异议，且该证人证言对案件定罪量刑有重大影响，人民法院认为证人有必要出庭作证的，证人应当出庭作证。

人民警察就其执行职务时目击的犯罪情况作为证人出庭作证，适用前款规定。

公诉人、当事人或者辩护人、诉讼代理人对鉴定意见有异议，人民法院认为鉴定人有必要出庭的，鉴定人应当出庭作证。经人民法院通知，鉴定人拒不出庭作证的，鉴定意见不得作为定案的根据。

第一百八十八条 经人民法院通知，证人没有正当理由不出庭作证的，人民法院可以强制其到庭，但是被告人的配偶、父母、子女除外。

证人没有正当理由拒绝出庭或者出庭后拒绝作证的，予以训诫，情节严重的，经院长批准，处以十日以下的拘留。被处罚人对拘留决定不服的，可以向上一级人民法院申请复议。

复议期间不停止执行。

第一百八十九条 证人作证，审判人员应当告知他要如实地提供证言和有意作伪证或者隐匿罪证要负的法律责任。公诉人、当事人和辩护人、诉讼代理人经审判长许可，可以对证人、鉴定人发问。审判长认为发问的内容与案件无关的时候，应当制止。

审判人员可以询问证人、鉴定人。

第一百九十条 公诉人、辩护人应当向法庭出示物证，让当事人辨认，对未到庭的证人的证言笔录、鉴定人的鉴定意见、勘验笔录和其他作为证据的文书，应当当庭宣读。审判人员应当听取公诉人、当事人和辩护人、诉讼代理人的意见。

第一百九十一条 法庭审理过程中，合议庭对证据有疑问的，可以宣布休庭，对证据进行调查核实。

人民法院调查核实证据，可以进行勘验、检查、查封、扣押、鉴定和查询、冻结。

第一百九十二条 法庭审理过程中，当事人和辩护人、诉讼代理人有权申请通知新的证人到庭，调取新的物证，申请重新鉴定或者勘验。

公诉人、当事人和辩护人、诉讼代理人可以申请法庭通知有专门知识的人出庭，就鉴定人作出的鉴定意见提出意见。

法庭对于上述申请，应当作出是否同意的决定。

第二款规定的有专门知识的人出庭，适用鉴定人的有关规定。

第一百九十三条 法庭审理过程中，对与定罪、量刑有关的事实、证据都应当进行调查、辩论。

经审判长许可，公诉人、当事人和辩护人、诉讼代理人可以对证据和案件情况发表意见并且可以互相辩论。

审判长在宣布辩论终结后，被告人有最后陈述的权利。

第一百九十四条 在法庭审判过程中，如果诉讼参与人或者旁听人员违反法庭秩序，审判长应当警告制止。对不听制止的，可以强行带出法庭；情节严重的，处以一千元以下的罚款或者十五日以下的拘留。罚款、拘留必须经院长批准。被处罚人对罚款、拘留的决定不服的，可以向上一级人民法院申请复议。复议期间不停止执行。

对聚众哄闹、冲击法庭或者侮辱、诽谤、威胁、殴打司法工作人员或者诉讼参与人，严重扰乱法庭秩序，构成犯罪的，依法追究刑事责任。

第一百九十五条 在被告人最后陈述后，审判长宣布休庭，合议庭进行评议，根据已经查明的事实、证据和有关的法律规定，分别作出以下判决：

（一）案件事实清楚，证据确实、充分，依据法律认定被告人有罪的，应当作出有罪判决；

（二）依据法律认定被告人无罪的，应当作出无罪判决；

（三）证据不足，不能认定被告人有罪的，应当作出证据不足、指控的犯罪不能成立的无罪判决。

第一百九十六条 宣告判决，一律公开进行。

当庭宣告判决的，应当在五日以内将判决书送达当事人和提起公诉的人民检察院；定期宣告判决的，应当在宣告后立即将判决书送达当事人和提起公诉的人民检察院。判决书应当同时送达辩护人、诉讼代理人。

第一百九十七条 判决书应当由审判人员和书记员署名，并且写明上诉的期限和上诉的法院。

第一百九十八条 在法庭审判过程中，遇有下列情形之一，影响审判进行的，可以延期审理：

（一）需要通知新的证人到庭，调取新的物证，重新鉴定或者勘验的；

（二）检察人员发现提起公诉的案件需要补充侦查，提出建议的；

（三）由于申请回避而不能进行审判的。

第一百九十九条 依照本法第一百九十八条第二项的规定延期审理的案件，人民检察院应当在一个月以内补充侦查完毕。

第二百条 在审判过程中，有下列情形之一，致使案件在较长时间内无法继续审理的，可以中止审理：

（一）被告人患有严重疾病，无法出庭的；

（二）被告人脱逃的；

（三）自诉人患有严重疾病，无法出庭，未委托诉讼代理人出庭的；

（四）由于不能抗拒的原因。

中止审理的原因消失后，应当恢复审理。中止审理的期间不计入审理期限。

第二百零一条 法庭审判的全部活动，应当由书记员写成笔录，经审判长审阅后，由审判长和书记员签名。

法庭笔录中的证人证言部分，应当当庭宣读或者交给证人阅读。证人在承认没有错误后，应当签名或者盖章。

法庭笔录应当交给当事人阅读或者向他宣读。当事人认为记载有遗漏或者差错的，可以请求补充或者改正。当事人承认没有错误后，应当签名或者盖章。

第二百零二条 人民法院审理公诉案件，应当在受理后二个月以内宣判，至迟不得超过三个月。对于可能判处死刑的案件或者附带民事诉讼的案件，以及有本法第一百五十六条规定情形之一的，经上一级人民法院批准，可以延长三个月；因特殊情况还需要延长的，报请最高人民法院批准。

人民法院改变管辖的案件，从改变后的人民法院收到案件之日起计算审理期限。

人民检察院补充侦查的案件，补充侦查完毕移送人民法院后，人民法院重新计算审理期限。

第二百零三条 人民检察院发现人民法院审理案件违反法律规定的诉讼程序，有权向人民法院提出纠正意见。

第二节 自诉案件

第二百零四条 自诉案件包括下列案件：

（一）告诉才处理的案件；

（二）被害人有证据证明的轻微刑事案件；

（三）被害人有证据证明对被告人侵犯自己人身、财产权利的行为应当依法追究刑事责任，而公安机关或者人民检察院不予追究被告人刑事责任的案件。

第二百零五条 人民法院对于自诉案件进行审查后，按照下列情形分别处理：

（一）犯罪事实清楚，有足够证据的案件，应当开庭审判；

（二）缺乏罪证的自诉案件，如果自诉人提不出补充证据，应当说服自诉人撤回自诉，或者裁定驳回。

自诉人经两次依法传唤，无正当理由拒不到庭的，或者未经法庭许可中途退庭的，按撤诉处理。

法庭审理过程中，审判人员对证据有疑问，需要调查核实的，适用本法第一百九十一条的规定。

第二百零六条 人民法院对自诉案件，可以进行调解；自诉人在宣告判决前，可以同被告人自行和解或者撤回自诉。本法第二百零四条第三项规定的案件不适用调解。

人民法院审理自诉案件的期限，被告人被羁押的，适用本法第二百零二条第一款、第二款的规定；未被羁押的，应当在受理后六个月以内宣判。

第二百零七条 自诉案件的被告人在诉讼过程中，可以对自诉人提起反诉。反诉适用自诉的规定。

第三节 简易程序

第二百零八条 基层人民法院管辖的案件，符合下列条件的，可以适用简易程序审判：

（一）案件事实清楚、证据充分的；

（二）被告人承认自己所犯罪行，对指控的犯罪事实没有异议的；

（三）被告人对适用简易程序没有异议的。

人民检察院在提起公诉的时候，可以建议人民法院适用简易程序。

第二百零九条 有下列情形之一的，不适用简易程序：

（一）被告人是盲、聋、哑人，或者是尚未完全丧失辨认或者控制自己行为能力的精神病人的；

（二）有重大社会影响的；

（三）共同犯罪案件中部分被告人不认罪或者对适用简易程序有异议的；

（四）其他不宜适用简易程序审理的。

第二百一十条 适用简易程序审理案件，对可能判处三年有期徒刑以下刑罚的，可以组成合议庭进行审判，也可以由审判员一人独任审判；对可能判处的有期徒刑超过三年的，应当组成合议庭进行审判。

适用简易程序审理公诉案件，人民检察院应当派员出席法庭。

第二百一十一条 适用简易程序审理案件，审判人员应当询问被告人对指控的犯罪事实的意见，告知被告人适用简易程序审理的法律规定，确认被告人是否同意适用简易程序审理。

第二百一十二条 适用简易程序审理案件，经审判人员许可，被告人及其辩护人可以同公诉人、自诉人及其诉讼代理人互相辩论。

第二百一十三条 适用简易程序审理案件,不受本章第一节关于送达期限、讯问被告人、询问证人、鉴定人、出示证据、法庭辩论程序规定的限制。但在判决宣告前应当听取被告人的最后陈述意见。

第二百一十四条 适用简易程序审理案件,人民法院应当在受理后二十日以内审结;对可能判处的有期徒刑超过三年的,可以延长至一个半月。

第二百一十五条 人民法院在审理过程中,发现不宜适用简易程序的,应当按照本章第一节或者第二节的规定重新审理。

第三章 第二审程序

第二百一十六条 被告人、自诉人和他们的法定代理人,不服地方各级人民法院第一审的判决、裁定,有权用书状或者口头向上一级人民法院上诉。被告人的辩护人和近亲属,经被告人同意,可以提出上诉。

附带民事诉讼的当事人和他们的法定代理人,可以对地方各级人民法院第一审的判决、裁定中的附带民事诉讼部分,提出上诉。

对被告人的上诉权,不得以任何借口加以剥夺。

第二百一十七条 地方各级人民检察院认为本级人民法院第一审的判决、裁定确有错误的时候,应当向上一级人民法院提出抗诉。

第二百一十八条 被害人及其法定代理人不服地方各级人民法院第一审的判决的,自收到判决书后五日以内,有权请求人民检察院提出抗诉。人民检察院自收到被害人及其法定代理人的请求后五日以内,应当作出是否抗诉的决定并且答复请求人。

第二百一十九条 不服判决的上诉和抗诉的期限为十日,不服裁定的上诉和抗诉的期限为五日,从接到判决书、裁定书的第二日起算。

第二百二十条 被告人、自诉人、附带民事诉讼的原告人和被告人通过原审人民法院提出上诉的,原审人民法院应当在三日以内将上诉状连同案卷、证据移送上一级人民法院,同时将上诉状副本送交同级人民检察院和对方当事人。

被告人、自诉人、附带民事诉讼的原告人和被告人直接向第二审人民法院提出上诉的,第二审人民法院应当在三日以内将上诉状交原审人民法院送交同级人民检察院和对方当事人。

第二百二十一条 地方各级人民检察院对同级人民法院第一审判决、裁定的抗诉,应当通过原审人民法院提出抗诉书,并且将抗诉书抄送上一级人民检察院。原审人民法院应当将抗诉书连同案卷、证据移送上一级人民法院,并且将抗诉书副本送交当事人。

上级人民检察院如果认为抗诉不当,可以向同级人民法院撤回抗诉,并且通知下级人民检察院。

第二百二十二条 第二审人民法院应当就第一审判决认定的事实和适用法律进行全面审查,不受上诉或者抗诉范围的限制。

共同犯罪的案件只有部分被告人上诉的,应当对全案进行审查,一并处理。

第二百二十三条 第二审人民法院对于下列案件,应当组成合议庭,开庭审理:

(一)被告人、自诉人及其法定代理人对第一审认定的事实、证据提出异议,可能影响定罪量刑的上诉案件；

（二）被告人被判处死刑的上诉案件；

（三）人民检察院抗诉的案件；

（四）其他应当开庭审理的案件。

第二审人民法院决定不开庭审理的，应当讯问被告人，听取其他当事人、辩护人、诉讼代理人的意见。

第二审人民法院开庭审理上诉、抗诉案件，可以到案件发生地或者原审人民法院所在地进行。

第二百二十四条 人民检察院提出抗诉的案件或者第二审人民法院开庭审理的公诉案件，同级人民检察院都应当派员出席法庭。第二审人民法院应当在决定开庭审理后及时通知人民检察院查阅案卷。人民检察院应当在一个月以内查阅完毕。人民检察院查阅案卷的时间不计入审理期限。

第二百二十五条 第二审人民法院对不服第一审判决的上诉、抗诉案件，经过审理后，应当按照下列情形分别处理：

（一）原判决认定事实和适用法律正确、量刑适当的，应当裁定驳回上诉或者抗诉，维持原判；

（二）原判决认定事实没有错误，但适用法律有错误，或者量刑不当的，应当改判；

（三）原判决事实不清楚或者证据不足的，可以在查清事实后改判；也可以裁定撤销原判，发回原审人民法院重新审判。

原审人民法院对于依照前款第三项规定发回重新审判的案件作出判决后，被告人提出上诉或者人民检察院提出抗诉的，第二审人民法院应当依法作出判决或者裁定，不得再发回原审人民法院重新审判。

第二百二十六条 第二审人民法院审理被告人或者他的法定代理人、辩护人、近亲属上诉的案件，不得加重被告人的刑罚。第二审人民法院发回原审人民法院重新审判的案件，除有新的犯罪事实，人民检察院补充起诉的以外，原审人民法院也不得加重被告人的刑罚。

人民检察院提出抗诉或者自诉人提出上诉的，不受前款规定的限制。

第二百二十七条 第二审人民法院发现第一审人民法院的审理有下列违反法律规定的诉讼程序的情形之一的，应当裁定撤销原判，发回原审人民法院重新审判：

（一）违反本法有关公开审判的规定的；

（二）违反回避制度的；

（三）剥夺或者限制了当事人的法定诉讼权利，可能影响公正审判的；

（四）审判组织的组成不合法的；

（五）其他违反法律规定的诉讼程序，可能影响公正审判的。

第二百二十八条 原审人民法院对于发回重新审判的案件，应当另行组成合议庭，依照第一审程序进行审判。对于重新审判后的判决，依照本法第二百一十六条、第二百一十七条、第二百一十八条的规定可以上诉、抗诉。

第二百二十九条 第二审人民法院对不服第一审裁定的上诉或者抗诉，经过审查后，应当参照本法第二百二十五条、第二百二十七条和第二百二十八条的规定，分别情形用裁定驳回上诉、抗诉，或者撤销、变更原裁定。

第二百三十条 第二审人民法院发回原审人民法院重新审判的案件，原审人民法院从收到发回的案件之日起，重新计算审理期限。

第二百三十一条 第二审人民法院审判上诉或者抗诉案件的程序，除本章已有规定的以外，参照第一审程序的规定进行。

第二百三十二条 第二审人民法院受理上诉、抗诉案件，应当在二个月以内审结。对于可能判处死刑的案件或者附带民事诉讼的案件，以及有本法第一百五十六条规定情形之一的，经省、自治区、直辖市高级人民法院批准或者决定，可以延长二个月；因特殊情况还需要延长的，报请最高人民法院批准。

最高人民法院受理上诉、抗诉案件的审理期限，由最高人民法院决定。

第二百三十三条 第二审的判决、裁定和最高人民法院的判决、裁定，都是终审的判决、裁定。

第二百三十四条 公安机关、人民检察院和人民法院对查封、扣押、冻结的犯罪嫌疑人、被告人的财物及其孳息，应当妥善保管，以供核查，并制作清单，随案移送。任何单位和个人不得挪用或者自行处理。对被害人的合法财产，应当及时返还。对违禁品或者不宜长期保存的物品，应当依照国家有关规定处理。

对作为证据使用的实物应当随案移送，对不宜移送的，应当将其清单、照片或者其他证明文件随案移送。

人民法院作出的判决，应当对查封、扣押、冻结的财物及其孳息作出处理。

人民法院作出的判决生效以后，有关机关应当根据判决对查封、扣押、冻结的财物及其孳息进行处理。对查封、扣押、冻结的赃款赃物及其孳息，除依法返还被害人的以外，一律上缴国库。

司法工作人员贪污、挪用或者私自处理查封、扣押、冻结的财物及其孳息的，依法追究刑事责任；不构成犯罪的，给予处分。

第四章 死刑复核程序

第二百三十五条 死刑由最高人民法院核准。

第二百三十六条 中级人民法院判处死刑的第一审案件，被告人不上诉的，应当由高级人民法院复核后，报请最高人民法院核准。高级人民法院不同意判处死刑的，可以提审或者发回重新审判。

高级人民法院判处死刑的第一审案件被告人不上诉的，和判处死刑的第二审案件，都应当报请最高人民法院核准。

第二百三十七条 中级人民法院判处死刑缓期二年执行的案件，由高级人民法院核准。

第二百三十八条 最高人民法院复核死刑案件，高级人民法院复核死刑缓期执行的案件，应当由审判员三人组成合议庭进行。

第二百三十九条 最高人民法院复核死刑案件，应当作出核准或者不核准死刑的裁定。

对于不核准死刑的，最高人民法院可以发回重新审判或者予以改判。

第二百四十条　最高人民法院复核死刑案件，应当讯问被告人，辩护律师提出要求的，应当听取辩护律师的意见。

在复核死刑案件过程中，最高人民检察院可以向最高人民法院提出意见。最高人民法院应当将死刑复核结果通报最高人民检察院。

第五章　审判监督程序

第二百四十一条　当事人及其法定代理人、近亲属，对已经发生法律效力的判决、裁定，可以向人民法院或者人民检察院提出申诉，但是不能停止判决、裁定的执行。

第二百四十二条　当事人及其法定代理人、近亲属的申诉符合下列情形之一的，人民法院应当重新审判：

（一）有新的证据证明原判决、裁定认定的事实确有错误，可能影响定罪量刑的；

（二）据以定罪量刑的证据不确实、不充分、依法应当予以排除，或者证明案件事实的主要证据之间存在矛盾的；

（三）原判决、裁定适用法律确有错误的；

（四）违反法律规定的诉讼程序，可能影响公正审判的；

（五）审判人员在审理该案件的时候，有贪污受贿，徇私舞弊，枉法裁判行为的。

第二百四十三条　各级人民法院院长对本院已经发生法律效力的判决和裁定，如果发现在认定事实上或者在适用法律上确有错误，必须提交审判委员会处理。

最高人民法院对各级人民法院已经发生法律效力的判决和裁定，上级人民法院对下级人民法院已经发生法律效力的判决和裁定，如果发现确有错误，有权提审或者指令下级人民法院再审。

最高人民检察院对各级人民法院已经发生法律效力的判决和裁定，上级人民检察院对下级人民法院已经发生法律效力的判决和裁定，如果发现确有错误，有权按照审判监督程序向同级人民法院提出抗诉。

人民检察院抗诉的案件，接受抗诉的人民法院应当组成合议庭重新审理，对于原判决事实不清楚或者证据不足的，可以指令下级人民法院再审。

第二百四十四条　上级人民法院指令下级人民法院再审的，应当指令原审人民法院以外的下级人民法院审理；由原审人民法院审理更为适宜的，也可以指令原审人民法院审理。

第二百四十五条　人民法院按照审判监督程序重新审判的案件，由原审人民法院审理的，应当另行组成合议庭进行。如果原来是第一审案件，应当依照第一审程序进行审判，所作的判决、裁定，可以上诉、抗诉；如果原来是第二审案件，或者是上级人民法院提审的案件，应当依照第二审程序进行审判，所作的判决、裁定，是终审的判决、裁定。

人民法院开庭审理的再审案件，同级人民检察院应当派员出席法庭。

第二百四十六条　人民法院决定再审的案件，需要对被告人采取强制措施的，由人民法院依法决定；人民检察院提出抗诉的再审案件，需要对被告人采取强制措施的，由人民检察院依法决定。

人民法院按照审判监督程序审判的案件,可以决定中止原判决、裁定的执行。

第二百四十七条 人民法院按照审判监督程序重新审判的案件,应当在作出提审、再审决定之日起三个月以内审结,需要延长期限的,不得超过六个月。

接受抗诉的人民法院按照审判监督程序审判抗诉的案件,审理期限适用前款规定;对需要指令下级人民法院再审的,应当自接受抗诉之日起一个月以内作出决定,下级人民法院审理案件的期限适用前款规定。

第四编 执 行

第二百四十八条 判决和裁定在发生法律效力后执行。

下列判决和裁定是发生法律效力的判决和裁定:

(一)已过法定期限没有上诉、抗诉的判决和裁定;

(二)终审的判决和裁定;

(三)最高人民法院核准的死刑的判决和高级人民法院核准的死刑缓期二年执行的判决。

第二百四十九条 第一审人民法院判决被告人无罪、免除刑事处罚的,如果被告人在押,在宣判后应当立即释放。

第二百五十条 最高人民法院判处和核准的死刑立即执行的判决,应当由最高人民法院院长签发执行死刑的命令。

被判处死刑缓期二年执行的罪犯,在死刑缓期执行期间,如果没有故意犯罪,死刑缓期执行期满,应当予以减刑,由执行机关提出书面意见,报请高级人民法院裁定;如果故意犯罪,查证属实,应当执行死刑,由高级人民法院报请最高人民法院核准。

第二百五十一条 下级人民法院接到最高人民法院执行死刑的命令后,应当在七日以内交付执行。但是发现有下列情形之一的,应当停止执行,并且立即报告最高人民法院,由最高人民法院作出裁定:

(一)在执行前发现判决可能有错误的;

(二)在执行前罪犯揭发重大犯罪事实或者有其他重大立功表现,可能需要改判的;

(三)罪犯正在怀孕。

前款第一项、第二项停止执行的原因消失后,必须报请最高人民法院院长再签发执行死刑的命令才能执行;由于前款第三项原因停止执行的,应当报请最高人民法院依法改判。

第二百五十二条 人民法院在交付执行死刑前,应当通知同级人民检察院派员临场监督。

死刑采用枪决或者注射等方法执行。

死刑可以在刑场或者指定的羁押场所内执行。

指挥执行的审判人员,对罪犯应当验明正身,讯问有无遗言、信札,然后交付执行人员执行死刑。在执行前,如果发现可能有错误,应当暂停执行,报请最高人民法院裁定。

执行死刑应当公布,不应示众。

执行死刑后,在场书记员应当写成笔录。交付执行的人民法院应当将执行死刑情况报告最高人民法院。

执行死刑后,交付执行的人民法院应当通知罪犯家属。

第二百五十三条 罪犯被交付执行刑罚的时候,应当由交付执行的人民法院在判决生效后十日以内将有关的法律文书送达公安机关、监狱或者其他执行机关。

对被判处死刑缓期二年执行、无期徒刑、有期徒刑的罪犯,由公安机关依法将该罪犯送交监狱执行刑罚。对被判处有期徒刑的罪犯,在被交付执行刑罚前,剩余刑期在三个月以下的,由看守所代为执行。对被判处拘役的罪犯,由公安机关执行。

对未成年犯应当在未成年犯管教所执行刑罚。

执行机关应当将罪犯及时收押,并且通知罪犯家属。

判处有期徒刑、拘役的罪犯,执行期满,应当由执行机关发给释放证明书。

第二百五十四条 对被判处有期徒刑或者拘役的罪犯,有下列情形之一的,可以暂予监外执行:

(一)有严重疾病需要保外就医的;

(二)怀孕或者正在哺乳自己婴儿的妇女;

(三)生活不能自理,适用暂予监外执行不致危害社会的。

对被判处无期徒刑的罪犯,有前款第二项规定情形的,可以暂予监外执行。

对适用保外就医可能有社会危险性的罪犯,或者自伤自残的罪犯,不得保外就医。

对罪犯确有严重疾病,必须保外就医的,由省级人民政府指定的医院诊断并开具证明文件。

在交付执行前,暂予监外执行由交付执行的人民法院决定;在交付执行后,暂予监外执行由监狱或者看守所提出书面意见,报省级以上监狱管理机关或者设区的市一级以上公安机关批准。

第二百五十五条 监狱、看守所提出暂予监外执行的书面意见的,应当将书面意见的副本抄送人民检察院。人民检察院可以向决定或者批准机关提出书面意见。

第二百五十六条 决定或者批准暂予监外执行的机关应当将暂予监外执行决定抄送人民检察院。人民检察院认为暂予监外执行不当的,应当自接到通知之日起一个月以内将书面意见送交决定或者批准暂予监外执行的机关,决定或者批准暂予监外执行的机关接到人民检察院的书面意见后,应当立即对该决定进行重新核查。

第二百五十七条 对暂予监外执行的罪犯,有下列情形之一的,应当及时收监:

(一)发现不符合暂予监外执行条件的;

(二)严重违反有关暂予监外执行监督管理规定的;

(三)暂予监外执行的情形消失后,罪犯刑期未满的。

对于人民法院决定暂予监外执行的罪犯应当予以收监的,由人民法院作出决定,将有关的法律文书送达公安机关、监狱或者其他执行机关。

不符合暂予监外执行条件的罪犯通过贿赂等非法手段被暂予监外执行的,在监外执行的期间不计入执行刑期。罪犯在暂予监外执行期间脱逃的,脱逃的期间不计入执行刑期。

罪犯在暂予监外执行期间死亡的，执行机关应当及时通知监狱或者看守所。

第二百五十八条 对被判处管制、宣告缓刑、假释或者暂予监外执行的罪犯，依法实行社区矫正，由社区矫正机构负责执行。

第二百五十九条 对被判处剥夺政治权利的罪犯，由公安机关执行。执行期满，应当由执行机关书面通知本人及其所在单位、居住地基层组织。

第二百六十条 被判处罚金的罪犯，期满不缴纳的，人民法院应当强制缴纳；如果由于遭遇不能抗拒的灾祸缴纳确实有困难的，可以裁定减少或者免除。

第二百六十一条 没收财产的判决，无论附加适用或者独立适用，都由人民法院执行；在必要的时候，可以会同公安机关执行。

第二百六十二条 罪犯在服刑期间又犯罪的，或者发现了判决的时候所没有发现的罪行，由执行机关移送人民检察院处理。

被判处管制、拘役、有期徒刑或者无期徒刑的罪犯，在执行期间确有悔改或者立功表现，应当依法予以减刑、假释的时候，由执行机关提出建议书，报请人民法院审核裁定，并将建议书副本抄送人民检察院。人民检察院可以向人民法院提出书面意见。

第二百六十三条 人民检察院认为人民法院减刑、假释的裁定不当，应当在收到裁定书副本后二十日以内，向人民法院提出书面纠正意见。人民法院应当在收到纠正意见后一个月以内重新组成合议庭进行审理，作出最终裁定。

第二百六十四条 监狱和其他执行机关在刑罚执行中，如果认为判决有错误或者罪犯提出申诉，应当转请人民检察院或者原判人民法院处理。

第二百六十五条 人民检察院对执行机关执行刑罚的活动是否合法实行监督。如果发现有违法的情况，应当通知执行机关纠正。

第五编　特别程序

第一章　未成年人刑事案件诉讼程序

第二百六十六条 对犯罪的未成年人实行教育、感化、挽救的方针，坚持教育为主、惩罚为辅的原则。

人民法院、人民检察院和公安机关办理未成年人刑事案件，应当保障未成年人行使其诉讼权利，保障未成年人得到法律帮助，并由熟悉未成年人身心特点的审判人员、检察人员、侦查人员承办。

第二百六十七条 未成年犯罪嫌疑人、被告人没有委托辩护人的，人民法院、人民检察院、公安机关应当通知法律援助机构指派律师为其提供辩护。

第二百六十八条 公安机关、人民检察院、人民法院办理未成年人刑事案件，根据情况可以对未成年犯罪嫌疑人、被告人的成长经历、犯罪原因、监护教育等情况进行调查。

第二百六十九条 对未成年犯罪嫌疑人、被告人应当严格限制适用逮捕措施。人民检察院审查批准逮捕和人民法院决定逮捕，应当讯问未成年犯罪嫌疑人、被告人，听取辩护律师的意见。

对被拘留、逮捕和执行刑罚的未成年人与成年人应当分别关押、分别管理、分别教育。

第二百七十条 对于未成年人刑事案件，在讯问和审判的时候，应当通知未成年犯罪嫌疑人、被告人的法定代理人到场。无法通知、法定代理人不能到场或者法定代理人是共犯的，也可以通知未成年犯罪嫌疑人、被告人的其他成年亲属，所在学校、单位、居住地基层组织或者未成年人保护组织的代表到场，并将有关情况记录在案。到场的法定代理人可以代为行使未成年犯罪嫌疑人、被告人的诉讼权利。

到场的法定代理人或者其他人员认为办案人员在讯问、审判中侵犯未成年人合法权益的，可以提出意见。讯问笔录、法庭笔录应当交给到场的法定代理人或者其他人员阅读或者向他宣读。

讯问女性未成年犯罪嫌疑人，应当有女工作人员在场。

审判未成年人刑事案件，未成年被告人最后陈述后，其法定代理人可以进行补充陈述。

询问未成年被害人、证人，适用第一款、第二款、第三款的规定。

第二百七十一条 对于未成年人涉嫌刑法分则第四章、第五章、第六章规定的犯罪，可能判处一年有期徒刑以下刑罚，符合起诉条件，但有悔罪表现的，人民检察院可以作出附条件不起诉的决定。人民检察院在作出附条件不起诉的决定以前，应当听取公安机关、被害人的意见。

对附条件不起诉的决定，公安机关要求复议、提请复核或者被害人申诉的，适用本法第一百七十五条、第一百七十六条的规定。

未成年犯罪嫌疑人及其法定代理人对人民检察院决定附条件不起诉有异议的，人民检察院应当作出起诉的决定。

第二百七十二条 在附条件不起诉的考验期内，由人民检察院对被附条件不起诉的未成年犯罪嫌疑人进行监督考察。未成年犯罪嫌疑人的监护人，应当对未成年犯罪嫌疑人加强管教，配合人民检察院做好监督考察工作。

附条件不起诉的考验期为六个月以上一年以下，从人民检察院作出附条件不起诉的决定之日起计算。

被附条件不起诉的未成年犯罪嫌疑人，应当遵守下列规定：

（一）遵守法律法规，服从监督；

（二）按照考察机关的规定报告自己的活动情况；

（三）离开所居住的市、县或者迁居，应当报经考察机关批准；

（四）按照考察机关的要求接受矫治和教育。

第二百七十三条 被附条件不起诉的未成年犯罪嫌疑人，在考验期内有下列情形之一的，人民检察院应当撤销附条件不起诉的决定，提起公诉：

（一）实施新的犯罪或者发现决定附条件不起诉以前还有其他犯罪需要追诉的；

（二）违反治安管理规定或者考察机关有关附条件不起诉的监督管理规定，情节严重的。

被附条件不起诉的未成年犯罪嫌疑人，在考验期内没有上述情形，考验期满的，人民检察院应当作出不起诉的决定。

第二百七十四条 审判的时候被告人不满十八周岁的案件，不公开审理。但是，经未成年被告人及其法定代理人同意,未成年被告人所在学校和未成年人保护组织可以派代表到场。

第二百七十五条 犯罪的时候不满十八周岁,被判处五年有期徒刑以下刑罚的,应当对相关犯罪记录予以封存。

犯罪记录被封存的,不得向任何单位和个人提供,但司法机关为办案需要或者有关单位根据国家规定进行查询的除外。依法进行查询的单位,应当对被封存的犯罪记录的情况予以保密。

第二百七十六条 办理未成年人刑事案件,除本章已有规定的以外,按照本法的其他规定进行。

第二章 当事人和解的公诉案件诉讼程序

第二百七十七条 下列公诉案件,犯罪嫌疑人、被告人真诚悔罪,通过向被害人赔偿损失、赔礼道歉等方式获得被害人谅解,被害人自愿和解的,双方当事人可以和解:

(一)因民间纠纷引起,涉嫌刑法分则第四章、第五章规定的犯罪案件,可能判处三年有期徒刑以下刑罚的;

(二)除渎职犯罪以外的可能判处七年有期徒刑以下刑罚的过失犯罪案件。

犯罪嫌疑人、被告人在五年以内曾经故意犯罪的,不适用本章规定的程序。

第二百七十八条 双方当事人和解的,公安机关、人民检察院、人民法院应当听取当事人和其他有关人员的意见,对和解的自愿性、合法性进行审查,并主持制作和解协议书。

第二百七十九条 对于达成和解协议的案件,公安机关可以向人民检察院提出从宽处理的建议。人民检察院可以向人民法院提出从宽处罚的建议;对于犯罪情节轻微,不需要判处刑罚的,可以作出不起诉的决定。人民法院可以依法对被告人从宽处罚。

第三章 犯罪嫌疑人、被告人逃匿、死亡案件违法所得的没收程序

第二百八十条 对于贪污贿赂犯罪、恐怖活动犯罪等重大犯罪案件,犯罪嫌疑人、被告人逃匿,在通缉一年后不能到案,或者犯罪嫌疑人、被告人死亡,依照刑法规定应当追缴其违法所得及其他涉案财产的,人民检察院可以向人民法院提出没收违法所得的申请。

公安机关认为有前款规定情形的,应当写出没收违法所得意见书,移送人民检察院。

没收违法所得的申请应当提供与犯罪事实、违法所得相关的证据材料,并列明财产的种类、数量、所在地及查封、扣押、冻结的情况。

人民法院在必要的时候,可以查封、扣押、冻结申请没收的财产。

第二百八十一条 没收违法所得的申请,由犯罪地或者犯罪嫌疑人、被告人居住地的中级人民法院组成合议庭进行审理。

人民法院受理没收违法所得的申请后,应当发出公告。公告期间为六个月。犯罪嫌疑人、被告人的近亲属和其他利害关系人有权申请参加诉讼,也可以委托诉讼代理人参加诉讼。

人民法院在公告期满后对没收违法所得的申请进行审理。利害关系人参加诉讼的,人民法院应当开庭审理。

第二百八十二条 人民法院经审理,对经查证属于违法所得及其他涉案财产,除依法返

还被害人的以外，应当裁定予以没收；对不属于应当追缴的财产的，应当裁定驳回申请，解除查封、扣押、冻结措施。

对于人民法院依照前款规定作出的裁定，犯罪嫌疑人、被告人的近亲属和其他利害关系人或者人民检察院可以提出上诉、抗诉。

第二百八十三条　在审理过程中，在逃的犯罪嫌疑人、被告人自动投案或者被抓获的，人民法院应当终止审理。

没收犯罪嫌疑人、被告人财产确有错误的，应当予以返还、赔偿。

第四章　依法不负刑事责任的精神病人的强制医疗程序

第二百八十四条　实施暴力行为，危害公共安全或者严重危害公民人身安全，经法定程序鉴定依法不负刑事责任的精神病人，有继续危害社会可能的，可以予以强制医疗。

第二百八十五条　根据本章规定对精神病人强制医疗的，由人民法院决定。

公安机关发现精神病人符合强制医疗条件的，应当写出强制医疗意见书，移送人民检察院。对于公安机关移送的或者在审查起诉过程中发现的精神病人符合强制医疗条件的，人民检察院应当向人民法院提出强制医疗的申请。人民法院在审理案件过程中发现被告人符合强制医疗条件的，可以作出强制医疗的决定。

对实施暴力行为的精神病人，在人民法院决定强制医疗前，公安机关可以采取临时的保护性约束措施。

第二百八十六条　人民法院受理强制医疗的申请后，应当组成合议庭进行审理。

人民法院审理强制医疗案件，应当通知被申请人或者被告人的法定代理人到场。被申请人或者被告人没有委托诉讼代理人的，人民法院应当通知法律援助机构指派律师为其提供法律帮助。

第二百八十七条　人民法院经审理，对于被申请人或者被告人符合强制医疗条件的，应当在一个月以内作出强制医疗的决定。

被决定强制医疗的人、被害人及其法定代理人、近亲属对强制医疗决定不服的，可以向上一级人民法院申请复议。

第二百八十八条　强制医疗机构应当定期对被强制医疗的人进行诊断评估。对于已不具有人身危险性，不需要继续强制医疗的，应当及时提出解除意见，报决定强制医疗的人民法院批准。

被强制医疗的人及其近亲属有权申请解除强制医疗。

第二百八十九条　人民检察院对强制医疗的决定和执行实行监督。

附　　则

第二百九十条　军队保卫部门对军队内部发生的刑事案件行使侦查权。

对罪犯在监狱内犯罪的案件由监狱进行侦查。

军队保卫部门、监狱办理刑事案件，适用本法的有关规定。

2012年《中华人民共和国刑事诉讼法》修正前后对照表

修　正　前	修　正　后
第二条　中华人民共和国刑事诉讼法的任务，是保证准确、及时地查明犯罪事实，正确应用法律，惩罚犯罪分子，保障无罪的人不受刑事追究，教育公民自觉遵守法律，积极同犯罪行为作斗争，以维护社会主义法制，保护公民的人身权利、财产权利、民主权利和其他权利，保障社会主义建设事业的顺利进行。	第二条　中华人民共和国刑事诉讼法的任务，是保证准确、及时地查明犯罪事实，正确应用法律，惩罚犯罪分子，保障无罪的人不受刑事追究，教育公民自觉遵守法律，积极同犯罪行为作斗争，维护社会主义法制，**尊重和保障人权**，保护公民的人身权利、财产权利、民主权利和其他权利，保障社会主义建设事业的顺利进行。
第十四条　人民法院、人民检察院和公安机关应当保障诉讼参与人依法享有的诉讼权利。 **对于不满十八岁的未成年人犯罪的案件，在讯问和审判时，可以通知犯罪嫌疑人、被告人的法定代理人到场。** 诉讼参与人对于审判人员、检察人员和侦查人员侵犯公民诉讼权利和人身侮辱的行为，有权提出控告。	第十四条　人民法院、人民检察院和公安机关应当保障**犯罪嫌疑人、被告人和其他**诉讼参与人依法享有的**辩护权和其他**诉讼权利。 诉讼参与人对于审判人员、检察人员和侦查人员侵犯公民诉讼权利和人身侮辱的行为，有权提出控告。
第二十条　中级人民法院管辖下列第一审刑事案件： （一）**反革命案件**、危害国家安全案件； （二）可能判处无期徒刑、死刑的**普通刑事**案件； **（三）外国人犯罪的刑事案件。**	第二十条　中级人民法院管辖下列第一审刑事案件： （一）危害国家安全、**恐怖活动案件**； （二）可能判处无期徒刑、死刑的案件。
第三十一条　本法第二十八条、第二十九条、第三十条的规定也适用于书记员、翻译人员和鉴定人。	第三十一条　**本章关于回避**的规定适用于书记员、翻译人员和鉴定人。 **辩护人、诉讼代理人可以依照本章的规定要求回避、申请复议。**

续表

修　正　前	修　正　后
第三十三条　公诉案件自案件移送审查起诉之日起，犯罪嫌疑人有权委托辩护人。自诉案件的被告人有权随时委托辩护人。 人民检察院自收到移送审查起诉的案件材料之日起三日以内，应当告知犯罪嫌疑人有权委托辩护人。人民法院自受理自诉案件之日起三日以内，应当告知被告人有权委托辩护人。	第三十三条　犯罪嫌疑人自被侦查机关第一次讯问或者采取强制措施之日起，有权委托辩护人；在侦查期间，只能委托律师作为辩护人。被告人有权随时委托辩护人。 侦查机关在第一次讯问犯罪嫌疑人或者对犯罪嫌疑人采取强制措施的时候，应当告知犯罪嫌疑人有权委托辩护人。人民检察院自收到移送审查起诉的案件材料之日起三日以内，应当告知犯罪嫌疑人有权委托辩护人。人民法院自受理案件之日起三日以内，应当告知被告人有权委托辩护人。犯罪嫌疑人、被告人在押期间要求委托辩护人的，人民法院、人民检察院和公安机关应当及时转达其要求。 犯罪嫌疑人、被告人在押的，也可以由其监护人、近亲属代为委托辩护人。 辩护人接受犯罪嫌疑人、被告人委托后，应当及时告知办理案件的机关。
第三十四条　公诉人出庭公诉的案件，被告人因经济困难或者其他原因没有委托辩护人的，人民法院可以指定承担法律援助义务的律师为其提供辩护。 被告人是盲、聋、哑或者未成年人而没有委托辩护人的，人民法院应当指定承担法律援助义务的律师为其提供辩护。 被告人可能被判处死刑而没有委托辩护人的，人民法院应当指定承担法律援助义务的律师为其提供辩护。	第三十四条　犯罪嫌疑人、被告人因经济困难或者其他原因没有委托辩护人的，本人及其近亲属可以向法律援助机构提出申请。对符合法律援助条件的，法律援助机构应当指派律师为其提供辩护。 犯罪嫌疑人、被告人是盲、聋、哑人，或者是尚未完全丧失辨认或者控制自己行为能力的精神病人，没有委托辩护人的，人民法院、人民检察院和公安机关应当通知法律援助机构指派律师为其提供辩护。 犯罪嫌疑人、被告人可能被判处无期徒刑、死刑，没有委托辩护人的，人民法院、人民检察院和公安机关应当通知法律援助机构指派律师为其提供辩护。
第三十五条　辩护人的责任是根据事实和法律，提出证明犯罪嫌疑人、被告人无罪、罪轻或者减轻、免除其刑事责任的材料和意见，维护犯罪嫌疑人、被告人的合法权益。	第三十五条　辩护人的责任是根据事实和法律，提出犯罪嫌疑人、被告人无罪、罪轻或者减轻、免除其刑事责任的材料和意见，维护犯罪嫌疑人、被告人的诉讼权利和其他合法权益。

续表

修　正　前	修　正　后
	第三十六条　辩护律师在侦查期间可以为犯罪嫌疑人提供法律帮助；代理申诉、控告；申请变更强制措施；向侦查机关了解犯罪嫌疑人涉嫌的罪名和案件有关情况，提出意见。
第三十六条　辩护律师自人民检察院对案件审查起诉之日起，可以查阅、摘抄、复制本案的诉讼文书、技术性鉴定材料，可以同在押的犯罪嫌疑人会见和通信。其他辩护人经人民检察院许可，也可以查阅、摘抄、复制上述材料，同在押的犯罪嫌疑人会见和通信。 辩护律师自人民法院受理案件之日起，可以查阅、摘抄、复制本案所指控的犯罪事实的材料，可以同在押的被告人会见和通信。其他辩护人经人民法院许可，也可以查阅、摘抄、复制上述材料，同在押的被告人会见和通信。	第三十七条　辩护律师可以同在押的犯罪嫌疑人、被告人会见和通信。其他辩护人经人民法院、人民检察院许可，也可以同在押的犯罪嫌疑人、被告人会见和通信。 辩护律师持律师执业证书、律师事务所证明和委托书或者法律援助公函要求会见在押的犯罪嫌疑人、被告人的，看守所应当及时安排会见，至迟不得超过四十八小时。 危害国家安全犯罪、恐怖活动犯罪、特别重大贿赂犯罪案件，在侦查期间辩护律师会见在押的犯罪嫌疑人，应当经侦查机关许可。上述案件，侦查机关应当事先通知看守所。 辩护律师会见在押的犯罪嫌疑人、被告人，可以了解案件有关情况，提供法律咨询等；自案件移送审查起诉之日起，可以向犯罪嫌疑人、被告人核实有关证据。辩护律师会见犯罪嫌疑人、被告人时不被监听。 辩护律师同被监视居住的犯罪嫌疑人、被告人会见、通信，适用第一款、第三款、第四款的规定。 第三十八条　辩护律师自人民检察院对案件审查起诉之日起，可以查阅、摘抄、复制本案的案卷材料。其他辩护人经人民法院、人民检察院许可，也可以查阅、摘抄、复制上述材料。
	第三十九条　辩护人认为在侦查、审查起诉期间公安机关、人民检察院收集的证明犯罪嫌疑人、被告人无罪或者罪轻的证据材料未提交的，有权申请人民检察院、人民法院调取。

续表

修 正 前	修 正 后
	第四十条　辩护人收集的有关犯罪嫌疑人不在犯罪现场、未达到刑事责任年龄、属于依法不负刑事责任的精神病人的证据，应当及时告知公安机关、人民检察院。
第三十八条　辩护律师和其他辩护人，不得帮助犯罪嫌疑人、被告人隐匿、毁灭、伪造证据或者串供，不得威胁、引诱证人**改变证言或者**作伪证以及进行其他干扰司法机关诉讼活动的行为。 违反前款规定的，应当依法追究法律责任。	**第四十二条　辩护人或者其他任何人，**不得帮助犯罪嫌疑人、被告人隐匿、毁灭、伪造证据或者串供，不得威胁、引诱证人作伪证以及进行其他干扰司法机关诉讼活动的行为。 违反前款规定的，应当依法追究法律责任，**辩护人涉嫌犯罪的，应当由办理辩护人所承办案件的侦查机关以外的侦查机关办理。辩护人是律师的，应当及时通知其所在的律师事务所或者所属的律师协会。**
	第四十六条　辩护律师对在执业活动中知悉的委托人的有关情况和信息，有权予以保密。但是，辩护律师在执业活动中知悉委托人或者其他人，准备或者正在实施危害国家安全、公共安全以及严重危害他人人身安全的犯罪的，应当及时告知司法机关。
	第四十七条　辩护人、诉讼代理人认为公安机关、人民检察院、人民法院及其工作人员阻碍其依法行使诉讼权利的，有权向同级或者上一级人民检察院申诉或者控告。人民检察院对申诉或者控告应当及时进行审查，情况属实的，通知有关机关予以纠正。
第四十二条　证明案件真实情况的一切事实，都是证据。 证据有下列七种： （一）物证、书证； （二）证人证言； （三）被害人陈述； （四）犯罪嫌疑人、被告人供述和辩解； （五）鉴定结论； （六）勘验、检查笔录； （七）视听资料。 **以上**证据必须经过查证属实，才能作为定案的根据。	**第四十八条　可以用于证明案件事实的材料**，都是证据。 证据**包括**： **（一）**物证； **（二）**书证； **（三）**证人证言； **（四）**被害人陈述； **（五）**犯罪嫌疑人、被告人供述和辩解； **（六）鉴定意见；** **（七）**勘验、检查、**辨认、侦查实验等**笔录； **（八）**视听资料、**电子数据**。 证据必须经过查证属实，才能作为定案的根据。

续表

修　正　前	修　正　后
	第四十九条　公诉案件中被告人有罪的举证责任由人民检察院承担，自诉案件中被告人有罪的举证责任由自诉人承担。
第四十三条　审判人员、检察人员、侦查人员必须依照法定程序，收集能够证实犯罪嫌疑人、被告人有罪或者无罪、犯罪情节轻重的各种证据。严禁刑讯逼供和以威胁、引诱、欺骗以及其他非法**的**方法收集证据。必须保证一切与案件有关或者了解案情的公民，有客观地充分地提供证据的条件，除特殊情况外，**并且**可以吸收他们协助调查。	**第五十条**　审判人员、检察人员、侦查人员必须依照法定程序，收集能够证实犯罪嫌疑人、被告人有罪或者无罪、犯罪情节轻重的各种证据。严禁刑讯逼供和以威胁、引诱、欺骗以及其他非法方法收集证据，**不得强迫任何人证实自己有罪**。必须保证一切与案件有关或者了解案情的公民，有客观地充分地提供证据的条件，除特殊情况外，可以吸收他们协助调查。
第四十五条　人民法院、人民检察院和公安机关有权向有关单位和个人收集、调取证据。有关单位和个人应当如实提供证据。 对于涉及国家秘密的证据，应当保密。 凡是伪造证据、隐匿证据或者毁灭证据的，无论属于何方，必须受法律追究。	**第五十二条**　人民法院、人民检察院和公安机关有权向有关单位和个人收集、调取证据。有关单位和个人应当如实提供证据。 **行政机关在行政执法和查办案件过程中收集的物证、书证、视听资料、电子数据等证据材料，在刑事诉讼中可以作为证据使用。** 对涉及国家秘密、**商业秘密、个人隐私**的证据，应当保密。 凡是伪造证据、隐匿证据或者毁灭证据的，无论属于何方，必须受法律追究。
第四十六条　对一切案件的判处都要重证据，重调查研究，不轻信口供。只有被告人供述，没有其他证据的，不能认定被告人有罪和处以刑罚；没有被告人供述，证据充分确实的，可以认定被告人有罪和处以刑罚。	**第五十三条**　对一切案件的判处都要重证据，重调查研究，不轻信口供。只有被告人供述，没有其他证据的，不能认定被告人有罪和处以刑罚；没有被告人供述，证据**确实、充分**的，可以认定被告人有罪和处以刑罚。 **证据确实、充分，应当符合以下条件：** **（一）定罪量刑的事实都有证据证明；** **（二）据以定案的证据均经法定程序查证属实；** **（三）综合全案证据，对所认定事实已排除合理怀疑。**

续表

修 正 前	修 正 后
	第五十四条　采用刑讯逼供等非法方法收集的犯罪嫌疑人、被告人供述和采用暴力、威胁等非法方法收集的证人证言、被害人陈述,应当予以排除。收集物证、书证不符合法定程序,可能严重影响司法公正的,应当予以补正或者作出合理解释;不能补正或者作出合理解释的,对该证据应当予以排除。 在侦查、审查起诉、审判时发现有应当排除的证据的,应当依法予以排除,不得作为起诉意见、起诉决定和判决的依据。
	第五十五条　人民检察院接到报案、控告、举报或者发现侦查人员以非法方法收集证据的,应当进行调查核实。对于确有以非法方法收集证据情形的,应当提出纠正意见;构成犯罪的,依法追究刑事责任。
	第五十六条　法庭审理过程中,审判人员认为可能存在本法第五十四条规定的以非法方法收集证据情形的,应当对证据收集的合法性进行法庭调查。 当事人及其辩护人、诉讼代理人有权申请人民法院对以非法方法收集的证据依法予以排除。申请排除以非法方法收集的证据的,应当提供相关线索或者材料。
	第五十七条　在对证据收集的合法性进行法庭调查的过程中,人民检察院应当对证据收集的合法性加以证明。 现有证据材料不能证明证据收集的合法性的,人民检察院可以提请人民法院通知有关侦查人员或者其他人员出庭说明情况;人民法院可以通知有关侦查人员或者其他人员出庭说明情况。有关侦查人员或者其他人员也可以要求出庭说明情况。经人民法院通知,有关人员应当出庭。
	第五十八条　对于经过法庭审理,确认或者不能排除存在本法第五十四条规定的以非法方法收集证据情形的,对有关证据应当予以排除。

续表

修　正　前	修　正　后
第四十七条　证人证言必须在法庭上经过公诉人、被害人和被告人、辩护人双方**讯问**、质证，**听取各方证人的证言并且经过**查实以后，才能作为定案的根据。法庭查明证人有意作伪证或者隐匿罪证的时候，应当依法处理。	**第五十九条**　证人证言必须在法庭上经过公诉人、被害人和被告人、辩护人双方质证并且查实以后，才能作为定案的根据。法庭查明证人有意作伪证或者隐匿罪证的时候，应当依法处理。
	第六十二条　**对于危害国家安全犯罪、恐怖活动犯罪、黑社会性质的组织犯罪、毒品犯罪等案件，证人、鉴定人、被害人因在诉讼中作证，本人或者其近亲属的人身安全面临危险的，人民法院、人民检察院和公安机关应当采取以下一项或者多项保护措施：** **（一）不公开真实姓名、住址和工作单位等个人信息；** **（二）采取不暴露外貌、真实声音等出庭作证措施；** **（三）禁止特定的人员接触证人、鉴定人、被害人及其近亲属；** **（四）对人身和住宅采取专门性保护措施；** **（五）其他必要的保护措施。** **证人、鉴定人、被害人认为因在诉讼中作证，本人或者其近亲属的人身安全面临危险的，可以向人民法院、人民检察院、公安机关请求予以保护。** **人民法院、人民检察院、公安机关依法采取保护措施，有关单位和个人应当配合。**
	第六十三条　**证人因履行作证义务而支出的交通、住宿、就餐等费用，应当给予补助。证人作证的补助列入司法机关业务经费，由同级政府财政予以保障。** **有工作单位的证人作证，所在单位不得克扣或者变相克扣其工资、奖金及其他福利待遇。**

续表

修　正　前	修　正　后
第五十一条　人民法院、人民检察院和公安机关对于有下列情形之一的犯罪嫌疑人、被告人,可以取保候审**或者监视居住**: (一)可能判处管制、拘役或者独立适用附加刑的; (二)可能判处有期徒刑以上刑罚,采取取保候审、**监视居住**不致发生社会危险性的。 取保候审、**监视居住**由公安机关执行。	**第六十五条**　人民法院、人民检察院和公安机关对有下列情形之一的犯罪嫌疑人、被告人,可以取保候审: (一)可能判处管制、拘役或者独立适用附加刑的; (二)可能判处有期徒刑以上刑罚,采取取保候审不致发生社会危险性的; **(三)患有严重疾病、生活不能自理,怀孕或者正在哺乳自己婴儿的妇女,采取取保候审不致发生社会危险性的;** **(四)羁押期限届满,案件尚未办结,需要采取取保候审的。** 取保候审由公安机关执行。
第五十五条　保证人应当履行以下义务: (一)监督被保证人遵守本法第五十六条的规定; (二)发现被保证人可能发生或者已经发生违反本法第五十六条规定的行为的,应当及时向执行机关报告。 被保证人有违反本法第五十六条规定的行为,保证人未及时报告的,对保证人处以罚款,构成犯罪的,依法追究刑事责任。	**第六十八条**　保证人应当履行以下义务: (一)监督被保证人遵守本法第**六十九**条的规定; (二)发现被保证人可能发生或者已经发生违反本法第**六十九**条规定的行为的,应当及时向执行机关报告。 被保证人有违反本法第**六十九**条规定的行为,保证人**未履行保证义务的**,对保证人处以罚款,构成犯罪的,依法追究刑事责任。
第五十六条　被取保候审的犯罪嫌疑人、被告人应当遵守以下规定: (一)未经执行机关批准不得离开所居住的市、县; (二)在传讯的时候及时到案; (三)不得以任何形式干扰证人作证; (四)不得毁灭、伪造证据或者串供。 被取保候审的犯罪嫌疑人、被告人违反前款规定,已交纳保证金的,没收保证金,并且区别情形,责令犯罪嫌疑人、被告人具结悔过,重新交纳保证金、提出保证人或者监视居住、予以逮捕。犯罪嫌疑人、被告人在取保候审期间未违反前款规定的,取保候审结束的时候,应当退还保证金。	**第六十九条**　被取保候审的犯罪嫌疑人、被告人应当遵守以下规定: (一)未经执行机关批准不得离开所居住的市、县; **(二)住址、工作单位和联系方式发生变动的,在二十四小时以内向执行机关报告;** **(三)**在传讯的时候及时到案; **(四)**不得以任何形式干扰证人作证; **(五)**不得毁灭、伪造证据或者串供。 **人民法院、人民检察院和公安机关可以根据案件情况,责令被取保候审的犯罪嫌疑人、被告人遵守以下一项或者多项规定:** **(一)不得进入特定的场所;** **(二)不得与特定的人员会见或者通信;**

续表

修正前	修正后
	（三）不得从事特定的活动； （四）将护照等出入境证件、驾驶证件交执行机关保存。 被取保候审的犯罪嫌疑人、被告人违反前两款规定，已交纳保证金的，没收部分或者全部保证金，并且区别情形，责令犯罪嫌疑人、被告人具结悔过，重新交纳保证金、提出保证人，或者监视居住、予以逮捕。 对违反取保候审规定，需要予以逮捕的，可以对犯罪嫌疑人、被告人先行拘留。 第七十条　取保候审的决定机关应当综合考虑保证诉讼活动正常进行的需要，被取保候审人的社会危险性，案件的性质、情节，可能判处刑罚的轻重，被取保候审人的经济状况等情况，确定保证金的数额。 提供保证金的人应当将保证金存入执行机关指定银行的专门账户。 第七十一条　犯罪嫌疑人、被告人在取保候审期间未违反本法第六十九条规定的，取保候审结束的时候，凭解除取保候审的通知或者有关法律文书到银行领取退还的保证金。 第七十二条　人民法院、人民检察院和公安机关对符合逮捕条件，有下列情形之一的犯罪嫌疑人、被告人，可以监视居住： （一）患有严重疾病、生活不能自理的； （二）怀孕或者正在哺乳自己婴儿的妇女； （三）系生活不能自理的人的唯一扶养人； （四）因为案件的特殊情况或者办理案件的需要，采取监视居住措施更为适宜的； （五）羁押期限届满，案件尚未办结，需要采取监视居住措施的。 对符合取保候审条件，但犯罪嫌疑人、被告人不能提出保证人，也不交纳保证金的，可以监视居住。 监视居住由公安机关执行。

续表

修　正　前	修　正　后
	第七十三条　监视居住应当在犯罪嫌疑人、被告人的住处执行；无固定住处的，可以在指定的居所执行。对于涉嫌危害国家安全犯罪、恐怖活动犯罪、特别重大贿赂犯罪，在住处执行可能有碍侦查的，经上一级人民检察院或者公安机关批准，也可以在指定的居所执行。但是，不得在羁押场所、专门的办案场所执行。 指定居所监视居住的，除无法通知的以外，应当在执行监视居住后二十四小时以内，通知被监视居住人的家属。 被监视居住的犯罪嫌疑人、被告人委托辩护人，适用本法第三十三条的规定。 人民检察院对指定居所监视居住的决定和执行是否合法实行监督。 第七十四条　指定居所监视居住的期限应当折抵刑期。被判处管制的，监视居住一日折抵刑期一日；被判处拘役、有期徒刑的，监视居住二日折抵刑期一日。
第五十七条　被监视居住的犯罪嫌疑人、被告人应当遵守以下规定： （一）未经执行机关批准不得离开住处，无固定住处的，未经批准不得离开指定的居所； （二）未经执行机关批准不得会见他人； （三）在传讯的时候及时到案； （四）不得以任何形式干扰证人作证； （五）不得毁灭、伪造证据或者串供。 被监视居住的犯罪嫌疑人、被告人违反前款规定，情节严重的，予以逮捕。	第七十五条　被监视居住的犯罪嫌疑人、被告人应当遵守以下规定： （一）未经执行机关批准不得离开**执行监视居住的处所**； （二）未经执行机关批准不得会见他人**或者通信**； （三）在传讯的时候及时到案； （四）不得以任何形式干扰证人作证； （五）不得毁灭、伪造证据或者串供； **（六）将护照等出入境证件、身份证件、驾驶证件交执行机关保存。** 被监视居住的犯罪嫌疑人、被告人违反前款规定，情节严重的，**可以**予以逮捕；**需要予以逮捕的，可以对犯罪嫌疑人、被告人先行拘留。**

续表

修 正 前	修 正 后
	第七十六条　执行机关对被监视居住的犯罪嫌疑人、被告人，可以采取电子监控、不定期检查等监视方法对其遵守监视居住规定的情况进行监督；在侦查期间，可以对被监视居住的犯罪嫌疑人的通信进行监控。
第六十条　对有证据证明有犯罪事实，可能判处徒刑以上刑罚的犯罪嫌疑人、被告人，采取取保候审、**监视居住等方法**，尚不足以防止发生社会危险性，**而有逮捕必要的，**应即依法逮捕。 **对应当逮捕的犯罪嫌疑人、被告人，如果患有严重疾病，或者是正在怀孕、哺乳自己婴儿的妇女，可以采用取保候审或者监视居住的办法。**	第七十九条　对有证据证明有犯罪事实，可能判处徒刑以上刑罚的犯罪嫌疑人、被告人，采取取保候审尚不足以防止发生下列社会危险性的，应当予以逮捕： **（一）可能实施新的犯罪的；** **（二）有危害国家安全、公共安全或者社会秩序的现实危险的；** **（三）可能毁灭、伪造证据，干扰证人作证或者串供的；** **（四）可能对被害人、举报人、控告人实施打击报复的；** **（五）企图自杀或者逃跑的。** **对有证据证明有犯罪事实，可能判处十年有期徒刑以上刑罚的，或者有证据证明有犯罪事实，可能判处徒刑以上刑罚，曾经故意犯罪或者身份不明的，应当予以逮捕。** **被取保候审、监视居住的犯罪嫌疑人、被告人违反取保候审、监视居住规定，情节严重的，可以予以逮捕。**
第六十四条　公安机关拘留人的时候，必须出示拘留证。 拘留后，除有碍侦查或者无法通知的情形以外，应当把拘留的原因和羁押的处所，在二十四小时以内，通知被拘留人的家属**或者他的所在单位。**	第八十三条　公安机关拘留人的时候，必须出示拘留证。 拘留后，**应当立即将被拘留人送看守所羁押，至迟不得超过二十四小时。除无法通知或者涉嫌危害国家安全犯罪、恐怖活动犯罪通知可能有碍侦查的情形以外，应当在拘留后**二十四小时以内，通知被拘留人的家属。**有碍侦查的情形消失以后，应当立即通知被拘留人的家属。**

续表

修 正 前	修 正 后
第六十五条　公安机关对于被拘留的人，应当在拘留后的二十四小时以内进行讯问。在发现不应当拘留的时候，必须立即释放，发给释放证明。**对需要逮捕而证据还不充足的，可以取保候审或者监视居住。**	第八十四条　公安机关对被拘留的人，应当在拘留后的二十四小时以内进行讯问。在发现不应当拘留的时候，必须立即释放，发给释放证明。
	第八十六条　人民检察院审查批准逮捕，可以讯问犯罪嫌疑人；有下列情形之一的，应当讯问犯罪嫌疑人： **（一）对是否符合逮捕条件有疑问的；** **（二）犯罪嫌疑人要求向检察人员当面陈述的；** **（三）侦查活动可能有重大违法行为的。** **人民检察院审查批准逮捕，可以询问证人等诉讼参与人，听取辩护律师的意见；辩护律师提出要求的，应当听取辩护律师的意见。**
第七十一条　公安机关逮捕人的时候，必须出示逮捕证。 逮捕后，除有碍侦查或者无法通知的情形以外，应当把逮捕的原因和羁押的处所，在二十四小时以内通知被逮捕人的家属**或者他的所在单位。**	第九十一条　公安机关逮捕人的时候，必须出示逮捕证。 逮捕后，**应当立即将被逮捕人送看守所羁押。除无法通知的以外，应当在逮捕后**二十四小时以内，通知被逮捕人的家属。
	第九十三条　犯罪嫌疑人、被告人被逮捕后，人民检察院仍应当对羁押的必要性进行审查。对不需要继续羁押的，应当建议予以释放或者变更强制措施。有关机关应当在十日以内将处理情况通知人民检察院。
第五十二条　**被羁押的**犯罪嫌疑人、被告人及其法定代理人、近亲属有权申请**取保候审。**	第九十五条　犯罪嫌疑人、被告人及其法定代理人、近亲属**或者辩护人**有权申请**变更强制措施。人民法院、人民检察院和公安机关收到申请后，应当在三日以内作出决定；不同意变更强制措施的，应当告知申请人，并说明不同意的理由。**

续表

修 正 前	修 正 后
第七十四条　犯罪嫌疑人、被告人被羁押的案件，不能在本法规定的侦查羁押、审查起诉、一审、二审期限内办结，需要继续查证、审理的，对犯罪嫌疑人、被告人可以取保候审或者监视居住。	**第九十六条**　犯罪嫌疑人、被告人被羁押的案件，不能在本法规定的侦查羁押、审查起诉、一审、二审期限内办结的，**对犯罪嫌疑人、被告人应当予以释放**；需要继续查证、审理的，对犯罪嫌疑人、被告人可以取保候审或者监视居住。
第七十五条　犯罪嫌疑人、被告人及其法定代理人、近亲属或者**犯罪嫌疑人、被告人委托的律师及其他**辩护人对于人民法院、人民检察院或者公安机关采取强制措施**超过**法定期限的，有权要求解除强制措施。人民法院、人民检察院或者公安机关对于被采取强制措施**超过**法定期限的犯罪嫌疑人、被告人应当予以释放、解除取保候审、监视居住或者依法变更强制措施。	**第九十七条　人民法院、人民检察院或者公安机关对被采取强制措施法定期限届满**的犯罪嫌疑人、被告人，应当予以释放、解除取保候审、监视居住或者依法变更强制措施。犯罪嫌疑人、被告人及其法定代理人、近亲属或者辩护人对于人民法院、人民检察院或者公安机关采取强制措施法定期限**届满的**，有权要求解除强制措施。
第七十七条　被害人由于被告人的犯罪行为而遭受物质损失的，在刑事诉讼过程中，有权提起附带民事诉讼。 如果是国家财产、集体财产遭受损失的，人民检察院在提起公诉的时候，可以提起附带民事诉讼。 人民法院在必要的时候，可以查封或者扣押被告人的财产。	**第九十九条**　被害人由于被告人的犯罪行为而遭受物质损失的，在刑事诉讼过程中，有权提起附带民事诉讼。**被害人死亡或者丧失行为能力的，被害人的法定代理人、近亲属有权提起附带民事诉讼。** 如果是国家财产、集体财产遭受损失的，人民检察院在提起公诉的时候，可以提起附带民事诉讼。 **第一百条**　人民法院在必要的时候，可以**采取保全措施**，查封、扣押**或者冻结**被告人的财产。**附带民事诉讼原告人或者人民检察院可以申请人民法院采取保全措施。人民法院采取保全措施，适用民事诉讼法的有关规定。**
	第一百零一条　人民法院审理附带民事诉讼案件，可以进行调解，或者根据物质损失情况作出判决、裁定。

续表

修 正 前	修 正 后
第七十九条　期间以时、日、月计算。 期间开始的时和日不算在期间以内。 法定期间不包括路途上的时间。上诉状或者其他文件在期满前已经交邮的,不算过期。	第一百零三条　期间以时、日、月计算。 期间开始的时和日不算在期间以内。 法定期间不包括路途上的时间。上诉状或者其他文件在期满前已经交邮的,不算过期。 **期间的最后一日为节假日的,以节假日后的第一日为期满日期,但犯罪嫌疑人、被告人或者罪犯在押期间,应当至期满之日为止,不得因节假日而延长。**
	第一百一十五条　当事人和辩护人、诉讼代理人、利害关系人对于司法机关及其工作人员有下列行为之一的,有权向该机关申诉或者控告: **(一)采取强制措施法定期限届满,不予以释放、解除或者变更的;** **(二)应当退还取保候审保证金不退还的;** **(三)对与案件无关的财物采取查封、扣押、冻结措施的;** **(四)应当解除查封、扣押、冻结不解除的;** **(五)贪污、挪用、私分、调换、违反规定使用查封、扣押、冻结的财物的。** **受理申诉或者控告的机关应当及时处理。对处理不服的,可以向同级人民检察院申诉;人民检察院直接受理的案件,可以向上一级人民检察院申诉。人民检察院对申诉应当及时进行审查,情况属实的,通知有关机关予以纠正。**
第九十一条　讯问犯罪嫌疑人必须由人民检察院或者公安机关的侦查人员负责进行。讯问的时候,侦查人员不得少于二人。	第一百一十六条　讯问犯罪嫌疑人必须由人民检察院或者公安机关的侦查人员负责进行。讯问的时候,侦查人员不得少于二人。 **犯罪嫌疑人被送交看守所羁押以后,侦查人员对其进行讯问,应当在看守所内进行。**

续表

修　正　前	修　正　后
第九十二条　对于不需要逮捕、拘留的犯罪嫌疑人,可以传唤到犯罪嫌疑人所在市、县内的指定地点或者到他的住处进行讯问,但是应当出示人民检察院或者公安机关的证明文件。 传唤、拘传持续的时间最长不得超过十二小时。不得以连续传唤、拘传的形式变相拘禁犯罪嫌疑人。	**第一百一十七条**　对不需要逮捕、拘留的犯罪嫌疑人,可以传唤到犯罪嫌疑人所在市、县内的指定地点或者到他的住处进行讯问,但是应当出示人民检察院或者公安机关的证明文件。**对在现场发现的犯罪嫌疑人,经出示工作证件,可以口头传唤,但应当在讯问笔录中注明。** 传唤、拘传持续的时间不得超过十二小时;**案情特别重大、复杂,需要采取拘留、逮捕措施的,传唤、拘传持续的时间不得超过二十四小时。** 不得以连续传唤、拘传的形式变相拘禁犯罪嫌疑人。**传唤、拘传犯罪嫌疑人,应当保证犯罪嫌疑人的饮食和必要的休息时间。**
第九十三条　侦查人员在讯问犯罪嫌疑人的时候,应当首先讯问犯罪嫌疑人是否有犯罪行为,让他陈述有罪的情节或者无罪的辩解,然后向他提出问题。犯罪嫌疑人对侦查人员的提问,应当如实回答。但是对与本案无关的问题,有拒绝回答的权利。	**第一百一十八条**　侦查人员在讯问犯罪嫌疑人的时候,应当首先讯问犯罪嫌疑人是否有犯罪行为,让他陈述有罪的情节或者无罪的辩解,然后向他提出问题。犯罪嫌疑人对侦查人员的提问,应当如实回答。但是对与本案无关的问题,有拒绝回答的权利。 **侦查人员在讯问犯罪嫌疑人的时候,应当告知犯罪嫌疑人如实供述自己罪行可以从宽处理的法律规定。**
	第一百二十一条　侦查人员在讯问犯罪嫌疑人的时候,可以对讯问过程进行录音或者录像;对于可能判处无期徒刑、死刑的案件或者其他重大犯罪案件,应当对讯问过程进行录音或者录像。 **录音或者录像应当全程进行,保持完整性。**

续表

修　正　前	修　正　后
第九十六条　犯罪嫌疑人在被侦查机关第一次讯问后或者采取强制措施之日起，可以聘请律师为其提供法律咨询、代理申诉、控告。犯罪嫌疑人被逮捕的，聘请的律师可以为其申请取保候审。涉及国家秘密的案件，犯罪嫌疑人聘请律师，应当经侦查机关批准。 **受委托的律师有权向侦查机关了解犯罪嫌疑人涉嫌的罪名，可以会见在押的犯罪嫌疑人，向犯罪嫌疑人了解有关案件情况。律师会见在押的犯罪嫌疑人，侦查机关根据案件情况和需要可以派员在场。涉及国家秘密的案件，律师会见在押的犯罪嫌疑人，应当经侦查机关批准。**	删除。
第九十七条　侦查人员询问证人，可以到证人的所在单位或者住处进行，但是必须出示人民检察院或者公安机关的证明文件。在必要的时候，也可以通知证人到人民检察院或者公安机关提供证言。 询问证人应当个别进行。	**第一百二十二条**　侦查人员询问证人，可以**在现场进行，也可以**到证人所在单位、住处**或者证人提出的地点**进行，在必要的时候，可以通知证人到人民检察院或者公安机关提供证言。**在现场询问证人，应当出示工作证件，到证人所在单位、住处或者证人提出的地点询问证人，应当**出示人民检察院或者公安机关的证明文件。 询问证人应当个别进行。
第九十八条　询问证人，应当告知他应当如实地提供证据、证言和有意作伪证或者隐匿罪证要负的法律责任。 **询问不满十八岁的证人，可以通知其法定代理人到场。**	**第一百二十三条**　询问证人，应当告知他应当如实地提供证据、证言和有意作伪证或者隐匿罪证要负的法律责任。
第九十九条　本法第九十五条的规定，也适用于询问证人。	**第一百二十四条**　本法**第一百二十条**的规定，也适用于询问证人。
第一百零五条　为了确定被害人、犯罪嫌疑人的某些特征、伤害情况或者生理状态，可以对人身进行检查。 犯罪嫌疑人如果拒绝检查，侦查人员认为必要的时候，可以强制检查。 检查妇女的身体，应当由女工作人员或者医师进行。	**第一百三十条**　为了确定被害人、犯罪嫌疑人的某些特征、伤害情况或者生理状态，可以对人身进行检查，**可以提取指纹信息，采集血液、尿液等生物样本。** 犯罪嫌疑人如果拒绝检查，侦查人员认为必要的时候，可以强制检查。 检查妇女的身体，应当由女工作人员或者医师进行。

续表

修　正　前	修　正　后
第一百零八条　为了查明案情，在必要的时候，经公安局长批准，可以进行侦查实验。	**第一百三十三条**　为了查明案情，在必要的时候，经公安**机关负责人**批准，可以进行侦查实验。
侦查实验，禁止一切足以造成危险、侮辱人格或者有伤风化的行为。	**侦查实验的情况应当写成笔录，由参加实验的人签名或者盖章。** 侦查实验，禁止一切足以造成危险、侮辱人格或者有伤风化的行为。
第六节　扣押物证、书证	第六节　**查封**、扣押物证、书证
第一百一十四条　在勘验、搜查中发现的可用以证明犯罪嫌疑人有罪或者无罪的各种物品和文件，应当扣押；与案件无关的物品、文件，不得扣押。 对于扣押的物品、文件，要妥善保管或者封存，不得使用或者损毁。	**第一百三十九条**　在**侦查活动**中发现的可用以证明犯罪嫌疑人有罪或者无罪的各种**财物**、文件，应当**查封**、扣押；与案件无关的**财物**、文件，不得**查封**、扣押。 对**查封**、扣押的**财物**、文件，要妥善保管或者封存，不得使用、**调换**或者损毁。
第一百一十五条　对于扣押的物品和文件，应当会同在场见证人和被扣押物品持有人查点清楚，当场开列清单一式二份，由侦查人员、见证人和持有人签名或者盖章，一份交给持有人，另一份附卷备查。	**第一百四十条**　对**查封**、扣押的**财物**、文件，应当会同在场见证人和**被查封、扣押财物、文件**持有人查点清楚，当场开列清单一式二份，由侦查人员、见证人和持有人签名或者盖章，一份交给持有人，另一份附卷备查。
第一百一十七条　人民检察院、公安机关根据侦查犯罪的需要，可以依照规定查询、冻结犯罪嫌疑人的存款、汇款。 犯罪嫌疑人的存款、汇款已被冻结的，不得重复冻结。	**第一百四十二条**　人民检察院、公安机关根据侦查犯罪的需要，可以依照规定查询、冻结犯罪嫌疑人的存款、汇款、**债券、股票、基金份额等财产。有关单位和个人应当配合。** 犯罪嫌疑人的存款、汇款、**债券、股票、基金份额等财产**已被冻结的，不得重复冻结。
第一百一十八条　对于扣押的物品、文件、邮件、电报或者冻结的存款、汇款，经查明确实与案件无关的，应当在三日以内解除扣押、冻结，退还原主或者原邮电机关。	**第一百四十三条**　**对查封**、扣押的**财物**、文件、邮件、电报或者冻结的存款、汇款、**债券、股票、基金份额等财产**，经查明确实与案件无关的，应当在三日以内解除**查封**、扣押、冻结，**予以退还**。

续表

修　正　前	修　正　后
第一百二十条　鉴定人进行鉴定后，应当写出鉴定结论，并且签名。 **对人身伤害的医学鉴定有争议需要重新鉴定或者对精神病的医学鉴定，由省级人民政府指定的医院进行。鉴定人进行鉴定后，应当写出鉴定结论，并且由鉴定人签名，医院加盖公章。** 鉴定人故意作虚假鉴定的，应当承担法律责任。	**第一百四十五条**　鉴定人进行鉴定后，应当写出鉴定**意见**，并且签名。 鉴定人故意作虚假鉴定的，应当承担法律责任。
第一百二十一条　侦查机关应当将用作证据的鉴定结论告知犯罪嫌疑人、被害人。如果犯罪嫌疑人、被害人提出申请，可以补充鉴定或者重新鉴定。	**第一百四十六条**　侦查机关应当将用作证据的**鉴定意见**告知犯罪嫌疑人、被害人。如果犯罪嫌疑人、被害人提出申请，可以补充鉴定或者重新鉴定。
	第八节　技术侦查措施
	第一百四十八条　公安机关在立案后，对于危害国家安全犯罪、恐怖活动犯罪、黑社会性质的组织犯罪、重大毒品犯罪或者其他严重危害社会的犯罪案件，根据侦查犯罪的需要，经过严格的批准手续，可以采取技术侦查措施。
	人民检察院在立案后，对于重大的贪污、贿赂犯罪案件以及利用职权实施的严重侵犯公民人身权利的重大犯罪案件，根据侦查犯罪的需要，经过严格的批准手续，可以采取技术侦查措施，按照规定交有关机关执行。 **追捕被通缉或者批准、决定逮捕的在逃的犯罪嫌疑人、被告人，经过批准，可以采取追捕所必需的技术侦查措施。**
	第一百四十九条　批准决定应当根据侦查犯罪的需要，确定采取技术侦查措施的种类和适用对象。批准决定自签发之日起三个月以内有效。对于不需要继续采取技术侦查措施的，应当及时解除；对于复杂、疑难案件，期限届满仍有必要继续采取技术侦查措施的，经过批准，有效期可以延长，每次不得超过三个月。

续表

修正前	修正后
	第一百五十条　采取技术侦查措施，必须严格按照批准的措施种类、适用对象和期限执行。 侦查人员对采取技术侦查措施过程中知悉的国家秘密、商业秘密和个人隐私，应当保密；对采取技术侦查措施获取的与案件无关的材料，必须及时销毁。 采取技术侦查措施获取的材料，只能用于对犯罪的侦查、起诉和审判，不得用于其他用途。 公安机关依法采取技术侦查措施，有关单位和个人应当配合，并对有关情况予以保密。
	第一百五十一条　为了查明案情，在必要的时候，经公安机关负责人决定，可以由有关人员隐匿其身份实施侦查。但是，不得诱使他人犯罪，不得采用可能危害公共安全或者发生重大人身危险的方法。 对涉及给付毒品等违禁品或者财物的犯罪活动，公安机关根据侦查犯罪的需要，可以依照规定实施控制下交付。
	第一百五十二条　依照本节规定采取侦查措施收集的材料在刑事诉讼中可以作为证据使用。如果使用该证据可能危及有关人员的人身安全，或者可能产生其他严重后果的，应当采取不暴露有关人员身份、技术方法等保护措施，必要的时候，可以由审判人员在庭外对证据进行核实。
第一百二十六条　下列案件在本法第一百二十四条规定的期限届满不能侦查终结的，经省、自治区、直辖市人民检察院批准或者决定，可以延长二个月： （一）交通十分不便的边远地区的重大复杂案件； （二）重大的犯罪集团案件； （三）流窜作案的重大复杂案件； （四）犯罪涉及面广，取证困难的重大复杂案件。	第一百五十六条　下列案件在本法第一百五十四条规定的期限届满不能侦查终结的，经省、自治区、直辖市人民检察院批准或者决定，可以延长二个月： （一）交通十分不便的边远地区的重大复杂案件； （二）重大的犯罪集团案件； （三）流窜作案的重大复杂案件； （四）犯罪涉及面广，取证困难的重大复杂案件。

续表

修　正　前	修　正　后
第一百二十七条　对犯罪嫌疑人可能判处十年有期徒刑以上刑罚,依照本法第一百二十六条规定延长期限届满,仍不能侦查终结的,经省、自治区、直辖市人民检察院批准或者决定,可以再延长二个月。	**第一百五十七条**　对犯罪嫌疑人可能判处十年有期徒刑以上刑罚,依照本法**第一百五十六条**规定延长期限届满,仍不能侦查终结的,经省、自治区、直辖市人民检察院批准或者决定,可以再延长二个月。
第一百二十八条　在侦查期间,发现犯罪嫌疑人另有重要罪行的,自发现之日起依照本法第一百二十四条的规定重新计算侦查羁押期限。 犯罪嫌疑人不讲真实姓名、住址,身份不明的,侦查羁押期限自查清其身份之日起计算,但是不得停止对其犯罪行为的侦查取证。对于犯罪事实清楚,证据确实、充分的,也可以按其自报的姓名移送人民检察院审查起诉。	**第一百五十八条**　在侦查期间,发现犯罪嫌疑人另有重要罪行的,自发现之日起依照本法**第一百五十四条**的规定重新计算侦查羁押期限。 犯罪嫌疑人不讲真实姓名、住址,身份不明的,**应当对其身份进行调查**,侦查羁押期限自查清其身份之日起计算,但是不得停止对其犯罪行为的侦查取证。对于犯罪事实清楚,证据确实、充分,**确实无法查明其身份的**,也可以按其自报的姓名**起诉、审判**。
	第一百五十九条　在案件侦查终结前,辩护律师提出要求的,侦查机关应当听取辩护律师的意见,并记录在案。辩护律师提出书面意见的,应当附卷。
第一百二十九条　公安机关侦查终结的案件,应当做到犯罪事实清楚,证据确实、充分,并且写出起诉意见书,连同案卷材料、证据一并移送同级人民检察院审查决定。	**第一百六十条**　公安机关侦查终结的案件,应当做到犯罪事实清楚,证据确实、充分,并且写出起诉意见书,连同案卷材料、证据一并移送同级人民检察院审查决定;**同时将案件移送情况告知犯罪嫌疑人及其辩护律师。**
第一百三十二条　人民检察院直接受理的案件中符合本法第六十条、第六十一条第四项、第五项规定情形,需要逮捕、拘留犯罪嫌疑人的,由人民检察院作出决定,由公安机关执行。	**第一百六十三条**　人民检察院直接受理的案件中符合本法**第七十九条**、**第八十条**第四项、第五项规定情形,需要逮捕、拘留犯罪嫌疑人的,由人民检察院作出决定,由公安机关执行。
第一百三十三条　人民检察院对直接受理的案件中被拘留的人,应当在拘留后的二十四小时以内进行讯问。在发现不应当拘留的时候,必须立即释放,发给释放证明。**对需要逮捕而证据还不充足的,可以取保候审或者监视居住。**	**第一百六十四条**　人民检察院对直接受理的案件中被拘留的人,应当在拘留后的二十四小时以内进行讯问。在发现不应当拘留的时候,必须立即释放,发给释放证明。

续表

修　正　前	修　正　后
第一百三十四条　人民检察院对直接受理的案件中被拘留的人,认为需要逮捕的,应当在十日以内作出决定。在特殊情况下,决定逮捕的时间可以延长一日至四日。对不需要逮捕的,应当立即释放;对于需要继续侦查,并且符合取保候审、监视居住条件的,依法取保候审或者监视居住。	**第一百六十五条**　人民检察院对直接受理的案件中被拘留的人,认为需要逮捕的,应当在**十四**日以内作出决定。在特殊情况下,决定逮捕的时间可以延长一日至三日。对不需要逮捕的,应当立即释放;对需要继续侦查,并且符合取保候审、监视居住条件的,依法取保候审或者监视居住。
第一百三十九条　人民检察院审查案件,应当讯问犯罪嫌疑人,听取被害人和犯罪嫌疑人、被害人委托的人的意见。	**第一百七十条**　人民检察院审查案件,应当讯问犯罪嫌疑人,听取**辩护人、**被害人**及其诉讼代理人**的意见,**并记录在案。辩护人、被害人及其诉讼代理人提出书面意见的,应当附卷。**
第一百四十条　人民检察院审查案件,可以要求公安机关提供法庭审判所必需的证据材料。 人民检察院审查案件,对于需要补充侦查的,可以退回公安机关补充侦查,也可以自行侦查。 对于补充侦查的案件,应当在一个月以内补充侦查完毕。补充侦查以二次为限。补充侦查完毕移送人民检察院后,人民检察院重新计算审查起诉期限。 对于补充侦查的案件,人民检察院仍然认为证据不足,不符合起诉条件的,可以作出不起诉的决定。	**第一百七十一条**　人民检察院审查案件,可以要求公安机关提供法庭审判所必需的证据材料;**认为可能存在本法第五十四条规定的以非法方法收集证据情形的,可以要求其对证据收集的合法性作出说明。** 人民检察院审查案件,对于需要补充侦查的,可以退回公安机关补充侦查,也可以自行侦查。 对于补充侦查的案件,应当在一个月以内补充侦查完毕。补充侦查以二次为限。补充侦查完毕移送人民检察院后,人民检察院重新计算审查起诉期限。 对于**二次**补充侦查的案件,人民检察院仍然认为证据不足,不符合起诉条件的,**应当**作出不起诉的决定。
第一百四十一条　人民检察院认为犯罪嫌疑人的犯罪事实已经查清,证据确实、充分,依法应当追究刑事责任的,应当作出起诉决定,按照审判管辖的规定,向人民法院提起公诉。	**第一百七十二条**　人民检察院认为犯罪嫌疑人的犯罪事实已经查清,证据确实、充分,依法应当追究刑事责任的,应当作出起诉决定,按照审判管辖的规定,向人民法院提起公诉,**并将案卷材料、证据移送人民法院。**

续表

修　正　前	修　正　后
第一百四十二条　犯罪嫌疑人有本法第十五条规定的情形之一的，人民检察院应当作出不起诉决定。 对于犯罪情节轻微，依照刑法规定不需要判处刑罚或者免除刑罚的，人民检察院可以作出不起诉决定。 人民检察院决定不起诉的案件，应当同时对侦查中扣押、冻结的财物解除扣押、冻结。对被不起诉人需要给予行政处罚、行政处分或者需要没收其违法所得的，人民检察院应当提出检察意见，移送有关主管机关处理。有关主管机关应当将处理结果及时通知人民检察院。	**第一百七十三条**　犯罪嫌疑人**没有犯罪事实，或者**有本法第十五条规定的情形之一的，人民检察院应当作出不起诉决定。 对于犯罪情节轻微，依照刑法规定不需要判处刑罚或者免除刑罚的，人民检察院可以作出不起诉决定。 人民检察院决定不起诉的案件，应当同时对侦查中**查封**、扣押、冻结的财物解除**查封**、扣押、冻结。对被不起诉人需要给予行政处罚、行政处分或者需要没收其违法所得的，人民检察院应当提出检察意见，移送有关主管机关处理。有关主管机关应当将处理结果及时通知人民检察院。
第一百四十六条　对于人民检察院依照本法第一百四十二条第二款规定作出的不起诉决定，被不起诉人如果不服，可以自收到决定书后七日以内向人民检察院申诉。人民检察院应当作出复查决定，通知被不起诉的人，同时抄送公安机关。	**第一百七十七条**　对于人民检察院依照本法**第一百七十三条**第二款规定作出的不起诉决定，被不起诉人如果不服，可以自收到决定书后七日以内向人民检察院申诉。人民检察院应当作出复查决定，通知被不起诉的人，同时抄送公安机关。
第一百五十条　人民法院对提起公诉的案件进行审查后，对于起诉书中有明确的指控犯罪事实**并且附有证据目录、证人名单和主要证据复印件或者照片的**，应当决定开庭审判。	**第一百八十一条**　人民法院对提起公诉的案件进行审查后，对于起诉书中有明确的指控犯罪事实的，应当决定开庭审判。
第一百五十一条　人民法院决定开庭审判后，**应当进行下列工作：** （一）确定合议庭的组成人员； （二）将人民检察院的起诉书副本至迟在开庭十日以前送达被告人。**对于被告人未委托辩护人的，告知被告人可以委托辩护人，或者在必要的时候指定承担法律援助义务的律师为其提供辩护；** （三）将开庭的时间、地点在开庭三日以前通知人民检察院； （四）传唤当事人，通知辩护人、诉讼代理人、证人、鉴定人和翻译人员，传票和通知书至迟在开庭三日以前送达； （五）公开审判的案件，在开庭三日以前先期公布案由、被告人姓名、开庭时间和地点。 上述活动情形应当写入笔录，由审判人员和书记员签名。	**第一百八十二条**　人民法院决定开庭审判后，应当确定合议庭的组成人员，将人民检察院的起诉书副本至迟在开庭十日以前送达被告人**及其辩护人**。 **在开庭以前，审判人员可以召集公诉人、当事人和辩护人、诉讼代理人，对回避、出庭证人名单、非法证据排除等与审判相关的问题，了解情况，听取意见。** **人民法院确定开庭日期后**，应当将开庭的时间、地点**通知人民检察院，传唤当事人，通知辩护人、诉讼代理人、证人、鉴定人和翻译人员，传票和通知书至迟**在开庭三日以前送达。公开审判的案件，**应当**在开庭三日以前先期公布案由、被告人姓名、开庭时间和地点。 上述活动情形应当写入笔录，由审判人员和书记员签名。

续表

修 正 前	修 正 后
第一百五十二条　人民法院审判第一审案件应当公开进行。但是有关国家秘密或者个人隐私的案件,不公开审理。 **十四岁以上不满十六岁未成年人犯罪的案件,一律不公开审理。十六岁以上不满十八岁未成年人犯罪的案件,一般也不公开审理。** 对于不公开审理的案件,应当当庭宣布不公开审理的理由。	第一百八十三条　人民法院审判第一审案件应当公开进行。但是有关国家秘密或者个人隐私的案件,不公开审理;**涉及商业秘密的案件,当事人申请不公开审理的,可以不公开审理。** 不公开审理的案件,应当当庭宣布不公开审理的理由。
第一百五十三条　人民法院审判公诉案件,人民检察院应当派员出席法庭支持公诉,**但是依照本法第一百七十五条的规定适用简易程序的,人民检察院可以不派员出席法庭。**	第一百八十四条　人民法院审判公诉案件,人民检察院应当派员出席法庭支持公诉。
	第一百八十七条　公诉人、当事人或者辩护人、诉讼代理人对证人证言有异议,且该证人证言对案件定罪量刑有重大影响,人民法院认为证人有必要出庭作证的,证人应当出庭作证。 **人民警察就其执行职务时目击的犯罪情况作为证人出庭作证,适用前款规定。** **公诉人、当事人或者辩护人、诉讼代理人对鉴定意见有异议,人民法院认为鉴定人有必要出庭的,鉴定人应当出庭作证。经人民法院通知,鉴定人拒不出庭作证的,鉴定意见不得作为定案的根据。**
	第一百八十八条　经人民法院通知,证人没有正当理由不出庭作证的,人民法院可以强制其到庭,但是被告人的配偶、父母、子女除外。 **证人没有正当理由拒绝出庭或者出庭后拒绝作证的,予以训诫,情节严重的,经院长批准,处以十日以下的拘留。被处罚人对拘留决定不服的,可以向上一级人民法院申请复议。复议期间不停止执行。**

续表

修　正　前	修　正　后
第一百五十七条　公诉人、辩护人应当向法庭出示物证,让当事人辨认,对未到庭的证人的证言笔录、鉴定人的鉴定结论、勘验笔录和其他作为证据的文书,应当当庭宣读。审判人员应当听取公诉人、当事人和辩护人、诉讼代理人的意见。	**第一百九十条**　公诉人、辩护人应当向法庭出示物证,让当事人辨认,对未到庭的证人的证言笔录、鉴定人的**鉴定意见**、勘验笔录和其他作为证据的文书,应当当庭宣读。审判人员应当听取公诉人、当事人和辩护人、诉讼代理人的意见。
第一百五十八条　法庭审理过程中,合议庭对证据有疑问的,可以宣布休庭,对证据进行调查核实。 人民法院调查核实证据,可以进行勘验、检查、扣押、鉴定和查询、冻结。	**第一百九十一条**　法庭审理过程中,合议庭对证据有疑问的,可以宣布休庭,对证据进行调查核实。 人民法院调查核实证据,可以进行勘验、检查、**查封**、扣押、鉴定和查询、冻结。
第一百五十九条　法庭审理过程中,当事人和辩护人、诉讼代理人有权申请通知新的证人到庭,调取新的物证,申请重新鉴定或者勘验。 法庭对于上述申请,应当作出是否同意的决定。	**第一百九十二条**　法庭审理过程中,当事人和辩护人、诉讼代理人有权申请通知新的证人到庭,调取新的物证,申请重新鉴定或者勘验。 **公诉人、当事人和辩护人、诉讼代理人可以申请法庭通知有专门知识的人出庭,就鉴定人作出的鉴定意见提出意见。** 法庭对于上述申请,应当作出是否同意的决定。 **第二款规定的有专门知识的人出庭,适用鉴定人的有关规定。**
第一百六十条　经审判长许可,公诉人、当事人和辩护人、诉讼代理人可以对证据和案件情况发表意见并且可以互相辩论。审判长在宣布辩论终结后,被告人有最后陈述的权利。	**第一百九十三条　法庭审理过程中,对与定罪、量刑有关的事实、证据都应当进行调查、辩论。** 经审判长许可,公诉人、当事人和辩护人、诉讼代理人可以对证据和案件情况发表意见并且可以互相辩论。 审判长在宣布辩论终结后,被告人有最后陈述的权利。
第一百六十三条　宣告判决,一律公开进行。 当庭宣告判决的,应当在五日以内将判决书送达当事人和提起公诉的人民检察院;定期宣告判决的,应当在宣告后立即将判决书送达当事人和提起公诉的人民检察院。	**第一百九十六条**　宣告判决,一律公开进行。 当庭宣告判决的,应当在五日以内将判决书送达当事人和提起公诉的人民检察院;定期宣告判决的,应当在宣告后立即将判决书送达当事人和提起公诉的人民检察院。**判决书应当同时送达辩护人、诉讼代理人。**

续表

修正前	修正后
第一百六十四条　判决书应当由合议庭的组成人员和书记员署名，并且写明上诉的期限和上诉的法院。	**第一百九十七条**　判决书应当由**审判人员**和书记员署名，并且写明上诉的期限和上诉的法院。
第一百六十五条　在法庭审判过程中，遇有下列情形之一，影响审判进行的，可以延期审理： （一）需要通知新的证人到庭，调取新的物证，重新鉴定或者勘验的； （二）检察人员发现提起公诉的案件需要补充侦查，提出建议的； （三）由于**当事人**申请回避而不能进行审判的。	**第一百九十八条**　在法庭审判过程中，遇有下列情形之一，影响审判进行的，可以延期审理： （一）需要通知新的证人到庭，调取新的物证，重新鉴定或者勘验的； （二）检察人员发现提起公诉的案件需要补充侦查，提出建议的； （三）由于申请回避而不能进行审判的。
第一百六十六条　依照本法第一百六十五条第二项的规定延期审理的案件，人民检察院应当在一个月以内补充侦查完毕。	**第一百九十九条**　依照本法第**一百九十八条**第二项的规定延期审理的案件，人民检察院应当在一个月以内补充侦查完毕。
	第二百条　在审判过程中，有下列情形之一，致使案件在较长时间内无法继续审理的，可以中止审理： **（一）被告人患有严重疾病，无法出庭的；** **（二）被告人脱逃的；** **（三）自诉人患有严重疾病，无法出庭，未委托诉讼代理人出庭的；** **（四）由于不能抗拒的原因。** **中止审理的原因消失后，应当恢复审理。中止审理的期间不计入审理期限。**
第一百六十八条　人民法院审理公诉案件，应当在受理后一个月以内宣判，至迟不得超过一个半月。有本法第一百二十六条规定情形之一的，经省、自治区、直辖市高级人民法院批准或者决定，可以再延长一个月。 人民法院改变管辖的案件，从改变后的人民法院收到案件之日起计算审理期限。 人民检察院补充侦查的案件，补充侦查完毕移送人民法院后，人民法院重新计算审理期限。	**第二百零二条**　人民法院审理公诉案件，应当在受理后**二个月**以内宣判，至迟不得超过**三个月。对于可能判处死刑的案件或者附带民事诉讼的案件，以及有本法第一百五十六条规定情形之一的，经上一级人民法院批准，可以延长三个月；因特殊情况还需要延长的，报请最高人民法院批准。** 人民法院改变管辖的案件，从改变后的人民法院收到案件之日起计算审理期限。 人民检察院补充侦查的案件，补充侦查完毕移送人民法院后，人民法院重新计算审理期限。

续表

修 正 前	修 正 后
第一百七十一条　人民法院对于自诉案件进行审查后，按照下列情形分别处理： （一）犯罪事实清楚，有足够证据的案件，应当开庭审判； （二）缺乏罪证的自诉案件，如果自诉人提不出补充证据，应当说服自诉人撤回自诉，或者裁定驳回。 自诉人经两次依法传唤，无正当理由拒不到庭的，或者未经法庭许可中途退庭的，按撤诉处理。 法庭审理过程中，审判人员对证据有疑问，需要调查核实的，适用本法第一百五十八条的规定。	**第二百零五条**　人民法院对于自诉案件进行审查后，按照下列情形分别处理： （一）犯罪事实清楚，有足够证据的案件，应当开庭审判； （二）缺乏罪证的自诉案件，如果自诉人提不出补充证据，应当说服自诉人撤回自诉，或者裁定驳回。 自诉人经两次依法传唤，无正当理由拒不到庭的，或者未经法庭许可中途退庭的，按撤诉处理。 法庭审理过程中，审判人员对证据有疑问，需要调查核实的，适用本法**第一百九十一条**的规定。
第一百七十二条　人民法院对自诉案件，可以进行调解；自诉人在宣告判决前，可以同被告人自行和解或者撤回自诉。本法第一百七十条第三项规定的案件不适用调解。	**第二百零六条**　人民法院对自诉案件，可以进行调解；自诉人在宣告判决前，可以同被告人自行和解或者撤回自诉。本法**第二百零四条**第三项规定的案件不适用调解。 **人民法院审理自诉案件的期限，被告人被羁押的，适用本法第二百零二条第一款、第二款的规定；未被羁押的，应当在受理后六个月以内宣判。**
第一百七十四条　人民法院对于下列案件，可以适用简易程序，由审判员一人独任审判： **（一）对依法可能判处三年以下有期徒刑、拘役、管制、单处罚金的公诉案件，事实清楚、证据充分，人民检察院建议或者同意适用简易程序的；** （二）告诉才处理的案件； （三）被害人起诉的有证据证明的轻微刑事案件。	**第二百零八条　基层人民法院管辖的案件，符合下列条件的，**可以适用简易程序审判： （一）案件事实清楚、证据充分的； **（二）被告人承认自己所犯罪行，对指控的犯罪事实没有异议的；** **（三）被告人对适用简易程序没有异议的。** **人民检察院在提起公诉的时候，可以建议人民法院适用简易程序。**

续表

修 正 前	修 正 后
	第二百零九条　有下列情形之一的，不适用简易程序： **（一）被告人是盲、聋、哑人，或者是尚未完全丧失辨认或者控制自己行为能力的精神病人的；** **（二）有重大社会影响的；** **（三）共同犯罪案件中部分被告人不认罪或者对适用简易程序有异议的；** **（四）其他不宜适用简易程序审理的。**
第一百七十五条　适用简易程序审理公诉案件，人民检察院可以不派员出席法庭。**被告人可以就起诉书指控的犯罪进行陈述和辩护。人民检察院派员出席法庭的，经审判人员许可，被告人及其辩护人可以同公诉人互相辩论。**	**第二百一十条**　适用简易程序审理案**件，对可能判处三年有期徒刑以下刑罚的，可以组成合议庭进行审判，也可以由审判员一人独任审判；对可能判处的有期徒刑超过三年的，应当组成合议庭进行审判。** 适用简易程序审理公诉案件，人民检察院应当派员出席法庭。
	第二百一十一条　适用简易程序审理案件，审判人员应当询问被告人对指控的犯罪事实的意见，告知被告人适用简易程序审理的法律规定，确认被告人是否同意适用简易程序审理。
第一百七十六条　适用简易程序审理自**诉案件，宣读起诉书后，**经审判人员许可，被告人及其辩护人可以同自诉人及其诉讼代理人互相辩论。	**第二百一十二条**　适用简易程序审理案件，经审判人员许可，被告人及其辩护人可以同公诉人、自诉人及其诉讼代理人互相辩论。
第一百七十七条　适用简易程序审理案件，不受本章第一节关于讯问被告人、询问证人、鉴定人、出示证据、法庭辩论程序规定的限制。但在判决宣告前应当听取被告人的最后陈述意见。	**第二百一十三条**　适用简易程序审理案件，不受本章第一节关于**送达期限**、讯问被告人、询问证人、鉴定人、出示证据、法庭辩论程序规定的限制。但在判决宣告前应当听取被告人的最后陈述意见。
第一百七十八条　适用简易程序审理案件，人民法院应当在受理后二十日以内审结。	**第二百一十四条**　适用简易程序审理案件，人民法院应当在受理后二十日以内审结**；对可能判处的有期徒刑超过三年的，可以延长至一个半月。**

续表

修　正　前	修　正　后
第一百八十七条　第二审人民法院对上诉案件,应当组成合议庭,开庭审理。**合议庭经过阅卷,讯问被告人、听取其他当事人、辩护人、诉讼代理人的意见,对事实清楚的,可以不开庭审理。对人民检察院抗诉的案件,第二审人民法院应当开庭审理。** 第二审人民法院开庭审理上诉、抗诉案件,可以到案件发生地或者原审人民法院所在地进行。	**第二百二十三条**　第二审人民法院对于下列案件,应当组成合议庭,开庭审理: **(一)被告人、自诉人及其法定代理人对第一审认定的事实、证据提出异议,可能影响定罪量刑的上诉案件;** **(二)被告人被判处死刑的上诉案件;** (三)人民检察院抗诉的案件; **(四)其他应当开庭审理的案件。** **第二审人民法院决定不开庭审理的,应当讯问被告人,听取其他当事人、辩护人、诉讼代理人的意见。**
	第二审人民法院开庭审理上诉、抗诉案件,可以到案件发生地或者原审人民法院所在地进行。
第一百八十八条　人民检察院提出抗诉的案件或者第二审人民法院开庭审理的公诉案件,同级人民检察院都应当派员出庭。第二审人民法院必须在开庭十日以前通知人民检察院查阅案卷。	**第二百二十四条**　人民检察院提出抗诉的案件或者第二审人民法院开庭审理的公诉案件,同级人民检察院都应当派员**出席法庭**。第二审人民法院**应当在决定开庭审理后及时**通知人民检察院查阅案卷。**人民检察院应当在一个月以内查阅完毕。人民检察院查阅案卷的时间不计入审理期限。**
第一百八十九条　第二审人民法院对不服第一审判决的上诉、抗诉案件,经过审理后,应当按照下列情形分别处理: (一)原判决认定事实和适用法律正确、量刑适当的,应当裁定驳回上诉或者抗诉,维持原判; (二)原判决认定事实没有错误,但适用法律有错误,或者量刑不当的,应当改判; (三)原判决事实不清楚或者证据不足的,可以在查清事实后改判;也可以裁定撤销原判,发回原审人民法院重新审判。	**第二百二十五条**　第二审人民法院对不服第一审判决的上诉、抗诉案件,经过审理后,应当按照下列情形分别处理: (一)原判决认定事实和适用法律正确、量刑适当的,应当裁定驳回上诉或者抗诉,维持原判; (二)原判决认定事实没有错误,但适用法律有错误,或者量刑不当的,应当改判; (三)原判决事实不清楚或者证据不足的,可以在查清事实后改判;也可以裁定撤销原判,发回原审人民法院重新审判。 **原审人民法院对于依照前款第三项规定发回重新审判的案件作出判决后,被告人提出上诉或者人民检察院提出抗诉的,第二审人民法院应当依法作出判决或者裁定,不得再发回原审人民法院重新审判。**

续表

修　正　前	修　正　后
第一百九十条　第二审人民法院审判被告人或者他的法定代理人、辩护人、近亲属上诉的案件，不得加重被告人的刑罚。 人民检察院提出抗诉或者自诉人提出上诉的，不受前款规定的限制。	**第二百二十六条**　第二审人民法院审理被告人或者他的法定代理人、辩护人、近亲属上诉的案件，不得加重被告人的刑罚。**第二审人民法院发回原审人民法院重新审判的案件，除有新的犯罪事实，人民检察院补充起诉的以外，原审人民法院也不得加重被告人的刑罚。** 人民检察院提出抗诉或者自诉人提出上诉的，不受前款规定的限制。
第一百九十二条　原审人民法院对于发回重新审判的案件，应当另行组成合议庭，依照第一审程序进行审判。对于重新审判后的判决，依照本法第一百八十条、第一百八十一条、第一百八十二条的规定可以上诉、抗诉。	**第二百二十八条**　原审人民法院对于发回重新审判的案件，应当另行组成合议庭，依照第一审程序进行审判。对于重新审判后的判决，依照本法**第二百一十六条、第二百一十七条、第二百一十八条**的规定可以上诉、抗诉。
第一百九十三条　第二审人民法院对不服第一审裁定的上诉或者抗诉，经过审查后，应当参照本法第一百八十九条、第一百九十一条和第一百九十二条的规定，分别情形用裁定驳回上诉、抗诉，或者撤销、变更原裁定。	**第二百二十九条**　第二审人民法院对不服第一审裁定的上诉或者抗诉，经过审查后，应当参照本法**第二百二十五条、第二百二十七条**和**第二百二十八条**的规定，分别情形用裁定驳回上诉、抗诉，或者撤销、变更原裁定。
第一百九十六条　第二审人民法院受理上诉、抗诉案件，应当在一个月以内审结，至迟不得超过一个半月。有本法第一百二十六条规定情形之一的，经省、自治区、直辖市高级人民法院批准或者决定，可以再延长一个月，但是最高人民法院受理的上诉、抗诉案件，由最高人民法院决定。	**第二百三十二条**　第二审人民法院受理上诉、抗诉案件，应当在**二个月**以内审结。**对于可能判处死刑的案件或者附带民事诉讼的案件，以及有本法第一百五十六条**规定情形之一的，经省、自治区、直辖市高级人民法院批准或者决定，可以延长**二个月；因特殊情况还需要延长的，报请最高人民法院批准。** 最高人民法院受理上诉、抗诉案件**的审理期限**，由最高人民法院决定。

续表

修 正 前	修 正 后
第一百九十八条　公安机关、人民检察院和人民法院对于扣押、冻结犯罪嫌疑人、被告人的财物及其孳息，应当妥善保管，以供核查。任何单位和个人不得挪用或者自行处理。对被害人的合法财产，应当及时返还。对违禁品或者不宜长期保存的物品，应当依照国家有关规定处理。 对作为证据使用的实物应当随案移送，对不宜移送的，应当将其清单、照片或者其他证明文件随案移送。 人民法院作出的判决生效以后，对被扣押、冻结的赃款赃物及其孳息，除依法返还被害人的以外，一律没收，上缴国库。 司法工作人员贪污、挪用或者私自处理被扣押、冻结的赃款赃物及其孳息的，依法追究刑事责任；不构成犯罪的，给予处分。	**第二百三十四条**　公安机关、人民检察院和人民法院对**查封**、扣押、冻结的犯罪嫌疑人、被告人的财物及其孳息，应当妥善保管，以供核查，**并制作清单，随案移送**。任何单位和个人不得挪用或者自行处理。对被害人的合法财产，应当及时返还。对违禁品或者不宜长期保存的物品，应当依照国家有关规定处理。 对作为证据使用的实物应当随案移送，对不宜移送的，应当将其清单、照片或者其他证明文件随案移送。 **人民法院作出的判决，应当对查封、扣押、冻结的财物及其孳息作出处理。** 人民法院作出的判决生效以后，**有关机关应当根据判决对查封、扣押、冻结的财物及其孳息进行处理。对查封**、扣押、冻结的赃款赃物及其孳息，除依法返还被害人的以外，一律上缴国库。 司法工作人员贪污、挪用或者私自处理**查封**、扣押、冻结的财物及其孳息的，依法追究刑事责任；不构成犯罪的，给予处分。
	第二百三十九条　最高人民法院复核死刑案件，应当作出核准或者不核准死刑的裁定。对于不核准死刑的，最高人民法院可以发回重新审判或者予以改判。
	第二百四十条　最高人民法院复核死刑案件，应当讯问被告人，辩护律师提出要求的，应当听取辩护律师的意见。 **在复核死刑案件过程中，最高人民检察院可以向最高人民法院提出意见。最高人民法院应当将死刑复核结果通报最高人民检察院。**

续表

修　正　前	修　正　后
第二百零四条　当事人及其法定代理人、近亲属的申诉符合下列情形之一的，人民法院应当重新审判： （一）有新的证据证明原判决、裁定认定的事实确有错误的； （二）据以定罪量刑的证据不确实、不充分或者证明案件事实的主要证据之间存在矛盾的； （三）原判决、裁定适用法律确有错误的； （四）审判人员在审理该案件的时候，有贪污受贿，徇私舞弊，枉法裁判行为的。	第二百四十二条　当事人及其法定代理人、近亲属的申诉符合下列情形之一的，人民法院应当重新审判： （一）有新的证据证明原判决、裁定认定的事实确有错误，**可能影响定罪量刑的**； （二）据以定罪量刑的证据不确实、不充分、**依法应当予以排除**，或者证明案件事实的主要证据之间存在矛盾的； （三）原判决、裁定适用法律确有错误的； **（四）违反法律规定的诉讼程序，可能影响公正审判的；** **（五）**审判人员在审理该案件的时候，有贪污受贿，徇私舞弊，枉法裁判行为的。
	第二百四十四条　上级人民法院指令下级人民法院再审的，应当指令原审人民法院以外的下级人民法院审理；由原审人民法院审理更为适宜的，也可以指令原审人民法院审理。
第二百零六条　人民法院按照审判监督程序重新审判的案件，应当另行组成合议庭进行。如果原来是第一审案件，应当依照第一审程序进行审判，所作的判决、裁定，可以上诉、抗诉；如果原来是第二审案件，或者是上级人民法院提审的案件，应当依照第二审程序进行审判，所作的判决、裁定，是终审的判决、裁定。	第二百四十五条　人民法院按照审判监督程序重新审判的案件，**由原审人民法院审理的**，应当另行组成合议庭进行。如果原来是第一审案件，应当依照第一审程序进行审判，所作的判决、裁定，可以上诉、抗诉；如果原来是第二审案件，或者是上级人民法院提审的案件，应当依照第二审程序进行审判，所作的判决、裁定，是终审的判决、裁定。 **人民法院开庭审理的再审案件，同级人民检察院应当派员出席法庭。**
	第二百四十六条　人民法院决定再审的案件，需要对被告人采取强制措施的，由人民法院依法决定；人民检察院提出抗诉的再审案件，需要对被告人采取强制措施的，由人民检察院依法决定。 **人民法院按照审判监督程序审判的案件，可以决定中止原判决、裁定的执行。**

续表

修 正 前	修 正 后
第二百一十三条　罪犯被交付执行刑罚的时候，应当由交付执行的人民法院将有关的法律文书送达监狱或者其他执行机关。 对于被判处死刑缓期二年执行、无期徒刑、有期徒刑的罪犯，由公安机关依法将该罪犯送交监狱执行刑罚。对于被判处有期徒刑的罪犯，在被交付执行刑罚前，剩余刑期在一年以下的，由看守所代为执行。对于被判处拘役的罪犯，由公安机关执行。 对未成年犯应当在未成年犯管教所执行刑罚。 执行机关应当将罪犯及时收押，并且通知罪犯家属。 判处有期徒刑、拘役的罪犯，执行期满，应当由执行机关发给释放证明书。	**第二百五十三条**　罪犯被交付执行刑罚的时候，应当由交付执行的人民法院**在判决生效后十日以内**将有关的法律文书送达**公安机关**、监狱或者其他执行机关。 对被判处死刑缓期二年执行、无期徒刑、有期徒刑的罪犯，由公安机关依法将该罪犯送交监狱执行刑罚。对被判处有期徒刑的罪犯，在被交付执行刑罚前，剩余刑期在**三个月**以下的，由看守所代为执行。对被判处拘役的罪犯，由公安机关执行。 对未成年犯应当在未成年犯管教所执行刑罚。 执行机关应当将罪犯及时收押，并且通知罪犯家属。 判处有期徒刑、拘役的罪犯，执行期满，应当由执行机关发给释放证明书。
第二百一十四条　对于被判处有期徒刑或者拘役的罪犯，有下列情形之一的，可以暂予监外执行： （一）有严重疾病需要保外就医的； （二）怀孕或者正在哺乳自己婴儿的妇女。 对于适用保外就医可能有社会危险性的罪犯，或者自伤自残的罪犯，不得保外就医。 对于罪犯确有严重疾病，必须保外就医的，由省级人民政府指定的医院开具证明文件，**依照法律规定的程序审批。** **发现被保外就医的罪犯不符合保外就医条件的，或者严重违反有关保外就医的规定的，应当及时收监。** **对于被判处有期徒刑、拘役，生活不能自理，适用暂予监外执行不致危害社会的罪犯，可以暂予监外执行。** **对于暂予监外执行的罪犯，由居住地公安机关执行，执行机关应当对其严格管理监督，基层组织或者罪犯的原所在单位协助进行监督。**	**第二百五十四条**　对被判处有期徒刑或者拘役的罪犯，有下列情形之一的，可以暂予监外执行： （一）有严重疾病需要保外就医的； （二）怀孕或者正在哺乳自己婴儿的妇女； **（三）生活不能自理，适用暂予监外执行不致危害社会的。** **对被判处无期徒刑的罪犯，有前款第二项规定情形的，可以暂予监外执行。** 对适用保外就医可能有社会危险性的罪犯，或者自伤自残的罪犯，不得保外就医。 对罪犯确有严重疾病，必须保外就医的，由省级人民政府指定的医院诊断并开具证明文件。 **在交付执行前，暂予监外执行由交付执行的人民法院决定；在交付执行后，暂予监外执行由监狱或者看守所提出书面意见，报省级以上监狱管理机关或者设区的市一级以上公安机关批准。**

续表

修 正 前	修 正 后
	第二百五十五条 监狱、看守所提出暂予监外执行的书面意见的，应当将书面意见的副本抄送人民检察院。人民检察院可以向决定或者批准机关提出书面意见。
第二百一十五条 批准暂予监外执行的机关应当将批准的决定抄送人民检察院。人民检察院认为暂予监外执行不当的，应当自接到通知之日起一个月以内将书面意见送交批准暂予监外执行的机关，批准暂予监外执行的机关接到人民检察院的书面意见后，应当立即对该决定进行重新核查。	第二百五十六条 决定或者批准暂予监外执行的机关应当将暂予监外执行决定抄送人民检察院。人民检察院认为暂予监外执行不当的，应当自接到通知之日起一个月以内将书面意见送交决定或者批准暂予监外执行的机关，决定或者批准暂予监外执行的机关接到人民检察院的书面意见后，应当立即对该决定进行重新核查。
第二百一十六条 暂予监外执行的情形消失后，罪犯刑期未满的，应当及时收监。 罪犯在暂予监外执行期间死亡的，应当及时通知监狱。	第二百五十七条 对暂予监外执行的罪犯，有下列情形之一的，应当及时收监： （一）发现不符合暂予监外执行条件的； （二）严重违反有关暂予监外执行监督管理规定的； （三）暂予监外执行的情形消失后，罪犯刑期未满的。 对于人民法院决定暂予监外执行的罪犯应当予以收监的，由人民法院作出决定，将有关的法律文书送达公安机关、监狱或者其他执行机关。 不符合暂予监外执行条件的罪犯通过贿赂等非法手段被暂予监外执行的，在监外执行的期间不计入执行刑期。罪犯在暂予监外执行期间脱逃的，脱逃的期间不计入执行刑期。 罪犯在暂予监外执行期间死亡的，执行机关应当及时通知监狱或者看守所。
第二百一十七条 对于被判处徒刑缓刑的罪犯，由公安机关交所在单位或者基层组织予以考察。 对于被假释的罪犯，在假释考验期限内，由公安机关予以监督。	第二百五十八条 对被判处管制、宣告缓刑、假释或者暂予监外执行的罪犯，依法实行社区矫正，由社区矫正机构负责执行。

续表

修　正　前	修　正　后
第二百一十八条　**对于被判处管制**、剥夺政治权利的罪犯，由公安机关执行。执行期满，应当由执行机关通知本人，并向有关群众公开宣布解除管制或者恢复政治权利。	第二百五十九条　对被判处剥夺政治权利的罪犯，由公安机关执行。执行期满，应当由执行机关**书面**通知本人**及其所在单位、居住地基层组织**。
第二百二十一条　罪犯在服刑期间又犯罪的，或者发现了判决的时候所没有发现的罪行，由执行机关移送人民检察院处理。 被判处管制、拘役、有期徒刑或者无期徒刑的罪犯，在执行期间确有悔改或者立功表现，应当依法予以减刑、假释的时候，由执行机关提出建议书，报请人民法院审核裁定。	第二百六十二条　罪犯在服刑期间又犯罪的，或者发现了判决的时候所没有发现的罪行，由执行机关移送人民检察院处理。 被判处管制、拘役、有期徒刑或者无期徒刑的罪犯，在执行期间确有悔改或者立功表现，应当依法予以减刑、假释的时候，由执行机关提出建议书，报请人民法院审核裁定，**并将建议书副本抄送人民检察院。人民检察院可以向人民法院提出书面意见。**
	第五编　特别程序
	第一章　未成年人刑事案件诉讼程序
	第二百六十六条　对犯罪的未成年人实行教育、感化、挽救的方针，坚持教育为主、惩罚为辅的原则。 人民法院、人民检察院和公安机关办理未成年人刑事案件，应当保障未成年人行使其诉讼权利，保障未成年人得到法律帮助，并由熟悉未成年人身心特点的审判人员、检察人员、侦查人员承办。
	第二百六十七条　未成年犯罪嫌疑人、被告人没有委托辩护人的，人民法院、人民检察院、公安机关应当通知法律援助机构指派律师为其提供辩护。
	第二百六十八条　公安机关、人民检察院、人民法院办理未成年人刑事案件，根据情况可以对未成年犯罪嫌疑人、被告人的成长经历、犯罪原因、监护教育等情况进行调查。

续表

修 正 前	修 正 后
	第二百六十九条　对未成年犯罪嫌疑人、被告人应当严格限制适用逮捕措施。人民检察院审查批准逮捕和人民法院决定逮捕,应当讯问未成年犯罪嫌疑人、被告人,听取辩护律师的意见。 对被拘留、逮捕和执行刑罚的未成年人与成年人应当分别关押、分别管理、分别教育。
	第二百七十条　对于未成年人刑事案件,在讯问和审判的时候,应当通知未成年犯罪嫌疑人、被告人的法定代理人到场。无法通知、法定代理人不能到场或者法定代理人是共犯的,也可以通知未成年犯罪嫌疑人、被告人的其他成年亲属,所在学校、单位、居住地基层组织或者未成年人保护组织的代表到场,并将有关情况记录在案。到场的法定代理人可以代为行使未成年犯罪嫌疑人、被告人的诉讼权利。 到场的法定代理人或者其他人员认为办案人员在讯问、审判中侵犯未成年人合法权益的,可以提出意见。讯问笔录、法庭笔录应当交给到场的法定代理人或者其他人员阅读或者向他宣读。 讯问女性未成年犯罪嫌疑人,应当有女工作人员在场。 审判未成年人刑事案件,未成年被告人最后陈述后,其法定代理人可以进行补充陈述。 询问未成年被害人、证人,适用第一款、第二款、第三款的规定。
	第二百七十一条　对于未成年人涉嫌刑法分则第四章、第五章、第六章规定的犯罪,可能判处一年有期徒刑以下刑罚,符合起诉条件,但有悔罪表现的,人民检察院可以作出附条件不起诉的决定。人民检察院在作出附条件不起诉的决定以前,应当听取公安机关、被害人的意见。

续表

修 正 前	修 正 后
	对附条件不起诉的决定，公安机关要求复议、提请复核或者被害人申诉的，适用本法第一百七十五条、第一百七十六条的规定。 未成年犯罪嫌疑人及其法定代理人对人民检察院决定附条件不起诉有异议的，人民检察院应当作出起诉的决定。
	第二百七十二条　在附条件不起诉的考验期内，由人民检察院对被附条件不起诉的未成年犯罪嫌疑人进行监督考察。未成年犯罪嫌疑人的监护人，应当对未成年犯罪嫌疑人加强管教，配合人民检察院做好监督考察工作。 附条件不起诉的考验期为六个月以上一年以下，从人民检察院作出附条件不起诉的决定之日起计算。 被附条件不起诉的未成年犯罪嫌疑人，应当遵守下列规定： （一）遵守法律法规，服从监督； （二）按照考察机关的规定报告自己的活动情况； （三）离开所居住的市、县或者迁居，应当报经考察机关批准； （四）按照考察机关的要求接受矫治和教育。
	第二百七十三条　被附条件不起诉的未成年犯罪嫌疑人，在考验期内有下列情形之一的，人民检察院应当撤销附条件不起诉的决定，提起公诉： （一）实施新的犯罪或者发现决定附条件不起诉以前还有其他犯罪需要追诉的； （二）违反治安管理规定或者考察机关有关附条件不起诉的监督管理规定，情节严重的。 被附条件不起诉的未成年犯罪嫌疑人，在考验期内没有上述情形，考验期满的，人民检察院应当作出不起诉的决定。

续表

修正前	修正后
	第二百七十四条　审判的时候被告人不满十八周岁的案件,不公开审理。但是,经未成年被告人及其法定代理人同意,未成年被告人所在学校和未成年人保护组织可以派代表到场。
	第二百七十五条　犯罪的时候不满十八周岁,被判处五年有期徒刑以下刑罚的,应当对相关犯罪记录予以封存。 犯罪记录被封存的,不得向任何单位和个人提供,但司法机关为办案需要或者有关单位根据国家规定进行查询的除外。依法进行查询的单位,应当对被封存的犯罪记录的情况予以保密。
	第二百七十六条　办理未成年人刑事案件,除本章已有规定的以外,按照本法的其他规定进行。
	第二章　当事人和解的公诉案件诉讼程序
	第二百七十七条　下列公诉案件,犯罪嫌疑人、被告人真诚悔罪,通过向被害人赔偿损失、赔礼道歉等方式获得被害人谅解,被害人自愿和解的,双方当事人可以和解: (一)因民间纠纷引起,涉嫌刑法分则第四章、第五章规定的犯罪案件,可能判处三年有期徒刑以下刑罚的; (二)除渎职犯罪以外的可能判处七年有期徒刑以下刑罚的过失犯罪案件。 犯罪嫌疑人、被告人在五年以内曾经故意犯罪的,不适用本章规定的程序。
	第二百七十八条　双方当事人和解的,公安机关、人民检察院、人民法院应当听取当事人和其他有关人员的意见,对和解的自愿性、合法性进行审查,并主持制作和解协议书。

续表

修 正 前	修 正 后
	第二百七十九条　对于达成和解协议的案件，公安机关可以向人民检察院提出从宽处理的建议。人民检察院可以向人民法院提出从宽处罚的建议；对于犯罪情节轻微，不需要判处刑罚的，可以作出不起诉的决定。人民法院可以依法对被告人从宽处罚。
	第三章　犯罪嫌疑人、被告人逃匿、死亡案件违法所得的没收程序
	第二百八十条　对于贪污贿赂犯罪、恐怖活动犯罪等重大犯罪案件，犯罪嫌疑人、被告人逃匿，在通缉一年后不能到案，或者犯罪嫌疑人、被告人死亡，依照刑法规定应当追缴其违法所得及其他涉案财产的，人民检察院可以向人民法院提出没收违法所得的申请。 公安机关认为有前款规定情形的，应当写出没收违法所得意见书，移送人民检察院。 没收违法所得的申请应当提供与犯罪事实、违法所得相关的证据材料，并列明财产的种类、数量、所在地及查封、扣押、冻结的情况。 人民法院在必要的时候，可以查封、扣押、冻结申请没收的财产。
	第二百八十一条　没收违法所得的申请，由犯罪地或者犯罪嫌疑人、被告人居住地的中级人民法院组成合议庭进行审理。 人民法院受理没收违法所得的申请后，应当发出公告。公告期间为六个月。犯罪嫌疑人、被告人的近亲属和其他利害关系人有权申请参加诉讼，也可以委托诉讼代理人参加诉讼。 人民法院在公告期满后对没收违法所得的申请进行审理。利害关系人参加诉讼的，人民法院应当开庭审理。

续表

修 正 前	修 正 后
	第二百八十二条　人民法院经审理,对经查证属于违法所得及其他涉案财产,除依法返还被害人的以外,应当裁定予以没收;对不属于应当追缴的财产的,应当裁定驳回申请,解除查封、扣押、冻结措施。 对于人民法院依照前款规定作出的裁定,犯罪嫌疑人、被告人的近亲属和其他利害关系人或者人民检察院可以提出上诉、抗诉。
	第二百八十三条　在审理过程中,在逃的犯罪嫌疑人、被告人自动投案或者被抓获的,人民法院应当终止审理。 没收犯罪嫌疑人、被告人财产确有错误的,应当予以返还、赔偿。
	第四章　依法不负刑事责任的精神病人的强制医疗程序
	第二百八十四条　实施暴力行为,危害公共安全或者严重危害公民人身安全,经法定程序鉴定依法不负刑事责任的精神病人,有继续危害社会可能的,可以予以强制医疗。
	第二百八十五条　根据本章规定对精神病人强制医疗的,由人民法院决定。 公安机关发现精神病人符合强制医疗条件的,应当写出强制医疗意见书,移送人民检察院。对于公安机关移送的或者在审查起诉过程中发现的精神病人符合强制医疗条件的,人民检察院应当向人民法院提出强制医疗的申请。人民法院在审理案件过程中发现被告人符合强制医疗条件的,可以作出强制医疗的决定。 对实施暴力行为的精神病人,在人民法院决定强制医疗前,公安机关可以采取临时的保护性约束措施。

续表

修 正 前	修 正 后
	第二百八十六条　人民法院受理强制医疗的申请后，应当组成合议庭进行审理。 人民法院审理强制医疗案件，应当通知被申请人或者被告人的法定代理人到场。被申请人或者被告人没有委托诉讼代理人的，人民法院应当通知法律援助机构指派律师为其提供法律帮助。
	第二百八十七条　人民法院经审理，对于被申请人或者被告人符合强制医疗条件的，应当在一个月以内作出强制医疗的决定。 被决定强制医疗的人、被害人及其法定代理人、近亲属对强制医疗决定不服的，可以向上一级人民法院申请复议。
	第二百八十八条　强制医疗机构应当定期对被强制医疗的人进行诊断评估。对于已不具有人身危险性，不需要继续强制医疗的，应当及时提出解除意见，报决定强制医疗的人民法院批准。 被强制医疗的人及其近亲属有权申请解除强制医疗。
	第二百八十九条　人民检察院对强制医疗的决定和执行实行监督。

图书在版编目(CIP)数据

刑事二审程序深度研讨/北京市人民检察院第一分院,北京市第一中级人民法院主编.—北京:法律出版社,2012.4

ISBN 978-7-5118-3289-4

Ⅰ.①刑… Ⅱ.①北…②北… Ⅲ.①刑事诉讼—审判—研究—中国 Ⅳ.①D925.218.24

中国版本图书馆CIP数据核字(2012)第049200号

刑事二审程序深度研讨

北京市第一中级人民法院
北京市人民检察院第一分院 编

编辑统筹 法律应用出版分社
责任编辑 何海刚 许晓娟
装帧设计 李 瞻

出版 法律出版社
总发行 中国法律图书有限公司
经销 新华书店
印刷 固安华明印刷厂
责任印制 陶 松

开本 720毫米×960毫米 1/16
印张 22.5
字数 408千
版本 2012年4月第1版
印次 2012年4月第1次印刷

法律出版社/北京市丰台区莲花池西里7号(100073)
电子邮件/info@lawpress.com.cn
网址/www.lawpress.com.cn
销售热线/010-63939792/9779
咨询电话/010-63939796

中国法律图书有限公司/北京市丰台区莲花池西里7号(100073)
全国各地中法图分、子公司电话:
第一法律书店/010-63939781/9782
重庆公司/023-65382816/2908
北京分公司/010-62534456
西安分公司/029-85388843
上海公司/021-62071010/1636
深圳公司/0755-83072995

书号:ISBN 978-7-5118-3289-4
定价:48.00元
(如有缺页或倒装,中国法律图书有限公司负责退换)